도시로 보는 **유럽통합사**

도시로 보는 유럽통합사

영원의 도시 로마에서 EU의 수도 브뤼셀까지

통합유럽연구회 지음

cum libro
책과함께

책을 펴내며

유럽이 새로운 역사적 실체로 우리에게 다가오고 있는 것은 기지(既知)의 사실이다. 현재진행형으로 이루어지고 있는 유럽연합(EU)의 형성 과정은 한국과 EU 사이의 자유무역협정(FTA) 체결로 대표되는 여러 가지 현실적 문제들을 제기하고, 이에 따라 유럽의 성격에 관한 새로운 이해와 지식들이 요구되고 있다. 이 책은 '통합유럽연구회'를 중심으로 활동하는 학자들과 아울러 한국에서 유럽통합의 역사와 구조를 연구하는 전문가 집단의 공동 노력으로 발간되었다.

통합유럽연구회는 유럽의 역사를 그 지역에 속한 각국 역사들의 총합으로 다루던 과거의 시각과 관행을 벗어나 새로운 유럽을 하나의 '통합적' 역사 단위로서 이해하려는 시각을 견지하면서, 방법론적으로 역사, 문화 등 인문적 시각 및 사회과학적 접근 방법을 '통합'하여 연구하는 것을 목표로 하는 학술 단체이다. 이미 2010년에 《인물로 보는 유럽통합사》를 출간하여 이 분야의 지식을 확대하는 데 기여한 바를 인정받았으며, 그 후속 작업으로 이 책《도시로 보는 유럽통합사》를 내놓게 되었다.

고대 서양 문명이 형성된 이래 유럽의 역사는 곧 도시의 역사라는 시각에서 이해할 수 있다. 고대 그리스는 '폴리스(polis)'라는 도시국가들의 집합체였으며, 아리스토텔레스의 정의를 따른다면 "인간은 폴리스(도시)적 동물"이었다. 또한 로마제국은 '영원의 도시' 로마와 이를 복사하여 건설된 도시들의 네트워크였으며, 중세 유럽 역시 유럽 전역에 산재한 중세도시들의 연결망으로 그 문명의 지형도를 그려볼 수 있다. 근대 유럽에 들어서서 발전한 절대주의 왕국 및 국민국가 들은 그 수도들을 중심으로 하여 확장된 영토국가로서, 이들 역시 소속 도시들의 네트워크를 전제로 했다. 한마디로 유럽 문명은 도시를 이루고 있는 '하드웨어(도시 건설 및 통치)'와 '소프트웨어(제도 및 문화)'가 전 지역으로 확산해가는 과정이었다. 유럽의 통합적 역사를 유럽 중요 도시의 발전 과정이라는 프리즘을 통해서 관찰하려는 이 책의 취지는 바로 이에 근거한다.

역사적으로 볼 때 어느 한 지역의 문명의 특성은 그 중심 도시에 압축적으로 드러난다. 물론 농업적 생산 기반은 한 도시의 식량 공급원이 되어 그 도시의 물리적 생존에 필수 불가결한 것이다. 그러나 그 도시가 지속성을 가지고 발전하는 데는 도시 자체가 주변의 다른 도시들과 고대 이래 유지해온 상업적·군사적·외교적·문화적 연결망이 어떠한 형태로 구축되었는가가 결정적인 역할을 하였다. 그러한 연결망의 형태가 한 도시의 정치적·문화적 특성을 결정하였다는 전제에서, 오늘날 우리가 유럽 지역에서 보는 다양하고 특색 있는 도시들을 유럽이라는 하나의 통합적 시각에서 역사적으로 되돌아보고자 이 책이 기획되었다. 또한 유럽연합의 발족으로 급속히 통합되어 가는 유럽 지역의 여러 도시들을 바로 이러한 통합적 시각에서 재조명하는 가운데 유럽연합의 성격과 의미를 추출해보고자 하는 것이 이 책의 또 다른 목적이다.

이 책은 유럽 열네 나라의 열여덟 개 도시를 선정해 각 도시의 역사적 형성 과정과 함께 유럽연합체제 아래서의 새롭고 특별한 역할을 조명하고 있다. 1부에서는 '도시의 유럽: 유럽 역사의 증인'이라는 주제 아래, 찬란한 고전 문명을 담고 있는 아테네, 영원한 제국의 수도 로마, 시대정신을 선도하는 계몽의 수도 파리 등을 필두로 하여 베를린, 빈, 바르샤바, 부다페스트, 고대 런던, 스톡홀름 등 유럽 각국의 전통적인 수도들을 통해 통합 유럽을 이야기한다. 이 수도들은 유럽통합 이전부터 고대 및 중세 이래 유럽을 대표하던 도시들이다. 특히 근대 초 절대주의 왕국 및 뒤이은 국민국가 형성 시기에 각국의 핵심 도시로서 유럽의 국가 간(inter-national) 체제의 핵심을 이루고 상호 연계되는 역사 발전을 주도했다. 이 도시들은 오늘날 유럽연합의 형성 과정에서도 도시 간 네트워크의 핵심도시들로 유럽통합의 두 가지 모토 중의 하나인 '다양성 안에서 통일(unity in diversity)'을 추동하고 있다.

2부에서는 '유럽의 도시: 유럽 문화의 새로운 허브'라는 주제 아래, 기독교 유럽의 대표 순례길이 위치한 산티아고 데 콤포스텔라, 강대국들의 틈바구니에 낀 약소국이라는 역사적 숙명을 벗어나 통합 유럽을 주도하는 브뤼셀과 룩셈부르크 등을 포함하여 스트라스부르, 베르됭, 헤이그, 제네바, 바이마르, 프랑크푸르트 등 대부분 수도는 아니지만 통합 유럽의 정체성을 담고 있거나 새로운 유럽의 특성을 가장 잘 대표하는 도시들을 선정하였다. 특히, 2부의 도시들은 무엇보다도 유럽연합의 보편성, 특히 초국가적(supra-national) 성격을 잘 드러내는 도시들로서, 유럽통합의 또 하나의 모토인 '통일 안에서 다양성(diversity in unity)'을 대표적으로 표출하고 있다.

앞서 말했듯이, 이 책은 유럽연합의 역사적 등장에 따라 요구되는 새로운 지식의 필요성에 부응하고자 발간되었다. 일차적으로는 대학의 전공 및 교양과목의 교재나 부교재로 사용될 수 있도록 기획했으나, 이러한 지식이 실용적으로 요구되는 전문 직업인들, 즉 기업, 언론, 정부기관의 여러 독자들에게도 폭넓은 교양 지식을 제공하려는 목적도 함께 지닌다. 한마디로 유럽연합의 형성에 관한 초보적이지만 필수적인 지식을 원하는 모든 독자에게 이 책이 유용한 지침서가 되리라 기대한다.

이 책이 나오기까지 그야말로 다양한 도시들에 대한 다양한 전공자들만큼 다양한 시각들을 조율하는 데 많은 시간이 할애되었다. 무엇보다도 필진들은 여러 차례의 기획회의 및 연구모임을 통하여 서로의 주안점을 교환하고 책의 통일성을 위해 교감하는 과정을 거쳤는데, 기꺼이 적극적으로 부응해준 필진에게 감사드린다. 특히 책의 기획 방향과 내용의 통일성을 위해 큰 수고를 아끼지 않은 통합유럽연구회의 편집위원장 및 편집위원들인 조홍식, 이용재, 박단 교수께 큰 감사를 드린다. 마지막으로 특성상 많은 도판은 물론 다양한 정보들을 포함하고

있는 이 책을 섬세하고 치밀한 편집으로 마무리 지어준 도서출판 책과
함께에 크게 감사한다.

2013년 11월

필진을 대표하여

통합유럽연구회장 임상우

제2부

유럽의 도시
: 유럽 문화의 새로운 허브

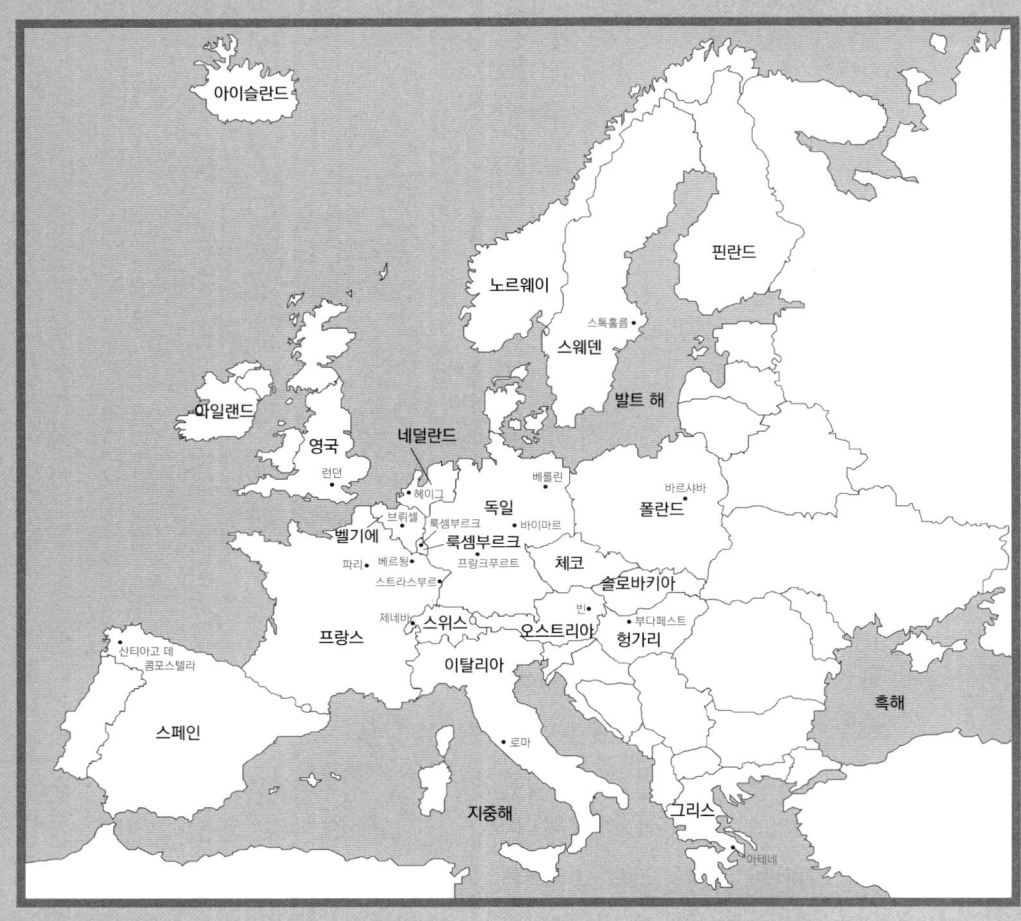

아이슬란드

노르웨이

핀란드

스웨덴
• 스톡홀름 •

발트 해

아일랜드

영국
• 런던

네덜란드
• 헤이그

베를린 •

바르샤바 •

폴란드

독일

벨기에
• 브뤼셀

• 룩셈부르크
룩셈부르크

바이마르 •

체코

슬로바키아

• 파리
• 베르됭
• 스트라스부르

프랑크푸르트 •

• 제네바
스위스

• 빈
오스트리아

부다페스트 •
헝가리

프랑스

이탈리아

• 산티아고 데
콤포스텔라

그리스

스페인

• 로마

지중해

흑해

• 아테네

도시 네트워크로서의 유럽

유럽이란 무엇인가? 가장 기초적인 지리적 개념으로 보면, 유럽은 샤를 드골(Charles de Gaulle)이 과거에 표현했듯이 '대서양에서 우랄까지'라고 말할 수 있다. 자본주의 관점에서 바라본다면 유럽은, 무엇보다 단일시장이고 단일화폐권이다. 사람과 상품, 자본과 서비스가 자유롭게 이동할 수 있는 공간이자 같은 화폐를 사용하는 경제권이다. 정치적 관점에서 본다면, 유럽은 27개의 민족국가가 하나의 새로운 정치적 단위를 형성한 연방적 정치공동체다. 이 공동체에 가입하기 위해서는 시장경제와 민주주의라는 정치·경제 조건을 갖춰야 한다. 문화적 관점에서 유럽이란, 그리스·로마 문명의 유산과 기독교권의 유산을 공유하면서 개인주의와 인권을 핵심 가치로 발전시킨 계몽주의의 고향이다. 유럽은 이같이 다양한 관점에서 매우 복합적이고 종합적인 정체성을 가진다.

기원전 800~480년 그리스에 도시국가 형성

기원전 500년~3세기 로마제국 도로 건설

12세기~16세기 고딕 예술과 건축 기술의 유럽 확산

18세기 지식인, 문인, 예술가, 정치인을 연결하는 계몽주의 유럽의 도시 네트워크 형성

1848년 유럽 주요 도시에서 자유화와 민주주의를 열망하는 동시다발적 혁명운동 발발

1883년 파리와 이스탄불을 연결하는 고급열차 '오리엔트 익스프레스' 운행

이 글에서는 도시라는 주제를 통해 유럽과 유럽통합에 새롭게 접근함으로써, 이 책에서 다루는 다양한 성격의 도시가 어떻게 유럽의 핵심을 형성하는지 그 골격을 그려볼 것이다. 유럽과 도시의 문제의식은 세 가지로 나누어 살펴볼 수 있다. 첫째, 유럽 문명은 얼마나 도시적이고 도시는 얼마나 유럽적인가. 즉 도시와 유럽의 상호 관계에 대해 역사적으로 고민하는 작업이 필요하다는 뜻이다. 둘째, 유럽의 도시는 실질적으로 서로 연결되는 하나의 네트워크를 형성하고 있는가. 특히 이런 도시망이 역사적으로 깊은 유래와 전통, 반복적 경험에 기초한다면 도시망이 유럽통합의 결과일 뿐 아니라 통합 자체가 도시망에서 비롯된다는 시각을 가질 수도 있다. 셋째, 유럽의 도시는 자신들이 형성하고 있는 도시 네트워크를 인식·의식하고 그것을 하나의 조직이나 공동체로 만들려고 하는가. 만일 유럽의 도시 네트워크가 이 정도 수준까지 발달해 있다면 국가들로 형성된 유럽과 여러모로 비슷한 도시들의 유럽이 존재한다는 뜻이고 그것이 유럽통합의 이해에 필수적인 한 부분이라는 결론을 도출할 수 있다.

유럽의 도시는 정도는 조금씩 달리하지만 위의 세 가지 문제의식에 긍정적인 답변을 제시한다. 도시는 유럽 문명의 정수(精髓)라고 할 수

1951년 파리 조약으로 유럽석탄철강공동체가 출범하면서 브뤼셀—룩셈부르크—스트라스부르—프랑크푸르트 등으로 형성되는 유럽수도 체계 구성 시작
1985년 아테네에서 '유럽문화도시' 프로그램 출범
1986년 로테르담에서 유로시티 네트워크 형성
2004~2007년 중·동유럽 국가의 가입으로 통합된 유럽 도시 네트워크 형성

있을 정도로 유럽 공통적 성격을 가지고 있으며, 유럽의 역사는 그리스의 폴리스 이래 도시의 역사라고 말할 수 있을 정도다. 유럽의 도시는 각각의 민족이나 지역적 특징을 표현하지만, 동시에 매우 유사한 구조와 기능을 구현한다. 또한 역사적 분석은 유럽 도시 간에 고대부터 지속적으로 정치적·경제적·문화적 교류를 통한 네트워크가 형성되어 있었음을 보여주고, 19세기 민족국가의 발전에도 불구하고 강한 교류의 흐름이 지속되었음을 확인해준다. 2차 세계대전 이후부터는 의도적이고 정책적인 네트워크 형성이 이루어졌고, 이에 따라 도시들도 적극적으로 호응하면서 유럽 도시망이 공식적이고 체계적인 모습을 띠게 되었다. 이처럼 유럽의 도시는 공통적이면서 하나의 네트워크를 형성하는 것은 물론, 의식적인 집단 행위자로 부상하면서 유럽통합의 중요한 뼈대를 구축한다.

유럽 고대·중세 문명과 도시

유럽 도시의 특징을 파악하기 위한 지름길은 다른 대륙의 도시와 비교하는 것이다. 아무런 사전 지식이 없는 배낭여행자에게도 유럽과 북미,

그리고 아시아 도시의 차이점은 확연하게 드러난다. 유럽 도시에는 관광객을 유혹하는 아름다운 건물과 성당, 역사적 도로와 기념물, 풍족한 유물과 박물관이 넘쳐난다. 북미 도시는 마천루의 웅장한 위엄과 자동차로 넘치는 도로가 인상적이다. 아시아는 높은 인구 밀도를 자랑하며 현대적이면서도 다소 혼란스러운 역동적인 풍경이 펼쳐진다.

조금 더 상세히 유럽의 특징에 주목하면 유럽 도시들이 하나의 중심을 갖는 공통 구조를 갖고 있다는 것을 발견할 수 있다. 도시의 중심(영어로는 city centre, 프랑스어로는 centre ville, 독일어로는 zentrum이라 한다)에는 일반적으로 성당과 시청, 각종 공공건물과 시장, 박물관과 극장 등이 집중적으로 자리 잡고 있다. 그리고 도심에서부터 점점 원을 크게 그리면서 도시가 발달한 모습을 볼 수 있다. 하나의 도심이 중앙 역할을 하고 그곳에서 멀어질수록 도시성이 약화되는 셈이다. 그리고 많은 경우 도심을 둘러싸고 있는 성벽이 도심과 주변부의 경계를 나타낸다. 일반적으로 유럽에서는 북미나 아시아처럼 여러 개의 도심이 경쟁하는 상황을 찾아보기 어렵다.

유럽 도시의 이와 같은 특징은 역사에서 그 원인을 찾을 수 있다. 유럽은 그 어느 대륙보다 역사가 오래된 도시들을 보유하고 있다. 아테네, 로마, 마르세유, 리옹, 파리, 런던 등은 고대까지 거슬러 올라가는 오랜 역사를 자랑하고, 기타 대부분의 도시도 중세에 이미 형성되어 있었다. 적어도 16세기에 현재 유럽의 도시 구조가 이미 형성되었으며, 산업혁명과 민족국가 발전이라는 근대화 속에서도 새로운 도시를 건설하기보다는 기존 도시에 의존하여 변화가 추진되었다. 신대륙 아메리카는 당연히 도시의 역사가 짧을 수밖에 없다 치더라도, 아시아 역시 역사 속에서 주요 도시가 변경되거나 새로운 도시가 형성되는 역동성을 보였다. 상하이, 홍콩, 싱가포르, 선전(深圳) 등은 대표적으로 근대화와 함께 형성되어 역사의 전면에 등장한 대도시(Metropolitan City)들이다.

유럽의 도시는 오랜 역사를 자랑할 뿐 아니라 그 도시망은 세계에서 밀도가 가장 높다. 도시화의 정도가 비슷한 미국이나 일본에서는 인구 20만 이상의 대도시에 거주하는 비중이 전체 인구의 4분의 3 정도이지만, 유럽에서는 2분의 1에 불과하다. 이는 유럽에 중소규모의 도시가 많다는 의미이고, 이런 높은 도시 밀도는 도시에 기초한 사회생활 자체가 얼마나 유럽적인 것이고 얼마나 유럽 역사에 뿌리내리고 있는 현상인지를 잘 보여준다. 또 다른 연구에 의하면 미국에서는 평균 45킬로미터마다 도시가 나타나는 데 반해 유럽에서는 15킬로미터마다 도시가 있다고 한다. 이 또한 단순한 인구 밀도를 초월하는 도시 밀도를 반영한다.

일반적으로 유럽 문명의 시작은 고대 그리스로 거슬러 올라간다. 여기서 특별히 우리의 관심을 끄는 부분은 그리스 문명이 대표적인 도시의 문명이었다는 사실이다. 아테네로 대표되는 그리스 도시국가의 중앙에는 신전과 광장, 운동장과 극장 등이 모여 있었고, 시민들은 민주주의의 전통을 공식적으로 수립함으로써 향후 유럽의 미래에 중요한 뿌리를 형성했다. 고대 그리스는 하나의 수도가 주도하는 국가가 아니라 다양한 도시국가가 서로 견제하고 경쟁하고 전쟁을 벌이는 도시국가체제를 형성했다. 페르시아와 같은 외부 공동의 적에 대해서는 연합 전선으로 대항하지만, 평시에는 시제(市際, interurban)체제였던 것이다.

또 그리스 문명의 도시적 성격은 식민지 확장과 그에 따른 지중해와 흑해 연안에 새로운 도시의 설립으로 연결되었다. 그리스 도시망은 이미 2천 년 훨씬 이전에 지중해를 중심으로 형성되어 있었던 셈이다. 우리에게 특수한 의미를 가지는 그리스의 또 다른 유산으로는 '유럽'이라고 하는 명칭과 향후 기독교의 성당으로 연결되는 종교적 건축물을 들 수 있다.

로마가 유럽 도시망 형성에 결정적으로 기여한 것은 도시와 도시를 연결하는 인프라를 통해서였다. 로마제국은 군사적인 목적으로 제국의 전략적인 요새를 서로 연결하는 도로망을 건설했다. 로마제국의 도로는 돌로 포장되고 직선이었으며 수로와 다리 등 다른 건축공학적 기술과 연계된, 당시로서는 고도의 기술적 산물이었다. 제국의 멸망 이후 중세 유럽의 도로는 흙으로, 구불구불한 모양으로 돌변하면서 오히려 교통의 퇴보를 겪기도 했다. 또한 로마의 건축은 유럽 도시의 건축적 특징에 크게 기여했다. 로마는 토목 기술뿐 아니라 돌로 다양한 공공 건물을 만드는 데 발달된 건축 기술을 동원했고 이러한 전통이 중세와 근현대 유럽까지 전달되었기 때문이다. 도로 인프라나 건축 전통 못지 않게 핵심적인 로마의 유산은 바로 공통의 언어, 라틴어다. 서로 소통할 수 있는 공통 언어는 네트워크가 제대로 작동하기 위한 소중한 자산이다.

다른 한편 로마는, 도시의 네트워크라는 의식이 존재했다고 보기는 어렵지만, 도시와 농촌을 대립시켜서 생각하는 문화적 코드를 만들어서 유산으로 남겼다. 도시와 농촌의 대립은 도시성과 농촌성이라는 특징으로 구현되는데, 전사와 농민이 도시를 나약함의 상징으로 보았다면, 반대로 도시민은 농촌을 촌스러움의 대명사로 인식했다. 게다가 기독교가 도시에서 먼저 뿌리내렸기 때문에 농촌은 토속 신앙적이고 이교적인 성격을 띠었다. 따라서 형식적으로는 그리스가 도시망의 네트워크 의식을 실현했지만, 실제 내용에서 농촌과 대립하는 도시성의 탄생은 로마 시대의 유산이라고 할 수 있다. 부연하자면 행위자로서 도시의 집단은 그리스보다 로마에 의존한다는 것이다.

유럽적 도시망의 특성을 형성하는 데 가장 결정적으로 기여한 시기는 중세로 추정한다. 프랑스 사학자 자크 르 고프는 중세 유럽을 논하면서 "유럽은 주로 도시를 통해 표명되었다. 바로 도시에서 중요한 인구의 혼합이 실현되었으며, 새로운 제도가 생성되었고, 새로운 경제와 지식의 중심이 만들어졌기 때문"이라고 설명한다. 유럽에서 도시의 특징은 자치를 통해 민주적 제도의 경험과 발전을 가능하게 했다는 점이다. 많은 유럽의 도시는 봉건주의가 지배하는 중세 시대에 왕이나 영주로부터 자치권을 부여받아 코뮌(commune)이라는 이름의 정치체제를 공통으로 갖게 되었다. 따라서 자치권 행사를 위한 의회제도의 형성, 도시 운영을 위한 징세와 지출의 관리 등 새로운 정치양식이 등장하는 한편, 도시를 하나의 예술품처럼 아름답게 꾸미려고 하는 중세도시 미학이 등장하는 배경이 되었다.

이처럼 중세 유럽에 도시망이 발달했다는 사실은, 도시가 민족보다 훨씬 먼저 역사의 무대에 등장하여 위상을 확보하게 되었다는 점을 설명한다. 중세에는 무엇보다 결정적으로 도시의 네트워크가 상업의 발전을 동반하고 이를 가능하게 하는 기반으로 작동했다. 대표적으로 북유럽의 북해를 중심으로 한 한자 동맹(Hansa 同盟)과 이탈리아 북부에

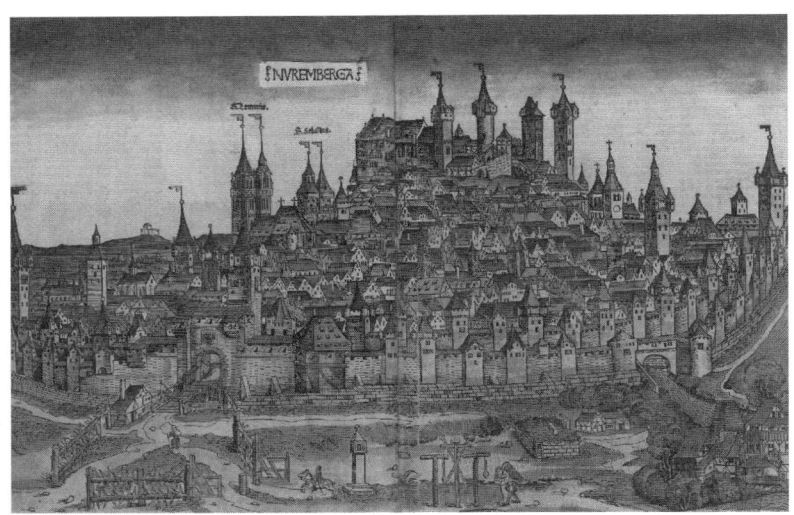

15세기 말 뉘른베르크. 중세에 형성된 유럽 도시들의 도심은 근대화 과정에서 그대로 유지되고 강화되었다.

자리 잡은 도시망은 근대 유럽 자본주의 발전의 핵심이었다. 독일 상인을 중심으로 형성된 한자 동맹은 뤼베크를 중심으로 서쪽으로는 브뤼주와 런던, 북쪽으로는 스칸디나비아의 스톡홀름과 베르겐, 그리고 동쪽으로는 발트 연안 지역까지 긴밀한 국제무역의 도시망을 형성했다. 마찬가지로 이탈리아 북부의 베네치아, 밀라노, 제노바, 볼로냐, 피렌체 등은 지중해 무역을 장악하면서 브뤼주, 런던 등에서 한자 동맹과 연결되었고, 상인의 이동은 북유럽과 지중해의 도시망을 연결시킴으로써 유럽 최초의 대륙적 네트워크 형성에 기여했다. 국가에 앞서 도시의 국제 외교 활동이 시작된 셈이다. 지리적으로 뿌리를 내리고 비교적 작은 면적에 인구가 집중 거주하면서 아름다운 건축물을 만든 도시들이 유럽 각지에서 생성되면서 유럽 도시망의 골격이 형성되었다면, 이들 골격 사이를 연결하는 정치경제적 교류는 혈관 역할을 담당했다.

유럽 도시망을 오가면서 하나의 네트워크 형성에 기여한 것은 상인 뿐만이 아니다. 로마의 유산인 라틴어를 공용어로 사용하는 유럽 지식인과 예술가는 전형적으로 다양한 도시를 돌면서 유럽을 하나의 무대로 활용했고, 이들은 네트워크의 흐름과 연결 고리를 강화했을 뿐 아니라, 유럽 차원의 자의식과 행위자로서의 인식을 갖게 하는 데 결정적으로 기여했다. 또한 대학의 유럽 네트워크가 도시로 형성되었다는 사실을 다시 상기시킬 필요는 없을 것이다.

근대 문명과 도시

중세 유럽의 도시가 공통적으로 가지고 있던 원심 구조의 도시는 근대화를 통해 강화되는 경향을 보인다. 성당과 시청, 광장과 대학이 자리 잡고 있는 도심에는 근대 서구 문명을 상징하고 대표하는 공공시설이 집중적으로 추가되었다. 15세기부터 도시의 중심—대부분 광장에서 잘 보이는 시청의 외벽—에는 대형 시계가 위치해 시민의 생활 리듬을 하나로 통합시킨다. 상업 자본주의의 발달과 함께 불어난 부르주아 계층이 도심에 주거를 위한 건물을 신축하면서 도시와 부르주아 문화의 조우가 일어난다. 19세기에 본격적으로 진행된 산업혁명과 함께 도심의 주변에는 공장과 역사(驛舍), 병원과 우체국과 운동장 등 근대 도시 문명의 상징들이 들어선다. 중세부터 근대로 오면서 유럽 도시는 각 시대마다 유사한 문화적 조류와 유행을 따라서 만들어졌기 때문에

유로에는 일반 국가의 화폐처럼 민족적 성격이 확연히 드러
나는 실존 인물이나 실제 건축물이 그려져 있지 않다. 100
유로 지폐에는 바로크-로코코 스타일의 건축양식이 들어
있다.

비슷한 스타일이 축적되었다. 유럽연합(EU)의 단일화폐인 유로(Euro)의 지폐에는 일반 국가의 화폐처럼 역사적 인물이 등장하지 않고, 유럽 도시 역사의 건축 양식을 시대적으로 표현한 창과 문, 다리의 문양이 그려져 있다. 바로 '고전주의→로마네스크→고딕→르네상스→바로크·로코코→아르누보→20세기 모던'으로 이어지는 양식들이다. 부연하자면 민족적 성격이 너무나 확연한 인물보다는 유럽적 공통성이 뚜렷한 건축을 통해 유럽의 공동체성을 강조했다는 말이다.

경제체제 측면에서도 세계 자본주의의 발전 공간은 다름 아닌 도시다. 자본주의 발전 과정에서 가장 상징적인 산업화와 이농 현상은 모두 인구와 새로운 경제활동이 도시로 집중됨을 의미하기 때문이다. 어떤 의미에서 자본주의의 발전은 과거 도시와 농촌의 대립 관계를 강화하는 측면이 있지만, 다른 한편으로 도시와 주변부 농촌의 상호 침투와 연관을 더욱 유기적으로 발전시키는 결과를 낳기도 했다. 과거와 비교했을 때 일부 도시가 거대하게 팽창하기 시작하고 특정 도시에 특정 지역이 긴밀하게 연결됨으로써 '도시 지역(city region)'이라는 새로운 구조가 등장하는 양상을 보였다.

정치적으로 민족국가 형성과 민족주의 발전은 일차적으로 도시의 황금기를 종결짓는 흐름으로 파악될 수 있다. 프랑스와 영국은 말할 것도 없고 독일이나 이탈리아 같은 독립적 도시가 번창한 지역에서도 19세기 후반에는 정치체제가 민족국가체제로 변화하기 때문이다. 하지만 조금 더 세밀하게 살펴보면 민족국가의 공고화가 반드시 유럽의 도시망을 약화시킨 것만은 아니다. 왜냐하면 민족국가의 발전은 대부분의 경우 수도를 중심으로 한 민족 공간의 재구성을 의미했고, 이와 동시에 국제 관계의 현실은 수도와 수도를 연결하는 유럽 수도망의 형성으로 변화했기 때문이다. 언론, 대화. 담론에서 수도는 거의 대부분 해당 국가를 상징하는 의미로 사용되었다. '베를린의 결정'과 '파리의 대응', '런던의 인내'와 '로마의 조급함' 등 같은 표현이 일상화되면서 '민족=국가=수도'의 등식이 성립되었다.

자본주의 산업화라는 경제적인 면과 민족국가 발전이라는 정치적인 면은 유럽 도시의 기능적 특화를 초래하는 결과를 낳았다. 대항해 시대에 대서양 연안의 역할이 강조되면서 포르투갈의 리스본이나 에스파냐의 카디스, 프랑스의 보르도와 낭트, 영국의 리버풀 등이 대표적인 유럽의 항구 도시로 부상했다. 지중해의 항구 도시망과 북해 한자동맹의 항구 도시망과는 또 다른 새로운 양식의 네트워크가 형성된 것이다. '포르투갈·영국·프랑스—아프리카—아메리카'로 연결되는 대서양 삼각무역의 주요 형태는 '노예', 즉 아프리카의 노동력을 아메리카로 '수출'하는 노예무역이었지만 말이다.

대항해 시대의 제국의 수도 리스본과 마드리드에 이어 18~19세기에는 신흥 강대국 제국의 수도로 암스테르담과 런던, 파리가 부상했다. 네덜란드와 영국의 동인도주식회사는 유럽과 아시아의 교역을 발전시키며 암스테르담과 런던의 국제 무역 및 금융 기능을 강화하였다. 암스테르담과 런던의 무역, 금융 시장은 이제 유럽 각 도시의 상인을 집합하는 것은 물론이고 세계적 제국의 다양한 지역을 연결하는 네트워크의 중심으로 부상했다. 프랑스의 파리는, 18세기 말 대혁명 이후부터 인류의 보편성과 진보의 가치를 선도하는 도시라고 자칭하며 성장하였다.

또한 19~20세기에는 베를린과 빈, 모스크바가 급부상하면서 기존 제국들의 수도와 겨루는 수준으로 성장하였다. 선두 주자인 영국이나 프랑스와 비교했을 때 제국주의 경쟁에서 열세에 놓였던 것은 확실하지만, 그럼에도 모스크바는 동아시아까지 연결되는 거대한 대륙 제국의 수도였고, 베를린과 빈 역시 비유럽 지역에서는 열악하지만 중·동유럽에 막강한 영향력을 발휘하는 중심지였다. 종합적으로 평가했을 때 제국주의는 수도로 집중되어 있는 기능을 다시 유럽 밖에 위치한 제국의 도시와 기지로 연결함으로써, 민족국가와 제국의 접합점이 되었다. 하지만 여기서도 민족국가와 제국의 수도 역할이 기존 유럽 내부의 다른 도시와의 관계를 해체하거나 약화시켰다고 보기는 어렵다.

19세기 유럽의 수도와 주요 도시를 연결하는 강력한 물적 네트워크는 다름 아닌 철도와 도로였다. 증기선이 바다를 통해 제국의 수도와 식민지를 연계하는 교통수단이었다면, 철도는 유럽을 하나로 엮는 뼈대였다. 파리와 이스탄불을 연결하는 오리엔트 익스프레스는 1883년부터 운행되었고, 프랑스 동부의 스트라스부르, 독일 바이에른의 뮌헨, 오스트리아-헝가리제국의 수도 빈과 부다페스트, 오스만제국의 부쿠레슈티 등을 거치면서 서구와 동구를 이어주는 유럽의 상징적인 혈관

1883년부터 운행된 오리엔트 익스프레스는 서구와 동구를 이어주는 유럽의 혈관이었다.

이었다. 철도가 도시와 도시를 연결하는 유럽 도시망의 혈관으로 부상하면서 역사(驛舍)는 그 웅장한 모습을 각 도시에 드러냈다. 그리고 기능적 필요에 따라 유럽의 도시마다 유사한 양식으로 세워진 역사의 네트워크 역시 생활의 유럽망을 만들기 시작했다. 20세기에는 자동차의 등장과 함께 유럽 간 고속도로망이 형성되는데, 물론 국가 중심의 도로망이 우선했지만 다른 대륙과 비교했을 때 훨씬 활발한 국제적 연결이 가능했다. 철도나 도로와 함께 전신, 전화의 네트워크는 유럽 내부의 공간을 더욱 축소시키면서 도시 간 네트워크를 활성화하는 토대로 작용했다.

　근대화 시기 유럽의 도시 간 네트워크를 활성화한 것은 과거 중세와 마찬가지로 문화와 지식이었다. 18세기의 계몽주의는 어떤 한 국가에 한정된 지적 흐름이라기보다 유럽 전체를 하나로 묶는 현상이었고, 더욱 구체적으로는 인쇄 자본주의가 발달하여 책 대량 생산이 가능한 도시와 다수의 독자가 집중적으로 거주하면서 독서층을 형성한 도시를 연결하는 현상이었다. 19세기의 낭만주의 또한 유럽 전체를 아우르는 문화적 흐름이었고, 학자와 문인, 음악가 들은 유럽 전체를 대상으로 활동하는 '유럽의 예술인'이었다. 학문의 세계 또한 크게 다르지 않았다. 국가마다 대학이나 학계의 제도와 조직이 상당한 차이를 보였고 자국어의 발전으로 과거에 비해 지식 국경이 강화된 측면이 있지만, 그럼에도 유럽의 학계는 활발하게 소통하고 교류하였다.

유럽의 도시들은 근대화와 함께 빠른 속도로 성장했기 때문에 극단적인 사회적 불평등의 현장이기도 했다. 주요 대도시에는 빈곤한 계층이 집중적으로 거주하는 위생, 보건, 치안 등의 환경이 매우 취약한 지역이 있었고, 이들은 2차 세계대전이 끝나고 복지국가가 활성화될 때까지 지속적으로 존재했다. 이처럼 기능적으로 차별화된 유럽의 도시망은 공통의 문제점과 고민을 안고 있었으며 이를 해결하기 위해 공동으로 노력하는 첫걸음을 내디뎠다. 19세기 후반 유럽 정치의 가장 커다란 위협이자 희망이던 노조운동과 사회주의운동은 전형적으로 도시와 도시를 연결하는 유럽 도시망의 한 형태라고 볼 수 있기 때문이다.

유럽통합과 도시

2차 세계대전 이후 유럽은 독보적인 지역 통합의 길을 걷는 한편, 경제적인 부분에서도 획기적인 발전을 이룩했다. 20세기 전반에 유럽은 미국에 내주었던 높은 경제 수준을 다시 회복하면서 대등한 입장으로 발전하는 데 성공했다. 그리고 이런 경제 발전은 유럽 도시의 팽창을 초래했다. 런던과 파리는 인구 1천만에 달하는 세계적인 대도시로 발전하면서 미국의 뉴욕이나 일본의 도쿄와 함께 대표적인 메갈로폴리스(megalopolis, 거대 도시)의 모습으로 돌변했다. 런던과 파리가 현재 유럽 경제에서 차지하는 비중은 압도적이며, 그 외 벨기에의 브뤼셀과 네덜란드의 란드슈타트, 이탈리아의 밀라노, 독일의 뒤셀도르프, 뮌헨과 프랑크푸르트, 중유럽의 제네바, 취리히, 빈, 부다페스트, 스칸디나비아의 스톡홀름을 경제 유럽의 골격으로 볼 수 있다. 베를린과 빈, 부다페스트 등은 유럽의 동진(東進)으로 더욱 각광을 받는 도시로 돌변했다.

현대 유럽 도시가 보여주는 또 다른 공통점은 도시 정책에서 확연하게 드러난다. 미국과 비교했을 때 유럽은 자동차 사용을 줄이고 공공교통 체계를 적극적으로 육성했다. 자가용이 없으면 이동하기 어려운 미국의 대도시와 달리 유럽의 도시는 지하철과 전철, 버스와 자전거 등 공공 교통 시설이 다양하게 갖추어져 있다. 이처럼 도시 계획과 도시 운영의 철학에서도 유럽 도시망의 특징은 확연하게 나타난다.

유럽통합은 전반적으로 회원국 사이의 교류를 활성화하는 효과를 창출하기 때문에 도시 네트워크의 작동에 결정적으로 기여했다. 유럽경제공동체(European Economic Comunity: EEC)는 무역의 자유화와 활성화를 통해 도시와 도시 사이의 활발한 교역을 유발했다. 전후 1950년부터 1970년대까지는 유럽에서 자동차 문명이 본격적으로 뿌리내

파리의 공공 자전거 대여 서비스인 '벨리브'의 대여소. 비용이 저렴하고 필요한 곳에서 빌려 목적지에서 반납할 수 있는 편리함을 갖췄다. 파리 시민뿐 아니라 관광객도 이용할 수 있다.

린 시기로서, 매우 긴밀한 고속도로망이 형성되었다. 1980년대부터는 고속철도망이 유럽의 도시를 연결하면서 하나의 유럽이라는 현실이 보다 명백하게 드러났다.

　유럽 도시망 중에서 가장 대표적이고 전역에 걸쳐 있는 것은 유로시티(Eurocity) 네트워크다. 유로시티 네트워크는 1986년에 로테르담에서 처음 만들어졌는데, 초창기의 목표는 수도들로 형성된 네트워크에 대항하려는 성격이 강했다. 그리하여 1990년 리옹 선언을 통해 "유럽 단일시장과 관련 유럽 공간의 골격을 형성하고 지역과 국가의 경계를 초월하여 유럽 시민들끼리 접촉할 수 있는 장소"로 기능할 것이라고 밝혔다. 유로시티 네트워크는 1993년 유럽 단일시장의 출범을 앞두고 1992년 브뤼셀에 사무소를 개설하여 도시의 이익을 보호하기 위한 로비 단체로 발전했다. 시간이 지나면서 유로시티 네트워크는 수도를 포함하여 유럽 주요 대도시의 네트워크로 변화했다. 현재는 30여 개국 130여 도시가 모여 유럽 정치구조에서 중요한 목소리를 내는 네트워크로 진화했다.

유럽연합의 정책으로 인해 형성된 또 다른 기능적 도시망으로는 유럽의 문화수도(European Capital of Culture) 네트워크를 들 수 있다. 1985년 아테네에서 시작한 유럽문화도시 프로그램은 1년 동안 한 도시를 중점적으로 유럽 문화 활동의 무대로 삼아 다양한 행사를 펼침으로써 유럽의 정체성을 강화하려는 계획이다. 더욱 광범위한 네트워크로는 '헤리티지 유럽(Heritage Europe)'이라 불리는 '유럽 역사도시·지역회의(European Association of Historic Towns and Regions)'가 1999년에 형성되었는데, 놀라운 사실은 회원 도시가 30여 개국의 1천 개가 넘는다는 점이다.

유럽통합이 심화되면서 도시 간의 경쟁이 더욱 강화되었다. 경쟁의 강화는 또 다른 측면에서 네트워크를 보강한다. 민족국가 경제체제 아래 어느 정도의 기득권을 보장받던 도시들도, 유럽이 통합됨으로써 국경을 넘어 타국의 도시와 경쟁해야 하는 시대에 직면했기 때문이다. 이제 도시는 유럽의 도시망이라는 틀 안에서 자신을 생각해야 하고 미래를 준비해야 한다. 그 도시망 안에서 자신이 어떤 위치를 차지하는가에 따라 생존과 발전 여부가 결정될 것이기 때문이다.

1999년, 유럽이 단일화폐를 사용하게 되면서 유럽 금융 자본주의의 집중화는 더욱 강화되었다. 런던과 파리, 프랑크푸르트를 연결하는 금융 시장의 네트워크는 기존의 집중도를 더욱 강화하면서 나머지를 흡수하는 힘을 발휘했다. 따라서 에든버러, 리옹, 바르셀로나, 빌바오, 코펜하겐, 브뤼셀, 뮌헨 등 각국의 2차 금융도시들이 연합을 형성하여 '런던―파리―프랑크푸르트'와 경쟁할 수 있는 조건을 만들기 위해 노력하는 중이다. 금융의 유럽에서 축구와 흡사한 1부 리그와 2부 리그가 형성된 셈이다.

유럽통합은 이처럼 유럽의 도시들을 더욱 비슷한 모습으로 통일시키는 역할을 수행했다. 유럽연합의 정책을 통해 유럽의 도시들은 역사적 문화자산을 보호하고, 지속가능한 발전을 위해 협력함으로써 공통의 모습을 가꾸게 되었다. 게다가 통합이 진전되면서 유럽 도시를 연결하는 도로와 철도와 항공과 인터넷의 네트워크가 중첩적으로 강화되어 유럽 도시망은 종합적 양상을 띠게 되었다. 이제 사회학에서 유럽적 도시 '유로시티'에서 일하는 유럽적 인재 '유로스타'의 삶을 연구하는 단계에 돌입했을 정도다. 결국 정책과 실천 그리고 의식이 상호 작용을 통해 유럽적 정체성을 서서히 형성하고 있으며, 유럽 도시의 네트워크는 정체성의 매우 핵심적인 공간으로 자리 잡았다.

유럽의 도시, 도시의 유럽

유럽의 문명은 그리스에서 시작할 때부터 도시 문명으로 출발했으며, 그 전통이 로마를 거쳐 중세로 연결되었다. 중세부터는 현재까지 이어진 유럽 특유의 도시 유형이 만들어져 비슷한 건축과 도시 생활 패턴이 유럽 전체를 지배해왔다. 산업혁명과 민족국가의 보편화로 특징지을 수 있는 근대에도 유럽의 도시망은 확장되고 강화되는 양상을 보였다. 교통과 통신의 발달은 유럽의 공간을 대폭 축소함으로써 도시망을 더욱 긴밀하게 만들었다. 20세기 중반 이후 유럽의 도시망은 본격적으로 유럽연합의 정책 대상이자 상징으로 부상했다. 고속도로와 고속철도는 인구의 이동을 원활하게 하였고, 인터넷은 유럽 도시망을 실시간으로 작동하게 했으며, 단일시장과 단일화폐는 도시 간에 존재하던 다양한 장벽과 거리를 없애는 데 결정적으로 기여했다. 21세기에는 동유럽의 도시들도 다시 유럽 네트워크에 동참할 수 있게 되었다. 이처럼 유럽연합이 도시망을 강화하고, 도시망이 다시 유럽연합에 실천적이면서도 상징적인 정체성을 부여하는 상호 강화 현상이 최근 들어 두드러지게 나타나는 상황이다.

이 글에서는 의도적으로 유럽 도시의 차이점보다는 공통점을 강조했다. 흔히 국가 간 차이를 보는 데 너무 익숙한 나머지 이들 사이에 존재하는 공통점을 살피는 데는 소홀했기 때문이다. 아마도 유럽 도시망의 현실을 가장 직접적으로 느끼는 사람은 민족적 사고와 인식으로 훈련받은 역사학자나 정치학자가 아니라, 유레일패스를 사들고 도시에서 도시로 건너뛰며 유럽을 여행하는 서울과 도쿄, 뉴욕 출신의 관광객들일 것이다. 그리고 지도에서 서로 색을 달리하는 나라로 구성된 유럽을 탐구하는 지리학자가 아니라, 도시 대 도시의 대결로 치러지는 유럽 챔피언스 리그를 즐기는 축구팬이 더 유럽의 도시망을 가슴으로 느낄 것이다. ㅣ조홍식

참고문헌
강원택·조홍식,《하나의 유럽: 유럽연합의 역사와 정책》, 푸른길, 2009.

마크 기로워드, 민유기 옮김,《도시와 인간》, 책과함께, 2009.

Checkel, Jeffrey T., and Katzenstein, Peter J. (eds.). *European Identity*, Cambridge: Cambridge University Press, 2009.

Favell, Adrian. *Eurostars and Eurocities: Free Movement and Mobility in an Integrating Europe*, Oxford: Blackwell, 2008.

---

* 이 글은 《통합유럽연구》 제5호(2012)에 게재되었다.

제1부

도시의 유럽

유럽 역사의 증인

위치 이탈리아 테베레 강
면적 1,285km²
인구 2,777,979명(2011년)

로마, 이탈리아

로마
제국의 수도에서 영원의 도시로

세계의 전 역사가 이 도시와 연관되어 있다. 내가 로마 땅을 밟게 된
그날이야말로 나의 제2의 탄생일이자 나의 진정한 삶이 다시 시작된 날
이라고 생각한다. ─괴테

로마는 영원한 수도이다

로마는 일곱 언덕으로 이루어진 도시이다. 그중 하나가 카피톨리노
(Capitolino) 언덕이다. 고대에 카피톨리노 언덕은 정치적·종교적 의식
이 거행된 상징적 중심으로, 성대한 개선 행렬의 종착지이자 유피테르
신전 등 여러 신전의 소재지였다. 르네상스 시대에는 교황 파울루스 3
세(Paulus III)가 미켈란젤로(Michelangelo Buonarroti)에게 언덕 정비 사
업을 맡겨 전형적인 르네상스양식의 광장과 건물이 들어섰고, 오늘날
에는 원로원 건물을 재활용한 로마 시청이 자리 잡고 있다. 이 카피톨
리노 언덕과 팔라티노(Palatino) 언덕 사이에 로마 광장(Foro Romano)

기원전 753년 로물루스의 로마 건국

기원전 509년 로마 공화정 수립

410년 서고트족의 로마 약탈

476년 서로마제국 멸망

1347년 콜라 디 리엔초의 로마 공화정 부활 선언

1527년 프로테스탄트 독일 용병대의 로마 약탈

이 있다. 그렇다면 카피톨리노 언덕은 명실공히 로마의 심장부이다. 카피톨리노의 라틴어인 카피톨리누스(Capitolinus) 혹은 카피톨리움 (Capitolium)은 영어 'capital(수도)'의 어원이 된다. 로마는 수도(首都)의 기원이자, 그 자체가 본래부터 수도로 탄생한 도시이다.

로마는 무엇보다 유럽의 수도이다. 로마는 고대 제국의 수도였고, 중세 교회의 수도였으며, 근대 민족의 수도였다. 수도에는 늘 탁월하고 위대한 것들이 몰려들기 마련이다. 오늘날 우리가 보는 로마는 과거 유럽 문명이 세운 제국과 교회와 민족의 가장 탁월하고 위대한 것들의 잔해로 이루어진 도시이다. 유럽 여행객들은 흔히 다음과 같은 권고를 듣는다. 로마를 마지막으로 보라. 로마를 처음에 보면 나머지 도시들은 시시해 보일 것이다. 가장 탁월하고 위대한 것들을 목격한 여행객들의 갑자기 높아진 안목을 감당할 만한 도시는 없다는 말이다.

나아가 로마는 세계의 수도이다. 로마인들은 이 세상을 도시들의 집합체로 보았다. 그들은 정복한 도시들을 로마식으로 개조하거나, 아예 그곳에 새로운 로마식 도시들을 건설했다. 도시의 중앙을 관통하는 가로 세로의 대로와 광장, 신전, 극장, 목욕탕, 관공서가 계획적으로 배치되었다. 알렉산드로스 대왕이 건설한 도시들이 모두 '알렉산드리아'인 것처럼 로마인들이 건설한 도시들은 모두 '로마'이다. 로마는 스스로를 무한히 복제하여 이 세상을 만든 것이다. 그러므로 오비디우스의 말은 과장이 아니다. "로마의 도시 공간과 세계 공간은 같은 것이다."

그러나 수도는 항상 탐욕의 주체이자 질시의 대상이다. 고대 로마제국이, 중세 로마 가톨릭 교회가, 근대 이탈리아 민족이 영광과 번영을 추구하는 과정에서 로마는 항상 로마의 '타자들'을 위협하고 박해했으며, 그런 과정에서 로마 자신도 공격받고 파괴당했다. 그러므로 로마는 늘 재건되고 부흥되어야 했으며, 이를 위해 '타자들'을 계속해서 양산했다. 로마는 문명의 이름으로 야만을, 문화의 이름으로 자연을, 정통의 이름으로 이단을 '타자화'했다. 그리고 무엇보다 로마는 끊임없이 스스로를 '타자화'했다. 근대 민족은 중세 교회를, 중세 교회는 고대 제국을 부정하고 극복하고자 했던 것이다. 로마에는 추방된 자들의 비통함이 넘쳐난다.

오늘날 로마는 더는 유럽과 세계의 수도가 아니다. 한 국가의 수도일 뿐이다. 이탈리아에서도 로마는 더는 절대적인 위치를 점하지 못한다. 산업과 인구, 심지어 정치에서도 로마는 으뜸패가 아니다. 밀라노, 토리노, 나폴리 등이 로마를 모든 면에서 압도하고 있다. 로마는 과거 속에 살고 있다. 비장하고 찬란한 유적들과 유물들 곁에서 무관심하게, 분주하게 일상을 영위하는 현대 로마인들의 토마만이 있을 뿐이다. 이들 로마인은 위대한 제국의 시민들도, 선량한 가톨릭교도들도, 정복자의 운명을 타고난 지중해인도 아니다. 로마는 더는 나서서 우리에게 먼저 말을 걸지 않는다. 그러므로 로마는 죽은 과거의 물리적·공간적 현존이자 그 현존 속에 두꺼운 역사가 기입된 일종의 텍스트로 다루어질 수밖에 없고, 또 그렇게 다루어져야 한다. 그렇다면 오늘날 말하기를 거부하는 텍스트에게 구태여 말하라고 강요하는 이유는 무엇인가? 이를 통해 우리는 어떤 답변을 기대하고, 또 구하게 될 것인가?

로마는 영원한 제국이다

전설에 의하면, 로마의 건국 시조 로물루스(Romulus)는 트로이의 영웅 아이네이아스(Aeneas)가 어머니 베누스(Venus) 여신의 인도에 따라 이탈리아에 와서 낳은 아들 아스카니우스(Ascanius)의 후손이다. 베누스 여신은 자기 아들이 세울 나라의 점괘를 보았는데, 유피테르 신이 이렇게 예언했다. "어떠한 제한도, 시간도 정하지 않을 것이다. 나는 그들에게 영원한 왕국을 부여하였다." 아스카니우스의 13대 후손이자 알바롱가(Alba Longa)의 왕인 누미토르(Numitor)는 형제인 아물리우스(Amulius)에 의해 폐위되었는데, 아물리우스는 조카들을 살해하고 조카딸이 낳은 쌍둥이 형제를 테베레 강에 던져버렸다. 암늑대가 이 버려진 로물루스와 레무스(Remus) 형제를 키웠고, 형제는 사냥꾼들의 우두머리가 되었다. 기원전 753년에 로물루스는 팔라티노 언덕에 고랑

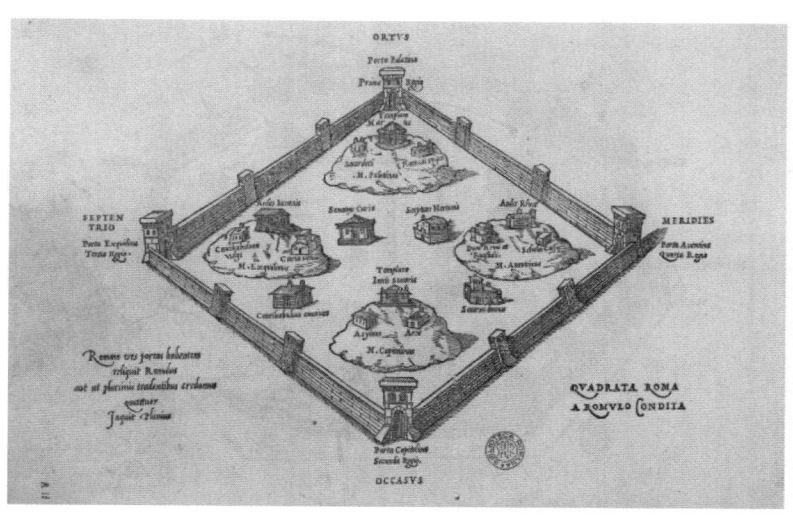
'사각형의 로마'에 대한 16세기 상상화.

을 파 '사각형의 로마(Roma Quadrata)'를 선포했고, 이를 인정하지 않는 경쟁자 레무스를 죽여버렸다. 이처럼 로마는 끔찍한 형제 살해로 시작되었다.

　기원전 509년에 로마의 마지막 왕인 오만왕 타르퀴니우스(Tar-quinius Superbus)가 추방되며 로마 공화정이 수립되었다. 2인의 집정관(Consul, 콘술)과 원로원(Senatus, 세나투스), 민회들(Comitia, 코미티아)이 설치되어 공화정의 얼개가 완성되었다. 공화정 후기에 이르면, 팔라티노에서 시작된 로마는 지속적으로 확대되어 마침내 일곱 언덕—팔라티노, 카피톨리노, 아벤티노(Aventino), 첼리오(Celio), 에스퀼리노(Esquilino), 비미날레(Viminale), 퀴리날레(Quirinale)—을 아우르게 되었다. 이처럼 로마가 언덕 위의 도시로 발전한 까닭은, 언덕이야말로 저지대 습지에 서식하는 모기를 통해 전염되는 치명적 질병인 말라리아에 대한 훌륭한 방어책이었기 때문일 것이다. 말라리아를 로마제국 몰락의 주원인으로 꼽는 학자가 있을 만큼, 말라리아는 로마인들에게 자연의 천형이었다.

또한 강우량이 빈약한 로마에서 도시 생활을 위해 절박하게 중요한 일은 바로 식수 공급이었다. 이를 위해 로마인들은 정밀한 측정기와 기중기를 이용하여 거대한 상수도와 하수도를 비롯해 수많은 분수와 연못, 목욕탕 등을 조성했다. 특히 자연에 거슬러 아래에서 위로 물을 뿜는 분수는 그 자체 자연을 정복한 로마 문화의 상징이다. 4세기경 로마 시에는 무려 1천여 개에 달하는 분수가 있었다고 한다. 예술사가 휴즈(Robert Hughes)에 따르면, "나무가 파리의 상징이라면, 분수는 로마의 상징"이다. 이러한 고대 로마의 전통을 이어받은 나보나(Navona) 광장의 분수들에 대한 그의 감상평은 다음과 같이 이어진다. "분수는 바로 그 본질에서 유·무형의 인공적 사물이다. 그러나 베르니니가 설계한 나보나 광장의 분수는 햇빛에 반짝거리며 믿기 힘들 정도의 아름다움과 풍요로움으로 자연과 문화를 중재하고 있다."

로마인들은 물이라는 자연과의 투쟁 이외에도 또 다른 자연의 요소인 불과의 투쟁에도 몰두해야 했다. 로마의 역사는 수많은 화재들로 점철되어 있다. 특히 공화정 말기에 로마 시 인구가 급격하게 불어나 1백만 명에 달하게 되며 도시가 무질서하게 확대되자 화마의 위험이 더욱 커졌다. 그러자 크라수스(Crassus) 같은 부유한 정치가들이 소방대를 창설하고 운용하여 인기를 얻기도 했다 초대 황제 아우구스투스(Augustus) 역시 소방대를 재차 창설했고, 목재보다는 벽돌과 대리석으로 건물을 세우고자 했다. 그는 《업적록》에서 자신이 로마를 '대리석의 도시'로 만들었다고 자랑했다. 그러나 불을 길들이는 일은 쉽지 않았다. 네로(Nero) 황제 시대의 대화재로 로마는 잿더미가 되었다. 이 비극 이후에 구불구불한 로마는 반듯한 로마로 재건되었다. 요컨대 로마의 문화는 질병과 물 부족, 화마 등 자연에 맞선 투쟁으로 얻은 전리품이었던 것이다.

이 문화를 통해 세계의 수도 로마는 야만인들을 '로마화'하고 '문명화'했다. 로마의 국경선 '리메스(Limes)'는 그 자체로 문명과 야만을 가르는 경계선이었다. 그러나 로마 제정 말기에 이르자 변경을 지키는 로마 군단들은 항상 야만인들과의 끊이지 않는 전투로 피로해지고 피폐해졌다. 2차 세계대전 말기 아르덴 숲에 참호를 파고서 초조하게 독일군의 공격을 기다리던 미군 병사들은 자신들의 심정을 게르만족의 공격을 기다리던 로마 군단병들의 심정에 비유하기도 했다. 야만은 끝내 길들여지지 않았다. 그러기는커녕 야만인들은 쇠락하는 로마 문화를 계승하고 대체하는 새로운 피를 수혈했다. 게르만족이 유럽 문화의 새로운 주인공으로 떠오른 것이다.

410년 서고트족의 로마 약탈은 영원한 제국의 쇠퇴를 알리는 상징적인 사건이었다(로마는 역사상 두 번 약탈당했다. 두 번째는 1527년 프로테스탄트 독일 용병대의 로마 약탈이다). 이 사건은 우는 아이도 '서고트족이 온다'는 말에 울음을 그칠 정도로 로마인들에게는 악몽이었다. 서로마제국이 몰락한 후 6세기 말경에 도시 로마의 주민 수는 불과 9~10만 명으로 줄어들었고, 그나마도 롬바르드족의 압박으로 여기저기서 몰려든 피난민이 대부분이었다. 황폐해지고 위축된 도시 로마는 이제 과거의 영광을 뒤로 한 채 다시 자연으로 돌아간 듯 보였다.

로마는 정신적 중심이다

로마는 메트로폴리스에서 시골 소도시가 되었다. 이 소도시를 다시 일으켜 세운 것은 가톨릭 교회였다. 교회는 어려운 시절에 행정과 구호 사업의 단위로서 주민들의 삶을 실질적으로 돌보았다. 그런 과정에서 로마는 베드로의 후계자가 통치하는 교황의 도시가 되었고, 교황이 유럽 기독교 세계를 정신적으로 지배한 만큼 유럽의 영적 중심으로 부활했다. 로마 시내에 처음 설립된 교회는 318년에 완공된 라테란 대성당(Lateran Basilica)이었고, 라테란 궁전은 오랫동안 교황의 공식 거처였다. 그러나 1305년에 교황청이 아비뇽으로 옮겨간 뒤 라테란은 방치되었고, 교황이라는 주인을 상실한 로마는 극속하게 시들었다. 그리하여 카피톨리노 언덕에서 로마의 계관시인으로 추대된 페트라르카(Francesco Petrarca)는 불모의 로마에 실망하여 작별을 고했다. "안녕, 브루투스. 안녕, 로물루스. 안녕, 로마의 자유와 평화, 평온함의 건국자여."

1347년에 콜라 디 리엔초(Cola di Rienzo)가 카피톨리노 언덕에서 고대 로마 공화정의 부활을 선언했다. 그리고 로마 귀족들을 내쫓고 호민관으로 추대되었다. 기독교 정신을 통한 로마의 부활을 꿈꾼 페트라르카도 리엔초에게 열렬한 지지를 보냈다. 그러나 새로운 로마 공화정은 불과 1년밖에 유지되지 못했다. 리엔초는 성난 군중들에게 구타당한 뒤 단칼에 죽임을 당했다. 그의 유해는 교회에 게시되었고, 결국 아우구스투스 영묘에서 불태워졌다.

1361년에 교황좌가 공석으로 남아 있던 라테란 궁전에 화재가 발생

성 천사의 성. 원통형 건물의 꼭대기에 '천사의 상'이 있어 이러한 이름이 붙었다. 현재 내부는 박물관으로 사용되고 있다.

했다. 1377년에 교황청이 로마에 돌아왔을 때 새 거처는 라테란이 아니라 '테베레 강 저편'의 바티칸(Vaticano)이 되었다. 그 후에도 아비뇽에서 대립 교황들이 계속 선출되어 교회의 대분열이 지속되면서 로마는 끊임없는 소요와 혼란 속에 빠졌다. 1417년의 콘스탄츠 공의회에서 마르티누스 5세(Martinus V)가 교황으로 선출되었고, 3년 후 로마 시에 정착함으로써 비로소 로마-바티칸 부흥의 전기가 마련되었다.

바티칸은 새로운 교황청의 이상적인 소재지였다. 이곳에 있는 성 베드로 대성당(San Pietro Basilica)이 교황의 권위를 보장했고, 성 천사의 성(Castel Sant'Angelo)이 비상시에 교황에게 피신처를 제공했다. 15세기에 바티칸은 강력한 교황령 국가의 중심으로 발전했다. 때마침 불어닥친 르네상스의 바람이 바티칸에도 영향을 미쳐, 르네상스 교황들은 세속 군주처럼 행동하며 화려한 예술로 자신의 권위를 치장하고자 했다. 르네상스 시대 로마-바티칸의 상징은 간연 교황 식스투스 4세(Sixtus IV)가 1483년에 완공한 시스티나 예배당(Cappella Sistina)이다. 그의 후계자 율리우스 2세(Julius II)는 교황 선출이 이루어지기도 하는 이 예배당을 화려하게 꾸미기로 결심하고, 프레스코 벽화를 그려 넣을 화가로 미켈란젤로를 선택했다. 시스티나 예배당 천정의 〈천지창조〉와 제단 전면의 〈최후의 심판〉은 위대한 예술가의 투혼과 천재성을 고스란히 보여주고 있다. 독일의 문호 괴테(Johann Wolfgang von Goethe)는 이렇게 말했다. "나는 그 순간 미켈란젤로에게 반했으며 자연조차도 그 거장만큼의 취향을 갖지 못할 것 같다는 생각이 들었다. 아무래도 나는 그런 거장만큼 위대한 눈으로 자연을 볼 수 없기 때문이다. 그런 영상들을 마음속에 단단히 붙들어 맬 수 있는 방법이 있다면 얼마나 좋을까!"

그런데 괴테는 로마의 예술에 열광하면서도 로마에는 자연에 가까운, 야생에 가까운 무엇인가가 있다고 느꼈다. 그의 눈에 로마인들은 "종교와 예술의 아름다움과 기품을 간직하고 있으면서도, 동굴이나 깊은 숲속에 살고 있는 것과 아무런 차이가 없을 만큼 자연 그대로의 인간"처럼 보였다. 걸핏하면 벌어지는 살인 사건들을 두고 한 말이다. 또한 캄포 데 피오리(Campo de' Fiori) 광장은 '꽃밭'이라는 아름다운 뜻과는 달리 범죄자들과 이단자들이 매일같이 처형되던 곳으로, 군중들에게 잔혹한 볼거리를 제공했다. 이 광장에서 처형당한 사람들 중 가장 유명한 인물이 조르다노 브루노(Giordano Bruno)였다. 태양도 항성

당시의 가톨릭 교리에 반하는 주장을 편 조르다노 브루노는 이단으로 몰려서 1600년에 화형을 당했다. 브루노의 동상은 그로부터 약 300년 후인 1889년에 그가 죽임을 당한 캄포 데 피오리 광장에 세워졌다.

에 불과하며 밤하늘에 빛나는 별이 모두 태양이라는 무한 우주론을 주장한 브루노는, 1600년에 보수적 신학자 벨라르미노 추기경 등에 의해 이단으로 몰려 화형을 당했다. 유죄 판결을 받은 브루노는 이렇게 말했다. "당신들은 내가 선고를 듣고 느끼는 두려움보다 더 큰 두려움으로 내게 선고를 내릴 것이다." 브루노의 화형은 공포스럽고 권위주의적인 로마에 대한 '반기억(反記憶, counter-memory)'의 사례이다. 광장 주변에서는 다음과 같은 시구가 유행했다.

로마여, 당신이 신성하다 해도
당신은 왜 그리 잔인한가요?
자신이 신성하다고 말한다면
당신은 거짓말쟁이예요.

콘스탄티누스 대제의 것으로 착각되어 20개가 넘는 황제들의 청동 기마상 중에 유일하게 살아남은 마르쿠스 아우렐리우스의 기마상.

잔인한 로마는 그 자신에게도 잔인했다. 신성한 로마는 기독교 이전의 '이교도 로마'를 용납할 수 없었고, 그래서 고대 로마의 유물들에 대해서도 잔인했다. 로마가 발원한 팔라티노 언덕은 '양과 염소가 우는(벨란테)' 곳이라는 뜻의 '발라티노'라고 불리기도 했다. 고대 거주지들은 마구잡이로 파헤쳐지고, 유물들은 개인 소장품으로 팔렸다. 고대 유물은 오직 기독교의 고대성을 증명할 수 있는 경우에만 온전히 보전되었다. 20개가 넘는 황제의 청동 기마상들도 모두 파괴되었다. 마르쿠스 아우렐리우스(Marcus Aurelius) 황제 기마상만이 실수로 살아남았다. 선량한 가톨릭교도들이 그를 첫 번째 기독교도 황제인 콘스탄티누스(Constantinus)로 착각했던 것이다. 이 행운의 착각이 없었다면 마르쿠스 아우렐리우스도 다른 황제들처럼 역사의 용광로에 녹여졌을 것이다.

로마는 민족의 수도이다

르네상스가 저물고 이탈리아 반도는 음울한 외국 지배의 시대에 들어갔다. 브루노를 화형에 처한 종교 재판소와 금서 목록이 로마를 지배했다. 한 이탈리아 역사가는 이 '암흑 시대'를 염두에 두며 이탈리아가 역사의 주연 배우에서 무대장치로 전락했다는 뼈 있는 말로 우울함을 달랬다. 그러나 로마는 영원의 도시였다. 사람들의 마음속에 영원히 살아 있었다. 특히 19세기에 빈첸초 조베르티(Vincenzo Gioberti)나 주세페 마치니(Giuseppe Mazzini) 같은 '로마 찬미자들'은, 로마가 이탈리아를 모두 합친 것보다 크다면서 로마의 부활을 역설했다. 리소르지멘토(Risorgimento, 이탈리아 통일운동), 즉 민족 부흥의 시대가 도래한 것이다. 리소르지멘토의 과업은 사르데냐 왕국의 주도로 이탈리아 반도가 통일됨으로써 완수되었다. 그러나 1861년 통일 이탈리아 왕국의 선포식과 새로운 왕의 즉위식은 이탈리아의 정수인 로마를 회복하지 못한 채 사르데냐 왕국의 수도 토리노에서 이루어졌다. 로마가 없는 이탈리아는 대관절 무엇인가? 이것이 바로 당시에 많은 이탈리아인들과 유럽인들을 고민에 빠뜨린 질문이었다.

신생 이탈리아 왕국은 토리노와 피렌체 등 여러 수도를 전전하다 마침내 1870년 9월 20일에 로마를 무력으로 장악했고, 이듬해 2월 3일의 법령으로 로마를 이탈리아 민족의 수도로 선포했다. 이는 교황령 국

이탈리아 통일과 이탈리아 초대 국왕인 비토리오 에마누엘레 2세를 기념하기 위해 지어진 비토리오 에마누엘레 2세 민족기념관. 계단 위 중앙에 비토리오 에마누엘레 2세의 기마상이 세워져 있다. 이미지클릭 제공.

가와 교황의 세속 권력이 종말을 고했음을 알리는 역사적 사건이었다. 교황 피우스 9세(Pius IX)는 스스로를 '바티칸의 포로'로 규정하고 '로마의 정복자들'을 파문하며 이탈리아의 선량한 가톨릭교도들에게 세속 국가의 정치 일정을 보이콧할 것을 교시했다. 국민의 절대 다수가 가톨릭교도인 나라에서 이는 국가와 교회, 국가와 사회가 분리될 것임을 예시했다. 이것이 바로 리소르지멘토가 남긴 가장 골치 아픈 '로마 문제'의 발단이었다.

　세속 국가는 '로마 문제'를 교회의 수도가 아닌 민족의 수도 로마를 건설함으로써 해결하고자 했다. 그런 작업을 상징하는 것이 비토리오 에마누엘레 2세 민족기념관(Monumento Nazionale a Vittorio Emanuele II)이다. 국제 공모에서 당선된 건축가 주세페 사코니에 의해 1885년에 착공되어 1911년에 준공식을 가진 이 기념관은 이탈리아 통일과 이탈리아 초대 국왕을 기념하여 하얀 대리석에 신고전주의양식으로 지어졌고, 그 독특한 모양 때문에 '케이크'나 '타자기'라고도 불린다. 여기에는 '조국의 제단'과 '무명용사의 무덤', 비토리오 에마누엘레 2세 기마상 등이 있다. 그러나 비토리오 에마누엘레 2세 민족기념관 건립 과정에서 카피톨리노 근방의 많은 고대 및 중세 유적지들이 파괴된 것으로 전해지며, 기념관 자체가 주위 경관에 어울리지 않게 과장됐다고 치부되곤 한다. 이는 고대 로마와 현대 로마의 조화가 그만큼 어려웠음을 시사해준다.

중세 로마와 현대 로마의 조화도 그만큼 어려웠다. '로마 문제'가 상징하듯이 '일 퀴리날레(il Quirinale)'와 '일 바티카노(il Vaticano)', 즉 국가와 교회는 항상 평행선을 달렸다. 가령 이탈리아 수상 프란체스코 크리스피(Francesco Crispi) 같은 왕년의 자코뱅파이자 비타협적 반교권주의자는, 해방된 로마를 가리켜 사제들과 이들의 반계몽주의에 맞선 투쟁의 상징으로 묘사하면서 6만여 명을 동원한 성대한 기념식을 거행하여 교회의 반발을 샀다. 1889년에는 교회가 화형시킨 브루노의 동상이 화형장이었던 캄포 데 피오리 광장에 보란 듯이 건립되어 교회와 마찰을 빚기도 했다(브루노의 복권은 1992년에 교황 요한 바오로 2세에 의해 이루어졌다). 또한 같은 해 이탈리아 의회에서는 이탈리아 통일을 기념하기 위해 9월 20일을 국경일로 선포하는 법안이 제출되었다. 법안은 부결되고 재상정되기를 반복하다 1895년에 통과되었다. 이러한 일련의 사태에 모욕당한 교황은 정부를 맹렬히 비난하고 신도들을 단속하고자 했다. 그런가 하면 비타협적인 가톨릭교도들의 태도에 대해 반교

권주의를 표방한 정당들은 '혁신된 로마', '제3의 로마', '민족의 로마'로써 응수했다. 이는 근대 민족의 시대에 로마에 대한 상반된 두 개의 이념이 벌인 격렬한 전투였다.

'일 퀴리날레'와 '일 바티카노'의 전투는 무솔리니(Benito Mussolini) 시대인 1929년에 로마 교황청과 파시스트 정권이 맺은 라테란 화약으로 휴전되었다. 이와 더불어 '9월 20일' 기념식도 폐지되었다. 그러나 무솔리니는 선량한 가톨릭교도가 아니었다. 그는 정치적 필요에 따라 교회를 달래고자 했지만, 교회를 좋아하지 않았다. 나아가 그는 앞선 시대의 로마들을 부정했다. 그는 자유주의 시대의 로마, 바로크 시대의 로마, 르네상스 시대의 로마 대신 오직 고대 제국 시대의 로마만을 편애했다. 그는 고대 로마의 경례법과 걸음걸이(거위걸음), 전투 구호("아이야, 아이야, 알랄라!")의 전통을 발명해냈고, 고대 로마의 유적과 유물을 발굴하기 위해 그 위 지층에 있는 모든 시대 로마의 유적들과 유물들을 거리낌 없이 파괴했다. 특히 그는 자신을 신격화된 아우구스투스와 동일시했다. 그는 1938년 9월 23일에 아우구스투스 탄생 2,000주년 기념식을 거행하고 아우구스투스 영묘에 대한 대대적인 재건 사업을 벌였다. 과연 '로마적인 것'은 '제2의 리소르지멘토'를 추구한 파시스트 이데올로기의 핵심이었다. 파시스트 이데올로기에서 로마는 세계의 중심이었고, 로마인은 세계의 주인이었다. 특히 로마 건축에 매료되어 고전주의적 양식의 기념물 건설에 여념이 없던 무솔리니는 한 인터뷰에서 다음과 같이 말했다. "건축은 모든 예술 중 가장 위대하다. 다른 모든 예술의 축도이기 때문이다. …… 그것은 철두철미하게 로마적인 것이다. …… 나 역시 무엇보다 로마인이다. …… 로마는 우리의 출발점이자 준거점이다."

휴즈에 따르면, 무솔리니는 여러모로 콜라 디 리엔초를 연상시킨다. 둘 다 한미한 출신이었으나 위대한 일을 하리라는 운명을 믿었다. 둘 다 로마제국에 매료되어 오직 자신 속에서 로마제국의 영광이 육화되고 자신의 지배 아래에서 영광이 재현될 수 있으리라고 확신했다. 둘 다 뛰어난 연설 능력을 갖추고 카리스마를 뿜어냈다. 콜라 디 리엔초는 고대 로마의 개선 장군 의상을 입고 월계관을 쓴 채 카피톨리노 언덕에서, 무솔리니는 검은 제복 차림으로 베네치아 궁전 발코니에서 연설했다. 둘 다 뛰어난 시인을 동맹자로 삼았다. 콜라 디 리엔초에게는 페트라르카가, 무솔리니에게는 가브리엘레 단눈치오(Gabriele D'Annunzio)가 있었다. '로마 숭배'와 '로마 진군'은 원래 단눈치오의 것이었다. 누군가 단눈치오에게 무솔리니가 그의 것을 도용하지 않았는가 물었을 때 단눈치오는 다음과 같이 대답했다. "조금도 개의치 않는다 (me ne frego)." 그 후 이 말은 파시스트들의 애용어가 되었다. 그리고 마지막으로 둘 다 성난 군중들에게 비참한 최후를 맞이하여 그 유해가 공중에 게시되었다. 콜라 디 리엔초와 무솔리니의 몰락으로 로마는 '무방비 도시'로서 불투명한 미래를 기다려야 했다.

로마는 유럽의 일부이다

2차 세계대전의 패전으로 이탈리아는 전범 국가라는 오명을 감수해야 했다. 이제 이탈리아인들은 로마 대신 유럽에 귀의해야 했다. 위대한 로마를 운위하는 일은 이웃 국가들을 불편하게 하고 경계하게 했으니 말이다. 마땅히 이탈리아는 서독과 함께 전후 유럽통합에 가장 적극적인 태도를 취해야 했다. 그것만이 이탈리아가 국제 사회에 복귀할 수 있는 방법이었다. 이탈리아는 '유럽'이라는 여인의 저돌적인 구혼자였고, 그녀와 결혼하기를 열렬히 희망했다. 그러나 결혼 뒤 열정은 금방 시들었다. 이탈리아는 1957년의 로마 조약에 가장 뛰어난 정치인들을 대표단으로 파견했고, 로마 조약으로 출범한 유럽경제공동체(EEC)의 핵심 국가로 활약하며 1958년부터 1963년까지의 이른바 '경제 기적'을 통해 화려하게 재기했다. '메이드 인 유럽'과 '메이드 인 이태리'의 신화는 다른 곳이 아닌 로마에서 탄생한 것이다. 그러나 그 후 이탈리아는 '유럽'에 예전만큼 성실하지 않았고, 그래서 스스로 손해를 자초했다. 가령 유럽공동체 내부의 우유 할당제를 둘러싼 협상에서 대표단의 미숙함으로 이탈리아가 세계 최대 우유 수입국이 되는 촌극도 벌어졌다. 그리고 그런 일들은 아주 많이, 여전히 벌어지고 있다.

그러나 현재에도 '유럽'에 대한 이탈리아의 사랑은 어쨌든 계속되고 있다. 그러한 사랑은 이탈리아인들의 로마 정부에 대한 뿌리 깊은 불신 때문에 탄력을 받는다. "비가 온다. 빌어먹을 정부!"라는 말은 이제 진부한 상투어가 되었다. 이탈리아인들은 로마 정부가 하는 일이 아니면 언제라도 환영할 준비가 되어 있는 국민처럼 보인다. 여기에 '메이드 인 브뤼셀'이라는 상표가 붙으면 금상첨화이다. 그리하여 이탈리아에서는 더 강한 재정 긴축, 더 폭넓은 민영화 더 많은 경쟁을 도입하기 위한 조치처럼 정치적으로 부담스러운 정책도 로마에서 온 것이 아니라 브뤼셀에서 온 것이라는 이유로 조용히 받아들여진다. 1990년대에 로마노 프로디(Romano Prodi) 정부가 마스트리히트 조약에 따라 무거

헬리콥터가 고대 상수도관 위로 예수상을 위태롭게 매달고 날아가는 영화 〈달콤한 인생〉의 첫 장면.

운 '유로세(Eurotax)'를 도입했을 때, 이탈리아 국민들은 그것이 유럽과 이탈리아에 필요한 일이라고 생각하여 잠자코 지불했다. 한 언론인에 따르면, 그와 같은 경우 영국이었다면 아마 폭동이 일어났을 것이다.

오늘날 이탈리아인들은 로마를 잠시, 혹은 영영 잊어버리기로 한 것 같다. 휴즈에 따르면, 로마인들은 거의 "예술 문맹"이며, 로마 관광객들을 오직 돈벌이의 대상으로 여기고 있는 듯하다. 또한 역사가 카라치올로(Alberto Caracciolo)에 따르면, 이제 '로마'라는 두 글자는 당장의 생계를 걱정해야 하고 더 멀리 내다보지 못하는 "조급하고 불안한" 현대 로마인들에게 아무런 감흥도 불러일으키지 못한다. 이탈리아의 영화 감독 페데리코 펠리니의 걸작 〈달콤한 인생(La Dolce Vita)〉의 첫 장면에서 헬리콥터가 고대 상수도관 위에서 위태롭게 예수상을 매달고 날아가는 장면은 현대 로마에 대한 펠리니다운 오마주이다. 펠리니의 또 다른 걸작 〈로마(Roma)〉의 마지막 장면에서는 히피들이 무리를 지어 베스파 오토바이를 타고 콜로세움 앞을 질주한다. 이 영화에 카메오로 출연하기도 한, 로마인이나 다름없는 미국의 작가 비달은 왜 로마에 사냐는 질문에 다음과 같이 대답했다. "스스로를 영원의 도시라고 부르는 도시보다 세상의 종말을 기다리기에 더 적격인 도시가 있을까요?"

비범한 로마가 범상해진 것이 세상의 종말인가? 범상한 로마는 다시 비범해질 수 있을까? 만일 비범해진다면, 그래서 '제국'이나 '교회'가, 아니면 그 무엇이 로마를 세계의 수도로 다시 일으켜 세운다면 세상의 종말은 연기될 수 있는가? 비범해진 로마는 세계에 어떤 영광과 번영을, 혹은 어떤 박해와 파괴를 가져올 것인가? 하지만 로마 부활의 불가능성이 그 자체로 세상의 종말을 의미하는 것이 아닌가? 이렇듯 꼬리를 무는 의문들에도 불구하고 분명한 것은 여전히 로마는 로마를 갈망하는 사람들에게 감각적 쾌락과 흥분을 제공한다는 사실이다. 250년 전 괴테가 그랬듯이. 괴테는 로마의 작열하는 태양을 피해 그늘을 찾아 시스티나 예배당─"우리의 시간을 편안하고 시원하게 보낼 수 있는 그런 쾌적한 장소"─에 들어가 그 조용하고 엄숙하며 압도적인 분위기에서 예술적 사색에 잠길 수 있었다. 오늘날에도 그럴 수 있는가? 관광객들이 럭비 스크럼처럼 밀집된 시스티나 예배당에서, 그리고 오직 신의 솜씨를 가진 운전자만이 주차에 성공할 수 있는 교통지옥 로마에서 그런 위대한 사색이 가능할까?

이런 회의에도 불구하고 로마에 켜켜이 퇴적되어 있는 탁월하고 위대했던 과거 역사의 잔해를 보면서 역사의식을 회복하고 생명의 약동을 충전받는 선택된 소수는 어느 때나 있을 것이다. 한때 이탈리아의 미래주의자들이 그와 같은 태도를 과거 숭배라고 여겨 '구식 취향'이라 맹비난했을지라도 말이다. 빅토르 위고(Victor Hugo)와 더불어 브루노 동상 건립 위원회에 참여한 헨릭 입센(Henrik Ibsen)은 1866년에 로마에 체류하면서 다음과 같이 썼다. "로마는 아름답고 경이로우며 마술

적이다. 나는 작업에 필요한 특별한 능력과 거인 살해자의 힘을 느낀다. 나는 한 해 내내 나의 시 〈브랑(Brand)〉이 명료한 형태를 갖출 때까지 이 시와 씨름하고 있었다. 그러고 나서 어느 날 성 베드로 대성당 주변을 한가로이 거닐다가 문득 강력하고도 명료한 윤곽 속에서 내가 말해야만 할 것의 형태를 보았다." 1869년에 로마를 처음으로 방문한 헨리 제임스(Henry James)도 입센의 영감과 비슷한 감흥을 강력하고도 명료한 단 하나의 문장으로 일기에 적어놓았다. "마침내, 처음으로 나는 살고 있다." | 장문석

참고문헌

신상화, 《물의 도시, 돌의 도시, 영원의 도시 로마》, 청년사, 2004.

장 이브 보리오, 박명숙 옮김, 《로마의 역사》, 궁리, 2007.

허승일, 《로마사입문: 공화정 편》, 서울대학교출판부, 1993.

Barzini, Luigi. *The Italians: A Full-Strength Portrait Featuring Their Manners and Morals*. New York: A Touchstone Book, 1964.

Hughes, Robert. *Rome: A Cultural, Visual, and Personal History*. New York: Alfred A. Knopf, 2011.

Severgnini, Beppe. *La Bella Figura*. New York: Broadway Books, 2006.

위치 프랑스 일드프랑스 지역
면적 105km²
행정구분 20구
인구 2,243,833명(2010년)

콩코르드 광장
루브르 박물관
레퓌블리크
에펠 탑
시청
바스티유
나시옹
센 강

파리, 프랑스

유럽의 수도?

프랑스는 문화와 예술의 나라로 유명하다. 특히 프랑스의 수도 파리는 도시 자체가 훌륭한 문화적 자산이라고 할 수 있을 정도로 아름다운 도로와 광장, 건물과 성당, 공원과 조각이 관광객이나 산책하는 사람의 시야를 가득 메운다. 많은 사람이 콩코르드 광장(place de la Concorde)을 세상에서 제일 아름다운 광장이라 하고, 샹젤리제 대로(Avenue des Champs Elysées)를 제일 멋진 거리라고 하지 않는가. 루브르 박물관(Musée du Louvre)의 전시품은 인류의 역사를 보여주듯 무한대로 펼쳐진다는 느낌을 주는가 하면, 오르세 미술관(Musée d'Orsay)에 걸려 있는 눈에 익은 인상파 화가의 그림을 들여다보면 중고등학교 미술 교과서를 뒤적이는 듯하다. 프랑스는 문화 예술의 강대국임에 틀림없고, 파리는 세계적인 문화 예술의 중심이다.

하지만 관광 가이드에 흔히 나오는 이러한 소개는 프랑스인과 파

기원전 250년 골족의 분파인 파리시이 부족의 정착

기원전 52년 로마군 점령 후 '루테시아'라고 명명

360년 로마 점령기 말기에 '파리' 명칭 회복

10세기 프랑스의 수도로 성장

1671년 루이 14세가 왕궁을 파리에서 베르사유로 이전

1789년 7월 14일 프랑스 혁명 시민이 바스티유 점령(프랑스 혁명 기념일)

1830년 7월혁명으로 군주제의 성격이 완화되고 의회의 역할 강화

1848년 2월혁명으로 공화국 수립, 유럽 혁명 네트워크의 발현

리지앵들을 화나게 할지도 모른다. 파리는 아주 오랫동안 스스로를 세상에서 가장 아름다운 도시, 가장 인간적인 도시, 가장 완벽한 도시로 생각해왔기 때문이다. 19세기 말 파리의 별칭은 '빛의 도시(Ville lumière)'였다. 파리는 프랑스나 유럽의 수도일 뿐 아니라 인류를 미래로 인도하는 등불이라는 의미에서다. 프랑스의 역사학자 미슐레(Jules Michelet)는 파리를 '세계의 요약본'이라고 표현하면서, 다양성의 표상이며 미적인 조합을 가장 잘 이룬 도시라고 극찬했다. 나치 독재자 아돌프 히틀러(Adolf Hitler)조차 파리가 유럽에서 가장 아름다운 도시라며 베를린의 추함을 한탄했다. 영국의 작가 애크로이드는 파리의 아름다움에 비해 추함은 런던 정체성의 한 부분이라고 쓰기도 했다. 아름다움은 문화에 따라 다르고 최고의 미는 주관적 판단에 따르는 상대적 개념이다. 그렇다면 가장 인간적이거나 완벽하다는 찬사의 의미는 무엇인가.

미국의 지리학자 데이비드 하비(David Harvey)는 파리를 '근대성의 수도'라고 부른다. 하비는 우리가 살고 있는 근대성이 파리에서 1848년

프랑스 2월혁명을 계기로 탄생했다고 본다. 19세기 중반부터 파리에서는 보편투표권이 인정되면서 민주주의 원칙이 본격적으로 확립되었다. 문학과 예술에서도 혁명적 변화들이 확인된다. 문학에서 위고, 뮈세, 라마르틴 등의 낭만주의 시대는 가고 보들레르와 플로베르가 등장했다. 미술에서는 고전주의의 앵그르나 다비드가 현실주의의 쿠르베나 인상파 마네 등에게 자리를 내주었다. 사상에서도 낭만주의와 이상주의가 사라지고 과학적 사회주의가 떠올랐다. 산업과 생활의 변화도 뚜렷하다. 수공업 중심의 생산구조가 대규모 공장으로 대체되고, 작은 가게가 담당하던 유통은 백화점 같은 근대적 제도가 대신하게 되었다. 리무쟁(Limousin) 출신의 물장수들이 상수도의 개설로 사라지는 등 파리는 중세 도시의 모습을 잃어가면서 19세기의 근대적 도시로 다시 태어났다. 인간 개개인의 기본적인 권리가 확립되고 근대적인 삶의 틀과 제도와 양식을 만들어냈다는 점에서 파리는 분명 가장 인간적이고 가장 완벽하다는 찬사의 대상이 될 만하다.

　파리는 유럽통합의 공식적이고 제도적인 역사에서도 으뜸의 자리

프랑스 외무부 장관이던 로베르 슈만이 1950년 5월 9일 프랑스 파리의 케도르세에서 '슈만 플랜'을 발표하여 초국적 통합을 제안했고, 이는 유럽석탄철강공동체(ECSC) 탄생으로 이어졌다. 연합포토 제공.

를 차지한다. 프랑스와 독일의 화해를 바탕으로 새로운 평화의 유럽을 만들자는 생각이 싹튼 것은, 유럽의 아버지 쟝 모네(Jean Monnet)가 해방 프랑스 정국에서 경제계획부 장관으로 있을 때다. 그는 외무부 장관 로베르 슈만(Robert Schuman)에게 자신의 구상을 전달했고, 슈만은 프랑스 외무성이 있는 파리의 케도르세(quai d'Orsay)에서 1950년 5월 9일 '슈만 플랜'을 발표하며 초국적 통합을 제안하고 나섰다. 그리고 프랑스의 적극적 외교로 1951년 4월 18일에는 파리 조약을 통해 유럽석탄철강공동체((European Coal and Steel Community: ECSC)가 탄생하게 되었다. 유럽연합은 슈만 플랜을 유럽통합의 시발점으로 삼아 매년 5월 9일을 '유럽의 날(Europe Day)'로 지정하여 기념하고 있다.

이 글에서 근대성의 수도이자 빛의 도시 파리가 가지는 수많은 정체성 중에서 일반적으로 알려지지 않은 정치적 차원을 조망하고자 한다. 특히 근대성의 정치무대에서 혁명과 시위라는 전위적(avant-garde, 아방가르드) 전통의 형성과 전개를 소개하고, 유럽 도시의 네트워크에서 혁명과 시위의 망이 만들어지고 작동하는 과정을 살펴본다. 중요한 역사적 계기에 혁명과 시위가 유럽 여러 도시에서 동시다발적으로 폭발한다는 사실은 네트워크의 존재를 증명하는 지표다. 마지막으로 파리가 혁명과 시위의 수도가 된 이유를 역사적으로 살펴볼 것이다.

파리의 혁명과 시위의 역사

파리가 세계 혁명의 역사에 본격적으로 등장한 것은 18세기 말 프랑스 대혁명을 통해서이지만, 그 전에도 파리는 권력에 크게 저항하는 전통이 있었다. 13세기에 이미 20만으로 유럽에서 가장 많은 인구를 가졌던 파리에는 중세로서는 놀랄 만한 수치인 1만여 명에 달하는 학생이 집중되어 있었다. 파리의 부르주아는 왕권과 빈번하게 협력하거나 견제하는 역할을 담당했고, 수공업자, 노동자 등 서민 계층은 정쟁이나 전쟁에 적극 참여했다. 백년전쟁이나 종고전쟁 시기에 파리는 영불 대립과 내전의 구도에서 왕권과 자주 충돌했으며, 1648년에는 왕실이 파리를 떠나 근교 생제르맹앙레(Saint-Germain-en-Laye)로 4년간 옮기기도 했다. 1671년에 루이 14세가 파리 시내가 아닌 베르사유(Versailles)에 프랑스의 대규모 왕궁을 새로 건설하여 옮긴 중요한 요인도 파리 군중에 대한 불안이었다.

인류 역사에서 인민 주권의 원칙을 최초로 선언한 1789년 프랑스 대혁명 무대의 중심은 파리다. 루이 16세가 전통적 의회에 해당하는 삼부회의(Etats Généraux)를 베르사유에서 개최한 것도 파리는 민중 저항의 전통이 강했기 때문이다. 하지만 파리의 혁명 군중은 7월 13일에 시청을 점령하고 14일에는 바스티유 감옥을 점령함으로써 시를 장악했다. 파리의 혁명 세력은 10월 4일 베르사유에 있는 왕과 왕비가 파리로 돌아오도록 강요하였고, 프랑스의 삼색기는 적색과 청색으로 이루어진 파리의 시기(市旗)와 왕을 상징하는 백기(白旗)를 합쳐서 만들어졌다. 그리고 왕은 단두대에서 처형당했지만, 파리는 국민이 주인이 되는 새로운 시대를 맞아 권력의 중심이자 무대, 상징이자 머리의 역할을 부여받았다.

19세기는 왕권과 민중이 반복적으로 충돌하고 대립하면서 서서히 프랑스의 민주주의가 공화국의 형태로 발전하는 시기였다. 특히 세 차례의 혁명은 각각 민주적 발전의 한 단계 진일보를 의미했고, 매번 파리는 그 혁명의 무대였다. 1830년 7월혁명을 통해 파리 혁명 세력은 나폴레옹 패전 이후 유럽의 강대국들이 강요했던 체제의 샤를 10세(Charles X)를 물러나게 하고 루이 필리프(Louis Philippe)를 국왕으로 옹립함으로써 의회 중심의 자유주의를 추구했다. 1848년의 2월혁명에서 파리 혁명 군중은 공화국을 선포하였고 보편투표권, 노동자의 권리 등을 확립하려는 진보적 프로그램을 추진했다. 1851년 루이 나폴레옹(Louis Napoléon)이 대통령에서 황제로 등극하려는 계획에 파리 시민은 저항했고 정권의 진압 과정에서 시민 4백여 명이 희생되었다. 1870년 프로이센과 프랑스의 전쟁에서 파리는 백일이 넘는 기간 동안 프로이센군에게 포위당했지만 도시를 지켜냈다. 그럼에도 불구하고 베르

1848년 2월혁명 때 파리 시청 앞에 운집한 군중. 7월혁명으로 왕위에 오른 루이 필리프는 공화국을 원했던 파리 혁명 군중에 의해 왕위에서 쫓겨났다.

사유와 보르도(Bordeaux)로 이전한 보수파 정부는 강화조약을 체결하고 말았다. 배신당한 파리 시민은 1871년 봄에 정부를 부정하면서 파리 자치구, 즉 코뮌을 수립하였다. 혁명 세력은 붉은 기를 사용하면서 무상초등교육과 같은 사회주의적 정책을 적극 추진했지만 정부군에 대학살당하면서 무너졌다.

파리의 급진적 코뮌은 지방의 보수 세력에 밀려 피로 물들며 실패했지만, 프랑스는 1870년대에 제3공화국을 수립하면서 민주주의 공화정의 시대로 돌입하였다. 그 후 파리는 혁명의 도시에서 대규모 시위의 도시로 탈바꿈한다. 보편투표권과 선거를 통해 정권 교체가 가능해진 만큼 바리케이드를 치고 정부군과 대립하던 양상에서 수적 과시를 통해 정치적 영향력을 행사하는 민주주의 시대의 패턴으로 바뀐 것이다. 19세기 후반 파리에는 우파 또는 극우의 민족주의 세력과 좌파 공화주의 세력의 행진과 시위가 서로 규모를 과시하면서 대립했다. 그리고 '드레퓌스 사건'이 절정을 이루었다. 1930년대에는 파시즘과 사회주의의 대립이 파리의 시위를 주도했고, 인민 전선을 통한 좌파 집권으로 여성과 아동도 참여하는 축제 분위기의 시위가 등장함으로써 투쟁적 시위 일변도에서 축제형 시위의 가능성을 보여주었다.

1968년 5월혁명은 학생과 노동자가 중심이 되어 오랜만에 바리케이드가 재등장하면서 폭력적 충돌이 벌어졌다. 총파업과 연결되어 자본주의 소비사회와 도덕적 보수주의에서 탈피하려는 새로운 형식의 투쟁이었다. 이 68혁명을 거치면서 프랑스 사회는 사회문화적으로 개방되었고 파리의 시위 문화도 점차 절제된 모습을 띠게 되었다. 1981년 사회당의 집권 이후에는 보수 세력도 대규모 집회와 시위를 통해 도시 공간을 점령하고 정치적 의사를 표명하는 등 적극적으로 변했다. 이와 동시에 과거 파리에서 벌어지던 계급 투쟁적 혁명이나 충돌은 2005년 폭동 사태가 보여주듯이 교외 지역으로 이전하는 경향을 보였다.

이상에서 볼 수 있듯이 파리는 1789년 대혁명 이전에도 권력에 저항하는 전통을 가진 도시였고, 대혁명 이후에는 반복적으로 혁명을 주도하는 도시로 부상하였다. 가장 오랜 자유민주주의 전통을 자랑하는 영국과 미국은 혁명을 통한 정치체제의 변화를 19세기 이후 경험하지 않았다. 같은 자유민주주의 국가지만 프랑스는 반복되는 혁명과 정치체제의 변동을 경험했다는 점에서 대조적이다. 좌우를 막론하고 프랑스 중앙정부가 파리를 두려워했음은 1977년이 되서야 처음으로 파리 시장을 직선으로 선출하게 했다는 사실에서도 발견할 수 있다. 혁명적인 파리의 민중을 기반으로 한 권력이 언제든지 프랑스 정부를 위협할 수 있다고 인식했기 때문이다.

혁명의 유럽 도시 네트워크

파리가 유럽 혁명의 수도로 부상하기 이전부터 유럽에는 다양한 정치적·종교적·문화적 네트워크가 도시 사이에 형성되어 있었다. 파리는 유럽에서 강력한 프랑스 왕국의 중심으로 마드리드나 런던, 이탈리아의 도시국가와 교류하면서 정치적 네트워크를 형성하였고, 수많은 성당과 대학을 통해 종교적이고 문화적인 교류망의 중심 역할을 담당했다. 예를 들어 파리 대학은 유럽 신학의 중심으로 기능했으며, 아벨라르나 토마스 아퀴나스 등의 학자는 유럽을 활동 무대로 대륙적 명성을 누렸다. 또한 파리를 중심으로 발전한 고딕 건축양식은 유럽 전역으로 확산되어 고딕 스타일의 유럽 네트워크를 형성했다.

혁명의 수도라는 측면에서 파리의 역할이 본격적으로 부각된 것은 18세기 계몽주의 시기다. 루이 14세의 17세기에 이미 베르사유와 파리가 유럽의 고전주의 문화 중심으로 부상했고, 프랑스어가 국제 언어로 유럽에서 보편화되었다. 하지만 18세기의 파리는 유럽의 새로운 시대정신을 선도하는 계몽의 수도라고 불러도 무방하다. 유럽 지식과 정신의 군주로 불리는 볼테르를 비롯하여 백과사전파의 달랑베르와 디드로 등이 파리의 살롱에서 활동하면서 유럽 전역에 변화의 바람을 불러일으켰기 때문이다. 그림은 파리 소식에 갈증을 느끼는 유럽 도시에 소식을 전했고, 덴마크의 크리스티안 7세, 스웨덴의 구스타프 3세, 오스트리아의 요세프 2세 등은 직접 파리를 경험하고 방문했다. 민주주의와 혁명의 발판을 마련하는 세기에 이미 유럽의 사상적 네트워크의 중심으로 파리가 등장한 셈이다.

보편주의를 지향한 프랑스 대혁명을 통해 파리는 명목상으로는 세계의 수도로, 그리고 실질적으로는 유럽의 수도로 부상하면서 유럽 도시 네트워크를 주도하는 역할을 맡게 된다. 혁명 과정에서 파리는 대중적 정치 행사인 축제, 행진, 공개토론을 비롯하여 언론과 여론의 부상 등 새로운 정치 문명의 시대를 열었다. 유럽의 많은 지식인과 정치 활동가는 파리로 와서 프랑스의 혁명을 경험하고 배우고 확산시키려 하였다. 심지어 '정치 관광'이라는 용어가 등장했을 정도였다. 영국의 지식인 페인은 프랑스 시민이 되었으며, 클루츠 프로이센 남작은 전 세계의 삼부회의를 구상했다. 그는 실제로 파리를 수도로 삼는 '보편 공화국'을 꿈꾸었다. 유럽의 혁명 세력이 파리로 집결했다면, 프랑스의 왕족과 귀족은 유럽 전역으로 망명함으로써 보수와 반동의 네트워크를 만들었다. 1814년 프로이센의 왕과 러시아의 황제가 파리로 직접 와서 루이 18세를 옹립함으로써 보수 유럽 세력의 존재를 확인했다.

1815년부터 1848년 사이 파리는 유럽 지식인의 수도로 부상했다. 파리는 다양한 학생, 지식인, 문인, 철학가, 혁명 지식인의 집합 장소였다. 이들은 독일, 폴란드, 이탈리아, 헝가리, 그리스, 루마니아 등 유럽의 다양한 국가들로부터 왔다. 독일의 훔볼트는 1804년부터 1827년까지 파리에 거주했으며, 헤겔의 제자인 법학자 간스, 파리를 새로운 예루살렘이라고 부른 하이네, 독일 공화주의자 뵈르네, 이상적 사회주의에 빠진 헤세, 그리고 마르크스(Karl Marx)도, 파리에 잠시 체류하거나 장기 거주했다. 러시아의 바쿠닌과 헤르첸도 각각 1844년과 1847년부터 파리에 정착했다. 폴란드의 미키에비치나 이탈리아의 로시는 콜레주 드 프랑스(Collège de France)에, 그리고 이탈리아의 리브리는 소르본 대학

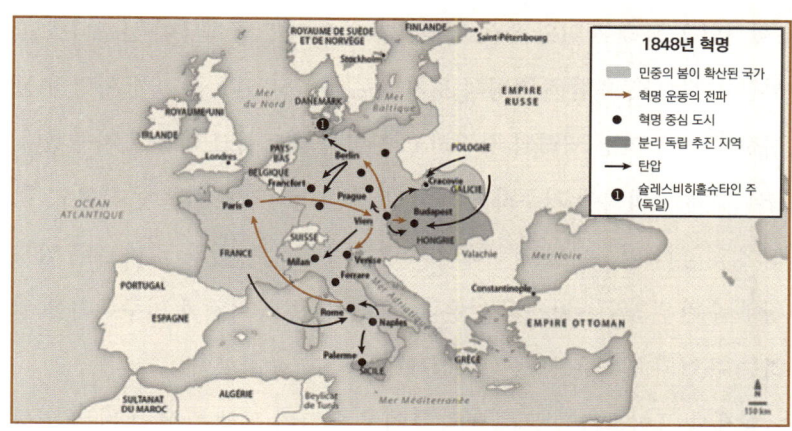

1848년 민중의 봄의 유럽 확산과 탄압.

에 교수로 재직했다. 하지만 대부분의 외국인 지식인은 신문 잡지 등
에 기고하거나 어학 선생으로 간신히 생존하는 형편이었다.

특히 파리에는 많은 독일인이 거주했다. 1830년에 7천 명, 1841년에
3만 명, 1848년 6만 2천 명이나 파리에 있었던 것으로 나타난다. 다른
한편 폴란드인은 1830년에서 1831년 사이에 일어난 바르샤바 봉기 실
패 이후 대거 이동하여 1846년에는 8천 명에 달했다. 물론 독일인의 경
우 경제적 이민자가 다수를 차지했다고는 하지만 그럼에도 불구하고
다양한 계층과 사상의 지식인이 집결된 파리에서의 경험은 많은 결과
를 낳았다. 젊은 시절의 마르크스와 《자본론(Das Kapital)》의 마르크스
의 차이를 설명하는 중요한 경험 중 하나가 파리다. 학계의 상아탑에
서 접하지 못했던 노동자와 숙련공 등을 파리에서 직접 접할 수 있었
기 때문이다.

유럽의 혁명 도시 네트워크가 가장 뚜렷하게 역사의 무대에 등장한
것은 1848년 '민중의 봄(printemps des peuples)'이다. 프랑스 파리에서

2월혁명을 통해 시민왕 루이 필리프가 사임하고 공화국이 선포되었고, 이를 시작으로 유럽은 혁명의 도가니로 돌입하였다. 이러한 혁명의 동시성은 유럽 혁명 세력의 강력하고 긴밀한 네트워크 덕분에 가능했다. 1848년에는 파리에 거주하는 외국인 집단이 혁명에 직접 동참했고, 혁명이 성공한 이후에도 자원해서 혁명 정부를 지원했다. 라마르틴 임시 정부 수반은 3월 프랑스와 같은 정치 원칙, 즉 공화정과 민주주의를 원하는 유럽의 민족은 동맹을 형성해야 한다고 주창했다.

실제로 프랑스가 선도적으로 보여준 혁명의 모델은 유럽 다른 도시에서 재생산되었다. 시위나 행진 같은 대중 행동, 신문 잡지 및 정치 선전물의 발행 등은 베를린, 프랑크푸르트, 마인츠, 쾰른, 밀라노, 로마, 베니스, 팔레르모, 빈, 프라하, 부다페스트 등 유럽 전역에서 반복되었다. 그리고 파리에서와 마찬가지로 프랑크푸르트, 베를린, 빈, 페스트 등에 의회가 수립되었다. 그리고 프랑스에서와 마찬가지로 혁명 세력이 초기에는 승리해도 몇 년 뒤 실패하여 다시 보수화의 길로 가게 된다. 그럼에도 불구하고 유럽의 민주화 경향은 1848년 혁명으로 확고하게 역사의 흐름으로 방향을 잡았다고 할 수 있다.

1848년 이후 저항과 혁명의 유럽은 국가별 상황과 조건에 따라 차이를 보이면서도 사실상 매우 높은 수준의 동시성을 발휘해왔다. 19세기 후반 유럽 노동운동이 공통적으로 주장했던 요구사항은 일일 노동을 8시간으로 제한하는 것이었으며, 5월 1일 노동절에 유럽 도시에서 노동자 시위가 벌어졌다. 1차 세계대전이 종결된 1919년부터 1920년까지 유럽 주요 도시에서 사회주의 혁명에 가까운 상황이 발생했다. 또한 1930년대 대공황의 태풍이 사회적 혼란을 야기하는 상황에서 유럽

1891년 5월 1일 노동절, 파리 클리시에서 일어난 시위.

대도시에는 파시즘과 공화주의의 대결이 본격적으로 일어났다.

　2차 세계대전 이후 유럽이 서부에서부터 통합되어 가면서 저항의 네트워크는 더욱 강화되는 모습이다. 소련의 1956년 헝가리 침공과 1968년 체코 침공은 유럽 주요 도시에서 강력한 반발을 불러일으켰다. 특히 1968년 혁명은 서로 다른 양상을 띠었지만 유럽 주요 도시에서 청년의 해방운동으로 부각되었고, 실제로 1970년대 유럽 사회의 개방을 선도하는 사건으로 작용했다. 정치적으로 환경운동이나 지방 자치운동이 강화되면서 민족의 유럽을 약화시키는 데 기여했고, 사회문화적으로 여성이나 동성애자의 권리를 강조하면서 게이 퍼레이드 같은 도시 행사의 네트워크를 만들어냈다. 1980년대부터 유럽연합 차원에서 시행된 '에라스무스(Erasmus)' 같은 학생 교환 프로그램을 통해 유럽의 청년은 서로 비슷한 생각을 공유하게 되었고, 유럽 도시는 점점 공동의 행동양식에 익숙해졌다. 예를 들어 2002년 이라크 전쟁에 반대하는 유럽 도시에서의 동시 시위는 권력에 공동으로 저항하는 유럽의 도시 네트워크의 존재를 명백하게 상기시켜 주었다. 2003년 2월 런던, 로마, 바르셀로나 등 이라크에 파병한 국가에서는 각각 1백만이 넘는 시위자가 동참했고, 파리, 리스본, 뉴욕, 몬트리올 등에서도 10만 명 규모의 시위가 벌어졌다.

혁명 수도의 문화와 전통

파리가 유럽 또는 세계의 혁명과 시위의 수도로 부상하게 된 역사적 이유는 다양하고, 많은 부분 우연의 결과일 가능성이 높다. 우리가 주목하는 것은 파리가 저항과 변화의 도시로 부상하게 된 구조적 원인이다. 적어도 유럽에서 파리가 보여주는 가장 대표적인 특징은 독보적으로 높은 인구의 규모와 밀도다. 파리는 13세기 이미 유럽 최대의 도시로 부상했다. 16세기 말 파리의 인구는 30만 경에 달했고, 17세기에는 45만 명까지 늘어났다. 19세기가 시작하는 1801년에 54만 명이었던 인구는 1846년에 1백만 명을 넘겼고, 이후 계속 증가하여 1901년에 271만 명을 기록했다. 20세기 파리 인구는 점차 즐기 시작하여 지금은 2백만을 조금 넘는다. 하지만 현재에도 파리의 연구 밀도는 제곱킬로미터당 무려 2만 명이 넘는다. 이는 런던(약 4천 명)의 다섯 배에 달하는 높은 수치다. 심지어 인구 밀도가 높기로 유명한 동아시아 도쿄(약 6천 명)와 비교해도 파리가 더 높은 수준이다.

　파리에 인구가 많고 인구 밀도가 높다는 것은 여러 의미를 지닌다.

적어도 20세기 초까지 파리가 근대성의 수도로 부상한 중요한 이유는 최대의 인구를 관리하고 조절하고 통제하는 데 새로운 철학과 기술, 정책과 자원을 동원해야 했기 때문이다. 게다가 파리는 20세기 아시아나 아프리카의 도시처럼 인구만 많았던 것이 아니라, 당시 세계의 중심으로 정치나 경제는 물론 문화와 과학 기술에서도 첨단을 달렸다. 가장 많은 인구를 가장 첨단 문화로 관리하는 과정에서 근대성이 생성되었다고 보아도 무리는 아닐 것이다.

높은 인구 밀도는 파리의 도시 분위기를 설명하는 중요한 요인 가운데 하나다. 미국의 작가 애덤 고프닉은 "파리에는 항상 적대적이지는 않지만 당신을 평가하는 듯한 사람들의 눈을 느낄 수 있다. 우리가 도시로 가는 이유는 눈에 띠지 않기 위해서다. 아니 정확히 말해서 눈에 띠었다, 안 띠었다 하기 위해서다. 그런데 파리에서는 눈에 띠지 않기가 힘들다"고 말한다. 그는 "파리에서는 우체부나 세탁소 주인과의 관계도 추상적이거나 익명적일 수 없다"며 파리의 인구밀도가 초래하는 인간관계의 밀도나 심도를 표현한다. 이러한 조건은 불평불만이 사회적으로 형성되어 집단적 저항으로 발전하기에 적절한 미시적 여건을 만든다. 혁명과 시위의 도시가 되기 위한 구조적 조건임에 분명하다.

인구 밀도 못지않게 중요한 요인은 파리의 대두증(大頭症)이다. 파리는 프랑스의 수도이지만 일반적인 수도가 아니라 매우 독보적이고 특별한 수도이다. 파리는 프랑스 제2의 도시인 마르세유 인구의 7배에 달하는 거대한 수도로 그 어느 도시도 경쟁 대상이 아니다. 어떤 의미에서 프랑스는 파리다. "파리를 지배하는 자, 프랑스를 지배한다"라는 말이 설명하듯이 파리의 혁명 정치는 프랑스라는 유럽의 대표적 강대국 권력을 둘러싼 투쟁이다. 때로는 1871년 파리 코뮌의 탄압에서 볼수 있는 것처럼 지방이 파리에 우세를 점하기도 했다. 비시(Vichy)처럼 보수적·반동적 정권은 파리를 나치 독일에 양보하고 지방으로 내려가기도 했다. 하지만 일반적으로 파리의 권력 투쟁 결과에 프랑스가 따라오는 경우가 대부분이었다. 19세기의 한 가이드북은 런던은 시장(市場), 베를린은 대학, 빈은 음악당, 피렌체는 박물관, 상트페테르부르크는 군사기지일 뿐이지만 파리는 상업, 산업, 미, 예술, 문학, 지식의 중심이자 정치의 중심이라며 파리의 종합적 성격을 강조했다. 이는 모든 것이 집중된 곳을 차지하기 위한 맹렬한 투쟁이 벌어질 수 있는 구조적인 요인이다.

물론 이러한 경쟁 또는 투쟁이 개인적 차원에서 치열하게 전개될 수도 있다. 런던이나 뉴욕은 대표적으로 자본주의의 개인적 경쟁이 지배하는 세계적 대도시다. 하지만 파리는 집단적 사회 및 정치 투쟁이 하나의 전통으로 자리 잡았다. 파리는 1789년 혁명의 과정에서 인민의 집단적 봉기의 권리를 세계 최초로 헌법화한 나라의 수도다. 1793년 6월 헌법 제35조는 정부가 인민의 권리를 침해할 경우 집단적으로 봉기할 수 있는 권리를 인정한다. 그만큼 부당한 권력 행사에 집단적으로 저항하고 투쟁하는 전통의 뿌리는 파리지앵에게 깊이 침투해 있다.

파리는 지리 자체가 정치적 성격을 강하게 담고 있다. 파리는 크게 동서부로 나뉘는데 서부는 귀족과 부르주아 계층이, 동부는 노동자와 서민 계층이 거주하는 지역이다. 1848년 혁명의 바리케이드 분포도를 보면 전부 파리 동부에 위치하고 있음을 발견할 수 있다. 이러한 전통은 20세기까지 이어져 좌파가 주도하는 시위는 대부분 파리 동부의 '바

스티유—나시옹(Nation, 민족)—레뛰블리크(République, 공화국)'의 삼각
형 모양을 형성하는 세 지역을 중심으로 진행된다. 반면 우파의 민족
주의적 성향의 시위는 서부에 샹젤리제 대로나 잔 다르크 동상 주위에
서 열린다. 도시 공간에 정치적 의미가 깊이 담겨 있는 것이다.

　공간뿐 아니라 도시를 채우고 있는 건물과 기념물도 정치적 상징으
로 기능하는 경우가 많다. 파리 코뮌이 한참이던 1871년 5월 16일 파
리 민중은 독재자 나폴레옹이 세운 방돔(Vendôme) 기둥을 파괴함으
로써 과거를 청산하려 했다. 뉴욕을 상징하는 자유의 여신상은 공화정
을 수립한 프랑스가 미국 독립 100주년을 축하하기 위해 1886년 파리
에서 만들어 보낸 선물이다. 파리 코뮌의 피비린내 나는 학살 뒤 19세
기 후반에 프랑스 보수 및 가톨릭 세력은 몽마르트르 언덕에 사크레쾨
르(Sacré Coeur) 성당을 건립함으로써 종교에 대한 혁명 세력의 공격과
모멸을 씻으려 했다. 그러자 파리 시정을 장악한 진보 세력은 사크레
쾨르 성당 앞 광장에 코뮌의 여성 영웅 미셸상을 세우고 그 이름을 광
장 명으로 결정했다. 이런 사례에서 볼 수 있듯이 파리는 살아 있는 혁
명의 기억이다. 혁명의 공간이 되는 파리, 시위의 경험이 녹아 있는 파
리는 21세기까지도 사람들로 하여금 거리로 내려와 슬로건을 외치며
행진을 하도록 만든다.

　파리 경시청 통계에 따르면 2000년 이후 현재까지 파리는 매년 평균
1천5백 건 정도의 시위가 열린다. 하루 평균 약 3건의 시위가 다양한
이유로 파리를 움직이는 것이다. 2010년 9월에서 10월에 걸쳐 진행된
연금법 개정 반대 시위처럼 1백만 명 이상을 동원하는 거대한 시위도
있지만, 수백에서 수천 명 규모의 시위가 더 일반적이다. 반복되는 역

2013년 1월 13일, 동성 결혼에 반대하는 시위를 위해 수십만 명의 군중이 에펠탑 아래에 운집했다.

사의 경험 속에서 파리라는 도시 공간에는 혁명의 기운이 흐르고, 권력에 저항하는 레지스탕스의 전통이 확고하다. 역사와 전통에 뿌리내린 혁명의 수도 파리는 쉽게 사라지지 않을 것으로 보인다.

파리의 사회학적 변화

고대 아테네나 로마가 영원한 영광을 누리지 못했듯이 파리의 위상도 예전만 못하다. 19세기 근대성의 수도로 등장한 파리지만, 점차 뉴욕이나 도쿄 같은 20세기의 대도시와 경정해야 하는 시대가 왔다. 여기서 우리가 주목한 혁명과 시위의 수도라는 차원에서 보더라도 파리의 위상은 이제 예전 같지 않다. 그 첫 번째 원인은 파리의 사회학적 변화다. 파리의 시민은 점차 고령화와 부르주아화의 특징을 보이고 있다. 과거 파리의 빈민이나 서민, 노동자 계층이 거주하면서 혁명과 시위의 중심이었던 파리 동부마저 최근에는 재개발을 통해 중산층 거주 지역으로 돌변했다. 노동자와 서민은 점차 파리 외곽으로 쫓겨나는 형편이며, 대규모 시위 때만 파리로 집결하여 행진하는 정도다. 여전히 중·고등학생이나 대학생이 사회운동이나 저항 세력의 중요한 지지 기반이지만 이들도 수적으로 확대되는 것은 아니다. 시위 무대의 배우(행위자)와 관객의 사회적 거리가 점차 멀어지는 셈이다. 파리 저항의 문화도 따라서 약화될 전망이다.

혁명과 시위의 수도로서 파리의 위상이 변화할 수밖에 없는 또 다른 원인은 유럽이 통합됨으로써 파리가 과거에 가졌던 권력 중심으로서의 상징성이 크게 약화된 것이다. 이제 유럽인의 삶을 지배하는 많은 결정은 파리가 아닌 브뤼셀에서 내려지며, 브뤼셀이 아니더라도 유럽 정상회담이 열리는 도시가 뉴스의 초점이 된다. 그곳은 마드리드일 수도 있고, 헬싱키일수도 있다. 과거 대륙에서 파리가 독점하던 중앙무대의 자리를 이제는 유럽연합 회원국의 도시 네트워크가 돌아가면서 담당하는 모양이다. 이러한 파리의 독점적 위상의 약화는 유럽적 도시 네트워크의 등장으로 연결되었다.

유럽통합으로 총괄적 권력 중심이 하나의 도시에서 도시 네트워크로 이전된 것과 마찬가지로 권력 중심의 기능적 분산도 괄목할 만한 현상이다. 이제 프랑스의 통화 정책은 파리 베르시 구역에 있는 재정경제부가 아니라 프랑크푸르트의 유럽중앙은행(European Central Bank: ECB)에서 결정된다. 유럽의회 역시 프랑스 스트라스부르에서 총회를 열고, 벨기에 브뤼셀에서 상임위원회를 개최한다. 과거와 같이 파리가 항상 저항의 유럽의 주도적인 역할을 담당하는 것이 아니라 긴축에 항의하는 아테네나 분노의 운동이 일어난 마드리드가 그 역할을 돌아가면서 담당하게 되었다는 뜻이다.

파리는 아주 오랜 기간 유럽, 그리고 더 나아가 세계에서 가장 선도적인 정치를 개척했다. 인간의 해방과 민주주의의 실현을 목표로 하는 혁명의 수도로서 그 어떤 도시보다 미래의 비전을 보여주고 앞장 서 갔던 곳이다. 파리가 혁명과 시위의 수도가 될 수 있었던 것은 정치뿐 아니라 경제, 사회, 그리고 문화적 차원에서 근대라는 새로운 세상을 만드는 데 가장 혁신적인 도시였기 때문이다. 하지만 20세기 후반부터 현재에 이르면서, 파리는 독자적인 리더십보다는 유럽 도시 네트워크의 공통적 체제 속에서 파리의 중요한 역할을 하는 것으로 변하고 있

다. 유럽과 세계의 변화를 주도하는 등블에서 유럽 도시망의 요충 도시로 탈바꿈한 것이다. ∣ 조홍식

참고문헌

Combeau, Yvan. *Histoire de Paris*, 5e édit, Paris: PUF, 2008.

Harvey, David. *Paris, Capital of Modernity*, London: Routledge, 2003.

Pinçon, Michel and Monique Pinçon-Charlot. *Sociologie de Paris*, Paris: La Découverte, 2008.

Rearick, Charles. *Paris Dreams, Paris Memories: The City and Its Mystique*, Stanford: Stanford University Press, 2011.

Tartakowsky, Danielle. *Paris Manif': Les manifestations de rue à Paris de 1880 à nos jours*, Rennes: Presses universitaires de Rennes, 2011.

위치 독일 동부
면적 891.85km²
행정구분 12구와 95지구
인구 3,520,061명(2011년)

베를린, 독일

베를린
전쟁에서 평화로, 분단에서 통일로

베를린이라는 도시와 유럽통합의 상관성

유럽인들이 유럽통합의 필요성을 절실히 느끼고 실질적으로 유럽통합을 시작한 이유는 그들이 직면한 소위 '독일 문제'를 해결하는 데 있었다. 유럽 사람들에게 독일 문제란, 유럽의 중앙에 자리 잡고 있는 독일이 유럽 전체를 장악하여 '독일의 유럽'으로 만들려고 하는 시도들을 의미했다. 유럽인들에게 독일 문제는 무엇보다도 독일이 그것을 가능하게 할 수 있는 잠재적 또는 현실적 힘을 소유하고 있다는 절박한 공포감을 뜻했다. 궁극적으로 이러한 독일 문제를 유럽통합과 함께 해결한다는 것은 독일을 유럽 안으로 끌어안아서 통제할 수 있게 만드는 것이었다. 그런데 이 유럽통합의 동기요, 목적이며 추진력이 된 독일 문제가 구성되고 해체된 역사를 베를린이라는 도시가 매우 상징적으로 또한 드라마틱하게 담아왔다. 특히, 냉전 시대에는 '베를린 문제'가 '독일 문제'의 축소판으로 자리 잡았다.

1244년 최초로 문서 기록에 등장
1701년 프로이센 왕국의 수도가 됨
1806년 나폴레옹의 정복
1810년 베를린 대학(훔볼트 대학) 설립
1884년 제국의회 건물 기공, 1894년 완공
1891년 카이저 빌헬름 교회 기공, 1895년 완공
1894년 베를린 돔 기공, 1905년 완공
1936년 제11회 올림픽 개최
1938년 '수정의 밤' 발발

독일 문제의 원인을 제공한 독일의 지도자들은 브란덴부르크(Branden-burg) 변방에서 시작하여 프로이센 왕국을 만들고 이를 바탕으로 독일제국을 세웠다. 그 연장선상에서 그들은 유럽과 세계를 독일의 것으로 만들고자 하였다. 이러한 독일제국주의 조개의 중심이 베를린이었다. 독일제국주의 정책은 나치즘 정권과 그것에 의한 2차 세계대전 발발로 절정에 달했다. 나치즘 정권 시기 독일제국주의는 극히 왜곡된 인종주의 이론을 담고 있어서 말로 형언할 수 없는 반인륜적인 범죄를 자행했다. 그러한 범죄가 구상되고 실행 명령이 이루어지는 베를린은 '악의 역사'의 상징이었다. 그러다 전쟁이 종식되었을 때 베를린, 독일, 유럽은 가해자로서 그리고 피해자로서 대재앙의 잿더미 속에서 절망의 눈물을 흘려야 했다. 그러면서 미국과 소련의 전후 헤게모니 쟁탈전 속에서 전개된 냉전과 함께 베를린, 독일 그리고 유럽은 분단되었다. 이때에 베를린은 인류문명과 인류의 파괴, 이념과 영토의 인위적 분단, 죄와 벌, 더할 수 없는 비참함의 상징이 되었다.

초국가주의 사상에 의거하여 유럽이 독일을 유럽 속으로 품어 안고

1945년 동·서 베를린 분할
1948년 1차 베를린 봉쇄
1958년 2차 베를린 봉쇄
1961년 베를린 장벽 건설
1963년 케네디 미국 대통령 방문, 동·서 베를린 방문 허가 협정 체결
1989년 베를린 장벽 붕괴
1990년 독일 통일, 통일 독일의 수도로 지정됨
1998년 유럽문화수도 선정
1999년 페르가몬 박물관 유네스코 세계문화유산 등록

통합하여 영구 평화를 이루려던 계획은 이러한 냉전의 전개와 함께 좌초하였다. 분단된 가운데 반공의 수단으로 서유럽통합이 실현될 수 있을 뿐이었다. 이는 유럽의 분단에 기초한 서유럽통합이 시작된 것임을 의미한다. 이러한 서유럽통합을 위한 그 전제 조건은 독일 분단이었다. 베를린은 독일 분단 운명의 핵심에 위치했다. 분단된 베를린 시가, 베를린 장벽 등으로 대표되듯, 베를린은 분단과 냉전의 상징이 되었다. 이러한 운명 속에서 또한 동시에 베를린은 평화적으로 냉전을 극복하고 평화를 영구히 뿌리내리고자 하는 운동과 정책의 심장이 되었다. 그 결과 베를린 장벽이 붕괴되었다. 베를린 장벽의 붕괴와 독일 통일은 동서 냉전의 극복을 상징하고 서유럽통합을 넘어서서 유럽 전체의 통합의 길을 예시했다. 그리하여 베를린은 평화를 향한 길 그리고 유럽통합의 새로운 상징 기점이 되었다.

베를린을 양적 크기로 본다면 오늘날 인구는 약 340만 명, 넓이는 891제곱킬로미터다. 숲과 호수가 많고 슈프레(Spree)라는 긴 강이 도시 중심을 흐른다. 그래서 다리가 많다. 베를린의 다리의 수는 수상 도

시인 베니스를 능가한다. 도시 전체의 면적은 미국의 로스앤젤레스, 뉴욕에 이어 세 번째로 크다. 그런데 베를린은 다른 서구의 수도처럼 모든 것을 집중해서 끌어안고 있지는 않다. 역사적으로 구성된 독일의 지역주의 전통에 의거하여 수도 집중력이 비교적 약하고 주요 시설 및 문화기관들이 국가 전체에 퍼져 있다. 그러나 이러한 분산성은 세계적으로 가장 발달되어 있는 도로 및 교통 인프라에 의해 극복되면서 상호 유기적으로 연계되어 있다. 지형적인 위치상으로 보면 다른 서구의 수도, 예를 들어 런던이나 파리와는 다르게 북·동유럽 지역에 치우쳐 있다. 서구 국가이면서 동유럽 지역의 강자로서 자리매김할 수 있는 지리적 특징을 가졌다.

이러한 외관적·지리적 특징으로 인해 유럽통합 관련 많은 회의들이 베를린에서 개최되고 있다. 서유럽 그리고 동유럽 지역에 위치한 유럽연합의 회원국들이 공히 모일 수 있는 쾌적한 환경과 함께 최상의 도시 인프라를 갖추고 있기 때문이다. 또한 철도 및 고속도로의 교통 접근 가능성이 대단히 우수하고 냉전의 분단 역사와 이를 극복한 환희의 기억을 생생히 담고 있는 전체 유럽통합의 상징 도시이기 때문이기도 하다.

프로이센의 프리드리히 대왕과 베를린의 독일적 유산

베를린은 1701년 프로이센 왕국의 수도가 되었고 그때부터 세계적으로 알려졌다. 호엔촐레른(Hohenzollern) 왕가의 프리드리히 1세(Friedrich I)는 프로이센의 초대 왕으로서 왕국의 기초를 잘 닦고 아들

프리드리히에게 왕권을 넘겨주었다. 그의 아들은 이후 엄청난 업적을 이루며 프리드리히 대왕이라 불리게 되었다. 프리드리히 1세의 아내 조피 샤를로테(Sophia Charlotte)는 건축가인 아르놀트 네링을 시켜 이탈리아풍의 바로크양식의 성을 축조하게 하였는데 이것이 오늘날에도 위풍당당하게 서 있는 샤를로텐부르크(Charlottenburg) 성이다. 샤를로테는 당시 유럽 궁정의 유행처럼 동방의 신비를 즐겼는데 그의 방을 중국, 일본 등지에서 수입된 도자기로 그득하게 채웠다.

프로이센 왕국은 대왕이라 불린 프리드리히 2세(Friedrich II) 때 비약적으로 발전하였다. 프리드리히 2세는 프로테스탄트 교파를 국교로 설정하고 그 교리인 근면, 검소, 직업소명관을 독일 국민성으로 정착시키기 위해 최선의 노력을 기울였다. 이러한 그의 노력은 그의 사후인 1794년에 시작하여 1905년에 오늘의 모습으로 완성된 개신교회인 '베를린 돔(Berliner Dom)'을 통해 상징적으로 기억·보존되었다. 이 교회는 본래 프리드리히 대왕이 속한 호엔촐레른 가문을 위한 것이었다. 베를린과 프로이센 왕국이 보다 열렬한 프로테스탄트 지역이 될 수 있었던 것은 그의 할아버지 대선제후 프리드리히 빌헬름(Friedrich Wilhelm)이 프랑스의 프로테스탄트인 위그노를 받아들여 이 지역의 상공업을 발전시켰기 때문이다.

프리드리히 2세의 프로테스탄트화 정책은, 베를린 그리고 독일 전체로 개신교의 교리가 독일인들의 생활방식(문화 코드)의 한 초석으로 정착되는 데 결정적인 역할을 했다. 베를린 돔은 구교 가톨릭의 중심지인 로마에 대항하는 양상을 띠면서 개신교의 중심 교회로서 프로테스탄트 성지를 자처했다. 이러한 경쟁 의지의 표현으로서 베를린 돔은

르네상스양식의 베를린 돔은 베를린에서 가장 규모가 큰 교회로 개신교의 중심 교회 역할을 했다.

로마 바티칸 베드로 교회의 건축양식인 르네상스 양식을 채택했다. 이는 마치 로마의 성 베드로 대성당과 경쟁하는 베를린 돔, 즉 로마와 경쟁하는 베를린을 상징하는 것과 같았다. 이러다 보니 근면·검소의 교리를 실천하는 보통의 개신교회 건물과는 다르게 베를린 돔은 외면적 사치스러움을 피할 수 없게 되었다. 그 규모와 외부의 화려한 조각물과 장식을 통해 마치 인간의 세계에 비해 신의 세계를 압도적으로 표현하고자 한 가톨릭 교회와 같은 양식을 띠게 되었다. 이러한 연유로 많은 사람들은 베를린 돔 앞에 서게 되면 마치 가톨릭 교회의 모습을 대하는 착각을 일으키게 한다. 그렇지만 이 교회 안에는 네 명의 종교개혁자, 루터(Martin Luther), 멜란히톤(Philipp Melanchton), 칼뱅(Jean Calvin), 츠빙글리(Huldrych Zwingli)의 조각상이 중심을 형성하면서 자리 잡고 있다. 루터는 라틴 가톨릭에 대항하여 종교적 독일민족주의의 효시를 이루었다. 그와 멜란히톤, 칼뱅, 츠빙글리의 교리는 독일정신을 이루는 기초가 되었다. 특히 근면, 검소, 직업소명관을 강조하는 칼뱅 교리가 그러하였다. 지하에는 호엔촐레른 왕가의 관들이 안치되어 있는데, 프로테스탄트 교회와 프로이센 왕국의 정신적 그리고 문화적 결합을 보여준다. 베를린 돔보다 약 1백 년 후에 건축된 카이저 빌헬름 교회도 프로테스탄트 교회와 독일제국의 정신적·문화적 결합이라는 측면에서 이해할 수 있다. 독일제국의 첫 황제인 빌헬름 1세를 추모하기 위하여 그의 아들인 빌헬름 2세가 세운 개신교회로 1891년에 공사가 시작되어 1895년에 완성되었다. 113미터 높이의 종탑을 가진 이 교회에는 프로테스탄트교도 호엔촐레른 왕가의 독일제국을 기리는 뜻이 함께 들어 있었다. 이 교회는 2차 세계대전시 폭격으로 파괴되었으나 첨탑 부분은 빼고 복원되었는데, 이로 인한 기이한 형상 때문에 더욱 유명해졌다. 분단 시기에 베를린 돔을 동독에 빼앗긴 상황에서 새롭게 프로테스탄트 중심 교회 역할을 해주었다.

프리드리히 대왕은 엄격한 군사문화 규율로 국민들을 무장시키고자 했다. 이 뜻은 그의 사후 그의 군사적 업적들을 기념하여 개선문을 상징하는 브란덴부르크 문(Brandenburger Tor)의 건립으로 기억·보존·계승되었다. 프리드리히 대왕 사후인 1788년에 기공되어 1791년에 완공된 이 개선문은 건축가인 랑한스에 의해 축조되었다. 랑한스는 이를 건축할 때 아테네의 아크로폴리스를 모델로 하였다. 유구한 유럽 문명

1791년에 완공된 브란덴부르크 문은 2차 세계대전 때 파괴되었다가 동독 시기에 복원되었다.

을 계승하는 이 개선문은 후에 전쟁에 승리한 프로이센군 및 독일군이
개선할 때 반드시 통과하는 기념비적 상징물이 되었다. 그 개선이란
유럽 문명의 계승자로서 '독일의 유럽'을 만드는 과정의 승리를 말했
다. 이 문은 2차 세계대전 당시 파괴되었는데, 동독 시기인 1957년부터
1958년까지 복원 공사를 하고 이때에 조각가 샤도가 만든 '승리의 이
륜마차'가 올려졌다.

　프리드리히 대왕은 국민 한 사람을 국가라는 기계의 나사 부품으로
인식했다. 이는 그가 강력한 국가공동체주의자였음을 의미한다. 국민
들은 국가를 위해 존재하며 국가는 국민이 없이 기능할 수 없다는 것
이다. 국민 각자는 이러한 차원에서 사회의 계급을 받아들여야 했다.
이러한 뜻을 가지고 그가 추진한 독일의 학제에 따라 독일인은 어려서
부터 자신의 진로를 정해야 했으며 이 진로는 신분과 계급에 의해 제

약을 받았다. 공무원이 되는가, 학자가 되는가, 기술기계공이 되는가가 이 학제 과정을 선택하는 것에 달렸고, 어릴 때 결정된 이 선택을 추후에 바꿀 수 없었다. 이는 이 사회가 권위에 의거한 상명하복의 신분사회이면서 또한 전문가 사회임을 의미했고, 프로테스탄트 교리인 직업소명관에 의해 합리화되었다. 프리드리히 대왕은 이러한 강력한 국가 공동체 체계에 의거하여 프로이센을 유럽의 강대국으로 만들고자 하였으며 어느 정도 크게 성공하였다. 이 모든 것이 이루어진 중심은 베를린이었다.

프리드리히 대왕은 계몽군주를 자처했다. 그는 프랑스의 계몽주의를 받아들였고 프랑스 문화를 동경했으며 볼테르와 교제했다. 그러나 그의 계몽주의는 절대군주에 반하는 것이 아니라 계몽된 절대군주제를 위한 것이었다. 결과적으로 그는 프랑스 절대왕정을 동경했고 루이 14세의 베르사유와 같은 도시를 포츠담에 건설했다. 그곳에 베르사유 궁과 같은 상수시(Sanssouci) 궁을 만들고 별장으로 사용하면서 프랑스어를 사용하기를 좋아했다. '상수시'도 프랑스어로 '근심 없는 평안한' 이라는 뜻이다. 이는 프랑스를 향한 독일의, 파리를 향한 베를린의 동경과 열등의식을 나타내는 것이기도 했다. 이때에 포츠담은 프로이센의 군사와 학문의 중심지가 되었다. 그러면서 그것은 베를린과 경쟁하는 것이 아니라 베를린을 뒷받침해주었다. 프리드리히 대왕은 이성의 힘을 신뢰했다. 그의 이성에 대한 믿음과 근면, 검소, 직업소명관의 프로테스탄트 교리는 서로 조화를 이루었다. 베를린은 그러한 문화의 중심지였다. 1780년대에 들어선 베를린 오페라 하우스는 이러한 계몽주의 문화의 산물이었다.

독일민족주의와 독일제국

1517년 루터가 종교개혁을 일으키기 전까지 카롤루스 대제(Carolus Magnus, 샤를마뉴Charlemagne)의 제국과 신성로마제국은 가톨릭교에 기초한 로마제국의 후예임을 강조했다. 앞에서 이야기한 프로이센 왕국과는 큰 대비를 이루는 시절이었다. 로마제국의 상징인 독수리가 신성로마제국의 상징이 되었다. 베를린을 중심으로 한 프로이센 왕국은 독일민족주의에 눈을 뜨고 지역 수호신인 곰을 상징으로 선정했다. 베를린(Bärlin)은 아기 곰을 의미한다. 독일민족주의와 '독일의 유럽'은 '곰을 위한 독수리'를 의미한다고 할 수 있을 것이다. 베를린 내에서 독수리 문장과 아기 곰 상징물을 자주 대하는데, 각각 유럽주의와 프로이센 독일주의를 대변한다고 볼 수 있다. 달리 표현하여 각각 로마 가톨릭과 프로이센 프로테스탄트를 상징한다고 할 수 있다.

베를린은 1806년 프랑스 나폴레옹(Napoléon Bonaparte)에 의해 정복되었다. 나폴레옹의 프로이센 정복은 독일인들에게 민족주의의 혼과 통일의 꿈을 일깨웠다. 통일 강대국의 꿈은 1810년 베를린 대학(오늘날의 훔볼트 대학) 설립과 함께 구체화되었다. 베를린은 독일민족주의와 정신적 문화주의의 구심점이 되었다. 여기에서 프리드리히 대왕의 업적들은 역사적 토대로 작용하였다.

독일민족주의 통일의 꿈은 프로이센 왕국이 1871년 오토 에두아르트 레오폴트 비스마르크(Otto Eduard Leopolc Bismarck)의 지도력에 힘입어 독일 영방들을 통일하여 독일제국을 성립시켰을 때 일정 부분 실현되었다. 이 과정에서 베를린은 독일제국의 수도로 격상되었다. 유럽의 강국, 세계의 강국을 꿈꾸는 독일은 내적으로는 권위주의 통치를 통한 국민 결속을 다지고 외적으로는 팽창을 추구하였다. 이러한 독일의 역사는 후에 위에서 아래로의 국민 결속을 위한 소위 '군사문화'를 강화시키고 자유주의 문화를 약화시키는 결과를 초래했다. 이러한 측면에서 독일은 다른 서구 나라들에 비해 '특수한 길'을 걷게 되었다는 평을 듣게 되었다. 이러한 '특수한 길'이라고 평가를 받게 된 역사 과정 속에서 수도 베를린은 독일제국이 유럽의 그리고 세계 강국을 지향하면서 빚어낸 영욕의 빛과 그림자를 고스란히 담아냈다. 1870년 비스마르크 영도하의 프로이센이 프랑스와의 전쟁에서 승전하고 그의 군대는 브란덴부르크 문을 통해 개선했다. 독일인들은 그 이듬해인 1871년 독일제국을 수립했다.

이때에 독일제국은 강대국의 면모를 자랑하기 위하여 수도 베를린을 장대한 건물과 거리 및 문화유산 기관들로 채우고자 하였다. 우선 제국의회 의사당(Reichstag)을 꼽을 수 있는데, 제국이 수립된 지 3년이 지나는 시점인 1884년에 파울 발로트가 건축을 시작하여 1894년에 네오 르네상스양식의 육중한 석조건물로 완성했다. 1933년 히틀러가 의회주의를 야유하면서 방화했던 건물이 이것이다. 나치는 이 방화범이 공산주의자라고 거짓으로 선전하고 공산주의를 제압할 수 있는 명분을 만들어냈다. 제국의회 건물은 히틀러 제국의 상징 건물로 쓰였다. 그리하여 2차 세계대전 중에 제국의회 건물은 집중포화를 맞았다. 분단 시대에 동베를린 지역에 있던 제국의회 건물은 통일 이후 독일연방의회의 의사당으로 사용되고 있는데, 이 건물이 완공되었던 1894년으로부터 정확히 1백 년 후인 1994년부터 사용되기 시작했다.

독일제국은 위풍당당한 제국의회의 건축과 함께 운터덴린덴(Unter den Linden) 거리와 프리드리히 거리를 화려하고 위용 있게 정비했다. '보리수나무(Linden) 아래(under)'라는 뜻의 이 이름은 예전에 중앙의 산책길을 따라 보리수나무가 우거져 있던 것에서 유래되었다. 이 거리를 따라 국립도서관, 국립 오페라 하우스, 몇 개의 신정부청사, 러시아 대사관, 훔볼트 대학 등 주요 건물들이 들어서 왔다. 동·서 베를린 경계지대에 있는 브란덴부르크 문에서 마르크스-엥겔스 광장까지 동서로 1.6킬로미터 정도 뻗어 있으며 가끔 대중 집회장으로 이용된다. 이 거리는 2차 세계대전 전에는 베를린의 사회·문화 생활의 중심지였으며, 여러 궁전과 박물관이 줄지어 있었는데 전쟁 중에 많은 건물들이 파괴되었다. 프리드리히 대왕을 추모하는 프리드리히 거리는 상업의 중심지로 화려하고 번화하게 조성되었다.

제국의 문화적 위풍을 나타내기 위한 작업의 클라이맥스로 박물관들이 체계적으로 들어섰다. 슈프레 강이 갈라져 다시 합류하기까지 섬을 이루고 있는 곳으로 오늘날까지 박물관 섬이라 부르고 있다. 이 박물관들 중 페르가몬 박물관이 으뜸이다. 이 페르가몬 박물관은 1999년에 국제연합교육과학문화기구(유네스코, United Nations Educational, Scientific and Cultural Organisation : UNESCO)의 세계문화유산으로 등록되었다. 비스마르크의 독일제국이 번창해가던 1875년 터키에 있는 페르가몬 신전 유적지를 그대로 이곳에 옮겨놓았다. 그 외 그리스, 이집트, 터키 등으로부터 약탈한 많은 유물들을 전시하고 있다. 옮겨진 페르가몬 신전의 높이가 10미터, 정면 길이는 30미터나 된다. 그 외에 이곳에는 부조, 밀레투스의 아고라 문, 팔레리 노비의 무덤, 바빌로니아

왕들에 의해 기원전 7~6세기경에 축조된 이슈타르 문과 행렬의 길 등 제국의 위상을 표현하기 위한 여러 약탈 문화재들이 전시되어 있다.

알렉산더 광장도 제국의 위상을 나타내기 위해 정비되고 브란덴부르크 문의 북쪽 대척점으로서 발전했다. 1805년에 러시아 황제 알렉산드르 1세가 베를린을 방문한 것을 기념해 붙인 이름으로, 이러한 역사성으로 인해 알렉산더 광장은 후에 서구에 대항하기 위한 독일의 선택, 즉 러시아를 향한 갈망이 이미지화된 곳이기도 했다. 그 후 러시아에서 사회주의 혁명이 성공한 후에는 이 광장이 독일사회주의자들의 러시아 동경을 결집한 기호로서 작용하기도 했다. 알렉산드르 1세는 사회주의의 적이라고 볼 수 있는 귀족 군주인데, 알렉산더 광장이 이러한 이미지를 가지고 독일사회주의 작가들의 중심지가 되고, 구동독 지역의 문화센터 역할을 수행했다는 것은 아이러니가 아닐 수 없다. 알렉산더 광장은 독일 통일 이전까지 동베를린의 중심지였다.

독일제국은 빠르게 산업화되고 군사강국이 되어갔다. 선발 산업국인 영국과 프랑스를 따라잡아 갔다. 프리드리히 대왕의 개신교 문화코드와 교육제도를 통해 실현된 베를린 돔의 정신으로 독일인들은 경쟁력을 가졌다. 이러한 경쟁은 1차 세계대전으로 귀결되었다. 이 전쟁 동안 많은 승전보를 울리고 많은 군인들이 브란덴부르크 문을 통해 개선했다.

제국을 향한 꿈과 전쟁

그러나 결국 이 전쟁에서 패했다. 이 기간에 베를린은 전쟁과 패전의 중심에 있었다. 전후 혼란 속에서 베를린은 사회주의와 보수주의의 내전을 경험해야 했다. 이러한 가운데 정치의 중심이 바이마르로 옮겨갔고 그 와중에서 바이마르 헌법이 제정되고 바이마르 공화국이 탄생했다. 베를린에서는 전쟁 희생자들에 대한 추모와 반성적 성찰이 이루어지기도 했다. 레마르크의 《서부전선 이상 없다(Im Westen nichts Neues)》, 《개선문(Arc de Triomphe)》 등의 반전 작품들에 영향을 받아 반전운동들이 전개되기도 했다. 이때에 바이마르 공화국은 1931년 베를린의 위병소 건물을 '프로이센 주립 전몰자 추도소'로 만들었다. 이 건물은 1816에서 1818년 사이 싱켈이 신고전주의 건축양식으로 축조한 것인데 그 용도는 프러시아의 황태자궁을 지키기 위한 '위병 대기소'였다. 나치가 정권을 잡은 후에 이 건물은 전쟁영웅의 기호를 만들어내고 전쟁을 미화하기 위한 공간으로 개조되었다. 나치 건축가 테세나우가 이 건물의 천정에 둥근 구멍을 뚫어 자연 빛을 끌어들였다. 신비로운 광휘를 연출하고자 한 의도였다. 분단 시기 동독 정부는 이 건물을 '파시즘과 군국주의 희생자들을 위한 추도소'로 지정했다. 통일 후에는 '전쟁과 전제정치의 희생자들을 위한 국립 중앙 추도소'로 명명되었다. 우리는 여기에서 동일한 건물에 대해 서로 다른 의미를 부여하여 기호화한 역사를 볼 수 있다. 침침한 건물 내부 중앙에 휑한 처연함과 함께 덩그러니 놓여 있는 한 조각상이 있다. 전쟁에서 희생당한 아들을 껴안고 슬피 눈물짓고 있는 어머니상이다. 어머니상 위로 천정의 빛이 집중되고 있다. 유명한 여류 조각가 케테 콜비츠가 1937년 '피에타(Pieta)'를 모티브로 만든 조각인 〈죽은 아들을 안은 어머니(Mutter mit totem Sohn)〉를 실제 인물 크기로 4배 확대하여 설치한 것으로 이 작업은 조각가 하케가 수행하였다. 콜비츠는 앨버트 아인슈타인과 더불어 나치 정권을 반대했다. 그녀의 작품을 확대했기에 전쟁 비극의 처연함이 더욱 드러나고 독재와 전쟁의 범죄에 대한 저항의 가치를 더욱 강하게 되새겨주는 듯하다.

히틀러가 집권하면서 베를린은 나치 독일제국의 수도로서 악의 역사의 중심이 되었다. 그의 인종주의 이론을 실현하고자 인간의 차원을 넘어선 범죄 홀로코스트를 자행하는 정책 구상과 명령을 이 베를린에서 수행하였다. 그는 이 반인륜의 범죄를 자행하면서 2차 세계대전을 도발하였다. 그는 이 전쟁과 홀로코스트를 통해 독일이 세계를 주도하는 세상을 만들고, 독일인을 세계의 중심 민족으로 자리매김시키며, 독일의 수도 베를린을 세계의 수도 '게르마니아'로 탈바꿈시키고자 하였다. 이 게르마니아 건설 정책은 1935년에 수립되어 1943년까지 추진되었다. 게르마니아 건설 과정은 홀로코스트 진행과 맥을 같이 했다. 1938년 '수정의 밤(Kristallnacht)'이라는 만행은 그 대표적인 것이었다. 수정의 밤은 나치들이 유대인 상가들을 공격하여 파괴된 상가 유리창들이 널려져 밤에 수정처럼 빛난 데서 유래했다. 수정의 밤은 나치 독일인들의 유대인 약탈과 박해를 상징했다. 이 게르마니아 프로젝트와 함께 베를린은 독일이 지향한 강대국 세계지배자의 꿈의 상징으로서 그 절정에 도달했다. 1936년 베를린에서 개최된 올림픽도 게르마니아로서 베를린의 이미지를 조작하는 데 기여했다.

2차 세계대전을 통해 나치는 유럽에 신질서를 수립할 것을 주장하며 유럽을 점령하여 강압적으로 독일 중심의 유럽통합을 이루고자 했다. '독일의 유럽'을 실현하고자 한 것이다. 이러한 유럽 점령 정책 추진

1935년, 나치 돌격대 (SA)와 함께 카퍼레이드를 하는 히틀러.

의 정치 군사의 중심 본부가 베를린에 있었다. 반인류의 범죄 속에서 유럽이 파괴되고 있는 때에 브란덴부르크 문은 나치의 승전 용사들의 개선행군을 받아들이느라 바빴다. 독일의 이러한 유럽 점령 정책에 반대한 유럽의 저항운동 세력들은 베를린을 공포와 불안, 분노의 원천으로 느꼈다. 이들 저항운동가들은 나치에 대항해 무장투쟁을 전개하였다. 그런데 이들은 나치를 극복하고 새로워진 독일을 유럽 안으로 끌어안고 초국가주의와 민주주의의 관점에서 유럽통합을 실현하고자 하였다. 민족주의적 복수를 통해 독일 문제를 해결하는 것이 아니라 초국가주의라는 전혀 새로운 차원으로 독일 문제를 해결하고자 하였다. 이들에 따르면 베를린은 평화의 상징으로서 '유럽 속의 독일'의 도시가 되어야 했다. 이는 베를린을 가지고 나치는 독일의 세계제국 수도 게르마니아를 건설하고자 했고, 이에 반해 저항운동가들은 '유럽 속의 독일'의 도시로 다시 태어나는 평화의 상징을 만들어내고자 했음을 의미한다.

나치의 몰락과 독일의 분단, 그리고 베를린의 비극

1945년 5월 8일 독일이 무조건 항복을 했다. 이제 베를린은 전쟁 책임의 중심지가 되었다. 베를린은 수도의 지위를 박탈당하고 독일 국가의 분단 속에서 도시의 분할이라는 무서운 운명의 징계를 받게 되었다. 이 인위적인 분단을 통해 베를린은 '새로운 독일 문제'의 핵심을 이루게 되었다. 이 독일의 분단과 베를린의 분할은 독일의 전쟁 책임으로 이루어진 것이었지만 동서 냉전의 전개와 함께 베를린은 곧 냉전의 상징으로 자리 잡았다.

서베를린에 공산 독재체제로부터 자유를 지키고자 하는 뜻의 자유베를린 대학이 설립되었다. 독일민족주의의 상징이던 훔볼트 대학이 동독 지역에 놓여졌기 때문이었다. 이 분단의 구조 속에서 자유베를린 대학은 자유민주주의 이념의 산실로서 훔볼트 대학은 공산주의 이념의 산실로 각기 기능해야 했다.

서베를린 사람들은 1948년 처음 그리고 1958년에 두 번째로 베를린 봉쇄를 경험했다. 이 사건은 베를린을 냉전의 상징으로 자리 잡게 하는 데 크게 기여했다. 첫 번째 베를린 봉쇄 시기의 1년간 서방세계는 비행기를 통해 물자를 조달했다. 이는 자유를 위한 헌신으로 이미지화

서베를린

동베를린

찰리 검문소

동과 서로 분단된 베를린. 분할된 베를린을 넘나들 때의 검문소인 '찰리 검문소'는 분단 시대 일상의 상징적 공간이다.

되었다.

　1953년 동베를린에서 소요와 대량 탈주가 있었고 그 연장선상에서 1961년에는 베를린 장벽과 철조망이 설치되었다. 동베를린에서 서베를린으로의 탈출 행렬은 또 하나의 냉전 상징물이었다. 이 탈출 시도는 많은 경우 죽음의 대가를 치루었다. 탈출사망자 추모를 위한 '기억의 터'가 브란덴부르크 문 옆에 만들어져 있다. 굳게 닫혀 봉쇄된 브란덴부르크 문은 더 이상 개선문이 아니고 분단의 상징물로 변신했다. 동·서 베를린을 넘나들 때의 검문소인 찰리 검문소(Checkpoint Charlie)는 분단 시대 일상의 상징적 단면이다. 베를린은 죄와 벌의 상징 공간이고 역사였다. 그러면서 베를린은 청산되어야 할 과거의 상징으로서 부각되었다. 소련의 지령을 받은 동독이 1961년 8월에 장벽을 설치한 것은 서베를린을 통해 동독을 탈출하여 서독으로 가려는 사람들의 행렬이 끊이지 않자 이를 근본적으로 막기 위해서였다. 이 장벽 설치로 인해 베를린의 분단은 칠흑의 밤처럼 깊어졌고 이는 전 세계 냉전의 가장 명료한 가시적 상징물이 되었다. 그야 말로 분단의 벽이 굳어지고 동서 긴장이 팽배하게 되었다.

냉전에서 화해로, 동방 정책과 유럽통합

그런데 베를린은 아이러니컬하게도 이 장벽의 설치와 함께 냉전에서 화해로, 과거 청산의 상징으로 급격히 변화되어 가기 시작하였다. 유럽통합을 견인하는 상징으로서 베를린이 만들어져 갔다. 여기에는 브란트와 케네디라는 인물들과 그들의 역할이 있었다. 1961년 당시 서베를린 시장이던 브란트(Willy Brandt)와 미국 대통령 케네디(John F. Kennedy)는 베를린 장벽 설치에서 보듯이 대결은 분단을 심화시킬 뿐이므로 화해협력 정책을 실시하여 동독과 동유럽 국가들을 변화시켜야 한다는 데 뜻을 같이 했다. 브란트는 독일의 분단 상황을 역사의 죄가로 받아들이고 독일이 과거 청산을 철저히 함으로써 분단 상황을 극복할 수 있다고 보았다. 그 철저한 반성은 '독일의 유럽'을 추구하던 것에서 '유럽 속의 독일'로 확실한 방향 전환을 하는 것을 말했다. 그는 이를 그의 새로운 정책의 기초로 삼고 동유럽 국가들과 화해·협력을 추진하는, 소위 동방 정책(Ostpolitik)을 체계화해가기 시작했다. 이러한 그의 동방 정책은 서유럽이 장기적으로 유럽통합으로 확대되는 것을 전제하고 있었고 그러한 발전을 견인하는 것을 목표로 했다. 이리하여 그는 베를린 문제를 풀면서 그의 동방 정책과 유럽통합 정책을 같은 동전의 양면으로 연계하는 실마리를 만들어갔다.

1963년 6월 26일 케네디가 베를린을 방문하였다. 브란트와 케네디는 그들의 정책을 서로 확인하고 격려할 수 있었다. 케네디가 "나는 베를린 사람입니다(Ich bin ein Berliner)." 라고 하면서 강력한 유대를 표했던 때다. 그와의 만남 후 브란트는 그의 새로운 정책을 구체적으로 추진하였다. 그 결과 1963년 12월 17일 베를린 사람들의 동서 방문 허가 협정이 체결되었다. 이렇게 하여 장벽을 넘어 접촉을 이어갔고 서로의 신뢰를 구축해가는 토대를 마련해나갔다. 이러한 측면에서 볼 때 베를린 장벽의 설치는 분단과 대결, 폐쇄와 억압의 상징이면서 새로운 정책, 과거 청산, 화해, 평화 협력의 새로운 정책을 위한 계기로 작용한 것이다. 앞에서 말한 저항운동가들의 꿈인, 베를린을 '유럽 속의 독일'의 도시로 다시 태어나게 하는 과업을 브란트가 실천하고 있었다.

과거를 청산하며 유럽 속의 도시로

1963년 11월 케네디가 암살되고 브란트는 그의 장례식에 참석했다. 동시에 그는 그의 집무실이 있는 케네디와 함께 시간을 가졌던 쇠네베르크(Schoneberg) 시청 앞 광장을 케네디 광장으로 명명하게 했다. 브란트는 이 광장을 넘나들며 서베를린 시장직을 3년간 더 수행했다.

1805년 러시아 황제 알렉산드르 1세가 베를린을 방문한 것을 기념해 알렉산더 광장이 생겼고, 1963년 케네디가 다녀간 것을 기념하여

1963년 6월 26일, 베를린을 방문해 연설하는 미국 대통령 케네디. 케네디는 이 연설에서 "Ich bin ein Berliner(나는 베를린 사람입니다)."라고 말하며 베를린과 강력한 유대를 표명했다.

케네디 광장이 들어섰다. 그런데 케네디 광장은 위에서 언급했듯이 매우 중대한 의미를 갖는 베를린의 상징성을 변화시키는 결정적으로 중요한 기억의 터로 자리 잡았다. 전쟁과 평화라는 관점에서 가장 중요한 기억의 터라고 할 수 있다.

유럽인들은 1989년 베를린 장벽의 붕괴와 함께 이를 유럽인의 경험으로 받아들이고 유럽의 정체성 형성의 중대한 계기로 만들려고 하였다. 그들은 이를 유럽공동체 정체성의 샘으로 구성하고자 하였다. 이는 위에서 설명한 역사의 내용들이 베를린 장벽과 베를린에 응축되어 있기 때문이었다. 1990년 독일 통일이 이루어지자 베를린은 통합되었고, 냉전 종식과 함께 '유럽 속의 도시'로 발전하게 되었다.

 이제 게르마니아의 베를린에서 유럽의 베를린으로 의미변화가 이루어졌다. 베를린은 현재 세계인의 사랑을 받는다. 다양성 속의 통일이 효율적으로 실현되고 있는 도시다. 과거·현재·미래가 공존하는 도시, 좌와 우가 변증법적으로 어우러진 도시가 되었다. 자유와 평화 그리고 다양성의 가치를 진정으로 이해하는 도시가 되었다. 앞에서 언급하였듯이 박물관섬(Museumsinsel) 등 대대적인 복원 작업이 이루어졌으며 도시 재건을 위해 엄청난 예산과 땀의 노력이 투여되었다. 연예·문화인들, 할리우드 스타들, 지식인들이 관광과 휴양을 위해 많이 모이는 도시가 되었다. 베를린은 새롭게 태어난 독일의 수도로 변신했다. 개선문이었던 브란덴부르크 문 가까이 자리 잡은 홀로코스트 기념관은 과거 청산의 징표와 같다. 가까이에서 보면 기둥들이 널려 있는 모습이지만 멀리서 보면 묘비들이 물결치는 것처럼 보인다. 지하에는 그 반인륜적인 범죄와 희생자들의 더없는 고통이 기록 및 유물의 전시를 통해 사실적으로 전해지고 있다. 베를린에 자리 잡은 '기억, 책임 그리고 미래' 재단은 스스로 기록의 증거를 찾아 2000년부터 나치에 의해 강제징용 당한 동유럽의 피해자들에게 사죄와 배상의 일을 수행해오고 있다. 이러한 독일의 과거 청산은 유럽의 평화와 유럽통합을 위해 크게 기여하고 있으며 베를린의 공기를 더욱 매력적으로 만들고 있다. 러브퍼레이드 등 각종 축제와 베를린영화제, 베를린필하모니는 현재 이러한 역사들의 기초 위에서 그 진가를 유감없이 발휘하고 있다. 이러한 다양성과 평화 그리고 역사에 대한 진정한 반성과 문화의 풍요로움의 원천을

쇠네베르크 시청사와 케네디 광장에 대한, 그리고 무엇보다도 브란트와 케네디라는 인물에 대한 기억에서 찾을 수 있을 것이다. | 노명환

참고문헌

Bluhm, Detlef. Hamm, Manfred. Klinkerberg, Ruth (hrsg.). *Berlin: Eine Ortsbesichtigung: Kultur Geschichte Architektur*, Berlin: Transit Buchverlag. 1996.

Brandt, Willy. "Chinesische Mauer durch Berlin", in *Sozialdemokratischer Pressedienst*, Nr. 142 vom 22. November 1948.

──────. *Mein Weg nach Berlin. Aufgezeichnet von Leo Lania*, München: Ferdinand Kindler Verlag, 1960.

Bundeskanzler-Willy-Brandt-Stiftung (hrsg.). *Berliner Ausgabe Band 6, Willy Brandt, "Berlin bleibt frei". Politik in und für Berlin 1947-1966*, Berliner Ausgabe Bd. 3.

Daum, Andreas W. *Kennedy in Berlin. Politik, Kultur und Emotionen im Kalten Krieg*, Paderborn: Ferdinand Schöningh Verlag, 2003.

Meuser, Philipp. *City and House: New Berlin Architecture in the 21st Century*, Berlin: Dom Publishers, 2009.

Omilanowska, Malgorzata. *DK Eyewitness Travel Guide: Berlin*, New York: DK Publishing (Dorling Kindersley), 2011.

위치 오스트리아 북동쪽 도나우 강변
면적 414.6km²
인구 1,731,236(2011년)

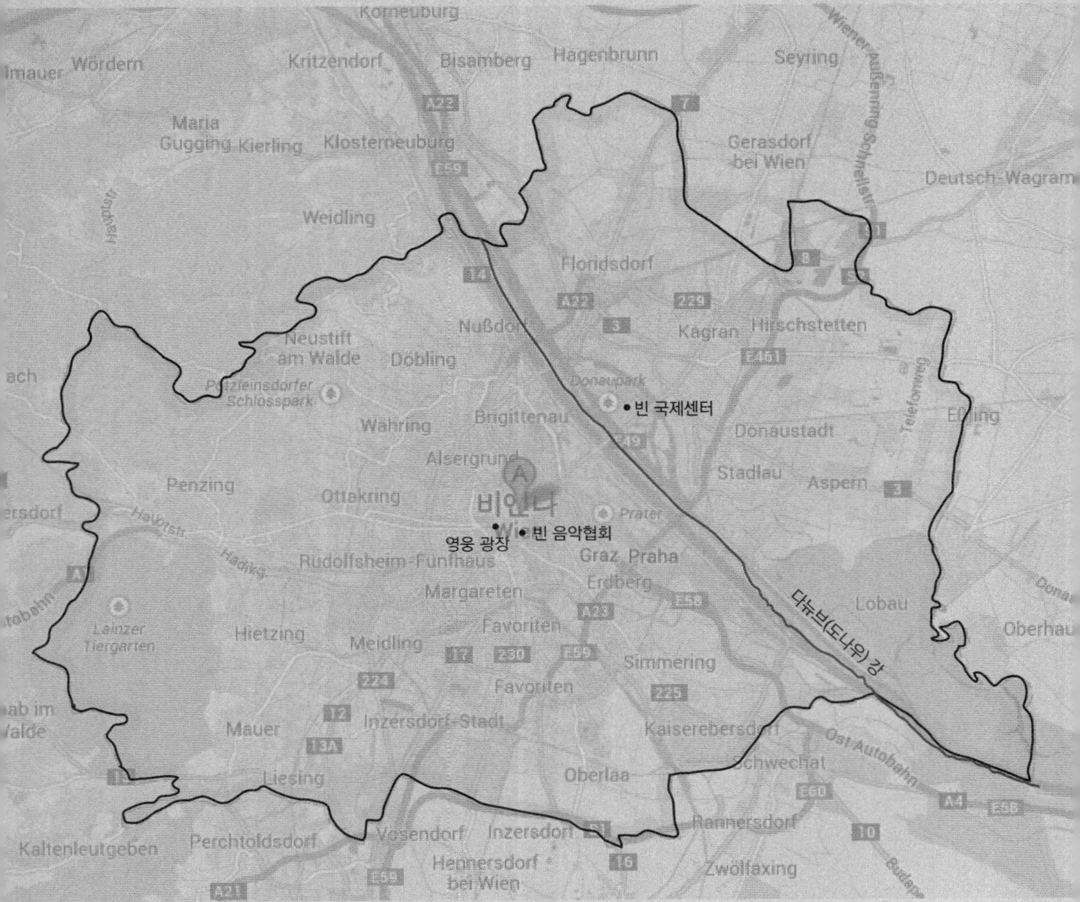

빈, 오스트리아

빈

유럽의 변방에서 '유럽의 심장'으로

'동쪽의 제국'에서 유럽의 중심으로

지리적으로 중유럽에 위치한 '외스터라이히(Österreich, 오스트리아의 독일어 이름)'는 '동쪽의 제국'이라는 의미이다. 서유럽의 관점으로 나라 이름이 정해진 셈이다. '동쪽의 제국' 동쪽 끝에 위치한 수도 빈 역시 시대와 관점에 따라 도시의 위상이 변화했다. 빈은 로마제국 시대에는 북쪽 변방의 작은 거주지였다가, 유럽 전체가 거대한 기독교 제국이 된 중세에는 유럽의 중앙이 되었다. 이후 오스트리아가 13세기부터 신성로마제국을 대표하는 국가가 된 후, 빈은 명실상부한 중유럽의 중심 도시가 되었다.

그러나 이슬람 세력인 오스만튀르크가 15세기 동로마제국을 정복하고 발칸반도로 진출하자, 빈은 갑자기 기독교 제국 유럽의 동남쪽 최전방이 되고 만다. 게다가 빈은 15세기 말부터 2세기 동안 지속된 오스만튀르크의 공격으로 도시가 두 번이나 포위되는 위기를 맞기도 했다.

1~2세기 로마군의 주둔지

6세기 게르만족 일파인 롬바르드족의 지배

976년 바벤스베르크가의 영지로 편입

1155년 하인리히 2세에 의해 오스트리아의 수도로 지정

1278년 합스부르크가의 지배

1529년 오스만튀르크의 1차 빈 포위

1556년 제국 황제 거주

1683년 오스만튀르크의 2차 빈 포위

이러한 위기는 오스트리아의 기독교적 정체성을 강화시켰고, 오스트리아는 이슬람의 위협에 맞서 유럽의 남서쪽 최전방을 지키던 에스파냐와 함께 기독교의 아성이 되었다.

한편 기독교 제국 유럽의 전초기지였던 빈은 계몽주의와 근대화의 물결이 몰아치는 새로운 유럽을 거부하는 보수주의의 상징이기도 했다. '동쪽의 제국'은 서쪽에서 불어온 변화의 바람을 거부했다. 오스트리아는 혁명의 소용돌이를 일시적으로 잠재우는 데 성공한 보수 세력의 중심이었으며, 유럽 열강이 1814년 나폴레옹의 몰락 이후 구질서의 회복을 논의하기 위해 빈으로 모인 것('빈 회의Wiener Kongress')은 우연이 아니었다. 이처럼 19세기 초 빈은 변화를 거부하고 찬란했던 과거에 집착한 채 서서히 저물어가는 합스부르크제국의 수도였으며, 이를 통해 유럽의 또 다른 모습을 보여주었다.

1차 세계대전의 패전으로 제국의 지위를 상실한 오스트리아가 1938년부터 1945년까지 히틀러에 의해 제3제국(나치 독일)에 통합되자, 빈은 수도의 지위를 베를린에게 넘겨주고 변방의 고도(古都)로 전락했다.

2차 세계대전 이후 1955년에야 주권을 회복한 오스트리아는 화려했던 제국 시대의 기억을 뒤로한 채 유럽의 작고 조용한 영세중립국으로 몰락했지만, 빈은 국제 기구를 유치함으로써 국제도시라는 옛 명성을 되찾았다. 게다가 도시의 팽창으로 변두리가 도시 중심으로 탈바꿈하듯이, 냉전 시대 서유럽의 변방이던 빈은 2004년에 EU가 동유럽으로 크게 확대되면서 다시 유럽의 중심이 되었다.

오스트리아는 무려 7개국(독일, 스위스, 이탈리아, 슬로베니아, 헝가리, 슬로바키아, 체코)과 국경을 접하고 있다. 그래서 수도 빈은 예나 지금이나 자타가 공인하는 중유럽의 메트로폴리스이며, 유럽의 동과 서를 이어주는 가교이자 만남의 장소였다. 그래서 빈은 근대 이후 서유럽의 영향을 받으면서도 자신만의 색깔을 포기하지 않은 동유럽적인 도시이기도 했다. 이 글에서는 도시 빈의 이러한 이중적인 모습을 역사적으로 스케치해보고자 한다. 이를 위해 먼저 빈의 역사적 특수성을 고려해 기독교와 계몽주의를 유럽적 정체성으로 간주하고, 이를 중심으로 살펴볼 것이다. 이 두 요소는 신구 유럽과 동서유럽을 특징짓는 요소이며, 동시에 도시 빈의 이중성을 잘 보여주는 요소이기도 하다. 다음은 나치 시대, 냉전 시대, 유럽통합 시대의 빈을 살펴봄으로써 유럽의 도시 빈에 대한 이해를 도모하고자 한다.

기독교와 빈: 유럽의 전초기지

중세 유럽은 기독교 제국이었다. 그래서 유럽 어디를 가든 마을 한 가운데는 항상 교회가 있었다. 수많은 전쟁에도 불구하고 교회는 늘 온전했는데, 양쪽 모두 기독교도였기 때문이다. 오늘날 유럽 도처에서 볼 수 있는 고딕양식의 고색창연한 교회 건물은 대부분 파괴되어 허물어진 모습으로 고풍스러움을 자아내는 성곽과 대조를 이룬다. 당시 유럽은 적어도 종교적으로는 하나였고, 내부의 크고 작은 갈등에도 불구하고 유럽의 주적은 이슬람이었다. 이러한 의미에서 이슬람과 맞서 싸운 중세 말의 빈은 유럽의 다른 어떤 도시보다 유럽적 정체성을 강하게 느낀 도시였다.

오늘날 EU 가입과 관련해 유독 많은 주목을 받는 터키가 유럽의 역사에서 거론되기 시작한 것은 15세기였다. 동로마제국은 서유럽의 지배권이 서로마제국에서 게르만족에게로 넘어간 이후에도 천 년을 더 버텼으나, 중앙아시아에서 온 기마민족의 공격 앞에 결국 15세기 중엽 무릎을 꿇고 말았다. 터키는 이처럼 이방인 정복자라는 별반 안 좋은 이미지로 유럽 역사에 등장했다.

오스만튀르크의 긴 여정은 콘스탄티노플에서 끝나지 않았다. 종교개혁으로 어수선한 유럽 공략에 나선 술레이만 1세(Suleyman I)는 베오그라드와 부다페스트를 정복한 후 '서유럽의 관문' 빈을 공격 목표로 선택했다. 마침내 빈은 1529년 무슬림 군대에 의해 포위되었으며, 강력한 술레이만 군대 앞에 빈의 함락은 시간문제인 것처럼 보였다. 중세에 축조된 도시 성벽은 사기충천한 최강 무슬림 군사의 공격을 막아내기에는 역부족이었다. 그러나 빈은 '하나님의 은총으로' 오스만튀르크의 전리품 목록에 오르지 않았다. 무슬림 공격자는 때마침 확산된 전염병과 일찍 찾아온 동장군 때문에 빈의 함락을 눈앞에 두고 퇴각해야만 했다.

오스만튀르크는 정복 대상으로 점찍은 도시를 '황금사과'라고 불렀는데, 콘스탄티노플, 부다페스트, 빈, 로마 등이 '황금사과'였다. 이미 두 개의 '황금사과'를 맛본 오스만튀르크는 16세기에 이어 1683년 또 다시 세 번째 '황금사과' 따기에 나섰으나, 빈은 1차 포위를 당한 후 1548년부터 착수한 축성 작업 덕분에 두 달 이상을 버틸 수 있었고, 그 사이 폴란드-리투아니아연방의 지원군이 진격해와서 서튀르크군을 몰아내는 데 성공했다. 이때부터 중유럽에 대한 오스만튀르크의 위협은 현저하게 약화되었다.

오스만튀르크의 침략은 빈의 정체성 형성에 지대한 영향을 끼쳤다. 빈의 포위는 유럽 전체의 관심사였고, 이러한 상황에서 빈 시민은 야만스런 이교도의 공격으로부터 유럽을 지킨다는 거룩한 사명감을 느꼈다. 또한 종교개혁 이후에 벌어진 2차 포위는 빈의 집요한 저항과 더불어 같은 가톨릭 국가인 폴란드-리투아니아연방의 지원을 받았다는 점에서 빈의 가톨릭 정체성을 강화시키기도 했다. '터키의 위협(Türkengefahr)'은 오늘날까지도 생명력을 잃지 않고 오스트리아를 터

1683년, 빈은 두 번째로 오스만튀르크에 포위되었지만 두 달 이상 버텼고, 폴란드-리투아니아연방의 지원으로 오스만튀르크군을 몰아낼 수 있었다.

키의 EU 가입을 가장 반대하는 국가로 만들었다. 무슬림의 침략 흔적은 이제 도시에 남아 있는 허물어진 성벽의 잔해를 통해서나 알 수 있지만, 도시의 역사에는 여전히 그에 대한 기억이 생생하게 남아 있다. 이러한 의미에서 빈은 유럽의 역사적 정체성을 간직하고 있는 기억의 공간이기도 하다.

가톨릭의 보루 중 하나였던 빈은 종교가 공적인 영역에서 물러난 오늘날 다종교적인 도시로 변모했다. 도시민의 절반 정도가 가톨릭 신자로 구교 전통이 여전히 남아 있긴 하지만, 1961년까지만 하더라도 구교도가 도시민의 82퍼센트를 차지한 것을 보면 그 수가 급격히 감소했음을 알 수 있다. 빈의 두 번째 종교는 놀랍게도 이슬람교이다. 과거 오스만튀르크와의 관계를 생각하면 격세지감이 아닐 수 없다. 이슬람은 1912년부터 오스트리아에서 합법적 종교로 인정받았고, 2001년 통계에 따르면 빈 시민의 7.8퍼센트가 무슬림이다. 제3의 종교는 동방정교로 도시민의 6퍼센트가 정교신자이며, 개신교가 4.7퍼센트, 유대교가 0.5퍼센트로 그 뒤를 잇고 있다.

계몽주의와 빈: 보수 반동의 메카

유럽은 18세기 계몽주의의 등장과 함께 과거와 질적으로 크게 다른 사회로 발전하기 시작했다. 영국의 아이작 뉴튼은 신의 영역인 우주의 운동 법칙을 인간의 이성인 수학을 통해 설명했으며, 유럽은 이에 열광했다. 유럽은 바야흐로 신에 대한 의존을 떨쳐버리고 자신의 눈으로 세상을 바라보기 시작했다. 자연과학에서 시작된 계몽주의는 다양한 분야에서 인간의 의식에 커다란 영향을 끼쳤다. 이성과 합리성에 기초해 근본적인 변화를 추구한 계몽주의적 시도는 유럽 도처에서 볼 수 있었는데, 서유럽에서 시작된 계몽주의는 국가체제의 정비를 통해 국력의 신장을 꾀했던 18세기 중동 유럽의 절대왕정에 의해서도 수용되었다. 이처럼 전 유럽으로 확산된 계몽주의는 유럽을 비유럽과 구분하는 기준이 되었고, 계몽주의는 곧 유럽이자 진보로 간주되었다.

그러나 계몽주의는 장차 유럽을 분열시키게 될 잠재적인 위험성을 내포하고 있었다. 계몽주의는 스스로 끊임없이 진화하고 확대되었으며, 그로 인해 사회질서나 국가권력에 대한 인식에서도 혁명적인 변화가 나타났다. 배타적이고 폐쇄적인 봉건적 특권의 세습을 허용하는 신분제나 왕의 절대적 권력을 보장하는 절대왕정은 비이성적이고 불합리한 제도였다. 또한 인권이나 개인의 자유 같은 개념은 그것의 실현

가능성 여부와 상관없이 인간의 존엄성에 대한 의식을 고양시켰으며, 그 결과 정치권력은 이제 왕과 귀족의 전유물이 아니라 존엄한 인간이면 누구나 기대해볼 수 있는 것이 되었다.

유럽의 분열을 야기한 변화의 물결은 서쪽에서 시작되었다. 신분제와 절대왕정을 타파한 1789년의 프랑스혁명은 부르주아의 시대를 예고했다. 부르주아는 정치권력을 장악하는 데 성공했으며, 권력을 상실한 구체제는 새로운 질서를 인정하려 하지 않았다. 혁명 세력과 구체제 간의 갈등은 프랑스 내부에 국한되지 않았고 전 유럽으로 확산되었다. 유럽의 모든 왕정은 프랑스 왕 부처와 수많은 귀족의 목숨을 앗아간 정치적 혁명을 중대한 위협으로 간주했고, 위기감은 대불 동맹의 결성과 혁명 전쟁으로 발전했다.

눈에 넣어도 아프지 않을 막내딸 마리 앙투아네트와 사위를 잃은 오스트리아의 합스부르크(Habsburg)가가 혁명 전쟁에 적극적이어야 할 이유가 충분했다. 그러나 혁명 전쟁을 넘겨받은 나폴레옹은 1805년 오스트리아–러시아 연합군을 아우스터리츠에서 격파했고, 패전의 대가 중에는 수세기에 걸쳐 합스부르크가에 황제 지위를 부여해준 신성로마제국의 해체가 포함되어 있었다. 프랑스혁명이 오스트리아에게 준 두 번째 고통은 매우 신랄했으며, 오스트리아의 반혁명 의지는 그만큼 더 강해졌다. 오스트리아가 나폴레옹의 몰락에 누구보다도 흥분한 것은 당연했으며, 빈이 구질서의 회복을 논의하는 장소로 선택되는 것을 반대하는 사람은 아무도 없었다.

빈 회의는 구체제의 생명을 좀 더 연장시켰지만, 유럽 사회사의 새로운 주인공이 부르주아라는 사실을 바꿀 수는 없었다. 1815년 빈 회의

나폴레옹 전쟁에서 전사한 오스트리아군 추모비인 아스페른의 사자.

는 제국의 수도가 마지막으로 개최한 국제행사였으며, 이후 빈은 서유럽적인 새로운 유럽에서 서서히 잊혀졌다. 19세기 유럽의 정치적 메인스트림은 자유주의와 민족주의였으며, 바로크적인 거대한 다민족국가의 수도 빈은 변방 신세로 전락했다. 변화의 진원지인 서유럽이 유럽의 중심이 되었고, 빈은 이제 역사의 뒤안길에서 죽음을 기다리는 노쇠한 제국의 수도였다. 어차피 생명이 끝나가는 제국의 숨통을 끊어준 것은 1차 세계대전이었다. 전쟁은 거대한 다민족국가를 해체시키고 오스트리아를 중유럽의 소국으로 전락시켰으며, 그로 인해 빈은 하루아침에 작은 나라의 거대한 수도가 되어버렸다. 빈은 명목상 대표 역할을 한 신성로마제국이 해체된 지 1세기 만에 자신만의 제국(오스트리아–헝가리제국)마저 상실했으며, 이는 훗날 적지 않은 후유증을 남긴 트라우마가 되었다.

세기 전환기의 빈: 문화적 메트로폴리스

새로운 지배계급으로 떠오른 부르주아는 귀족과 정치적으로 대립했지만 귀족적 취향을 흠모하고 모방했는데, 특히 음악이 그러했다. 주지하다시피, 빈은 고전음악의 메카이다. 하이든, 모차르트, 베토벤 등은 빈 고전주의를 열었으며, 이들의 뒤를 이어 슈베르트, 리스트, 브람스, 요한 슈트라우스 부자, 레하르, 라너, 브루크너, 말러 등이 19세기에 계속해서 빈의 음악적 명성을 이어갔다. 20세기에 빈의 콘서트홀을 지배한 이들은 쇤베르크, 베베른, 베르크, 크레넥 등이었다. 오늘날에는 자타가 공인하는 세계 최고의 오케스트라 중 하나인 빈 필하모니와 '천상의 목소리'를 들려주는 빈 소년합창단이 음악도시 빈을 빛내고 있다.

빈은 자신의 풍요로운 음악적 자산을 잘 알고 있었으며, 몰락한 제국의 수도는 상처받은 자존심을 문화적 자부심으로 치유하고자 했다. 슈베르트 사망 100주년인 1928년 '슈베르트의 해' 즈음, 일간지 《비너 차이퉁(Wiener Zeitung)》에 다음과 같은 기사가 실렸다. "그렇다면 우리 작은 오스트리아는 예술의 세계에서 강대국으로 남을 것이다. 슈베르트의 도시 빈은 음(音)의 제국의 메트로폴리스가 될 것이다." 20세기 유럽의 헤게모니는 서쪽으로 넘어갔지만, 빈은 적어도 음악에 있어서만큼은 자신만의 아우라를 여전히 뿜어내고 있었다. 유럽의 문화는 빈에서 생산된 고전 음악을 기꺼이 소비했으며, 따라서 빈은 극장에서 유

음악도시 빈을 빛내는 빈 소년합창단이 빈 음악협회 홀에서 공연을 하고 있다.

럽의 정체성을 창조하는 도시였다.

　세기 전환기 유럽은 전통과 혁신의 갈등으로 정신적으로 커다란 성
장통을 앓고 있었다. 정치에서 자유주의, 사회주의, 파시즘이 대립하
고 있는 동안, 예술에서는 고전과 아방가르드가 치열하게 싸웠다. 파리
미술계에서는 인상주의가 등장해 아카데미즘화한 고전미술을 조롱했
고, 고전미술은 '천박한' 아방가르드를 아예 미술로도 보지 않았다. 이
러한 대립은 빈에서도 나타났는데, '고전적인 빈'과 '현대적 빈'이 갈등
하며 공존했다. 티치아노와 루벤스의 영향을 받은 마카르트는 고전미
술의 끝물이었던 '링슈트라세 시대(Ringstrassepoche)'를 주도하는가 하
면, 클림트를 중심으로 한 빈 분리파(Wiener Sezession)는 이와 대척을

이루며 새로운 미술세계를 열어가고 있었다.

링슈트라세(Ringstrasse, 링 거리)는 보수적인 빈의 다른 이름이었다. 빈은 1858년부터 이슬람의 침략을 막아주었던 구시가를 둘러싼 성벽을 철거하고, 그 자리에 이 거리를 만들었다. 링슈트라세는 길이가 5.2킬로미터에 달하는 환상(環狀) 대로로 아홉 개 구역으로 나뉜다. 기독교의 전초기지 성벽 자리에 들어선 링슈트라세는 빈의 새로운 정체성을 만들었는데, '창업 시대(Gründerzeit)'라고 일컬어지는 경제호황기인 1860부터 1890년대 사이에 고전 건축이 대로변에 대거 들어서면서 빈을 역사주의 건축의 메카로 만들었다. 빈의 네오고딕, 네오르네상스, 네오바로크는 건축에서 볼 수 있었던 전통의 마지막 모습이었다. 빈 분리파가 추구한 아방가르드 건축인 유겐트양식(Jugendstil)은 슈타인호프 교회, 카를 광장 지하철역, 빈 분리파 건물 등에서 표현되었다. 이 건물들은 링슈트라세와 뚜렷한 대조를 이루며, 빈을 비동시적인 것인 동시에 공존하는 세기 전환기의 전형적인 유럽 도시로 만들어주었다.

음악에서도 거대한 고전에서 벗어나려는 시도가 있었으며, 이러한 노력은 쇤베르크를 중심으로 현대음악의 맹아가 된 빈 학파(Wiener Schule)의 탄생을 가져왔다. 문학에서는 바르(Hermann Bahr)의 주도 하에 청년 빈(Jung-Wien)이라는 작가 단체가 문학의 현대화를 이끌었으며, 그들의 아지트이자 작업실은 빈의 명물인 커피하우스들이었다. 커피하우스 문학 시대에는 많은 작가들이 작품을 생산했는데, 우리에게도 친숙한 작가로는 슈니츨러, 베르펠, 아들러 등을 들 수 있다. 이즈음에 프로이트의 심리학이 탄생한 것도 빈의 이러한 문화적 풍요로움 덕분이었다. 그러나 빈의 문화적 풍요는 히틀러가 1938년 오스트리아를 합병한 후 아방가르드와 유대인을 박해하면서 마치 신기루처럼 사라져버렸다.

나치 시대의 빈: 찬란했던 과거와의 고통스런 이별

오스트리아인을 기분 좋게 해주는 두 가지 오해가 있는데, 베토벤이 오스트리아 사람이고 히틀러는 독일 사람이라는 오해가 그것이다. 이는 오스트리아와 독일 두 나라가 그만큼 가깝다는 뜻일 것이다. 베토벤은 고향 독일 본을 떠나 빈에서 활동하다 이곳에서 영면했고, 히틀러는 오스트리아에서 태어나 성장했지만 1차 세계대전에 독일군으로 참전했으며, 이후 독일에서 정치 활동을 하며 나치 독일의 최고통치자의 자리에 오른 뒤, 2차 세계대전의 패전으로 베를린에서 자살로 생을 마감했다. 오해가 생길 만하다. 두 사람의 경우가 보여주듯, 두 나라 사이의 국경은 단순히 정치권력의 구분선에 불과했다.

1차 세계대전은 두 나라 모두에게 분노와 굴욕감을 안겨주었다. 독일은 철천지원수 프랑스로부터 베르사유 조약을 강요당했고, 오스트리아는 제국이 붕괴하는 것을 무기력하게 바라만 보아야 했다. 이처럼 절망적인 상황에서 독일과 오스트리아가 함께 새로운 가능성을 모색하려한 것은 당연했다. 오스트리아는 신성로마제국 초기부터 제국의 일원이었고, 제국을 대표하는 국가였다. 19세기 후반 통일 과정에서 독일과 다소 소원해진 오스트리아는 이제 반계몽주의와 반자유주의의 기치를 내건 나치 독일에서 희망을 찾으려 했다. 이와 더불어 소국으로 전락한 오스트리아가 독일과의 합병을 통해 과거의 대국으로 다시

1938년 3월 15일, 빈의 영웅 광장에서 연설하는 히틀러. 연설 후인 4월 1일에 실시한 투표에서 빈 시민의
99.5퍼센트가 나치 독일과의 합병에 찬성했다.

태어날 수 있다는 점에 고무된 것은 당연했다. 게다가 독일의 지배자
는 오스트리아 출신이 아니던가.

그러나 영광스런 과거는 더는 돌아오지 않는다는 엄연한 사실을 깨
닫는 과정은 매우 고통스러운 것이었다. 독일의 오스트리아 합병 즈음
이던 1938년 3월 15일, 히틀러는 빈의 영웅 광장(Heldenplatz)에서 거
대한 군중을 앞에 두고 행한 연설에서 다음과 같이 말했다. "나는 이 자
리에서 나의 고향과 독일제국이 통일했음을 선언하는 바입니다." 나치
의 통계에 의하면 이어서 4월 10일 실시된 투표에서 빈 시민의 99.5퍼
센트가 나치 독일과의 합병에 찬성했다. 이로서 세기 전환기 유럽의
진보적 도시 중 하나였던 빈은 갑자기 반동의 공간으로 퇴화했다. 다
민족 제국의 수도로 문화적 용광로였던 빈에서 인종주의는 별다른 주

1938년 3월, 길바닥을 닦고 있는 유대인들과 그들을 구경하는 나치와 빈 시민들. 같은 해 11월에 유대인을 대상으로 대대적인 폭력이 벌어진 '수정의 밤' 사건이 일어났다.

목을 받지 못했으며, 거리에서 흔히 볼 수 있던 외국인은 빈이 고대 로마와 같이 거대한 제국의 수도임을 증명해주는 자랑스러운 광경이었다. 그러나 나치가 점령한 빈은 더 이상 제국의 수도가 아니었으며, 그해 11월 유대인을 대상으로 대대적인 폭력을 자행한 이른바 '수정의 밤'은 빈에서도 목격되었다.

하룻밤 사이에 빈의 92개에 달하는 유대회당 전부가 파괴되었으며, 유대인 시민은 이주를 강요당했다. 대략 12만 명이 정든 고향을 떠나 망명길에 올랐으며, 유대인 시민의 약 3분의 1이 수용소에서 학살되었다. 찬란했던 문화도시 빈을 만드는 데 일조한 심리학자 프로이트는 1938년 3월 독일군이 오스트리아 땅을 밟았을 때 망명을 결심했으며, 이듬해 9월 런던에서 숨을 거두었다. 현대음악의 이론적 토대를 마련한 빈 토박이 아르놀트 쇤베르크는 프로이센 예술아카데미에서 작곡을 가르치던 중 나치의 명령으로 쫓겨나 1933년 10월에 일찌감치 미국행 배에 올랐다. 그 역시 객지인 로스앤젤레스에서 영면했으며, 음악의 도시 빈은 훗날 거장에게 극진한 예우를 함으로써 사죄를 대신했다.

빈은 히틀러가 18세 때 화가의 꿈을 안고 찾은 예술의 도시였다. 그는 빈 예술아카데미에 두 번이나 낙방하고 이 도시에서 한동안 빈곤한 젊은 시절을 보냈다. 화가를 꿈꾸었던 한 젊은이에게 좌절과 빈곤을 안겨준 빈은 훗날 지배자가 된 그한테 철저하게 보복당한 셈이었다. 전시와 공연을 알리는 포스터가 넘쳐나던 1920~1930년대 빈의 거리에는 1938년부터 갈고리 십자가(Hakenkreuz, 하켄크로이츠) 나치 깃발이 나부꼈다. 예술과 사상은 민족공동체라는 절대적 가치에 의해 검열되었으며, 단지 작가가 유대 혈통을 갖고 있다는 이유로 수많은 서적과 작품이 소각되었다. 자유와 계몽을 송두리째 파괴한 폭력이었다. 빈의 역사에서 가장 어두운 시기였으며, 이 시기의 빈은 또 다른 유럽의 중심 도시 중 하나였다.

EU와 빈: '유럽의 심장'

2차 세계대전 이후 유럽이 동서로 분열되자, 빈은 과거 오스만튀르크의 위협에 맞서던 시절의 변방 도시로 돌아갈 것처럼 보였다. 그러나 빈은 서구의 끝이 아니라 동서의 중간이 되었다. 완충지대를 원했던 소련은 군정 종식의 조건으로 오스트리아의 중립화를 요구했다. 그로 인해 오스트리아는 정치와 경제 체제에서는 서구이면서 외교적으로는 중립을 표방했다. 중립국의 수도 빈은 동구와 서구가 만나는 공간이 되었으며, 동과 서의 스파이들이 암약하는 '007'의 도시가 되었다. 냉전이 한창이던 1961년 흐루시초프(Nikita Sergeyevich Khrushchev)와 케네디는 빈의 임페리얼 호텔에서 미소 정상회담을 가졌으며, 세계는 잠시나마 냉전의 완화를 기대하기도 했다. 그러나 이듬해 인류를 핵전쟁의 공포에 떨게 한 쿠바 미사일 위기가 터지자, 임페리얼 호텔의 기대는 이내 실망으로 바뀌었다.

빈은 동유럽 반체제 인사들의 피난처 역할을 하기도 했는데, 1956년 헝가리 사태가 소련군의 개입으로 실패로 끝나자, 그해 가을 서구로 정치적 망명을 원하는 헝가리인들이 빈을 찾았다. 1968년에는 프라하의 봄으로 역시 망명길에 나선 체코와 슬로바키아인들이 빈으로 도피했다. 빈은 여전히 '서구의 관문'이었다. 1990년대에는 유고연방의 해체로 발칸 반도에서 '인종청소'가 자행되자, 수많은 난민을 받아들였다.

빈은 국제 기구의 도시이기도 하다. 이곳에 최초로 둥지를 튼 국제 기구는 북한 핵사찰 문제로 우리에게도 친숙한 국제원자력기구(International Atomic Energy Agency: IAEA)로, 1957년에 입주했다. 1970년대 전 세계를 오일 쇼크로 몰아넣은 석유수출국기구(Organization of Petroleum Exporting Countries: OPEC)는 1965년에 빈에 터를 잡았다. 1979년에는 빈 국제센터(Vienna International Centre)를 유치함으로써 뉴욕과 제네바에 이어 세 번째 국제연합(United Nations: UN) 도시가 되었다. 빈의 호프부르크는 유럽안보협력기구(Organization for Security and Cooperation in Europe: OSCE)의 본부로 사용되고 있다.

1980년대 말 동구권이 붕괴하자, 빈은 동서구의 완충지대에서 다시

UN 기구가 위치한 빈 국제센터 전경. 빈은 1979년에 이 건물을 유치함으로써 뉴욕과 제네바에 이어 세 번째 UN 도시가 되었다.

금 유럽의 중심이 되었다. 오스트리아는 동구 국가들에게 주요한 투자 자이며, 빈은 중동유럽의 중심도시라는 옛 명성을 되찾고 있다. 빈의 위상 변화에 중요한 역할을 한 것은 유럽의 역내 국경을 없애기로 한 셍겐 조약(Schengen agreement)이었다. 오스트리아는 1995년 4월 셍겐 조약에 조인했으며, 1997년 12월 1일자로 독일과 이탈리아 국경 검문 소를 폐지했다. 셍겐 공간(Schengen area)이 2007년 말 체코, 슬로바키 아, 헝가리, 슬로베니아 등으로, 2008년 말에는 스위스로, 이어서 2011 년 말에는 리히텐슈타인으로 확대되자, 오스트리아의 모든 육로 국경 검문소가 사라졌으며, 이로서 빈은 중동유럽의 중심도시로 거듭났다. 빈은 2003년 유레지오 센트롭(Euregio Centrope)에 소속되었으며, 이웃한 슬로바키아의 브라티슬라바와 함께 트윈 시티(Twin City)가 되었다. 유레지오란 지리적으로 인접한 초국가적 경제공동체로, 유레지오 센트롭은 유럽연합의 여러 유레지오 중 하나로서 오스트리아, 헝가리, 슬로바키아, 체코 접경 지역에 걸쳐 있다. '쌍둥이 도시' 빈과 슬로바키아의 수도 브라티슬라바는 다뉴브 강변에 있고 거리상으로 불과 60킬로미터 떨어져 있다. 두 수도 사이의 수도권에는 약 300만 명이 거주하고 있으며, 이러한 지리적 특성으로 도시의 계획과 발전을 함께 논의하고 있다.

21세기 유럽의 정체성을 논할 때 유럽연합(EU)을 뺄 수 없다면, 빈이 유럽적 도시로 발전할 가능성은 오스트리아와 EU의 관계에 달려 있다. 오스트리아는 냉전의 종식과 1995년 EU 가입으로 인해 더는 중립국으로 보기 어려워졌다. 오스트리아는 사실상 EU의 완전한 회원국이며, 국방에서도 전적으로 EU와 한 배를 타고 있기 때문에 중립적이거나 비동맹이라고 보기 어렵다. 오스트리아는 1998년 후반과 2006년 전반에 EU이사회(Council of the European Union) 순회의장국을 맡았으며, 유로화 출범 당시부터 유로존(Eurozone)에 가입했다. 그로 인해 21세기 오스트리아는 과거 그 어느 때보다 우럽적이다.

그러나 오스트리아와 EU의 관계가 늘 순탄한 것은 아니다. 2000년부터 2006년까지 극우정당인 자유당(FPÖ)이 국민당(ÖVP)의 연정 파트너가 되자, 당시 14개 EU 회원국은 이에 항의해 오스트리아와 정부차원의 상호접촉을 금지하는 제재 조치를 결의했다. 자유당은 오스트리아가 2006년 EU이사회 순회의장국이었을 때 반(反)EU 국민청원운동을 전개하기도 했다. 1986부터 2000년까지 자유당 당수를 역임한 외르크 하이더는 전 세계적으로 알려진 극우주의 정치가로 나치 시대를 공공연하게 언급하는 인물이지만, 국내 지지율은 생각보다 높다. 자유당의 2000년 연정은 1999년 총선에서 26.9퍼센트를 득표해 제2당이 되었기 때문에 가능했다. 이후 자유당은 부침을 거듭하고 있는데, 2002년 총선 10퍼센트, 2004년 유럽의회 선거 6.3퍼센트 등으로 득표율이 곤두박질치다가, 2005년 빈 지방 선거 14.9퍼센트, 2006년 총선 11퍼센트, 2008년 총선 17.5퍼센트로 상승하다가 2010년 빈 지방 선거에서 무려 25.8퍼센트를 얻어 다시 제2당으로 부상했다. 그러나 2011년 노르웨이의 극우주의자 브레이비크(Anders Behring Breivik)가 오슬로 정부청사 폭탄테러와 우토야 섬 총기난사 사건을 저지르고, 자유당 소속 연방의회 의원 쾨니히스호퍼가 브레이비크의 테러를 낙태와 비교하는 망언을 하자, 당에 대한 여론이 매우 안 좋은 상황이다.

앞서 언급한 자유당의 행보와 선거 결과가 보여주듯, 빈은 이따금 극우주의의 온상이 아닌가하는 의구심을 자아낸다. 그러나 빈의 지방정부는 사민당─녹색당 연정으로 자유당을 배제했다. 게다가 제1당인 사민당(44.3퍼센트)과 자유당의 득표차도 적지 않다. 연방 차원에서도 사민당과 국민당이 제1당과 제2당이고, 자유당은 제3당이다. 따라서 오스트리아와 빈의 정치적 주류는 사민주의로, 유럽적 경향과 궤를 같이한다고 볼 수 있다. 그럼에도 끈질긴 생명력을 보여주는 극우주의는 빈이 갖고 있는 다민족 제국의 다문화적 수도라는 옛날의 명성에 걸맞지 않아 보인다. 그러나 '복지의 성'인 유럽 대부분의 주요 도시에서는 제3세계에서 온 경제 이주자를 적대시하는 정치집단과 테러가 더 이상 보기 드문 현상이 아니다. 빈곤한 이방인을 적대시하는 일부 시민이 존재한다는 점에서도 빈은 오늘날 전형적인 유럽의 도시인 셈이다.

| 윤용선

참고문헌

자크 르 고프, 주명철 옮김, 《청소년들이 쉽게 읽는 유럽역사 이야기》, 새물결, 2006.

장 바티스트 뒤로젤, 이규현·이용재 옮김, 《유럽의 탄생》, 지식의풍경, 2003.

Csendes, Peter and Opll, Ferdinand. *Wien. Geschichte einer Stadt*. 3 Bände. Wien: Böhlau, 2001~2006.

Ehrlich, Anna. *Kleine Geschichte Wiens*, Resensburg: Pustet, 2011.

위치 폴란드 마조프셰 주
면적 517km^2
인구 1,708,491명(2011년)

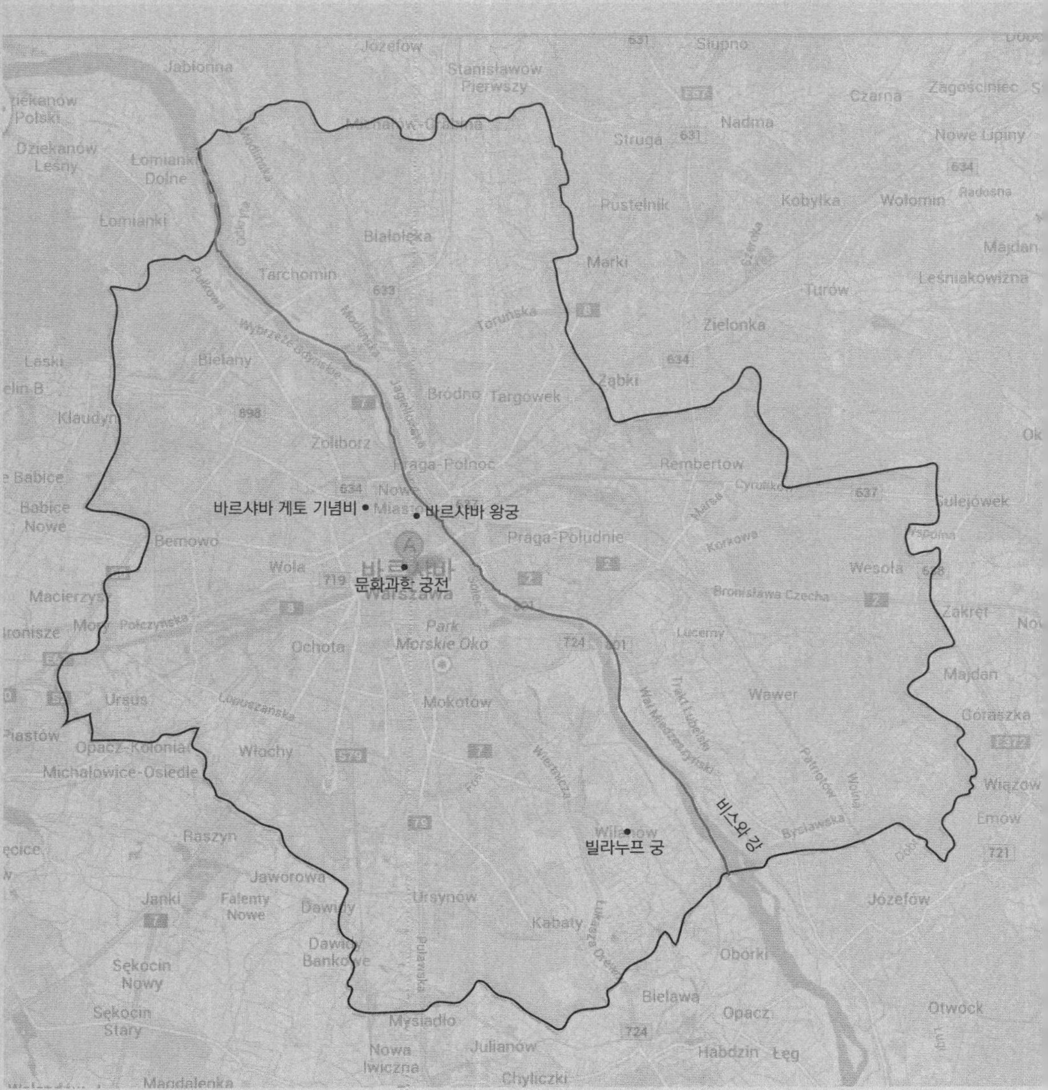

바르샤바, 폴란드

바르샤바
마침내 유럽으로 되돌아온 폴란드의 수도

승리의 V자로 옮겨 다닌 폴란드의 수도

바르샤바는 폴란드의 수도이다. 바르샤바는 폴란드에서 가장 큰 도시로 서울보다 조금 작은 517제곱킬로미터의 크기에, 2013년 현재 거주하는 시민의 수는 172만 명에 달한다.

폴란드는 966년에 건국되어 2013년 현재까지 1047년에 이르는 역사를 가진 나라이다. 이처럼 천 년이 조금 넘는 세월 동안 바르샤바가 폴란드의 수도인 기간은 전체 역사에서 채 반도 안 되는 417년에 불과하다. 폴란드 최초의 수도는 서부에 위치한 그니에즈노(Gniezno)라는 자그마한 도시로, 이곳에서 폴란드의 역사가 시작한 이후 곧바로 인근의 포즈나인(Poznań)으로 수도를 옮겼다. 그로부터 얼마 뒤인 1038년에 남부 크라쿠프(Kraków)로, 그리고 1596년에 현재의 바르샤바로 폴란드의 수도는 이동해갔다. 재미있는 점은 이런 이동 라인을 따라가다 보면 마치 승리의 V자 형태를 그리며 폴란드 수도가 옮겨간 것을 볼

1251년 최초로 문서 기록에 등장(가톨릭 주교 문서)

1300년경 도시 자치권 획득

1569년 폴란드-리투아니아연방 공화국 의회가 열리는 상설 지역으로 지정

1573년 폴란드 왕을 뽑는 첫 번째 선거 개최지로 선정

1596년 크라쿠프에서 바르샤바로 천도

1795년 삼국분할과 함께 프로이센에 합병

수 있다. 18세기 들어 국력이 다한 폴란드는 주변 삼대 강국에 의해 나라가 없어지고 만다. 이것이 저 유명한 폴란드 삼국분할이다. 이때 프로이센은 포즈나인을 중심으로 하는 서부 지역을, 오스트리아는 크라쿠프를 중심으로 하는 남부 지역을, 러시아는 바르샤바를 중심으로 하는 동부 지역을 각기 점령하고 123년에 걸친 식민 통치를 펼쳤다. 이같은 삼국분할이 남긴 유산은 현재에도 세 지역만의 독특한 지역색으로 남아 있다.

인어와 바르샤바

바르샤바 도시 명칭에 관한 재미있는 전설이 폴란드에 전해 내려오고 있다. 우리의 한강에 해당하는 폴란드의 젖줄은 비스와(Wisła) 강이다. 옛날 아주 먼 옛날, 비스와 강가에 바르스(Wars)라는 어부가 외로이 혼자 살고 있었다. 그러던 어느 날, 바르스가 그물을 들어 올리는 순간 인어 한 마리를 낚게 됐다. 아름다운 인어의 이름은 사바(Sawa). 이렇게 만난 바르스와 사바는 아들 딸 많이 낳고 행복하게 잘살았다고 하는데, 바르스 어부와 사바 인어의 자식과 후손들이 세운 도시가 바로 바

1815~1915년 러시아 식민 통치
1918년 폴란드 독립, 수도 지정
1939년 2차 세계대전 발발과 히틀러 입성
1944년 바르샤바 봉기로 도시의 85퍼센트가 파괴
1955년 바르샤바 조약기구 창설 협정
1970년 빌리 브란트 서독 총리의 바르샤바 게토 기념비 방문.

르샤바라는 것이다. '바르샤바'라는 이름은 '바르스'와 '샤바' 이름을 합친 것에서 나왔다. 그리하여 폴란드 수도 바르샤바의 도시 문장은 인어이다.

또 다른 전설에 따르면, 옛날 아주 먼 옛날 발트 해에 아름다운 인어 두 마리가 살고 있었다고 한다. 그중 한 마리는 덴마크 해협에 있는 바위가 너무 마음에 든다며 이곳에 정착했다. 이것이 바로 저 유명한 코펜하겐의 인어상이다. 두 번째 인어는 폴란드의 그단스크(Gdańsk) 항구까지 헤엄쳐가서는 비스와 강을 따라 상류로 거슬러 올라갔다. 마침내 바르샤바에 다다른 인어는 휴식을 취하러 모래사장에 올라갔다. 이곳이 맘에 든 인어는 바르샤바에 머물기로 결심했다. 그러고는 다시 처음의 이야기가 되풀이된다.

폴란드의 인어상은 네덜란드 코펜하겐에 있는, 안데르센 동화 속에 나오는 우아한 인어상과는 아주 다른 모습을 하고 있다. 바르샤바의 인어상은 오른손에 칼을, 왼손에 방패를 들고 있다. 마치 독일과 러시아라는 강대국 사이에 위치하고 있는, 그리하여 빈번한 외적의 침입에 시달리던 폴란드를 나 또한 지켜내겠다는 듯이 전투적인 모습이다. 지금도 폴란드 바르샤바의 비스와 강변에 가면 칼과 방패를 든 인어상을

바르샤바 구시가지 광장에 있는 인어상. 폴란드의 인어상은 안데르센 동화 속의 우아한 인어상과 달리 오른손에 칼을, 왼손에 방패를 들고 있다. 마치 외적의 침입에 폴란드를 지켜내겠다는 듯 전투적인 모습이다.

볼 수 있다.

이 전설과 관련된 재미있는 사실이 하나 있다. 바르샤바 시내 한복판에 가면 공산주의 시절에 세운 쌍둥이처럼 똑같이 생긴 커다란 백화점 두 개가 있다. 이 백화점은 그 이름이 각각 '바르스'와 '사바'이다. 그 이름에서 알 수 있듯이 바르스는 남성복 위주로, 사바는 여성복을 중심으로 판매하고 있다. 지금도 성업 중인 이 백화점은 폴란드 남편들에게 인기 만점이다. 왜냐고? 그 이유는 다음과 같다. 휴일에 부인과 쇼핑하러가는 것을 몹시 싫어하는 것은 여기나 거기나 마찬가지이다. 하지만 폴란드 바르샤바에 사는 남편들은 행복하다. 시내에 나와 부인은 사바로 보내고 남편들은 바르스에서 시간을 보내면 되니까.

바르샤바, 바르쇼바?

도시 바르샤바의 역사의 기원은 12, 13세기로 거슬러 올라간다. 당시 폴란드 북동부 지역인 마조프셰(Mazowsze)를 통치하는 지배자들이 거주하는 곳으로 역사에 등장했다. 이후 바르샤바는 눈부신 발전을 거듭하며 팽창해갔다. 비록 독일, 스웨덴, 러시아의 침공으로 여러 차례에 걸쳐 패망 직전에 이른 적도 있지만, 바르샤바는 이 모든 역경을 이겨내고 현재 폴란드의 수도로서 굳건한 자태를 뽐내고 있다. 바르샤바가 현재의 모습을 갖춘 것은 2차 세계대전 당시 완전 폐허화된 도시를 전후 복구하면서부터이다.

바르샤바가 문헌에 처음 등장한 것은 1251년 가톨릭 주교 문서에, 어부가 사는 마을이자 장이 서는 농촌으로 등장하면서부터이다. 1300년경에 바르샤바가 자치권을 하사받으면서 도시로서의 역사를 시작했다. 이때 도시 명칭은 바르쇼바(Warszowa) 또는 바르쉐바(Warszewa)였다. 이 명칭은 현재 '바르샤바 왕궁' 자리에 위치하고 있던, 마을의 소유자이던 바르쉬(Warsz)라는 기사의 이름에서 유래했다. 바르샤바가 원래 '바르쇼바'로 불렸다는 사실은, 바르샤바를 라틴어로 '바르사비아(Varsavia)'가 아니라 '바르소비아(Varsovia)'라고 쓰는 점으로 증명된다.

바르샤바, 드디어 폴란드의 수도가 되다

폴란드의 두 번째 왕조인 야기에우오 왕즈(Jagiellon dynasty, 1386~1572년)의 마지막 통지차가 후계자 없이 사망하자, 귀족들이 의회를 열고

바르샤바의 주요 관광지는 대부분 구시가지에 위치해 있다. 입구에 웅장하게 자리 잡은 붉은 벽돌의 왕궁과 지그문트 3세를 기리기 위한 높은 기둥이 인상적이다.

왕을 선거로 뽑는다는 결정을 내린다. 폴란드 역사에서 세 번째 시기인 이른바 선거 왕조(1573~1795년) 시대가 열린 것이다. 그리고는 1573년 첫 번째 선거부터 바르샤바가 폴란드 왕을 선출하는 지역으로 정해졌다. 이 시기에 지그문트 3세(Zygmunt III)가 1596년에 수도를 크라쿠프에서 바르샤바로 천도하기로 결정했다. 지그문트 3세는 한때 러시아를 굴복시키고 모스크바에 입성하여 2년간 크렘린을 지배한 왕이기도 하다. 폴란드가 러시아와의 관계에서 최절정을 이룬 시기의 통치자였다. 그러나 지그문트 3세는 자신의 모국인 스웨덴에서 일어난 반란으로 왕위에서 축출당하고, 이후 스웨덴 왕좌로 복귀하는 것을 최우선 정책으로 삼았다. 바로 이런 이유로 당시 1백만 제곱킬로미터에 달하는 광활한 폴란드-리투아니아연방의 최남단에 위치한 크라쿠프보다는 스웨덴 원정에 가까운 바르샤바로 거처를 옮긴 것이다. 이후 바르샤바는 일련의 사건을 겪으며 실질적인 수도로서 자리매김을 한다. 1611년 10월 29일에 러시아와의 전쟁에서 승리를 거둔 후 스타니스와프 주우키에프스키(Stanisław Żółkiewski) 폴란드 총사령관이 포로로 잡은 차르 바실리 4세를 앞세워 바르샤바 거리를 행진했다. 그런 후 바르샤바 왕궁으로 끌고 가서는 지그문트 3세 앞에 무릎을 꿇게 했다. 이외에도 17세기 전반기 내내 프로이센의 호엔촐레른 가문은 폴란드 왕이 새로이 선출될 때마다 바르샤바에 와서 충성 서약을 바쳐야만 했다. 가히 폴란드가 러시아와 독일을 상대로 이후 절대로 꿈꿔보지도 못하는 절대 우위를 누리던 시기였다. 지그문트 3세 통치 시절에 바르샤바는 수만 명이 거주하는 대도시로 자라났다. 왕궁을 중심으로 귀족들과 성직자들이 모여들고 대귀족들도 바르샤바에 자신들이 머물 궁정을 속속 세워나갔다. 현재 바르샤바 대학이 위치하고 있는 궁전과 폴란드 대통령궁으로 사용되고 있는 저택도 이때 만들어졌다. 1643년에는 수도를 바르샤바로 천도한 부왕을 기리기 위해 브와디스와프 4세가 지그문트 기둥을 세웠다. 22미터 높이의 지그문트 기둥은 현재 바르샤바를 상징하는 기념물이자 시민들이 만남의 장소로 애용하는 곳이기도 하다.

삼국분할, 그리고 바르샤바는 폴란드와 함께 사라지다

바르샤바 번성기는 1655년부터 1660년까지 일어난 스웨덴 침공과 함께 막을 내린다. 2차 세계대전 당시 폴란드가 입은 재앙에 버금가는 이른바 '스웨덴의 대홍수' 당시, 거의 모든 대귀족들의 저택이 불타고 수많은 문화재가 약탈당했다. 폴란드가 낳은 위대한 장군이자 왕위에도 오른 얀 3세 소비에스키 시절에 바르샤바는 다시 번영을 맞는다. 소비에스키는 17세기 당시 유럽 최강이던 오스만튀르크를 만나기만 하면 고양이 앞의 쥐처럼 다루던 장군으로 유명했다. 1683년 오스만튀르크에게 포위된 오스트리아 빈을 구출한 지휘관이 바로 소비에스키이다. 소비에스키는 바르샤바 남부 지역 발전에 공을 들였다. 1677년에 '새로운 궁(Villa Nova)'이라는 뜻으로 짓기 시작한 여름 궁전이 지금의 빌라누프(Wilanów) 궁이다. 주말이면 많은 사람들이 산책을 나서는 아름다운 빌라누프 궁전은, 바르샤바 시민들로부터 온몸으로 사랑받고 있다. 18세기에 들어와 독일 작센 가문의 지배자들이 왕위에 선출되면서 폴란드는 또다시 전쟁과 혼란 속으로 빠져든다. 두 명의 왕이 동시에 등장하는 혼란스런 정국이었던 작센 왕조(1697~1763년) 시기에도 바르샤바는 번성했다.

1764년부터 1795년까지 재위한 폴란드의 마지막 왕인 비운의 스타니스와프 아우구스트 포니아토프스키(Stanisław August Poniatowski) 시절에, 바르샤바는 도시 역사의 한 장을 새로이 장식한다. 쇠락해가는 나라와 외세에 좌지우지되는 정국에 환멸을 느낀 포니아토프스키 왕이 국정 대신 도시 가꾸는 일에 전념한 결과이다. 그리고 바르샤바는 마치 꺼지기 전에 마지막 불꽃을 피우는 촛불처럼 국가 패망이라는 암울함 속에 화려하게 피어난다. 포니아토프스키 시절에 많은 건축물이 바르샤바에 들어섰는데 그중에서도 특히 도시 한복판에 위치하고 있

와지엔키 공원의 쇼팽 동상. 매해 여름이면 와지엔키 공원에서 쇼팽 콘서트가 열린다. 도시 한복판에 위치한 이 공원은 바르샤바 시민들에게 큰 사랑을 받고 있다.

는 와지엔키(Łazienki) 공원이 가장 유명하다. 여름이면 야외에서 쇼팽 콘서트가 열리는 이 공원은 바르샤바 시민들이 지친 심신을 달래는 아늑한 공원으로 지금도 많은 사랑을 받고 있다. 삼대 강국인 프로이센, 오스트리아, 러시아가 세 번에 걸쳐 폴란드를 나누어 집어삼킨 것이 저 유명한 삼국분할이다. 1772년에 1차 분할을 당한 후 마침내 깊은 잠에서 깨어난 폴란드인들이 일련의 개혁 조치들을 내놓는다. 하지만 이는 1793년의 2차 분할만을 가져왔을 뿐이다. 다음해부터 폴란드인들이 가열 찬 봉기를 시작하지만 삼대 강국을 상대하기에는 역부족이었다. 마침내 1795년에 단행된 3차 분할로 바르샤바는 폴란드와 함께 유럽 지도에서 사라져버린다. 포니아토프스키 왕은 폐위를 당한 채 쓸쓸히 바르샤바를 떠나야만 했다. 이제 바르샤바는 1807년까지 프로이센의 일개 지방 도시로 전락하고 만다. 하지만 123년에 걸친 식민지 시절에도 폴란드인들은 바르샤바를 중심으로 쉼 없이 숨 가쁘게 민족정기를 피워 올렸다.

폴란드 민족운동의 중심지 바르샤바

나라가 없던 삼국분할 시절에 폴란드인들은 프랑스를 돕는 것만이 패망한 조국을 되살리는 유일한 길이라고 믿었다. 그래서 많은 폴란드인들이 나폴레옹 휘하에서 초개같이 목숨을 버리며 싸웠다. 나폴레옹의 연이은 승리와 프로이센의 패전 소식이 전해지면서 바르샤바 시민들의 희망도 살아났다. 프로이센을 정복하고 바르샤바에 입성한 나폴레옹은 폴란드인들의 공로에 보답하고자 바르샤바 공국을 만들어줬다. 하지만 1807년에 나폴레옹이 세운 바르샤바 공국은 그 이름에서 알 수 있듯이, 진정한 주권을 가진 폴란드 왕국이 아닌 단지 프랑스의 러시아 원정을 위한 전진 기지에 불과했다. 따라서 나폴레옹의 패망과 함께 바르샤바 공국은 하루살이처럼 사라져버리고 만다. 1815년 빈 회의 결과 러시아 황제를 지배자로 하는 폴란드 왕국(1815~1832년)이 세워지며 바르샤바가 수도로 재등장했다. 이 당시 바르샤바에도 자본주의와 함께 산업화 시대가 도래했다. 이제 바르샤바는 애국지사들이 독립을 되찾고자 펼치는 폴란드 민족운동의 중심지가 됐다. 이런 분위기가 무르익어 절정에 달하는 순간마다 바르샤바는 혁명의 분위기에 휩싸였다. 1830년의 11월 봉기와 1863년의 1월 봉기는 바로 이런 결과였다. 하지만 안타깝게도 연이은 봉기는 모두 진압되고 말았다. 이 와중에 러시아 군대가 쇼팽의 피아노를 창밖으로 던져버리는 만행도 벌어졌다. 봉기가 진압되고 나면 식민 당국으로부터 무자비한 보복이 가해졌다. 봉기 참가자들은 체포되고 재산을 몰수당한 후 시베리아로 유배됐다. 11월 봉기를 진압한 후에 러시아 식민 당국이 바르샤바 한복판에 짓기 시작한 치타델라(Cytadela Warszawska, 바르샤바 요새)는 폴란드 애국자들이 체포되어 고문을 당하고 목숨을 잃는 장소가 됐다.

바르샤바, 드디어 독립하는 폴란드의 수도로 재생하다

1차 세계대전이 시작되어 독일군이 바르샤바를 향해 진격하면서 바르샤바의 주인이 바뀌었다. 1915년 8월 1일, 마침내 백여 년에 이른 식민 통치 끝에 러시아가 바르샤바에서 물러났다. 1915년 8월 6일부터 폴란드가 독립하는 1918년 11월 11일까지 바르샤바는 독일 군대의 지배를 받았다. 1918년 11월 8일 모국에서 혁명이 일어났다는 연락을 받은 독일 총독이 몰래 바르샤바를 떠났다. 그리고는 11월 10일 아침 7시에 독일 마그데부르크 감옥에서 풀려난 피우스트스키(Józef Piłsudski)가 폴란드의 독립 영웅으로 열렬한 환영을 받으며 바르샤바 기차역에 도착했다. 피우수트스키의 귀환으로 용기를 얻은 폴란드인들이 독일 점령군을 무장 해제시키기 시작했다. 다음날인 11월 11일에 바르샤바 섭정 위원회는 피우수트스키에게 바르샤바에 대한 전권을 넘겨줬다. 무려 123년에 걸친 식민 지배 끝에 마침내 폴란드가 독립을 되찾은 것이다. 그리고 우리의 8월 15일 광복절처럼, 11월 11일은 폴란드의 독립기념일로 정해졌다.

1918년 11월 재생한 폴란드가 바르샤바를 수도로 선포했다. 하지만 독립하자마자 폴란드는 레닌(Valadmir Lenin)이 이끄는 볼셰비키에 맞서 전쟁을 치르게 된다. 전쟁 초기 우크라이나 키예프까지 진격하던 폴란드는 러시아 군대의 역습으로 수도 바르샤바가 함락할 위기에 처했다. 하지만 1920년 8월에 독립 영웅 피우수트스키의 지휘 하에, 폴란드는 유명한 바르샤바 전투에서 역전을 거듭하며 소비에트 러시아와의 전쟁을 승리로 장식했다. 이로써 폴란드를 밟고 서유럽 전체를 적색혁명으로 물들이려던 레닌의 계획은 물거품이 되고 말았다. 동부 최전방에서 유럽 가톨릭을 수호한다는 폴란드의 전설 목록에 또 하나의 화려한 업적이 더해졌다.

재생한 폴란드의 수도인 바르샤바는 모든 분야에서 일대 혁신을 이루며 눈부신 발전을 거듭했다. 1934년에는 영국 보험회사 푸르덴셜이 바르샤바에 16층 높이의 건물을 세웠다. 높이가 66미터에 달한 이 건물은 1930년대 폴란드의 최고층 빌딩으로 당시만 해도 최신 바르샤바의 상징물이었다. 2차 세계대전 당시 독일군이 정조준으로 발사하던 천여 발이 넘는 포탄 공격에도 불구하고 이 건물은 살아남았다. 전후 공산주의 폴란드 시절에 이 빌딩은 사회주의양식으로 재건되어, 1954년에 바르샤바 호텔로 문을 열어 현재까지도 성업 중이다. 1930년대, 바르샤바는 '북쪽의 파리'라고 불릴 정도로 아름다웠다. 양차 대전 사이 바르샤바는 역동적인 발전을 거듭하며 1939년에는 인구가 135만 명에 달했다. 또한 이 시기에 바르샤바는 유럽에서 가장 커다란 유대인 거주지이자 유대 문화 센터이기도 했다. 하지만 1939년 9월 1일, 나치 독일이 폴란드를 침공하며 시작된 2차 세계대전으로 바르샤바 발전은 멈출 수밖에 없었다. 폴란드의 수도에 또다시 절체절명의 순간이 다가온 것이다.

2차 세계대전, 그리고 무너지는 바르샤바

1939년 9월 1일 독일의 슈투카 전폭기들이 바르샤바를 폭격하며 2차 세계대전이 시작됐다. 9월 7일에 폴란드 정부가 수도를 포기하고 망명 길에 오른 뒤에도 바르샤바는 끝까지 수도를 사수했다. 하지만 9월 17일 바르샤바 왕궁이 폭격으로 불길에 휩싸이고, 결국 힘을 다한 바르

2차 세계대전 당시 폭격으로 폐허가 된 바르샤바 구시가지. 전후 폴란드 각 분야의 전문가들이 총동원된 끝에 바르샤바는 잿더미 속에서 재건될 수 있었고, 구시가지도 완벽하게 복원되었다.

샤바는 9월 28일에 항복하고 만다. 마침내 10월 1일 히틀러가 사열받는 가운데, 나치 독일 군대가 바르샤바에 입성했다. 이후 5년간에 걸친 나치 점령 기간에 바르샤바는 독일 총독부령에 편입되며 수도로서의 지위를 상실했다. 점령 첫날부터 나치 당국은 공포 정치를 펴며, 바르샤바 시민들을 상대로 무자비한 테러를 일삼았다. 하지만 이런 테러에도 불구하고 바르샤바는 지하 레지스탕스 활동의 중심지가 됐다. 런던에 있는 폴란드 망명정부의 명령을 따르던 국내군 지하 본부가 바르샤바에 위치했다.

나치는 바르샤바에도 아우슈비츠와 같은 강제수용소를 세우고 죄없는 사람들을 학살하기 시작했다. 1940년 10월 나치가 바르샤바에 게토를 획정하고 41만 명의 유대인을 가두었다. 이후 주변 유대인들이 더해지며 바르샤바 게토는 50만 명이 넘는 유럽에서 가장 커다란 유대 거주지로 변해갔다. 열악한 상황과 기아 속에 1942년 중반까지 10만 명 이상이 게토에서 목숨을 잃었다. 같은 해 여름에 시작된 이송작전으로 31만 명의 유대인들이 '죽음의 캠프'라 불리던 트레블링카(Treblinka) 수용소로 보내져 학살됐다. 유대인을 돕다가 나치 당국에 걸리는 경우 유럽에서 유일하게 폴란드에서만 사형을 당하는 엄벌에 처해졌다. 그럼에도 바르샤바 시민들은 불과 얼마 전까지만 해도 이웃이던 게토의 유대인들을 돕는 것을 주저하지 않았다. 1943년 4월 19일에 '바르샤바 게토 봉기(Warsaw Ghetto Uprising)'가 일어났다. 얼마 남지 않은 유대인들에 대한 나치의 최종 절멸 작전이 임박해오자, 이제 더는 갈 곳이 없던 소수의 게토 유대인들이 소총 몇 자루를 들고 일어선 것이다. 독일군의 포위 작전 속에 결국 5월 8일에 지도부가 자결하

1970년 12월 7일, 폴란드를 방문한 서독의 총리 빌리 브란트가 바르샤바 게토 기념비 앞에 무릎을 꿇고 묵념을 올리고 있다.

면서 게토 봉기는 잔혹하게 진압되고 말았다. 체포된 나머지 유대인들이 수용소로 이송된 후, 독일군은 미국의 뉴욕 다음으로 가장 많은 유대인들이 살고 있던 바르샤바 게토를 말 그대로 쓸어버리고 말았다. 이 작전이 끝나고 심지어 단 한 채의 건물마저 찾아볼 수 없을 정도로 철저히 파괴됐다. 이 당시 처참한 광경은 세계적인 영화감독 로만 폴란스키가 만든 영화 〈피아니스트(The Pianist)〉에 생생히 묘사돼 있다. 폴란스키 자신도 2차 세계대전 당시 기적적으로 목숨을 건진, 폴란드에서 태어나고 자란 유대인이다.

그로부터 30년 가까운 세월이 흐른 뒤인 1970년 12월 7일, 쌀쌀한 초겨울 날씨에 비가 내리던 바르샤바 게토 기념비 앞에 한 사람이 무릎을 꿇었다. 전후 최초로 폴란드를 방문한 서독 총리인 빌리 브란트가 누구도 예상치 못하게, 비에 젖은 기념비 앞 콘크리트 바닥에 털썩 무릎을 꿇은 것이다. 당시 상황에 대하여 브란트는 후일 다음과 같이 말한 적이 있다. "처음부터 그럴 생각을 가진 것은 아니었습니다. 하지만 아침에 숙소를 나설 때 무언가 진심을 전할 수 있는 행동을 취해야만 한다고 생각했습니다. 독일의 숨길 수 없는 악행의 역사를 증언하는 장소에서 나치에게 목숨을 잃은 수많은 영령들을 대하는 순간, 저는 할 말을 잃어버렸습니다. 그래서 저는 사람이 말로서는 표현할 수 없을 때, 할 수 있는 행동을 했을 뿐입니다." 브란트 총리의 이날 '사건'을 두고 한 언론은 "무릎을 꿇은 것은 한 사람이었지만, 일어선 것은 독일 전체였다."라고 표현한 바 있다. 그리고 장차 서유럽으로 돌아가려는 폴란드에게도 이 사건은 일대 전환점이 됐다.

폴란드 지하 레지스탕스가 나치 점령 당국을 상대로 펼친 저항의 최절정이 바로 그 유명한 '바르샤바 봉기(Warsaw Uprising)'이다. 1944년 8월 1일 런던 망명정부의 명령으로 폴란드 국내군이 마침내 조국 해방의 기치 아래 무기를 들고 일어섰다. 독일의 패전이 명백해지고 동쪽으로부터 베를린을 향해 진격하던 소련군이 비스와 강 건너까지 진군해오자 바르샤바 시민들이 용기를 낸 것이다. 폴란드인들은 잘 알고 있었다. 외세의 힘으로 해방되면, 더군다나 폴란드인들이 가장 증오하는 소련이 수도를 해방시키게 되면, 전후 바르샤바는 제 목소리를 내지 못하리라는 점을. 한편 전후 동유럽을 공산화화려는 야심을 품고 있던 스탈린의 엄명으로, 소련군은 바르샤바가 초토화되는 장면을 강 건너에서 그저 바라만볼 뿐이었다. 장차 소련에 반대할 폴란드의 저항 세력을 독일 군대의 손을 빌려 쉽사리 제거한다며 소련군은 속으로 쾌재를 불렀다. 하지만 정말 놀라운 점은 연합국인 영국과 미국마저도 바르샤바 봉기를 수수방관했다는 점이다. 약소한 폴란드보다는 같은 편인 스탈린의 의사를 따르는 게 자신들의 이해득실에 더 부합했기 때문이다. 이런 이유로 국제 정치에서 유일한 논리인, 오직 강대국 간의 패권 경쟁만이 판을 주도한다는 점을 가장 극명하게 반영된 사례의 하나로 바르샤바 봉기가 손꼽히고 있다. 63일간에 걸친 외로운 투쟁 끝에 바르샤바 봉기는 처절하게 막을 내렸다. 1만 6천여 명의 봉기군과 15만 명의 시민이 봉기 와중에 목숨을 잃었다. 그리고 이제 독일의 잔인무도한 보복이 시작됐다. 독일군은 건물 하나하나씩 차례차례로 바르샤바를 파괴해나갔다. 그리고는 바르샤바 건물 85퍼센트가 잿더미로 변해버렸다. 살아남은 시민 65만 명은 살고 있던 집에서 쫓겨나 바르샤바를 떠나야만 했다. 나치 점령 기간에 대략 70만 명의 바르샤바 시민이 목숨을 잃었다. 이는 2차 세계대전에서 사망한 미국인과 영국인을 모두 합친 것보다 많은 숫자이다.

폐허 속에서 다시 부활하는 바르샤바

1945년 1월 17일 폐허가 된 공허한 바르샤바에 소련군이 입성했다. 그리고 모스크바에서 교육받은 친소 폴란드 공산 정권이 그 뒤를 따라 들어왔다. 전후 폴란드 공산 정부는 폐허가 된 바르샤바를 버리고 수도를 이전하는 것을 검토했다. 하지만 폴란드인들은 바르샤바를 재건하기로 결정했다. 그리고 이제 폴란드인들의 놀라운 도전은 다시 시작된다. 예전의 아름다운 모습으로 바르샤바를 복원시키는 대장정이 시작된 것이다. 각 분야의 전문가들이 총동원된 작업 끝에, 마침내 1953

사회현실주의양식으로 지어진 문화과학 궁전은 소련과 스탈린, 공산주의체제를 상징한다. 30층 높이의 전망대에 오르면 바르샤바 시내를 한 눈에 내려다볼 수 있다.

년에 바르샤바 구시가지가 제일 먼저 옛 모습을 회복했다. 이후 바르샤바 중심지 일부 건물과 지역들이 차례로 복원됐다. 이런 공로를 높이 사 1980년 UNESCO가 바르샤바 구시가지 전체를 세계문화유산으로 지정했다.

1947년 이후 사회현실주의양식으로 지어진 다양한 건물들이 바르샤바에 들어서기 시작했다. 특히나 1955년에 완공된 문화과학 궁전은 이런 양식의 상징으로 남아 있다. 이 건물은 전후 반소 성향의 폴란드인들을 달래기 위해 스탈린이 모스크바 대학을 본떠 세워준 것이다. 문화과학 궁전은 바르샤바 어디에서도 잘 보이는 폴란드에서 가장 높은 건물이다. 그래서 소련과 스탈린 그리고 공산주의체제를 상징하는, 문화과학 궁전은 폴란드인들이 가장 증오하는 건물이기도 하다. 문화과학 궁전에서 일하는 사람이 바르샤바에서 가장 행복한 사람이라는 농담이 폴란드에서 유행한 적이 있다. 왜냐하면 이 건물 안에서는 문화과학 궁전이 보이지 않기 때문이란다. 1989년 공산주의체제가 무너지고 민주 정부가 들어선 뒤, 문화과학 궁전을 해체하거나 아니면 폭파시킬 것인가를 두고 바르샤바 시민들이 논란을 벌인 적이 있다. 이 대목에 이르면 우리의 예전 조선총독부 해체가 떠오른다. 하지만 우리와 달리 바르샤바 시민들은 공산주의 상징인 문화과학 궁전을 원형 그대로 보존하기로 결정했다. 1974년에 바르샤바 왕궁이 복원되며 전후 바르샤바 재건 작업이 완료됐다. 왕궁은 1988년까지 내부 장식 공사와 함께 마무리 작업이 계속됐다. 하지만 이 모든 것에도 불구하고 현재 바르샤바의 모습은 안타깝게도 전쟁 전과는 많이 다른 모습이다. 이는 복원된 구시가지 일부를 제외하면, 현재 바르샤바는 사회주의 시대에 지어진 네모난 시멘트 건물로 가득한 외양이기 때문이다.

유럽으로 되돌아간 폴란드 그리고 바르샤바

1989년의 체제 전환 이후 폴란드 외교의 양대 목표는 북대서양조약기구(North Atlantic Treaty Organization: NATO)와 유럽연합(EU)에 가입하는 것이었다. 2차 세계대전 와중에 강대국이 주도하는 힘의 논리와 전후 공산주의체제를 절실히 경험한 폴란드로서는 무엇보다 안보 보장이 절실했다. 지정학적으로 독일과 러시아 사이에 놓인 폴란드로서는 양 강대국 사이에서 어떻게 살아남는가 하는 문제가 늘 최우선 사안으로 자리매김해왔다. 그래서 폴란드는 한때 프랑스에 그리고 다시 영국에 희망을 걸어보지만 늘 배신당하고 버림받기만 했을 뿐이다. 20세기 말 이제 독일로부터의 위협은 사라졌지만, 동쪽에는 여전히 한치 앞을 내다볼 수 없는 러시아가 남았다. 이런 상황에서 폴란드로서는 대서양 건너 미국, 다시 말해 NATO만이 자신들의 안보를 보장해줄 유일한 해결책이었다. 그리고 1991년 소련에서 일어난 8월 쿠데타를 바라보며 폴란드인들의 이런 믿음은 더욱 굳어져갔다. 결국 1999년에 체코 그리고 헝가리와 함께 NATO에 가입하면서 폴란드는 안도의 한숨을 내쉴 수 있게 됐다. 체제 전환 이후 폴란드가 처한 또 다른 시급한 사안은 사회주의체제 기간에 피폐해진 경제를 다시 살리는 문제였다. 그리고 이 사안에 있어 최선이자 유일한 길은 유럽연합에 가입하는 것뿐이었다. 폴란드가 유럽연합의 회원국이 되면 정치적으로 유럽을 동서로 양분하는 것을 극복하고 안정적인 체제를 구축할 수 있으며, 경제적으로 단일시장이 형성되고 자유로운 물품, 서비스, 인력, 자본 교역이 가능해지며, 사회적으로 안보, 노동 조건, 건강, 교육, 환경 보호, 학문, 행정구조 등과 같은 부문이 유럽 수준으로 향상되기 때문이었다. 폴란드는 지금 역사상 가장 유리한 조건을 가지고 있다고들 말한다. 직접적으로 위협을 가하는 적대국이 없으며 NATO의 회원국이 된 이후 폴란드는 안보를 보장받고 있다. 더군다나 2004년 유럽연합에 가입한 이후 폴란드는 매우 빠르고 착실한 성장가도에 들어섰다. 현재 폴란드는 글로벌 경제 위기를 맞고 있는 유럽 국가들 중에서 유일하게 경제 성장

을 하고 있는 나라이자, 동유럽과 서유럽의 길목에 자리 잡고 있는 교
류 중심지로 주목받고 있다. 그리고 그 한가운데 바로 수도 바르샤바
가 있다.

3C의 나라 폴란드, 그리고 바르샤바 생가

폴란드는 3C의 나라로 불린다. 폴란드는 알파벳 C로 시작하는 세 사
람, 즉 코페르니쿠스(Copernicus), 쇼팽(Chopin), 퀴리 부인(Curie)의 나
라이다. 이 세 사람 중 쇼팽과 퀴리 부인은 바르샤바에서 태어났다.

　바르샤바의 프레타 거리 16번지에 가면 퀴리 부인 생가를 만날 수
있다. 이 석조 건물에서 1867년 11월 7일에 마리아 스크워도프스카, 바

퀴리 부인이 태어난 이 건물은 현재 퀴리 부인의 일생과 가족, 학문 업적을 전시하는 박물관으로 사용되
고 있다.

로 퀴리 부인이 태어났다. 현재 이 건물은 퀴리 부인의 일생과 가족 그리고 학문 업적을 전시하는 박물관으로 사용하고 있다. 폴란드가 낳은 천재 과학자 퀴리 부인 앞에는 최초라는 수식어가 여럿 붙는다. 우선 퀴리 부인은 노벨물리학상(1903년)과 노벨화학상(1911년)을 받은 첫 번째 여성이자, 두 가지 다른 학문 분야에서 노벨상을 받은 최초이자 유일한 여성이다. 퀴리 부인은 소르본 대학의 최초 여학생이자 최초 여교수이기도 하다. 큰딸인 이렌은 어머니의 연구실 조수와 결혼한 뒤, 1935년에 남편과 함께 노벨화학상을 수상했다. 그러고는 이듬해에 어머니의 후임으로 파리 대학의 교수로 임명됐다. 어머니인 퀴리 부인과 마찬가지로 이렌도 오랜 세월에 걸친 방사능 연구가 원인이 되어 백혈병으로 사망했다. 한편 퀴리 부인의 막내딸이자 베스트셀러《퀴리 부인(Madame Curie)》의 작가인 이브는 남편과 함께 1965년에 국제연합아동기금(유니세프, United Nations International Children's Emergency Fund: UNICEF) 대표로 노벨평화상을 수상했다. 무려 한 가족이 노벨상을 네 번이나 수상한 것이다. 그것도 각자 다른 분야에서.

폴란드의 수도 바르샤바에 가면 우리나라의 청와대에 해당하는 폴란드 대통령궁이 있다. 바르샤바를 관통하는 가장 커다란 대로변에 위치한 이 건물은 바르샤바에 있는 궁들 중에서 가장 커다란 건물이다. 이 건물은 17세기에 폴란드 왕국의 총사령관이 머물기 위해 건축되었다. 18세기에 들어와 이 저택은 러시아, 프로이센, 오스트리아 대표자들이 폴란드 삼국분할을 논하는 장소로 사용됐다. 특히나 이 궁은 1818년 2월 24일에 여덟 살 난 어린 쇼팽이 데뷔 무대를 가진 것으로 유명하다. 삼국분할 당시 대대적인 개축을 거친 후, 이 저택은 총독궁으로 불렸다. 1차 세계대전이 끝나고 독립한 후, 1918년부터 이 건물에 수상 집무실을 위시로 하는 폴란드 정부 청사가 들어섰다. 2차 세계대전 이후에는 보수와 개축 공사를 거쳐 공산 정부의 공식 연회장으로 사용됐다. 1955년 5월 14일 바로 이곳에서 바르샤바 조약기구가 조인됐다. 1989년 폴란드 공산주의의 종말을 고한 '원탁회의'도 바로 여기에서 열렸다. 사회주의체제가 무너지고 레흐 바웬사(Lech Wałęsa)가 초대 민주 대통령으로 재직하던 1990년부터 장차 폴란드 대통령의 거처로 이 궁에 대한 대대적인 리모델링 작업이 시작됐다. 이때부터 이 건물은 현재와 같이 대통령궁으로 불리고 있다. 1994년에 바웬사가 첫 주인으로 입주한 이후부터, 폴란드 대통령이 연이어 이 건물에 거주하고 있다. 폴란드의 유럽연합 가입 문서도 이곳에서 조인됐다.

 '피아노의 시인' 쇼팽은 1810년, 바르샤바에서 서쪽으로 44킬로미터 떨어진 젤라조바 볼라(Żelazowa Wola)에서 가정교사인 프랑스인 아버지와 폴란드인 어머니 사이에서 1남 3녀 중 둘째로 태어났다. 쇼팽이 태어나던 그해 가을에 가족이 바르샤바 시내로 이사 가지만, 방학 때면 어김없이 친척이 사는 젤라조바 볼라로 와서 여름을 보내곤 했다. 1830년 여름에 쇼팽 가족 모두가 젤라조바 볼라에서 휴가를 보냈다. 그리고 이것이 생가에서 보내는 쇼팽의 마지막 휴가가 됐다. 이해 11월 2일 쇼팽이 바르샤바를 떠나 프랑스 파리로 망명을 떠난 뒤, 다시는 그리운 조국으로 돌아오지 못했기 때문이다. 쇼팽 생가는 전후 복구 작업을 마친 뒤, 1951년부터 주변 공원과 함께 일반인들에게 공개됐다. 국립박물관으로 지정된 쇼팽 생가는 굴뚝이 있는 부엌, 음악실로 쓰던 부친 방, 식당, 모친 방(바로 여기에서 쇼팽이 태어났다), 아이들 방

등 다섯 개 공간으로 구성됐다. 가난한 프랑스어 가정교사가 사랑하는 아내와 소박하게 살던, 쇼팽 생가는 폴란드 소귀족의 전형적인 아담한 저택이 어떠했는가를 잘 보여주고 있다.

바르샤바에는 이밖에도 쇼팽과 관련된 장소가 몇 군데 더 있다. 쇼팽 일가가 1810년에 처음 이사 간 곳은 2차 세계대전 당시 완파된 후, 현재는 일부만 남아 무명용사비가 위치하고 있다. 쇼팽이 일곱 살 되던 해에 교사인 부친을 따라 다시 이사 간 곳은 현재 바르샤바 대학 본관으로 쓰이고 있다. 1849년 10월 17일에 이 위대한 피아노의 시인은 파리에서 숨을 거둔다. 그러자 큰누이가 사랑하는 남동생의 심장을 안고, 쇼팽이 그토록 그리워하던 바르샤바로 돌아왔다. 그러고는 바르샤바 시내 한가운데 있는 성십자가 성당의 한쪽 기둥에 쇼팽의 심장을 안치했다. 이 기둥에는 다음과 같이 쓰여 있다.

네 보물이 있는 그곳에 네 마음도 있느니라. —〈마태복음〉 6장 21절

프리데릭 쇼팽에게
동포들이 바칩니다.

1810년 2월 22일
젤라조바 볼라에서 태어나,
1849년 10월 17일
파리에서 숨을 거두다.

❙ 김용덕

참고문헌

Andrzej, Rottermund & Jerzy, Łoziński. *Katalog zabytków dzieł sztuki. Miasto Warszawa. Część I. Stare Miasto*, Warszawa: Wydawnictwo Artystyczne i Filmowe, 1993.

Kazimierz, Rymut. *Nazwy miast Polski*, Warszawa: Zakład Narodowy im. Ossolińskich, 1987.

Majewski, Jerzy S. and Tomasz, Markiewicz. *Warszawa nieodbudowana*, Warszawa: Wydawnictwo DiG, 1998.

Marek, Drozdowski Marian and Andrzej, Zahorski. *Historia Warszawy*, Warszawa: Wydwnictwo Jeden Świat, 2004.

Nowa Encyklopedia Powszechna PWN, Warszawa: Państwowe Wydawnictwo Naukowe, 2004.

위치 헝가리 평야의 북서부와 도나우 강 양안
면적 525.16km²
행정구분 18지구
인구 1,741,041명(2011년)

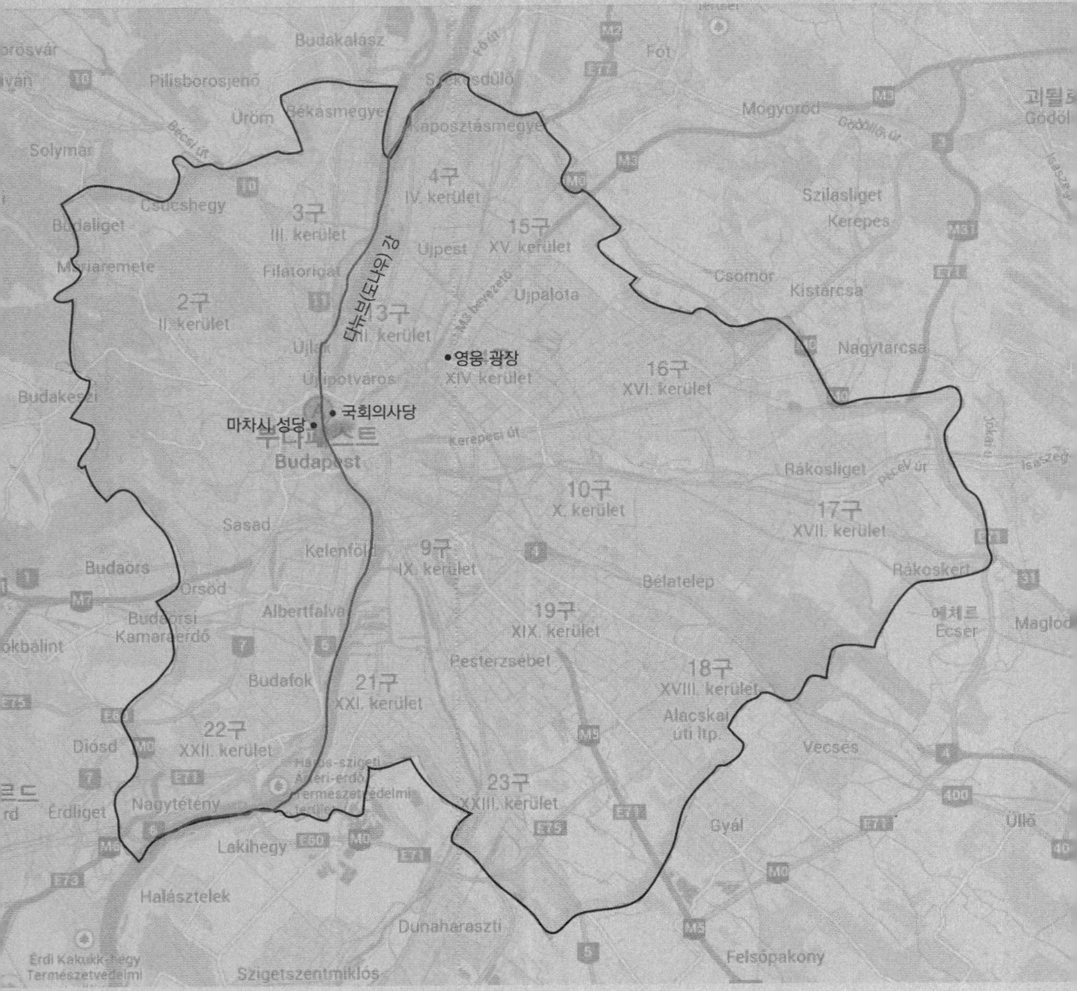

부다페스트, 헝가리

부다페스트
통일성과 다양성의 역사 변주곡

동서유럽의 문화적 교차로

유럽 중앙의 대평원에 자리하고 있는 헝가리의 수도 부다페스트는 옛
부터 지리적 이점으로 인하여 동유럽과 서유럽, 남유럽을 이어주는 가
교 역할을 한 도시이다. 부다페스트는 다뉴브(도나우) 강을 끼고 있는
고즈넉한 도시의 풍경과 시내 도처에 자리하고 있는 문화유산의 찬란
함으로 인하여 '다뉴브의 진주', '동유럽의 파리'라는 애칭을 갖고 있다.
부다페스트는 이러한 명성에 걸맞게 연 4천만 명의 방문객이 찾아오
는 세계적인 관광도시이기도 하다.

　헝가리의 문화지대는 다뉴브 강을 중심으로 강 건너 서쪽을 의미하
는 트란스다뉴비아(Transdanubia)와 다뉴브 강 동쪽에 놓여 있는 대평
원 지역으로 구분된다. 전통적으로 헝가리 문화의 요람으로 여겨지는
트란실바니아(Transylvania) 지역도 중요한 곳이지만, 현재는 루마니아
의 영토로서 헝가리 사람에게는 고토 회복 대상이다. 부다페스트는 트

895~896년 정착과 건국

1000년 헝가리 왕국 성립, 성 이슈트반 왕의 가톨릭 수용, 이후 헝가리의 국교가 됨

1000~1541년 헝가리 왕조의 통치

1241~1242년 몽골의 침입

1526년 오스만튀르크에 의한 1차 헝가리 침공.

1541~1686년 오스만튀르크의 지배

1686년 사보이 공국의 헝가리 해방, 이후 합스부르크 왕가의 지배

1848~1849년 헝가리혁명과 독립전쟁

1867~1918년 오스트리아-헝가리제국 수립

란스다뉴비아와 대평원 지역이 만나는 곳에 위치하고 있다. 따라서 서구적이고 도시적인 서부 지역의 문화와 전통적이고 민족적인 동부 지역의 문화가 만나고, 북쪽으로부터 내려오고 남쪽으로부터 올라오는 슬라브 문화가 합쳐지는 통합적이고, 코즈모폴리턴적인 헝가리 문화의 중심지이다.

헝가리는 오스트리아, 슬로바키아, 우크라이나, 루마니아, 세르비아, 크로아티아, 슬로베니아와 국경을 맞대고 있는 나라로서, 전체 인구는 1천만 명이 조금 안 된다. 면적은 9만 3천여 제곱킬로미터로 대한민국과 거의 비슷한 크기이다. 부다페스트의 총 면적이 525제곱킬로미터인데, 다뉴브 강을 기준으로 페스트(Pest)라고 부르는 동쪽은 중세 이래로 상업과 예술의 중심지이고, 부다(Buda)라고 부르는 서쪽은 13세기 이래로 헝가리의 왕과 귀족, 지배세력이 거주했던 지역이었다. 따라서 부다 지역에는 왕궁과 더불어 역사적 유물들과 기념비적인 건축물들이 많이 산재해 있다. '부다'는 슬라브어의 '보다(voda, 물)'라는 단어에서, '페스트'는 고대 헝가리어 '케멘체(kemence, 가마, 화덕)'라는 단어에

서 유래되었다고 한다('케멘체'는 슬라브어로 '페취카'이다). 아마도 헝가리
인이 이곳에 정착하기 전에는 슬라브인이 주로 거주했기 때문에 이런
이름을 갖게 되었을 것이다. 부다페스트는 편리한 교통과 풍부한 문화
유산, 그리고 다소 이국적인 특성을 가진 도시로서 유럽인들이 한번은
꼭 방문해보고 싶은 도시로 손꼽히기도 한다.

부다페스트는 물의 도시이다. 시내를 관통하는 다뉴브 강(헝가리인들
은 '두나' 강이라고 부른다)은 볼가 강에 이어 유럽에서 두 번째로 큰 강으
로서 부다페스트를 부다와 페스트 지역으로 나눈다. 부다페스트를 위
에서 아래로 관통하여 흐르는 다뉴브 강은 헝가리 사람과 부다페스트
시민의 마음의 고향이다. 이들은 다뉴브 강을 보면서 헝가리인으로서
의 정체성을 느끼고, 자부심을 갖는다. 다뉴브 강을 따라 양쪽의 강가에
는 부다페스트에서의 유적지와 기념비적인 건물들이 집중되어 있다.

부다페스트는 부다와 페스트, 오부다가 합쳐져 생긴 인위적인 도시로 다뉴브 강 안쪽이 부다 지역, 강 건너 쪽이 페스트 지역이다. 부다페스트의 역사적 건물이나 문화재 등은 다뉴브 강 양안에 집중적으로 위치하고 있다. 연합포토 제공.

헝가리인의 유럽 정착과 부다페스트

헝가리의 역사는 부다페스트와 함께했다. 보다 정확히 얘기하면 부다와 함께 시작되어 부다페스트와 함께하고 있는 것이다. 1872년 이전에는 부다와 페스트가 다른 도시였기 때문에 부다페스트는 존재하지 않았다. 따라서 부다페스트는 계획도시이다. 대부분의 유럽 도시들이 강이나 하천을 끼고 자연적으로 발달한 대도시인 점에 반해, 부다페스트는 부다와 페스트, 오부다(Obuda)라고 하는 세 개의 도시가 인위적으로 합쳐져 하나의 도시를 이룬 특별한 경험을 갖고 있다. 도시의 성립 자체가 '통합적' 성격을 띠고 있는 것이다. 부다, 페스트, 오부다는 각기 독립적으로 발전해오던 중, 1873년 '가장 위대한 헝가리인'이라 불리는 이슈트반 세체니(István Széchenyi) 백작에 의해 하나의 도시로 통합되었다. 1848년에 부다와 페스트를 이어주는 최초의 현수교인 '란치드(Lanchid)'가 개통되어 부다페스트라는 도시 건설의 한 출발점이 되었는데, 건축된 지 160년이 지난 지금까지도 부다페스트의 상징으로서 그 모습을 지켜오고 있다.

부다페스트에 존재하는 가장 오래된 정착의 흔적은 부다 지역에서 발견되었다. 시기적으로는 신석기 시대의 유물로서 부다 지역에 있는 언덕의 동굴에서 발견되었고, 청동기 시대와 철기 시대의 유물은 다뉴브 강변에서 발견되었다. 이곳에 최초로 도시를 형성한 사람은 로마제국의 군인이었다. 로마 군인들은 지금의 오부다 지역인 아퀸쿰(Aquincum)에 병영을 세우고 주둔 생활을 하였다. 위대한 로마제국의 가장 동쪽 변방에 위치한 국경지대였던 것이다.

헝가리 민족이 유럽으로 이주하고 있던 당시 트란실바니아, 대평원, 트란스다뉴비아 지역에는 많은 수의 게르만족, 슬라브족 사람이 거주하고 있었다. 헝가리인은 이 지역의 게르만족과 슬라브족을 서쪽과 북쪽으로 밀어내면서, 896년경 이 땅에 정착한 것이다. 헝가리인은 이곳에서 아르파드를 지도자로 하는 국가를 건설하였는데, 아마도 건국 초기에는 하나의 국가라기보다는 부족들의 느슨한 연합체였을 것으로 추측된다. 헝가리 전설에 의하면 헝가리인은 이곳으로 이주할 때, 고대 헝가리의 주거지에서 7개 부족이 연합하여 서쪽으로 이동하기로 결의하고, '피의 맹약'을 통해 한 사람의 지도자, 즉 아르파드를 왕으로 선출하고, 그의 영도하에 유럽으로 이주하였다고 한다. 헝가리의 첫 수도는 부다페스트에서 서북쪽으로 약 60킬로미터 떨어진 에스테르곰

(Esztergom)이었다. 그 후 수도를 부다에서 30킬로미터 정도 떨어진 비셰그라드(Višegrad)로 옮겼으며, 지금의 부다 지역으로 수도를 이전하게 된 것은 1241년에서 1242년 사이 몽골군 침입 이후이다. 이 당시 왕이었던 벨라 4세(Bela IV)가 현재 자리에 부다 왕궁을 지었으며, 이때부터 실질적으로 부다는 헝가리의 수도로 발전하기 시작했다.

11세기에 이르러 헝가리는 기독교를 받아들여 유럽의 기독교 국가로 자리매김하게 된다. 이후 1241년에 몽골의 침입을 견뎌낸 후, 유럽의 다른 나라와 크게 다를 것이 없는 중세의 모습으로 생활한다. 이 시기 헝가리를 통치한 마차시 1세(Mátyás I)는 진정으로 다양성의 유럽인 상을 보여준다. 마차시 1세는 헝가리 역사상 가장 위대한 왕으로 추앙되며 헝가리 문화의 황금기를 이루어낸 것으로 평가받는다. 마차시 1세의 통치 기간은 유럽의 르네상스기에 해당된다. 당시 헝가리는 유럽의 문화, 예술의 한 중심지로서 이탈리아 르네상스의 영향을 받으며 성장했다. 마차시 왕의 왕비도 프랑스와 이탈리아의 왕가에서 맞아 들였으며, 부다의 궁정은 르네상스의 기운이 넘쳐흐르는 고급문화의 중심지였다. 16세기까지는 이탈리아를 제외하고 르네상스 문화가 알프스 이북으로는 거의 전파되지 않았는데, 이런 점에서 부다의 르네상스 문화는 매우 특별한 경우에 해당된다고 할 수 있다. 헝가리 왕국은 이 시기 알프스 이북에 존재하는 유일무이한 르네상스 왕국이었으며, 부다는 그 '르네상스 왕국'의 행정적·문화적 중심지였던 것이다. 그러나 이와 더불어 무엇보다도 중요한 것은 마차시 1세가 치세 기간에 보여준 '통합적' 성격의 통치술이었다. 이 당시 헝가리 왕국의 인구 구성을 보면 왕국의 중심부인 카르파티아 분지에 거주하는 주민의 70~80

마차시 성당은 1255년부터 1269년 사이에 지어졌으며, 역대 헝가리 왕과 오스트리아-헝가리제국의 황제가 대관식을 올린 장소로서 헝가리의 정신적 중심지라고도 할 수 있다. 중세 시기 헝가리의 문화 부흥에 힘쓰고, 이 성당을 확장하여 건축한 마차시 왕을 기념하여 '마차시 성당'이라고 부른다.

퍼센트가 헝가리인이었는데, 마차시 1세는 헝가리인과 다른 언어를 사용하는 타 민족에 대해 관대한 정책을 펴 나갔다. 즉, 헝가리 왕국 내에 거주하는 모든 사람을 모국어에 상관없이 이주민으로서 동등한 국민으로 간주하였던 것이다. 아마도 이것은 기마 유목 민족의 전통이 그대로 지켜져온 문화적 특성에 의한 것이 아닌가 생각되기도 한다. 따라서 마차시 1세의 치세에서는 언어 차이에서 발생하는 사회적 문제가 나타나지 않았다. 여기에 더하여 마차시 1세는 1486년에 유럽 최초로 헝가리 왕국 내에서 '민족자치 기구'를 허용해주었다. 이 민족자치

기구는 트란실바니아 지역의 게르만인 거주 지역에 세워졌다. 또한 헝가리 왕국의 국경을 지키던 세케이인(Székely)과 쿠만족(Kumán)은 지방귀족의 영향권에 속하지 않고 왕에 직속해 봉건 귀족들로부터 독립성을 유지하도록 해주었다. 마차시 1세의 이러한 정책으로 인하여 헝가리 왕국으로 이주해온 루마니아인, 슬로바키아인, 루테니아인의 대부분은 농민으로 헝가리 사회에 편입되었고, 일부 상층계급은 헝가리 왕국의 귀족으로 동화되어 나갔다. 이러한 동화와 편입 과정에서는 강제적인 언어 동화 등의 방법이 동원되지 않았으며, 자연적으로 헝가리 사회에 동화될 수 있도록 하였다. 마차시 1세 통치 시기와 그 이후 헝가리 왕국은 건국 이래로 다양한 종족으로 구성되어 있었지만, 정치적으로는 하나로 뭉쳐 통일 왕국을 이루며 중세 말까지 발전해간 것이다.

마차시 왕 사후 헝가리는 정치적·경제적으로 쇠퇴하기 시작했다. 1526년 모하치 전투에서 오스만튀르크군에 대패한 이후, 부다가 점령당한 1541년부터 1686년까지 거의 150년 동안 튀르크의 지배를 받았다. 이 시기 헝가리의 수도 '부다'는 무슬림의 '부다'가 되어 술탄의 총독인 '파샤(pasha)'가 지배하게 되었다. 오스만튀르크의 지배기간에 부다를 중심으로 하는 중부 헝가리 지역은 상당 부분 이슬람 문화를 수용하였다. 헝가리 사람들의 이름 중 '졸탄(Zoltán)'이라는 이름은 당시 튀르크의 지배자인 '술탄(sultan)'이라는 명칭에서 유래되었으며, 부다 성의 성벽 아래에는 아직도 이슬람식의 묘비들이 남아 있다. 헝가리 동북부의 도시인 에게르(Eger), 남부의 페치, 부다페스트 서북부의 에스테르곰에는 이슬람의 모스크 주위에 세워지는 첨탑인 미나레트(minaret)가 아직도 남아 그 위용을 자랑하고 있다.

16세기 전반기에 벌어진 합스부르크, 오스만튀르크와의 전란으로 인하여 헝가리 중부 지역은 커다란 피해를 입었다. 도시와 촌락, 그리고 경작지들이 황폐해지고, 주민들은 전란을 피해 도망가거나 오스만튀르크에 노예로 끌려가게 되었다. 특히 헝가리의 남부 지방은 1570년 이후 거의 무인지경의 상태가 되어 중세에 조밀하던 촌락 구조가 와해되었고, 경작지와 초지들은 늪이나 황무지로 변해버렸다. 오스만튀르크에 점령된 도시에는 오스만튀르크의 군인과 주민이 이주해와서 튀르크식 목욕탕과 사원들을 세웠고, 이에 따라 중부 헝가리의 도시는 튀르크적인 외양이 나타나기도 하였다. 부다는 튀르크의 점령 시기에도 튀르크 지배 지역의 문화와 행정 중심지로 기능하였다.

　헝가리는 150여 년 간 지속된 오스만튀르크의 지배에도 불구하고 자신의 정체성을 지켜내었다. 그 이유는 먼저 오스만튀르크에 점령된 지역에 거주하는 헝가리인이 기독교를 그대로 유지할 수 있었던 점과 헝가리 왕국이 비록 옛 영토의 서쪽과 북쪽 일부만을 통치하고 있었지만 결코 중부와 동부 헝가리를 완전히 포기하지 않은 점, 그리고 독립국가로서의 헝가리 왕국과 헝가리인이라는 인식이 있었기 때문이었다.

　1686년 부다가 해방되고, 1699년의 카를로비츠 조약에 의해 헝가리가 해방되었을 때, 부다페스트는 거의 완전히 파괴되었고 경제 상태도 최악이었다. 이후로 약 150년간은 합스부르크제국의 폭정의 시대였다. 헝가리인은 복속민으로 취급을 받았으며, 1849년 독립전쟁 발발 때까지 합스부르크제국의 가혹한 통치를 받아야 했다. 합스부르크의 가혹한 통치에 대한 저항감과 1848년 전 유럽을 휩쓴 혁명의 영향을 받아 헝가리에서도 자유주의적인 혁명운동이 발생하였고, 이러한 운동이 곧 독립전쟁으로 계승되어 1848년부터 1849년까지 러요시 코슈트 (Lajos Kossuth)의 지도하에 합스부르크제국으로부터 독립을 쟁취하려 는 전쟁이 벌어졌다. 이 독립전쟁은 합스부르크제국의 군대와 러시아 차르의 도움으로 진압되었지만, 합스부르크제국에게는 헝가리에 대한 강렬한 인상을 심어주게 되어, 이후 합스부르크와 헝가리가 타협하여 하나의 제국을 건설하게 되는 원인이 되었다.

1867년의 타협, 제국의 도시 부다페스트

합스부르크의 압제하에서 줄기차게 독립 의지를 불태우던 헝가리는 마침내 1867년 합스부르크제국과의 '대타협(Ausgleich)'을 통하여 오스 트리아-헝가리제국을 건설하였다. 이 제국은 1918년 1차 세계대전이 끝날 때까지 50여 년 동안 계속되었다. 헝가리인은 제국의 한 구성원 으로서 대우를 받았으며, 헝가리인이 오스트리아-헝가리제국의 장관 으로 임명되기도 하였다. 오스트리아-헝가리제국은 헝가리인의 큰 지 지를 받으며 탄생하였다. 형식적으로 두 개의 나라가 동등한 지위에서 하나의 체제로 연합하여 하나의 제국을 건설한 '2국가 1체제'였기 때문 에, 이론적으로는 두 나라가 동등한 권리와 의무를 가지고 있는 것으 로 간주되었다. 따라서 각 국가가 독자적인 내치 행정을 수행하였고, 두 나라가 내치 행정으로 해결할 수 없는 외교적 사안과 국방, 재무의 분야에 대해서는 양국이 공동으로 처리하였다.

중부 유럽의 강대국으로 부상하게 된 오스트리아-헝가리제국은 영 토가 60만 제곱킬로미터에 달하는 넓은 지역을 보유하게 되었으며, 주

2013년 8월 20일 헝가리 건국일 기념 행사를 준비하는 영웅 광장. 이 광장은 헝가리의 역사를 빛낸 영웅 열네 명과 건국 1천 년을 기념하기 위하여 1896년에 건설되었다.

민의 숫자는 1867년 당시에는 3천5백만, 그리고 1차 세계대전이 발발할 시점에는 5천만 명에 달하여 인구로는 유럽에서 세 번째로 큰 나라였다. 그러나 이 오스트리아-헝가리제국은 유럽의 강대국 중에서는 가장 약한 편에 속해 전체적인 국력으로는 5~6위에 머무르고 있었다. 오스트리아-헝가리제국은 당시 자유주의적 정치 지도자들이 주도한 정치적 타협의 산물로 태어나, 사회 지배 계층의 공감을 얻은 인위적인 이중 왕국이었다. 이 제국은 자체 내의 여러 가지 이질적인 요소들을 도외시하고 하나로 통합함으로써 국가로서의 통일성과 동질성이 결여된 채 수많은 내적 갈등 요인과 모순을 간직하고 있어서, '모순의 왕국'이라고 칭해지기도 한다.

그렇지만 이와 같은 의견이 있음에도 불구하고, 오스트리아-헝가리 제국 시대인 1867년부터 1918년 사이의 기간을 헝가리의 역사에서는 '행복한 평화의 시기'이자 '평화의 황금시대'라고 부른다. 이 시기는 정치적으로나 사회적으로나 또는 경제적으로도 헝가리의 급속한 발전과 근대화가 이루어졌고 문화적으로도 상당한 수준에 이르렀다. 제국의 두 번째 수도인 부다페스트는 이와 같은 헝가리의 번영을 견인해낸 도시로서 중요한 의미가 있었다. 1867년 대타협 이후 전체 헝가리를 대표할 대도시의 필요성이 대두되어 부다페스트라는 도시가 탄생하게 되었다. 부다페스트는 1873년에 부다와 페스트, 오부다가 합쳐져 하나의 대도시로 재탄생하였고, 제국 시기에 오늘날 부다페스트의 근간을 이루는 근대화와 발전이 이루어졌다.

　'제국의 도시'로서 부다페스트는 제국의 수도인 빈과 다른 서유럽의 대도시를 모방하며 다양성과 복합성을 특징으로 하는 대도시로 성장하였다. 1896년에 이르러 헝가리는 건국 천 년 기념식을 성대하게 개최했는데, 이때 행사의 핵심을 장식했던 거대한 장식물은 이후 부다페스트를 상징하는 기념물이 되었다. 곧이어 빈의 '환상 도로(링슈트라세)'를 모방하여 도심을 가로지르는 원형의 대로(大路)가 완성되었고, 시립 공원에 대규모 전람회장이 건설되었다. 또한 영국에 이어 유럽 전체에서는 두 번째로, 대륙에서는 첫 번째로 도심을 연결하는 지하철이 건설되었다. 부다와 페스트를 연결하는 새로운 다리들이 계속해서 건설되어 프란츠 요제프 황제의 이름과 엘리자베트 황후의 이름이 붙여졌으며, 국립 미술관, 국립 박물관, 헝가리 역사 미술관, 부다페스트 예술 박물관이 건립되었다. 부다페스트는 헝가리 교통의 중심지로서 19

세기 말에 부다페스트를 기점으로 하여, 사방으로 1만 2천 킬로미터의 철도가 건설되었다. 오스트리아-헝가리제국 시대의 부다페스트는 가히 제국의 두 번째 수도로서 그 역할과 지위를 부여받게 된 것이다. 부다페스트는 이 시기에 제국 내에 존재하던 각 민족들이 모여들어 각자의 공동체를 형성하게 됨으로서 국제적인 면모를 갖추게 되었다. 부다페스트의 시민을 구성하는 민족은 오스트리아, 슬로바키아, 슬로베니아, 크로아티아, 세르비아로부터 등지로부터 내도하였고, 여기에 우크라이나, 폴란드, 불가리아로부터도 이주민들이 들어와 공동체를 형성하였다. 그뿐만 아니라 유대인과 집시도 자신의 공동체를 구성하여 가히 국제적인 도시의 모습을 보여주고 있었다.

평화로운 황금의 시대

이 시기의 헝가리는 오스트리아와 프랑스, 영국의 선진 문물을 받아들여 사회체제와 양식이 변화되는 중대한 경험을 하고 있었는데, 부다페스트는 바로 이 변화의 중심에 서 있는 도시로서 그 역할을 다하였다. 부다페스트는 도시적이고 낭만적인 경향, 실용적이고, 민족주의적인 경향 등이 함께 어우러져 동시 다발적으로 나타나는 문화의 용광로와 같은 도시였다.

특히 문화와 예술의 측면에서는 전통적인 귀족적 낭만주의와 민속적 민족주의 조류 외에도 새로운 시민적 조류, 도시적 조류 등이 다양한 형태로 섞여 나타나고 있었던 것이다. 또 19세기 말까지는 헝가리의 문화와 예술에는 오스트리아와 독일의 문화 예술 조류가 커다란 영향을 발휘하고 있었으나, 20세기 초부터는 이 두 나라 대신에 영국과 프랑스의 문화와 예술이 더 커다란 반향을 불러일으키게 되었다. 오스트리아–헝가리제국의 제2의 도시로 성장한 부다페스트는 헝가리의 모든 분야, 특히 문화 분야에서 중심 역할을 담당하게 되어 19세기 말에는 많은 신문, 잡지가 간행되고 새로운 출판사, 대학, 극장, 연주회장, 전시회장, 학술 단체가 속속 생겨나 높은 수준의 문화와 예술 활동이 활발히 전개되었다.

특히 문학 분야에서 다양한 조류와 양상이 분명하게 나타나고 있었다. 1867년 타협 직후에는 시민 사회로의 전환 과정과 자본주의 경제 체제에 대한 적응의 어려움에서 파생한 중하위 귀족들의 의식 혼란 문제를 주로 다룬 작품들과 함께 실증주의적 사실주의 문학 조류가 성행했으며, 오스트리아–헝가리제국의 제도와 체제가 확립되어 사회가 안정되고 경제 발전이 활발하게 이루어짐으로써 미래에 대한 보장감과 안정적인 사회에 대한 환상에 젖어 민족 문제와 사회 문제를 도외시한 주관적이고 개인적인 문학이 주류를 이루기도 했다. 1880년대 후반부터는 번영과 안정에 대한 환상에서 각성하기 시작하여 문학이 점차 사회적 역할을 수행하여 사회 비평적 문학이 본격적으로 나타나게 되었다. 또한 아르누보(Art Nouveau), 아방가르드 등의 다양한 예술 조류도 19세기 말과 20세기 초부터 문학 세계에 반영되기 시작했다. 헝가리의 낭만적 음악 전통도 계속 이어지고 있었으며, 특히 이 시기의 시민 계층 대다수는 '오페레타(operetta)'에 열광했는데, 부다페스트의 오페레타 전용극장이 문을 연 때도 이 시기이다. 음악 부분에서는 헝가리, 슬로바키아, 그리고 루마니아 지역의 옛 민요들을 체계적으로 수집, 정리하여 유럽에 소개한 코다이와 버르토크의 업적이 괄목할 만하다. 또한 고전주의 음악의 대가인 리스트가 부다페스트에 오페라 극장을 세움으로써, 부다페스트의 문화적 향취는 최고조에 이르렀다. 미술 분야에 있어서도 전통에 바탕을 둔 조류와 함께 프랑스 인상주의 조류, 그리고 20세기 초부터 아르누보, 아방가르드 등의 다양한 조류가 혼재되어 나타나게 되었다. 이 시기의 대표적 화가로는 촌트바리와 뭉카치를 들 수 있다. 학문에 있어서도 전통적인 법학, 역사학, 언어학, 문학의 발전 외에도 특히 이 시기에 자연 과학과 수학 분야에 있어 커다란 발전이 이루어졌다.

사회주의 시대의 저항

1차 세계대전이 발발하면서 헝가리는 동맹국의 일원으로 전쟁에 참여하여 패전하였고, 베르사유 조약의 부속 조약인 트리아농 조약에 의하여 전 국토의 3분의 2를 주변 국가에 할양하였다. 과거 제국의 영역에 속해 있던 민족들은 민족자결주의의 원칙에 의하여 각기 자신의 민족국가를 건설하였고, 이에 따라 유고슬라비아, 체코슬로바키아가 신생국으로 탄생하였으며, 루마니아는 전쟁 이전의 영토보다 두 배 가까이 더 넓어진 대국이 되었다. 이러한 영토의 축소는 헝가리의 비극으로 받아들여졌으며, 이러한 상황이 2차 세계대전 당시 헝가리가 급부상하는 나치의 세력에 동조하게 된 원인이었다. 나치 독일은 헝가리에게 1차 세계대전에서 잃어버린 구영토의 회복을 약속하며, 헝가리를 추축국의 일원으로 끌어들였다. 이러한 결정은 1차 세계대전에서 상실한 영토를 회복하려는 '실지회복주의'에 기인한 면이 크다. 결국 독일의 편에서 참전한 헝가리는 적국으로서 연합군의 집중적인 포격을 받았으며, 이 와중에 부다페스트는 전체 도시 건물의 70퍼센트 이상이 파괴되었다. 이뿐만 아니라 전쟁의 패전 이후 헝가리의 운명은 소련의 손에 넘어가게 되었으며, 이후 40여 년간 사회주의를 경험하게 된 것이다.

사회주의 시대는 침묵을 강요당하던 시기였다. 공산당 지도자 라코시(Mátyás Rákosi)의 스탈린식 강압정치를 거쳐 총리이자 헝가리 공산당의 제1 서기인 카다르(János Kádár)의 통치하에 있던 헝가리에서는 전체주의적 공포정치가 횡행하였다. 이러한 공산당의 억압정치에 반대해 1956년 부다페스트의 시민과 학생들이 주가 되어 '헝가리혁명'이 일어났다. 혁명 기간 중 최소한 2천7백 명의 헝가리인이 사망하였고, 봉기 후의 소련에 의해 날조된 재판에 의해서 105명이 사형당하는 비극적인 종말을 맞게 되었다. 또한 수만 명의 헝가리인 외국으로 떠나게 되었다. 부다페스트는 물론이고 전국에 걸쳐서 진행된 혁명의 여파로 인하여 1956년 총 생산이 전년의 3분의 2 수준으로 떨어졌고, 1956년 말까지 교통과 통신이 거의 전면적으로 마비된 상태였다. 지방의 일부 산악지대에서는 12월 말까지 무장 저항이 계속되었다. 부다페스트에는 소련군의 호위 없이 당 관료들은 나다닐 수도 없었고, 총파업과 사보타주(태업)가 계속되고 있었다.

공산당은 카다르의 통제하에 일사불란하게 상황을 장악해나갔지만, 이미 정권에 등을 돌린 인민들의 정서를 되돌리기에는 역부족이었다. 혁명 초기 카다르는 '혁명의 위대한 정신'을 찬양하며, 자신도 소련군에 대항하여 끝까지 싸우겠다는 결의를 표명하기도 하였다. 그러나 혁명 기간 중 모스크바 소환되었다가 돌아온 후부터는 '폭도들의 반란'이라 는 용어까지 사용하며 시민군을 매도하였다. 이때 카다르가 보여준 정 치적 이중행위는 헝가리 민중들에게 깊이 각인되어 그에 대한 반감이 카다르 정권에 대한 수동적인 저항과 비협조로 나타나게 되었다. 이후 카다르는 헝가리 인민에 대해 유화 정책을 사용하기 시작한다. 가장 대표적인 것이 1968년의 신경제 정책(New Economic Mechanism)이다. 신경제 정책은 공산주의 경제구조에 어느 정도의 인센티브와 경쟁체 제, 개인의 소유와 자본주의적 시장 시스템의 일부를 수용하는 것이었 다. 이 신경제 정책은 시작된 1968년부터 1970년대 중후반까지는 어느 정도 성공을 거두었지만, 기대했던 수준의 경제적 성과를 내지는 못 하였다. 이에 따라 헝가리 공산당 정부는 1980년대에 들어서면서부 터 보다 큰 폭으로 경제개혁을 추진하였다. 그러나 공산당 정부의 이 런 노력은 더 이상 가시적인 성과를 내지 못하였고, 오히려 물가상승 과 경제 불안이 가중되는 상황을 맞이하고 말았다. 특히 수도인 부다 페스트에서의 민중의 삶은 더욱더 어렵고 힘든 상황을 맞이하게 되었 다.

부활의 도시 부다페스트 : 유럽연합 가입의 견인차

부다페스트 대학의 학생운동 그룹과 부다페스트의 지식인들은 이러 한 상황에 대해 깊은 문제의식을 공유하며, 1988년 5월, 헝가리 사회주 의의 노동자(공산당)전국협의회의 개최를 기점으로 하여 정치개혁운동

헝가리 건국 1천 년을 기념하여 1896년부터 1905년까지 지어진 헝가리 국회의사당. 헝가리 역사에 명멸했던 여러 건축양식이 혼합되어 있으며, 유럽 전체에 현존하는 국회의사당 건물 중 가장 아름다운 건물로 평가받고 있다. 1956년의 헝가리혁명이 이곳에서 시작되었다.

을 본격적으로 시작하였다. 이 운동이 와중에 학생운동의 지도자였던 오르반 빅토르 현 수상이 전면에 부각되어 오늘날의 정치적 입지를 구축하게 되었고, 헝가리에서의 체제 전환은 한 방울의 피도 흘리지 않은 채 '평화롭게' 진행되었던 것이다. 이후 1990년 3월 첫 번째 총선이 실시되어, 헝가리 체제 전환의 중요한 전기가 마련되었다. 이 선거에서는 전체 386석의 의원이 선출되었는데, 공산당 출신 후보자들은 거의 당선되지 못하였고, 자유민주주의적 성향을 가진 중도우파가 승리하였다. 165석을 얻어 제1당이 된 헝가리민주포럼(Hungarian Democratic Forum)은 여러 개의 우파 성격의 군소정당과 연립정권을 구성하였다. 특히 국회의원 수가 가장 많은 부다페스트 선거구에서 압도적인 지지로 사회당을 몰아냄으로써, 부다페스트는 체제 전환의 선봉에 서는 역사적 역할을 수행하였다. 헝가리민주포럼은 유럽연합 회원국 가입, 역사적 헝가리 영역의 회복, 공산주의 정권 시절의 잔재 청산 등을 내세우며 전국적으로 고른 득표를 하였다. 이러한 선거 혁명은 헝가리가 굴곡진 역사에서 다시 한 번 부활하는 동기가 되었다. 그때까지 동유럽 사회주의 국가 중 어느 나라도 시도하지 못하고 있던 탈사회주의 운동에 헝가리가 가장 전면에 나섰던 것이다.

헝가리의 체제 전환 과정은 경제적으로 다소간의 어려움은 있었으나 정치 부분에서의 안정적 정권 교체를 바탕으로 비교적 성공적인 체제 전환을 이루어냈다는 평가를 받는다. 앞서 언급했듯이 시민사회와 집권 공산당의 협상에 의한 성숙한 정권 교체 방식, 즉 대화와 협상을 통한 합의와 그에 따른 선거를 통한 전환 방식이 헝가리 체제 전환의 큰 특징이라고 할 수 있는 것이다.

이 과정에서 헝가리 최대의 인구가 살고 있는 지역으로서, 문화와 행정의 중심지로서의 부다페스트의 역할이 매우 지대했던 것으로 평가할 수 있다. 사회주의 시기에도 다른 도시들에 비하여 비교적 서구의 문물에 직접적으로 닿아 있던 지리적·정치적 조건으로 인해 부다페스트의 시민들은 여타 도시에서보다도 훨씬 더 적극적으로 체제 전환의 선두에 섰던 것이다. 이러한 모습은 헝가리가 유럽연합의 회원국으로 가입하기 위한 투표결과에서도 알 수 있다. 헝가리에서 2003년 4월 12일 실시된 유럽연합 가입 여부를 묻는 투표에서 전체 유권자의 45.6퍼센트 투표에 82퍼센트 이상이 찬성표를 던졌는데, 이 중 가장 높은 투표율을 보인 곳이 부다페스트이다. 부다페스트에서는 전체 유권자의 56.25퍼센트가 투표에 참여함으로써 전체 헝가리 평균치보다 10퍼센트 이상의 유권자가 투표에 참여하였는데, 이는 36.2퍼센트의 유권자가 참여하여 가장 적은 투표율을 보인 서볼치(Szabolcs) 지역에 비하여 20퍼센트 이상의 유권자가 투표에 참여한 것이다. 유권자의 숫자로만 보더라도 부다페스트에서는 64만 명이 유럽연합 가입에 찬성표를 던진 데 반하여, 서볼츠 지역에서는 14만 명만이 찬성표를 던진 것으로 확인되었다. 따라서 부다페스트의 유권자들이 아니었다면 헝가리의 유럽연합 가입은 어려웠을 것이라고 할 수 있다.

헝가리는 EU의 정회원국이 되고난 후 공산주의 시대에 느끼고 있던 '동유럽 콤플렉스'에서 벗어난 것으로 보인다. 경제구조 또한 급속도로 서유럽 경제권으로 편입되었다고 볼 수 있다. 2008년, 2009년의 세계 경제 위기에서 동유럽은 대체로 서유럽에 비해 더 큰 타격을 받았다. 서유럽에 비해 취약한 경제 기반과 구조 때문이지만 이는 역설적으로 동유럽 경제가 국제금융시장과 세계경제에 이미 완전히 편입돼 있음을 방증하기도 한다.

헝가리에서는 이러한 과정을 '유럽으로의 회귀'라는 용어로 표현한다. 즉 오랜 시간 동안 유럽으로부터의 소외 혹은 격리된 상태에서 이제 유럽의 본류로 되돌아왔다는 것을 의미한다는 것이다. 그리고 이러한 '유럽으로의 회귀'에는 다양성과 통일성이 절묘하게 조화를 이루는 부다페스트가 앞장서왔다는 것이 헝가리인의 의식인 것이다. | 김지영

참고문헌

디오세기 이슈트반, 김지영 옮김,《모순의 제국》, 한국외국어대학교출판부, 2013.

이상협,《헝가리사》, 대한교과서, 1996.

Ignác, Romsics. *Hungary in 20th Century*, Budapest: Corvina/Osiris, 2000.

László, Zolnay. *Ünnep és hétköznap a középkori budán*, Budapest: Gondolat, 1975.

Lukacs, John. *Budapest 1900*, Budapest: Europa, 1996.

Zahorán, Csaba and Kollai, István. *Europe in Budapest*, Budapest: Terra Recognita Foundation, 2011.

위치 영국 남동부
면적 1,570km²
행정구분 더시티와 32개 자치구
인구 8,173,194명(2012년)

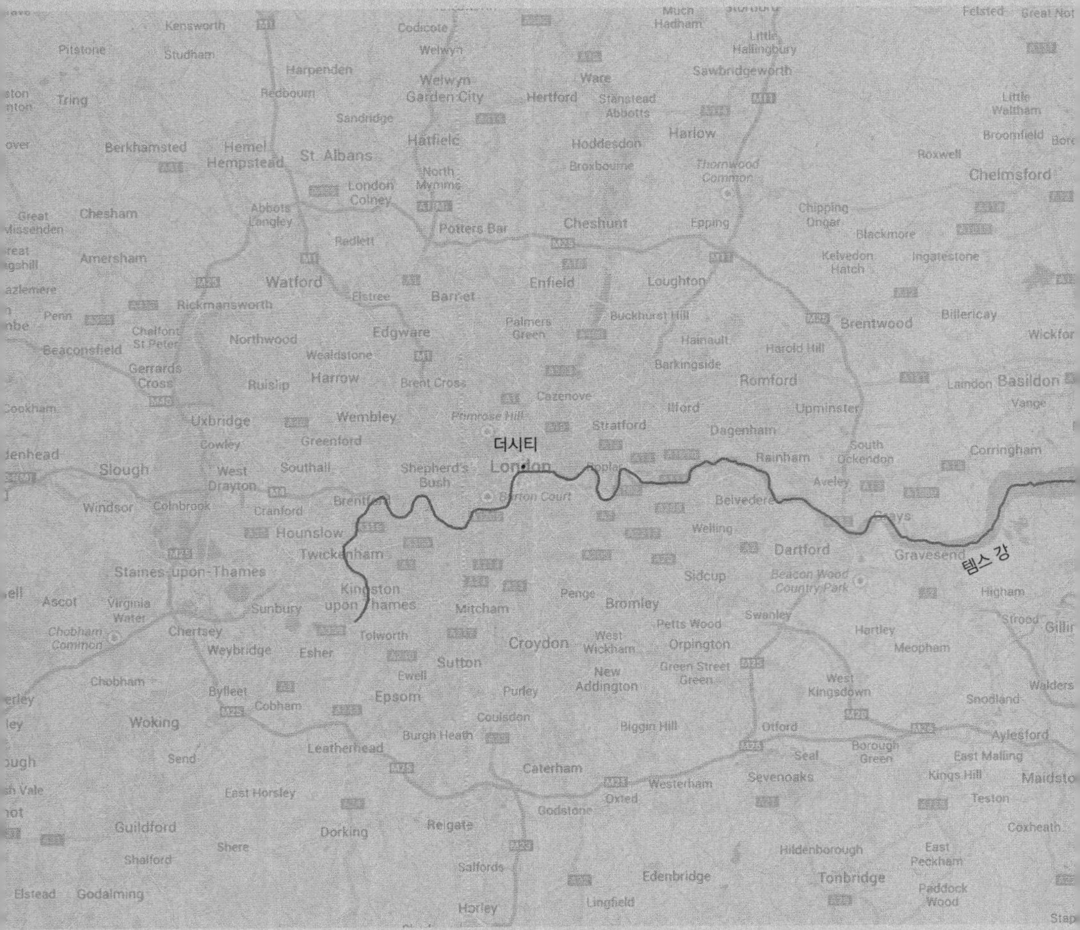

런던, 영국

런던
글로벌리즘과 '유럽' 사이에서

세계의 도시인가, 유럽의 도시인가

1897년 6월 20일 런던의 버킹엄궁. 빅토리아(Victoria) 여왕의 즉위 60주년을 기념하는 행사가 런던을 비롯한 전국에서 성대하게 펼쳐졌다. 말 네 마리가 끄는 황금마차에 올라 탄 78세의 빅토리아 여왕은 환호하는 군중들에게 손을 흔들며 런던 시내를 행진했다. 버킹엄궁을 떠난 마차는 의사당이 있는 웨스트민스터와 총리 관저 소재지 다우닝 가를 거쳐 런던의 주요 지역을 지나갔다. 캐나다와 호주, 뉴질랜드 등 여왕이 최고 통치자이지만 자치권을 지닌 자치령의 총리들도 이 기념식에 초청받았다. 또 자치령은 물론이고 영국이 식민지로 거느리는 각국의 병사들도 기념식에 참가해 여왕에게 경의를 표했다. 당시 지구상 영토의 약 3분의 1을 다스리던 영국은 세계의 중심에 있었고 그 중심은 누가 뭐래도 런던이었다. 공식행사는 여왕과 자치령 총리들이 왕족의 성당인 세인트폴 성당(St. Paul's Cathedral)에서 함께 야외에서 감사 예배를 드리는 것으로 종결되었다.

1837년 열여덟 살에 즉위한 빅토리아 여왕은 최장수 재임 기록을 세우며 대영제국의 최고 전성기를 유지했다. 그의 치세 기간 동안 대영제국은 인도를 비롯하여 세계 각지에 식민지를 세우고 확장하여 '해가 지지 않는 제국'을 건설하였다. 황금마차에서 여유 있게 손을 흔드는 여왕은 바로 대영제국의 영화와 업적을 상징했다. 아놀드 토인비는 1976년에 출간한 《세계사: 인류와 어머니되는 지구(Mankind and Mother Earth)》라는 책에서 당시 이 장면을 거론하며 서구, 특히 영국이 역사의 중심에 있고 역사는 서양의 발전과 동일한 것으로 그 시대 사람들이 인식했다고 거론했다.

그러나 전성기 다음은 쇠퇴기다. 2차 세계대전 후 영국은 미국에게 자유세계의 지도자 자리를 내주며 중위권 국가로 전락하게 되었다.

빠르게 필름을 돌려 2012년 7월 27일 런던의 올림픽 경기장. 영국은 자랑스러운 역사를 재현하는 개막식을 준비하였다. 인류 역사에서 영국의 역할을 보여준 이 개막식은 세계 인구의 10퍼센트에 달하는 7억 명이 시청했다. '섬나라의 경이'라는 개막식은 너무나 영국적이었지만 세계 역사에서 산업혁명과 민주주의의 모국이라는 사실 때문에 시청 자들의 공감을 자아냈다.

런던은 이처럼 대영제국의 중심지이자 전 세계 각지에 문명을 전파 하는 세계의 중심지로서 영국인의 인식에 뿌리 깊이 박혀 있었다. 또 런던은 2012년에 30회 하계 올림픽을 개최함으로써 근대 올림픽을 세 번이나 개최한 최초의 도시가 되었다.

영국은 역사상 가장 큰 제국을 거느렸다는 이유로 글로벌리즘의 본 산이 되었고 그 중심지는 수도 런던이다. 그렇지만 영국은 싫든 좋든 간에 도버 해협 건너 유럽 대륙과 떼려야 뗄 수 없는 관계를 맺어왔다. 비록 2차 세계대전 후 상대적인 쇠퇴의 길을 걸으면서 유럽통합의 움 직임에 뒤늦게 동참했지만 오랜 역사가 남겨놓은 글로벌리즘과 2차 세계대전 후의 역사가 중점적으로 발자취를 남긴 유럽통합에의 관여,

이 두 가지는 끊임없이 긴장 관계에 놓여 있다. 이 글은 런던이라는 프리즘을 통하여 잘 알려지지 않은 런던과 유럽 대륙 간의 관계를 살펴보고자 한다. 런던은 바로 영국의 이런 양면성과 애매모호함을 곳곳에서 확인할 수 있는 곳이다. 많은 도시들이 천의 얼굴을 가졌다지만 런던이 더 다양한 모습으로 다가오는 것은 이 때문이다.

로마제국이 세운 런던, 제국의 도시가 되다

지도에서 런던을 보면 굽이굽이 흐르는 템스(Thames) 강을 따라 도시가 형성되어 있음을 한 눈에 알 수 있다. 템스 강 어귀에 배를 타고 로마인들이 현재의 '더시티(The City, Square Mile)' 인근을 점령하여 성벽을 쌓았다. 바로 이곳은 아직까지도 금융산업의 중심지이며 구도심이다. 벽에 둘러싸인 바로 이곳이 오랫동안 런던의 중심지로 기능했다. 시청인 길드홀(Guildhall)이 있었고 성당과 시장이 인근에 자리 잡았다. 지도에서 보면 템스 강 어귀는 오른쪽에 있고 이곳에서 조금 더 왼쪽으로 나가면 바로 현재의 의사당 지역이 나온다. 런던이 팽창하면서 사방에 건물이 들어섰고 성장해나갔다.

기원전 54년 런던을 정복한 율리우스 카이사르(Julius Caesar)는 이곳에 "대규모의 잘 조직된 부족 거주지가 있었다"라고 적었다. 당시 카이사르의 로마군은 켄트(Kent)에 도착해 북서쪽으로 진군하여 현재 워털루 역 인근의 사우스워크(Southwark)에 도착했다. 2차 침입이 있었던 기원후 41년(당시 로마는 클라우디우스 황제가 다스렸다)에 이들은 바로 강 건너 더시티 지역에 영국을 통치하는 데 필요한 행정 건물 등을 지었다. 로마제국이 세운 도시가 차후에 다시 제국의 중심이 된 것은 역사적 우연이다.

런던이라는 이름의 기원은 명확하지 않지만 로마 시대부터 유래한 것으로 알려져 있다. 121년부터 기록에 '론디니움(Londinium)'이라는 명칭이 나온다. 이 말의 어원에 대해서는 다양한 해석이 있다. 런던 시의 전기를 쓴 피터 애크로이드에 따르면 도시나 요새[don]와 호수나 냇가 옆[Lynn]을 의미하는 두 단어가 결합했거나, 긴 언덕 혹은 늪을 의미하는 말일수도 있다고 한다. 애크로이드는 또 켈틱 어원에 따르면 당시 런던에 거주하던 부족인들이 너무 용맹하여 난폭함을 뜻하는 형용사 '론도스(londos)'에서 유래했을 수도 있다고 추정한다.

2011년 말 런던의 인구는 약 817만 명으로 유럽연합(EU) 27개 회원국 가운데 인구가 가장 많은 도시다. 영국 전체 인구의 12퍼센트 정도가 이곳에 거주한다.

자그마한 강 건너에 건물을 세운 당시의 로마인들은 이곳이 2천여 년이 지난 후 세계의 중심이 될 것이라고 상상이나 했을까?

로마인이 세운 런던은 로마제국의 쇠퇴와 함께 일시적으로 부침을 겪었다. 5세기 초 서로마제국이 붕괴하면서 런던은 잠시 쇠퇴했으나 곧이어 앵글로색슨족이 이주하면서 다시 수도로 기능했다. 더시티에서 조금 떨어진 현재의 코벤트 가든(Covent Garden) 지역이 새로운 중심지가 되었다. 그러나 9세기부터 바이킹족이 영국 전역을 침범하기 시작했고 이에 대응하기 위해 로마 시대의 성벽이 다시 필요해졌다. 이 때문에 더시티가 다시 런던의 행정과 두역의 중심지로 부상했다.

런던의 발전에서 또 하나의 이정표는 1066년 프랑스 노르망디 지역의 공작 윌리엄의 영국 점령이었다. 당시 런던 시민들은 격렬하게 저항했으나 결국 런던을 지켜내지 못했다. 정복자 윌리엄은 헤이스팅스 전투에서 그와 결투한 영국 왕 고백자 에드워드가 증축한 웨스트민스터 성당에서 프랑스와 영국의 왕으로 즉위했다. 그리고 인근에 더타워(The Tower of London)를 건축했다. 이 건물은 격렬하게 저항하던 런던 시민들을 감금하고 위협하기 위한 감옥 역할을 했다.

이후 프랑스 왕족 치하의 영국에서 행정의 중심지는 웨스트민스터 인근이 되었고 더시티는 상업의 중심지로서 어느 정도 자치권을 보유하며 계속 번창했다. 통계에 따르면 1100년 런던의 인구는 약 1만 8천명, 1300년에는 약 10만 명이었다. 그러나 14세기 중반 흑사병이 창궐하여 인구의 3분의 1이 줄어들었다.

런던은 15세기까지 현재의 베네룩스 삼국에 양모를 수출하는 항구 역할을 했다. 그러다가 네덜란드와 에스파냐의 해상 세력이 점차 쇠퇴하면서 16세기 말부터 런던이 유럽 북해의 주요 항구 가운데 하나가 되었다. 이 과정에서 유럽 각국의 상인들이 몰려들어 인구가 급증했다. 흑사병으로 급감한 인구는 1530년에 약 5만 명, 1605년에는 22만 5천 명으로 급증했다. 17세기 중반 무렵에 인구는 약 50만까지 급증했으나 1664년부터 1666년까지 발생한 대흑사병(The Great Plague)으로 다시 인구의 5분의 1이 사망했다. 또 1666년 런던의 대화재는 시내 전역의 수많은 목재 건물들을 삼켜버렸다. 9월 2일부터 5일까지 지속된 이 화재로 더시티를 비롯한 런던 시내 상당수의 건물이 전소되었고, 이후 10여 년에 걸쳐 재건 작업이 진행되었다. 특히 이 화재로 세인트 폴 성당도 전소되었는데 당시 유명한 건축가였던 크리스토퍼 렌은 많

1666년 9월 2일부터 5일까지 지속된 런던 대화재로 런던 시내 상당수의 건물이 전소되었다.

은 반대에도 불구하고 대부분 자신의 설계안 대로 성당 재건을 추진했다. 이 성당은 많은 우여곡절 끝에 재건축을 시작한 지 30년도 더 지난 1711년에 완공되었다. 이 성당의 전망탑에 올라가면, 로마 시대의 런던인 더시티부터 빅토리아 시대의 런던, 현대의 런던까지 다양하고 화려한 건축양식의 런던 시내가 한눈에 펼쳐진다.

《새벽에서 황혼까지(From Dawn to Decadence)》를 쓴 서양문화사의 대가 자크 바전은 1715년 런던의 모습을 단면도로 보여주고 있다. 런던은 벌써 유럽 각국의 지성인들을 자석처럼 빨아들이고 있었다. 독일 마그데부르크 공국 출신의 음악가 게오르크 헨델은 1714년 하노버 왕가의 조지 1세를 위한 〈수상음악〉을 작곡하고 영국에 귀화했다. 음악뿐만 아니라 당시 서로 다른 독자층을 겨냥한 언론 매체도 인기를 구가했다.

《로빈슨 크루소(Robinson Crusoe)》로 잘 알려진 다니엘 디포는 일주일에 한 번 정치 평론지인《리뷰(The Review)》를 발행했는데, 비국교도와 런던의 폭도 사이에 인기가 있었다. 풍자 소설로 인기를 누린《걸리버 여행기(Gulliver's Travels)》의 조너선 스위프트는 국교회 교인들에게 선풍적인 인기를 얻은 잡지를 발간했다.

돈이 넘치고 신용경제가 창조되면서 런던은 이 시대에 벌써 경제 위기를 겪기도 했다. 1720년대에 사우스 시 버블(South Sea Bubble, 남해 거품 사건)이 터졌다. 본업인 무역업은 지지부진했지만 부채 인수 회사로 선정한 사우스 시라는 주식회사에 투자자들이 몰렸고 거품이 붕괴하면서 큰 혼란이 발생한 것이다. 디포와 스위프트 모두 이런 현상을 풍자한 글을 상이한 독자층을 겨냥해 발표했다. 작가이자 시인인 사무엘 존슨은 1777년 글에서 "런던을 기꺼이 떠나려는 지성인은 아무도 없다. 런던에 싫증나면 인생에 싫증난 사람이다. 인생이 주는 모든 것이 런던에 있기 때문이다"라며 당시의 런던을 찬양했다.

영국이 제국을 확장하면서 런던은 1831년부터 1925년까지 인구를 기준으로 세계 최대의 도시라는 타이틀을 유지했다. 2차 세계대전 종전 후 이 자리를 다른 도시에 내주었지만 이민은 계속되었다. 1940년대부터 주로 식민지와 영연방 그리고 유럽 대륙의 이민자들이 이 도시로 들어 왔다.

2007년 인구센서스에 따르면 런던에서는 3백 개 정도의 언어가 사용된다. 1만 명 이상의 외국인들이 사는 거주지가 약 50개이고 인도, 파키스탄, 방글라데시, 중국인의 순서다. 또 시민 가운데 31퍼센트가 백인이 아니다. 글로벌주의의 본산으로서 다양한 역사와 접촉하면서 런던은 이처럼 각양각색의 얼굴을 지니게 되었다.

현재 런던의 행정 구역. 32개 자치구와 중심부에 더시티가 위치해 있다.

'우리'와 '그들'

영국이 산업혁명을 바탕으로 세계 각지에 식민지를 개척하면서 수도 런던도 세계의 중심이 되어갔다. 런던이 19세기 중반부터 20세기 초까지 세계 최대의 도시였기에 무역과 상업의 중심지로 번창했다. 유럽은 물론이고 식민지에서도 많은 사람들이 런던으로 몰려들었다. 런던이 유럽 대륙의 '그들'과 불가피하게 밀접한 관계를 맺게 된 것도 무역과 상업의 중심지로서 런던이 기능했기 때문이었다. 따라서 런던은 싫든 좋든 유럽 대륙의 일에 관여할 수밖에 없었다. 그럼에도 자그마한 섬나라는 '우리'라는 정체성을 유지하면서도 특유의 실용적인 방식으로

'그들'을 받아들인 덕분에 함께 번창할 수 있었다.

이러한 금융과 상업의 도시에 언론도 몰려들었다. 세계 최초의 통신사인 로이터가 1851년 10월에 런던증권거래소(The London Royal Exchange) 내에 설립되었다. 설립자인 파울 율리우스 로이터는 원래 독일인이다. 베를린에서 출판업에 종사하던 로이터는 1848년 유럽을 휩쓸었던 2월혁명의 와중에 파리를 거쳐 런던에 정착했다. 로이터는 당시 발명된 전보를 활용하여 속보 중심의 경제뉴스를 금융기관과 증권회사 등에 제공했다. 런던에 가장 많은 고객이 있었기에 이 독일인은 이곳으로 왔다. 로이터가 런던에서 최초의 통신사를 설립하여 성공적으로 운영한 것도 이런 이유에서다. 더시티에 그의 흉상을 설치한 것은 경제뉴스에 기여한 그의 공로를 인정했기 때문이다.

금융산업도 런던에 둥지를 틀고 당시 세계를 이끌었다. 독일 출신의 유명한 은행가문이던 로스차일드(Rothschild)가 그 선두에 있었다. 이 가문의 창립자인 마이어 암셀은 5명의 아들을 각각 프랑크푸르트와 런던, 파리, 빈, 나폴리에 보내 그곳에 금융기관을 설립하여 활동하도록 했다. 이 가운데 가장 성공한 사람이 19세기에 런던 금융가를 주름잡은 네이선 마이어 로스차일드(Nathan Mayer Rothschild)다.

코르시카 섬의 시골뜨기 나폴레옹이 프랑스의 국가원수가 되어 18세기 말부터 19세기 초까지 거의 20년 간 유럽 대륙을 호령했듯이 로스차일드가도 마찬가지로 나폴레옹의 부상과 비슷한 시기부터 유럽 금융가를 주름잡게 되었다. 네이선은 유럽 각국에 자금을 공급했기 때문에 그 없이는 전쟁도 불가능하다는 말은 과언이 아니었다.

니얼 퍼거슨의 《금융의 지배(The Ascent of Money)》에 따르면, 1828

년 영국 하원의 급진적 의원 토머스 던스콤은 의회 토론에서 "각국에 신용을 공급하는 것은 그의 동의에 달려 있다. 그의 사절들은 왕이나 절대군주의 사절들보다 수적으로도 많고 각국의 장관들이 그의 녹봉을 받고 있다. 유럽 대륙의 내각에서 상석에 앉은 그는 자신의 왕국을 지배하려 한다."라고 네이선의 영향력을 평가했다. 이 의원의 말이 지나친 과장이 아님은 영국 정부가 네이선의 도움 없이 나폴레옹을 격파하는 것이 쉽지 않았던 점에서 알 수 있다.

네이선은 웰링턴(Wellington) 공작이 브뤼셀 근교의 워털루에서 나폴레옹의 대군을 물리치는 데 크게 기여했다. 1814년 1월부터 이듬해 6월 워털루 전투가 종결될 때까지 네이선은 영국 재무부의 부탁을 받고 프랑스와 독일 등 유럽 각지에서 1백만 파운드가 넘는 프랑스 금화와 은화를 수집하여 네덜란드를 경유해 전쟁터에 수송했다. 당시 영국의 동맹국이던 네덜란드와 독일(당시 독일은 프로이센과 바이에른 왕국 등 영방국가로 나뉘어 있었다)에서 파견된 병사들이 급료로 영국 지폐를 거부하고 현물을 요구했기 때문이었다. 파리와 프랑크푸르트, 나폴리, 빈에 있는 로스차일드가의 방대한 네트워크를 통하지 않고는 이런 거대한 작전이 거의 불가능했을 것이다. 당시 총리였던 리버풀 경은 외무장관인 캐슬레이에게 "그(네이선 로스차일드)가 없이 우리가 무엇을 해낼수 있었을까"라고 반문했다.

육지에서 웰링턴 공작이 있었다면 비슷한 시기에 영국 해군엔 넬슨(Horatio Nelson) 제독이 있었다. 넬슨은 대륙의 적들을 상대로 압승을 거두고 후손들은 기념비를 건설했다. 트라팔가 광장은 런던 중심부에 있는 대형 광장으로 일 년에 최소한 수백만 명의 관광객이 찾는 명소

트라팔가 광장. 런던 중심부에 있는 대형 광장으로 1840년대에 조성되었으며 수많은 관광객이 찾는 관광

다. 이 광장은 바로 옆에 국립미술관(National Gallery)과 버킹엄궁에 이
르는 더몰(the Mall) 도로, 영국 정부의 관가인 화이트홀(Whitehall)과 맞
닿아 있다. 이 광장의 중앙엔 나폴레옹이 이끄는 해군을 트라팔가 곶
(Cape Trafalgar)에서 패퇴시킨 넬슨 제독의 동상이 관광객들을 맞는다.
이 동상의 높이는 약 60미터로 보는 이들을 압도한다. 영국인들이 이
영웅을 존경하고 나아가 대륙의 침입자들을 물리친 자부심을 높이로
표현한 것이다. 1840년대 조성된 이 광장은 그동안 지속적으로 재단장
되어 왔다. 이곳은 윈스턴 처칠(Winston Churchill)이 1945년 5월 8일에
2차 세계대전의 종전을 공식적으로 선언한 곳이다. 또 각종 반정부 집
회나 대중 행사도 이곳에서 자주 열린다. 시내 중심부에 있다는 이점
과 함께 대륙의 전제정치에 대항해 승리를 거둔 곳이라는 정체성이 이
러한 장소 선택의 주요 원인이다.

1947년 이후 해마다 이곳에서는 크리스마스 축하 행사가 열린다. 크
리스마스를 며칠 앞두고 대형 크리스마스 트리에 점등이 되고 바로 옆

명소이다. 넬슨 제독을 기념하는 거대 동상과 광장 바로 옆에는 국립미술관이 있다.

에서는 형형색색의 분수가 밤에 화려한 빛을 뿜낸다. 2011년 4월 29일 윌리엄 왕자와 캐서린 미들턴의 결혼식드 수만 명의 시민들이 이 광장 에서 모여 대형 스크린을 통해 구경했다.

19세기에 자본주의를 가장 신랄하게 비판한 칼 마르크스나 독립을 도모하던 유럽의 많은 사상가들도 런던을 거쳐 갔다. 1849년 5월에 쾰 른에서 추방된 그는 잠시 피신해 있던 이곳에서 숨을 거둘 때까지 34 년 동안 거주했다. 그가 트라팔가 광장 인근에 거주했던 것은 우연이 었을까? 그에겐 영국이 자본주의의 발달과 그 폐해를 가장 잘 관찰 할 수 있는 최적의 장소였다. 그는 대영박물관 도서관에서 허기진 배 를 움켜쥐고 《자본론》을 썼다. 눈앞에서 자녀 2명이 굶어 죽어가는 모 습을 지켜본 그는 자본주의의 폐해를 돋소 체험했다. 한편으론 당시 의 부유한 지주계급들이 의회에서 기득권을 지키기 위한 싸움을 면밀 하게 관찰하며 그는 가진 자들의 탐욕을 보았다. 그의 원한에 사무친 현 실 분석에서 나온 펜은 자본주의의 운동법칙을 과학적으로 분석한 《자

런던 하이게이트 묘지에 있는 칼 마르크스의 무덤. 〈공산당 선언〉의 마지막 문구가 새겨져 있다.

본론》곳곳에 따뜻한 인간 사랑의 정신을 넣었다. 무국적자로 숨진 그는 하이게이트 공동묘지에 묻혔다. 하이게이트 동쪽에 있는 그의 무덤엔 흉상과 함께 〈공산당 선언〉의 마지막 문구가 아직도 방문객들을 붙잡고 있다. "만국의 노동자여, 단결하라!(Workers of all lands, unite!)"

이탈리아 통일의 초석을 닦았으며 유럽통합을 주창한 민족주의자 주세페 마치니도 1837년부터 1840년까지 런던에서 망명생활을 했다. 그는 중심지 소호와 트라팔가 광장에서 멀지 않은 곳에서 이탈리아 이민자들을 위한 학교를 운영하면서 잡지도 발간하며 민족주의를 배양했다.

유럽통합의 잉태에 기여한 곳, 런던

세계의 수도임을 자랑하던 런던은 1950년대의 유럽통합 움직임(유럽석탄철강공동체와 유럽경제공동체)에 그다지 관심을 보이지 않았다. 그러나 이 도시는 아이러니하게도 2차 세계대전 기간 중 유럽통합의 잉태에 기여했다. 상당수의 유럽통합사는 1950년 프랑스의 장 모네가 제안한 유럽석탄철강공동체(ECSC)부터 다루고 있다. 그러나 '유럽통합의 아버지'라 불리는 모네조차 회고록의 첫머리를 2차 세계대전 기간 중 런던에서 체류하면서 영국에 연합을 제안한 것부터 기술했다.

자유 프랑스를 이끈 샤를 드골은 런던 세인트 제임스 공원 인근에 본부를 차리고 여기서 프랑스 내 레지스탕스운동을 진두지휘했다. 장 모네도 여기에서 1년 남짓 거주하며 영국과의 연합을 제안했던 것이다. 모네의 전기에 따르면 그는 1939년 12월 런던에 도착하여 영국과 프랑스의 군수품 생산을 감독했다. 그는 윈스턴 처칠과 샤를 드골을 설득하여 영국과 프랑스 간의 연합안을 수용하게 했지만, 프랑스 내각이 이를 거부했다. 이처럼 모네는 전기 첫 페이지를 1940년 5월 런던에서의 업무로 시작했으며 이 과정에서의 핵심은 영국과의 연합을 준비하며 합의안을 성사시킨 내용이다.

전체주의의 위협에 맞서 자유를 지켜내려는 영국과 프랑스가 연합해야 한다는 공동 인식을 바탕으로 이 연합안은 공동 시민권, 하나의 의회와 하나의 군대, 전쟁에서 승리하기 위한 물자와 생산능력의 공동 관리, 공동화폐와 관세동맹까지 포괄하는 매우 혁신적인 내용을 담았다. 프랑스는 자국이 거느린 제국을 영국에게 내어줄 것을 우려해 이 안을 거부했다. 그러나 이 안은 매우 급진적이고 포괄적이다. 모네가 회고록에서 술회하듯이 당시 히틀러의 가공할 만한 무력에 직면한 변화된 상황이 이런 혁명적인 내용을 제기하여 양국이 합의하도록 만들었다.

2차 세계대전 중 모네는 런던에 체류했는데, 이는 유럽통합에 관한 그의 생각을 가다듬는 하나의 계기가 되었다. 1941년 12월 일본의 진주만 공격으로 미국이 전쟁선포를 하기 전인 1년 전에 이미 그는 미국을 방문하여 군수물자를 대량생산 하도록 설득할 수 있었다. 전후 세계 경제의 틀이 되었던 브레튼 우즈 체제 설립에 주요 역할을 한 영국의 경제학자 존 메이너드 케인즈(John Maynard Keynes)는 장 모네의 이런 노력이 2차 세계대전을 일 년 정도 조기 종결시켰을 것이라며 모네의 업적을 인정했다.

독일과 국경을 맞대고 있었으며 1차 세계대전에 이어 또다시 독일의 군홧발에 짓밟힌 베네룩스 삼국의 망명정부도 인근에 있었다. 특히 2차 세계대전 후 벨기에 총리를 지내고 1955년 메시나 회의(Messina Conference)에서 유럽통합의 새로운 추진력에 필요한 분야의 보고서를 작성하는 데 주요 역할을 한 폴앙리 스파크(Paul Henri Spaak)는 1944년 런던에서 네덜란드, 룩셈부르크와의 관세동맹을 제안하여 성사시켰다. 비록 소국들이었지만 베네룩스 삼국은 1968년 유럽경제공동체(EEC) 6개국이 관세동맹을 완성한 것보다 24년 먼저 관세동맹을 완성했다.

섬나라라는 지리적 이점과 함께 1941년 12월 진주만 공격으로 미국이 참전하기 전까지 나치에 맞서 고독한 투쟁을 전개한 영국의 수도 런던에 많은 유럽 대륙의 지도자들이 잠시 터전을 잡았다. 이런 와중에 민족주의의 극단적인 폐해를 겪었던 그들은 이를 극복하기 위하여 주권을 초국가 기구에 양도하는 통합의 필요성을 극명하게 인식하게 되었다. 런던은 이들에게 이런 사유의 공간과 접촉점을 제공했다. 반면에 영국의 지도자들은 유럽 대륙을 구하는 데 기여했지만 2차 세계대전 후 국제정치의 힘의 균형이 급변했음에도 자국을 강대국으로 여기는 인식적 불일치에 빠져 유럽통합의 움직임에 뒤늦게 참여했다.

머리는 유럽, 가슴은 미국

이처럼 인식적 불일치에 빠졌던 영국이었지만 런던의 더시티는 정부보다 빨리 유럽통합의 필요성을 인식했다. 1961년 당시 보수당의 해롤드 맥밀런 총리가 유럽경제공동체(EEC) 가입을 신청한 것에는 정부의 인식 변화와 함께 더시티의 요구가 있었다. 더시티는 EEC 가입이 영국의 국익이라며 정부에 가입 요청을 줄기차게 요구했고 정부도 쇠퇴하는 경제를 회생시키기 위해 EEC에 가입하려 했다. 1973년 EEC 가입으로 런던과 유럽 대륙은 더 가까워졌다.

섬나라와 유럽 대륙을 더욱 가깝게 만든 것은 1994년 11월부터 운행된 고속 철도 유로스타(Eurostar)이다. 런던에서 출발하여 파리를 거쳐 브뤼셀에 도착하는 유로스타는 런던이 서유럽 대륙과 얼마나 밀접해졌는가를 실감나게 한다. 직통일 때는 브뤼셀에서 런던까지 불과 약 1시간, 경유하는 기차는 브뤼셀에서 런던까지 3시간 10여 분이 걸린다.

최단 거리가 30킬로미터 남짓한 영국과 프랑스의 도버 해협을 해저터널로 연결하자는 제안은 1974년부터 있었지만 경제성 부족을 이유로 수사에 그쳤다. 그러나 1986년 당시 EEC 회원국들이 1992년까지 단일시장을 완성하자는 단일유럽의정서(Single European Act: SEA)에 합의하면서 1988년부터 본격적으로 터널 공사가 시작되었다. 이전의 경제성 논란은 단일시장 완성으로 대륙과의 교역이 더 활발해진다는 것을 이유로 잦아들었다. 해저 터널 공사는 1993년 완공되었고 이듬해

5월 성대한 개공식을 가졌다. 운행 첫 해인 1995년 3백만 명에 불과했던 승객이 2000년에는 7백만 명, 2011년에는 970만 명으로 급증하게 되었다. 그러나 이 터널을 이용하는 승객은 이보다 훨씬 많다. 고속버스 채 기차에 실려 대륙으로 건너가거나, 화물차 역시 기차를 타고 프랑스에 도착한 뒤 유럽 대륙으로 자유롭게 통과하는데 이런 인원이 포함되지 않았기 때문이다.

유로스타의 개통은 브뤼셀에서 근무하는 영국 외교관들과 유럽 기구에서 일하는 영국인들에게도 매우 유리한 여건을 제공해주었다. 이들은 보통 금요일 오후에 런던으로 와서 월요일 오전 회의에 참석하고 바로 브뤼셀로 간다. 영국의 한 도시에서 런던으로 오는 것과 별반 다를 것이 없는 생활이다.

또 18년이 넘는 유로스타의 운영 경험도 프랑스와 벨기에, 영국의 관계자들에게 귀중한 '유럽' 경험이 되었다. 시속 3백 킬로미터로 달리는 유로스타는 2010년까지 프랑스와 벨기에, 영국 등 삼국의 수송 당국이 합작하여 운영했다. 프랑스와 벨기에의 경우 운영 주체는 국영 철도였고 영국은 민간 회사였다. 이들은 합동 운영 과정에서 서로를 알고 이해하면서 2011년부터 3개국 단일 합작회사를 설립하여 운영하게 되었다. 상이한 관료 및 기업 문화를 지닌 삼국의 시민들은 이 과정을 통하여 더욱 가까워졌다. 수송 수단을 통한 삼국 시민들의 통합도 자연스럽게 이루어진 셈이다.

이처럼 자연스럽게 유럽 대륙의 '그들'과의 통합에도 불구하고 아직도 런던 시내에는 그들과 대항하여 싸운 유적이 곳곳에 즐비하다. 이것은 민족국가의 형성과 유지 과정에서 필요한 애국심 고취와 정체성 확보

런던 안의 런던이자, 금융산업의 중심지인 더시티 전경.

라는 불가피한 측면이 있다. 그러나 그렇다 쳐도 유독 영국은 역사 해석에서 유럽과의 정체성보다 유난히 자국의 정체성을 더 강조한다.

　반면에 런던에 있는 유럽 관련 건물은 주로 경제 단체다. 1991년 10월부터 활동을 개시한 유럽부흥개발은행(European Bank for Recon-struction and Development: EBRD)은 더시티에 자리 잡았다. 이 은행은 처음에는 주로 중동부 유럽의 체제 전환 국가를 지원하다가 이제는 중앙아시아와 아프리카 등으로 그 지원 범위를 확대했다. 현재 1천5백 명이 넘는 직원들이 근무하고 있는데 상당수는 유럽연합 회원국 시민들이다. 2010년부터 단일화폐 유로를 사용하는 유로존을 휩쓸고 있는 위기의 와중에 설립된 유럽은행감독청(European Banking Authority: EBA) 역시 더시티에 있다.

　EU의 금융기관들이 유로를 채택하지 않은 영국에 터전을 잡은 것은 아직도 런던이 EU의 금융 허브 역할을 하고 있기 때문이다. 유로화 외환시장 거래의 70퍼센트를 런던이 차지하고 있고 많은 비EU 금융기관들도 런던에서 영업을 하며 다른 EU 회원국에 진출한다. 프랑스를 비롯한 일부 유로존 회원국들은 비회원국인 영국이 금융 허브 노릇을 하는 것은 모순이라며 런던의 이런 지위를 비판하는 발언을 쏟아냈다. 또 일부에서는 이런 런던의 지위를 박탈하기 위해 관련 법규를 개정해야 한다는 의견도 제기되었다. 하지만 정책만으로 금융 허브를 뺏어오거나 운영할 수는 없다. 대영제국의 전성기부터 최소한 1세기가 넘는 동안 런던의 더시티는 금융의 중심지로 기능해왔기 때문이다. 또 영국의 더시티 근무자들도 영국이 EU 안에서 활동하면서 글로벌 금융시장의 기능을 해야 한다는 입장이다. 즉 일부에서 불고 있는 영국의 'EU 탈퇴'는 자국에 큰 손실임을 이들은 잘 알고 있는 것이다.

이러한 사실은 영국이 냉철한 머릿속에서는 유럽과 더 긴밀해질 수밖에 없는 현실을 인정하고 있음을 보여준다. 그러나 아직도 가슴속에서는 불과 1세기 전까지만 해도 세계를 호령했던 제국, 미국과의 특별한 관계가 손짓하고 있다. 런던, 특히 글로벌리즘의 선두에 서왔던 더시티는 이런 딜레마를 잘 알고 있는 곳이다.

유로존 위기로 영국은 EU와의 관계를 명확하게 설정해야 하는 상황에 빠졌다. 유로존 회원국들은 위기를 극복하기 위해 은행과 재정 분야의 통합을 강화하고 있으나 영국은 이런 움직임에 동참하지 않았다. 그리고 유럽통합에 회의적인 보수당은 통합 과정에서 EU 기구가 가져간 정책 권한을 다시 환수해와야 하며 EU 잔류를 국민투표에 회부해야 한다고 점점 더 요구의 목소리를 높이고 있다. 결국 데이비드 캐머런 총리는 2013년 1월 23일에 이런 요구에 굴복했다. 그는 2015년 총선에서 보수당이 승리하면 2년 안에 EU 잔류를 묻는 국민투표를 실시하겠다고 약속했다. 유로존의 위기 확산으로 통합에 실리적인 입장을 지녔던 영국인들은 유럽통합에 대해 점차 더 부정적인 의견을 가지게 되었다. 유럽통합 문제를 국내 정치를 해결할 무기로 여기며 마구 휘두르는 정치권들도 이런 부정적인 의견 확산에 큰 책임이 있다. 유로존의 위기 극복을 보고 천천히 냉철하게 국익에 기초하여 선택을 해도 늦지 않을 텐데 말이다.

런던은 영국 정부가 글로벌리즘과 유럽의 사이에서 갈팡질팡하고 있음을 잘 대변해주고 있다. 과연 영국의 이런 애매모호함은 언제까지나 계속될까? 정체성은 독점이 아니기 때문에 다른 정치공동체와 자연스럽게 중첩될 수 있다. 영국이 EU의 통합 강화 움직임에 냉철한 이성이 아닌 감정에 사로잡혀 대응할수록 유럽 정체성은 더 희미해지고 영국의 정체성과 모순되는 것으로 인식된다. 이럴 경우 더시티에 자리잡은 EBRD나 EBA도 언제까지 런던에 남을 수 있을까? 1천여 년 간 런던 안의 런던 기능을 해온 더시티는 냉철한 이성으로 런던이 '유럽'의 도시로부터 멀어져나가는 것을 막을 수 있을까? | 안병억

참고문헌

남영우, 《지리학자가 쓴 도시의 역사》, 푸른길, 2011.
니얼 퍼거슨, 김선영 옮김, 《금융의 지배》, 민음사, 2010.
마크 기로워드, 민유기 옮김, 《도시와 인간》, 책과함께, 2009.
존 줄리어스 노리치, 남경태 옮김, 《위대한 역사도시 70》, 역사의아침, 2010.

위치 그리스 아티키 지방
면적 2,928km²
행정구분 7지구
인구 3,737,550명(2011년)

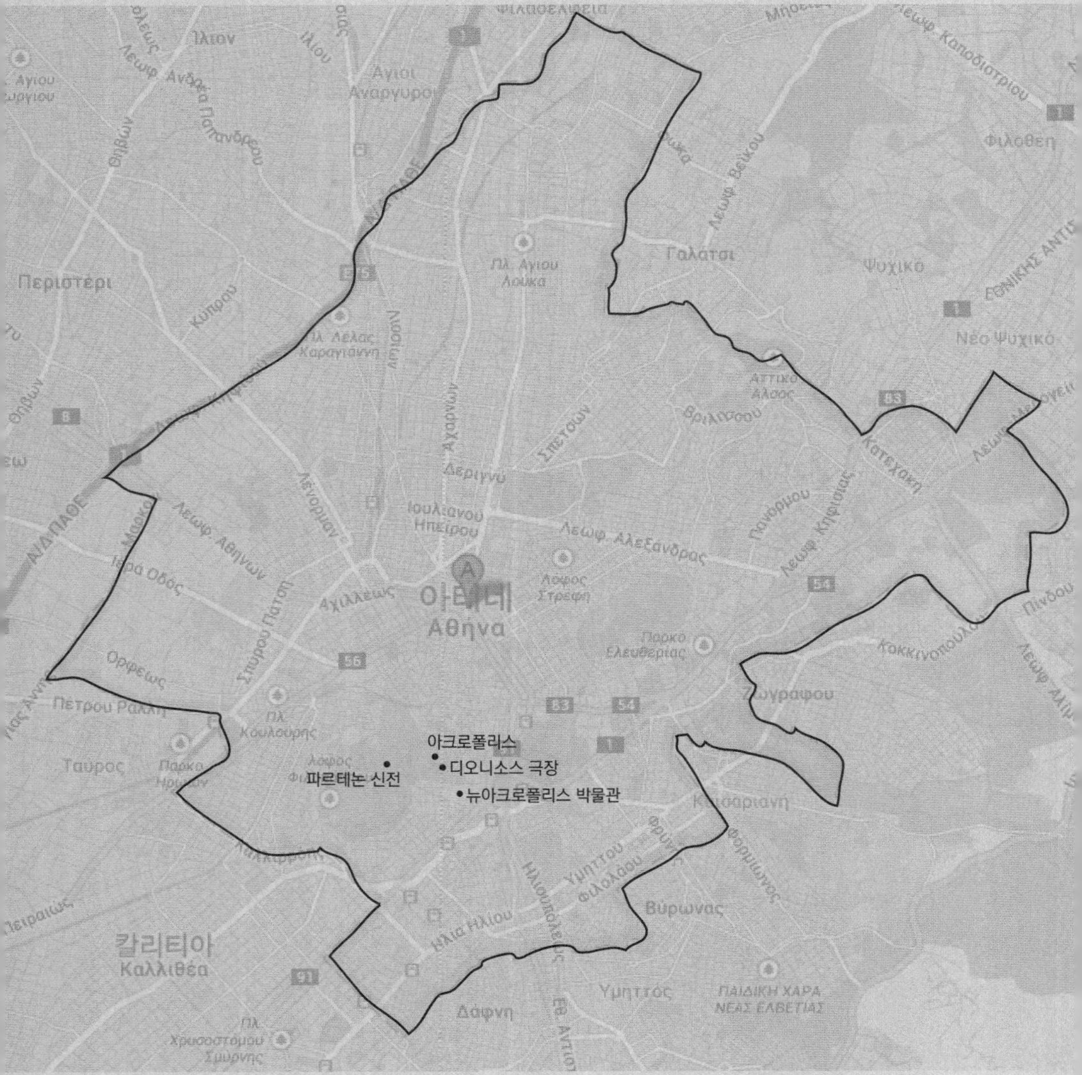

Ιλιον

Ιλιον

Αγιοι
Αναργυροι

Περιστέρι

Πλ. Αγιου
Λουκα

Γαλατσι

Ψυχικο

Νεο Ψυχικο

Πλ. Λελας
Καραγιανη

Βρίλησσου

Αττικο
Αλσος

Ιουλιανου
Ηπειρου

Λεωφ. Αλεξανδρας

아테네
Αθηνα

Λοφος
Στρεφη

Παρκο
Ελευθεριας

Ηρα Οδος

Ορφεως

Πετρου Ραλλη

Πλ.
Κουλουρης

Λοφος
Μουςων

Ταυρος

Παρκο
Μουςων

아크로폴리스
• 디오니소스 극장

파르테논 신전

• 뉴아크로폴리스 박물관

Βυρωνας

칼리티아
Καλλιθέα

Δάφνη

Υμηττός

ΠΑΙΔΙΚΗ ΧΑΡΑ
ΝΕΑΣ ΕΛΒΕΤΙΑΣ

Πλ.
Χρυσοστομου
Σμυρνης

아테네, 그리스

아테네
찬란한 고대와 남루한 오늘의 만남

고대 문화 중심지에서 근대 수도로의 탄생

아테네라는 이름에 대해서 19세기 독일의 고전학자 로베크(Christian August Lobeck)는 그 어원이 'anthos(꽃)', 즉 '꽃의 도시'라고 보았으며, 19세기 독일의 문헌학자 되덜라인(Ludwig Döderlein)은 그 어원을 'the-(비옥한)'로 보고 '비옥한 곳'이라 해석하였다. 하지만 아테네를 꽃의 도시나 비옥한 도시로 보기는 쉽지 않다. 오히려 온통 '바위와 돌밖에 없는 곳'으로 표현되었을 정도로 척박한 지역에 가깝다. 고대 아테네인도 그들의 순혈성을 자랑하는 가운데, 그리스의 다른 비옥한 지역들은 이민족의 침략을 자주 받았으나, 척박한 아테네는 아무도 탐내지 않아 본래의 거주민이 대대로 살아올 수 있었다고 말한 적도 있다. 아테네라는 이름은 대체로 아테나 여신의 도시라는 뜻에서 나왔다고 본다. 케크롭스(Cecrops)가 왕으로 있을 때, 포세이돈 신과 아테나 여신은 서로 이 도시의 수호신이 되겠다고 경쟁하였다. 이때 포세

봄이 오면 가장 먼저 피어나는 아몬드 꽃. 로베크는 '아테네'라는 이름의 유래가 '꽃의 도시'라고 보았다.

이돈은 삼지창으로 바닷물을 내었고, 아테나 여신은 올리브 나무를 내었다. 아테네인들은 아테나 여신을 수호신으로 삼았으므로, 이때로부터 아테네 여신의 도시라는 이름을 갖게 되었다는 것이다. 이때 바다의 신 포세이돈은 해상세력을, 올리브를 준 아테네 여신은 풍요와 번영을 바라는 아테네인의 염원을 드러낸다고 할 수 있다. 또한 아테네라는 도시의 성격을 잘 드러내준다고 할 수 있는데, 바다에 인근한 해양국가로서의 모습과, 아크로폴리스라는 천연의 요새를 가진 번영의 중심지로서의 역할이다. 아테네의 다른 별명은 'protevousa'이다. proto-ousia, 즉 '첫 존재'라는 뜻으로 '머리', 나아가 '수도'로 해석된다. 지금도 그리스어로 수도를 의미하는 단어는 '프로테부사'이다. 호메로스의 작품에서 아테네는 'Athene'라고 단수로 불리다가, 이후에는 'Athenai'라는 복수형으로 불렸다가, 오늘날은 'Athena'가 공식 이름이 되었다.

아테네는 유럽에서 역사가 가장 오랜 도시이면서도, 역사가 아주 짧은 수도이기도 하다. 2012년 현재 그리스의 수도 아테네를 한마디로 표현하자면, '찬란한 고대와 비틀거리는 오늘이 만나는 문화고고학적 도시'라고 할 수 있다. 아테네의 역사는 3천 년 전으로 거슬러 올라가며, 찬란한 고전 문명의 주역으로서 누구도 부인 못하는 명성을 가지고 있다. 1991년 아테네는 민주주의 2,500주년 기념식을 가졌는데, 민주정의 아버지라 불리는 클레이스테네스(Cleisthenes of Athens)의 개혁이 일어난 기원전 508년을 기점으로 본 것이다. 아테네는 고대 민주주의를 꽃피웠던 도시이자, 최고의 지성과 지도력을 갖춘 사람들-페리클레스, 소크라테스, 플라톤, 투키디데스, 히포크라테스 등이 거닐었던 찬란한 문화의 도시이자, 서구 문명의 진원지였다. 1981년에 그리스가 열 번째 회원국으로 유럽공동체(European Community: EC)에 가

아테네 전경. 아테네는 바다에 인근한 해양도시이자, 아크로폴리스라는 천연의 요새를 가진 번영의 중심지이다. 연합포토 제공.

입하였을 때, 영국 외무장관은 "유럽은 3천 년 전부터 그리스 문화유산에 빚을 지고 있는데, 이제 그 빚을 갚게 되었다"라고 말한 바 있다. 그리스 문화가 서구 문명의 토대라는 점을 잘 알고 있었던 것이다.

그러나 아이러니하게도 근대 도시와 수도로서의 아테네는 그 출발이 늦었다. 파리, 런던, 밀라노 등 오늘날 많은 유럽 거점 도시들이 고대나 중세로부터 거의 연속적으로 발달해온 데 비해서, 아테네가 그리스의 수도가 된 것은 1834년으로 2백 년이 채 안 되는 짧은 역사를 가지고 있다. 그리스 독립전쟁(1821~1830년)에 힘입어 1830년 런던 프로토콜로 그리스의 독립이 승인되면서, 1833년 아테네가 그리스의 수도로 공식 선포되고, 이듬해에 그리스 정부가 임시수도였던 나우플리온에서 아테네로 옮겨왔다. 그리스의 수도로 선포되었을 때만 하여도 아테네는 아크로폴리스 북쪽 비탈에 있는 황폐한 수백 채의 집에 수천 명 정도의 인구가 살던 초라한 한 촌락에 불과하였다. 초라하기 짝이 없던 아테네가 수도로 정해진 것은 바다와 가까우면서 섬들을 포함한 전 그리스의 중심부에 자리하였다는 지리적인 면도 고려가 되었겠지만, 그보다도 역사적·정서적인 면이 크게 작용하였던 것은 두말할 나위가 없다. 세계적으로 명성이 알려진 곳이 수도로 되었을 때 얻을 수 있는 강점이 크게 작용하였던 것이다. 당시 영국, 프랑스, 러시아 등의 열강이나, 바이런 같은 지식인들은 그리스인을 유럽 문명의 선조로 생각하고 독립운동을 지지한 면이 있었으므로, 그리스인들 역시 이러한 기대에 부응하고자 하는 경향이 있었다. 아테네는 이제 새로운 그리스인의 정체성을 세우는 진원지가 되었는데, 이는 고전기의 과거를 지향하면서 근대화를 이룬다는 그리스 향후의 방향을 상징적으로 보여주는 것이었다. 즉 아테네의 근대화란, 고대의 문화전통과 연결시키면서 산업화된 서유럽과 연관시키는 작업으로 볼 수 있었다. 1834년 9월, 아테네복원위원회 의장 클레오메니스는 연설에서 "아테네! 고대 세계의 메트로폴리스, 수세기 동안 찬미의 신전이었던 아테네! 영광의 아테네여"라고 감격스럽게 외쳤으며, 저명한 역사가 캄부로글루(D. Kambouroglou)는 아테네를 '이성의 도시'라 불렀다.

하지만 그런 감격과는 달리 당시 실제적 문제가 산재하고 있었다. 19세기, 다른 유럽 중심 도시들이 도시 인프라를 새롭게 구축해가며 번영하고 있었던 데 비해서, 아테네는 영광스러운 과거 외에는 아무 것도 없었던 것이다. 그동안 겪었던 전쟁의 상흔, 엄청난 부채, 농업에 집중된 경제 등의 문제와 더불어 아테네는 수도로서의 인프라는 물론,

건물도, 사람조차도 없었다.

이에 대해서 1830년에 아테네를 방문한 프랑스 학자 미쇼는 '오리엔트' 아테네에 대해서 "우리들은 아테네 여기저기 쌓인 폐허 사이를 거닐었다. …… 단 하나의 길도, 공공 광장도, 정원도, 교회도 남아 있지 않다"고 한탄하였다. 독일 고고학자 로스는 1832년 아테네를 방문하고는 "마치 한창 아름답던 모습의 여자 친구와 헤어졌다가, 늙은 얼굴과 윤기 없는 머리카락을 한 모습을 마주치게 된 것과 같은 느낌이 든다. 그나마 아크로폴리스의 폐허더미와 테세우스 신전만 아니라면 이것이 진짜 아테네라고 믿기 힘들었을 것이다"고 말하였다

아테네가 그리스의 공식적 수도로 선포되기 직전인 1833년 열아홉 살의 바이에른 왕자가 최초의 그리스 왕, 오토 1세(Otto I)로 즉위하였다. 오토가 궁전과 새 도시를 건설할 계획으로 초빙한 건축가 팀, 클레안티스와 쇼이베르트, 뒤이어 클렌체 등에 의하여 아테네의 근대적 도시 계획이 세워졌다. 새로운 도시 건설 작업이 쉽지는 않았다. 오토 재위 4년 뒤의 한 기록에 여전히 '최초로 착수하기로 한 것은 궁전을 짓는 것이었다. 그러나 어디를 보아도 파괴와 건설이 이웃하고 있고, 오늘 세워진 것도 어제 무너진 것과 마찬가지로 허술하다'고 되어 있어서 당시 아테네가 수도로 세워지는 데 따르는 어려움, 계속되는 형편없는 상황을 짐작하게 해준다. 여하튼 아크로폴리스, 케라메이코스, 오토 왕궁을 세 축으로 삼각형으로 구성되어 있던 근대 도시 프로젝트는 처음 계획안에서 여러 수정을 거치면서 진행되어 갔다. 그 결과, 오늘날 아테네 도심에서 볼 수 있는 신고전주의적 경향의, 박공벽이나 지붕 달린 주랑현관을 갖춘 여러 건축물들이 세워지기 시작하였다.

아크로폴리스에 위치한 파르테논 신전의 동쪽 면. 파르테논 신전은 UNESCO 세계문화유산 1호이다.

　　처음 도시 계획을 맡은 이들은 아테네의 역사적 고고학적 전통을 살리는 방향으로 새로운 도시를 건설하려 애썼다. 즉 이들은 아테네의 미래를 '문화고고학의 도시'로 방향을 정하고, 아크로폴리스 북쪽 지구 등을 고고학 발굴지로 남겨두어, 사람의 거주를 제한하고 단계적으로 발굴할 계획을 세웠다. 이들의 계획은 아테네의 고고학적 가치와 위상을 고려한 것이어서, 후대에 아테네가 문화도시로서의 위상을 갖추는 데 긍정적인 영향을 주었다. 그러나 충분히 준비되지 못한 채 급격하게 이루어지는 과정에서 원래의 계획안은 수정되고, 많은 문제점이 발생하기에 이르렀다. 즉 거주자에 대한 충분한 보상책 없이 집을 허물고, 아무런 예비 작업 없이 정부가 옮겨오고, 사람들이 그리스 각지에서 수도로 몰려옴으로써 심각한 문제가 발생하기 시작한 것이다.

　　수도로 정해진 뒤에 차츰 늘어난 거주자는 그래도 1920년만 하더라도 30만 명 정도로 그리스 총 인구의 17퍼센트에 불과하였다. 하지만 1922년에 시작된 '소아시아 재난'으로 인하여 수십만의 이주자가 그리스로, 특히 아테네로 몰려들면서 인구 폭발 현상을 보이게 되었다. 1919년에서 1922년 사이에 벌어진 그리스·터키 전쟁에서 그리스가 패배한 뒤에 이루어진 '대(大)교환'에서 130만 명 정도의 그리스 정교도가 그리스로 들어오고, 50만 명 정도의 무슬림이 그리스에서 나갔다. 이중 약 수십만 명의 이주자가 아테네의 외항 피레우스에 상륙하게 되어 심각한 난민 문제를 발생시켰으며, 아테네 인구는 이 몇 년 동안 무려 두 배로 늘어나 70만 명을 상회하게 되었던 것이다. 이후로도 아테네는 두 차례나 더 인구 폭발 현상을 겪게 된다. 2차 세계대전과 공산주의 내전의 결과 황폐화된 시골을 떠난 피난민이 아테네에 대량으로 몰려듦으로써, 1950년대에는 인구가 2백 만으로 늘어났다. 1960년대 이후의 산업화 과정에서 다시 아테네 인구가 두 배 이상 급격하게 증가하면서, 오늘날은 전 그리스인의 40퍼센트 정도가 아테네에 거주하게 되는 인구과밀 수도의 모습을 띠게 된다. 아테네로 대량으로 들어온 새 이주민들은 건국 초기의 점거자의 권리를 주는 법률을 이용하여 공유지에 무허가 집을 짓기 시작하였고, 이후 점차 많아진 공장 등에서 나오는 스모그, 물 부족 등이 큰 문제로 대두되었다.

이처럼 아테네는 처음의 도시계획과 달리, 소아시아 대교환이나 대외 전쟁, 내란, 산업화 등으로 무계획적이고 무질서하게 확장된 특징을 가지게 되었다. 즉 처음의 아테네는 건물도 사람도 없는 일종의 '타불라라사(tabula rasa)', 즉 백지 상태였으므로 현대적 계획도시로 만들어질 가능성도 있었으나, 준비되지 못한 상황에서의 급격한 인구의 유입, 거주지의 부족, 급조된 건물 등으로 현대의 아테네는 관점에 따라 보기 흉한 도시로 변해갔다고 할 수 있다. 무엇보다도 도로가 좁고, 녹지대가 부족하게 되었는데, 아테네의 녹지대는 3퍼센트 정도로서 유럽에서 가장 녹지대가 적은 곳으로 분류된다. 그리하여 어떤 이가 '고대의 최상과 현대의 최악의 만남'이라고 표현하였을 정도로 아테네 외곽지는 콘크리트 벽돌로 덮이게 되었으며, 오수와 공업 폐기물, 자동차 등에서 나오는 매연, 경제협력개발기구(Organization for Economic Cooperation and Development: OECD) 국가 중 교통사고가 가장 많은 나라답게 좋지 못한 도로 사정 등의 문제가 노출되게 되었다. 1970년대 공기 오염은 극도에 달하여, 당시 문화부 장관 트리파니스(Constantine Athanasius Trypanis)가 아크로폴리스의 조각상 '카리아티데스(Karyatides)'가 심각하게 훼손되고 있다고 걱정할 정도였다. 하지만 이후 정부의 꾸준한 노력으로 1990년대에는 괄목할 만큼 개선되어서 네포스(nefos), 즉 스모그 구름이라 불리는 매연 현상은 감소하였다. 또한 새로운 도로, 지하철의 확장, 아테네 공항 신축 등 도시 인프라도 구축되기 시작하여, 제1회 근대 올림픽이 아테네에서 열렸던 데 이어, 2004년에 다시 올림픽을 개최하기에 이르렀다.

문화·고고학 도시로 발전

아테네가 근대 도시로 발전해나가는 중에 여러 문제점들이 노출되었지만, 고대 문화도시로서의 면모도 갖추기 시작하였다. 1842년 부로스 에프탁시아스 재단(Vouros-Eftaxias Foundation)의 '아테네 박물관 프로

아크로폴리스 아래쪽에 위치한 디오니소스 극장. 기원전 6세기에 지어진 고대 비극 공연장이다.

젝트'가 니코스 게라시모프(Nikos Gerasimov)에 의하여 수행되어, 아크로폴리스 주변이 점점 오늘날의 모습을 띠게 되었다. 또한 그리스 고고학회(Greek Archaeological Society)가 1837년 결성되어, 19세기 중엽부터 남쪽 아크로폴리스의 헤로데스 아티쿠스 음악당, 디오니소스 극장, 아스클레피에이온, 에우메네스의 스토아 등이 차례로 발굴되었다. 20세기에 들어 올림페이온, 하드리아누스 도서관, 로마 아고라 등이 그 모습을 드러냈다. 20세기 최대의 발굴은 1931년부터 시작된 아고라 지역인데, 아직까지 발굴이 계속되고 있다. 여기에는 그리스 고고학 협회는 물론, 독일이나 미국, 영국, 프랑스 고고학 협회를 비롯하여 세계 각지의 고고학자와 역사학자들이 발굴에 참여하고 있다.

재미있는 점은 그리스의 근대화 작업도 고고학적으로 이루어졌다는 점이다. 19세기 산업화가 제대로 되지 못한 나라들이 그러하였듯이,

그리스에서도 '선택적 근대화'가 이루어졌다. 이는 식민주의 정책의 공통적인 현상으로, 하위에 속하는 나라의 자원을 활용하기 위해서 철도와 통신 같은 인프라를 구축해주는 데는 자금을 대지만, 물을 공급한다든가 하는 국민의 생활환경 개선에는 무관심한 것이다. 아테네는 서유럽인의 관심과 자금을 끌어오기 위해서 댐 건설도 '고고학적 근대화 프로젝트'로 변모시켜서, 마라톤 전투로 잘 알려진 마라톤만 근처에 댐을 건설, 완공하기도 하였다.

이런 전통 아래서 오늘날 아테네는 명실상부한 문화와 연구의 허브 도시가 되었다. 예를 들어 아테네에만 수많은 박물관이 자리 잡고 있다. 그리스 고대 문화를 고스란히 볼 수 있는 국립고고학박물관, 뉴아크로폴리스 박물관, 키클라데스 박물관, 비문 박물관, 비잔티움 박물관, 아고라 박물관, 케라메이코스 박물관, 베나키 박물관, 화폐 박물관, 기타 각종 박물관이 자리 잡고 있으며 박물관 고고연대학도 활발하다. 특히 2009년 개관한 뉴아크로폴리스 박물관은 아크로폴리스가 보이는 곳에 자리 잡은 세계 최고 수준의 박물관으로, 2천3백억 원이라는 막대한 예산이 투입되어 건립되었다. 이 새로운 박물관 건립 자금 마련에는 전 그리스인들이 정당과 지역, 계급 차이를 떠나 열렬히 모금 운동에 참여하여 보태기도 하였다. 그리스 최고의 전문가 수백 명이, 고대 당시의 건축 모습을 고대인의 기술 방식으로 최대한 재현한다는 복원 원칙 아래서 혼신의 힘을 기울여서 개관하게 된 것이다. 최고급 대리석 9백여 톤이 들어간 뉴아크로폴리스 박물관은 관람객들이 파르테논 신전을 바로 볼 수 있도록 사방 벽면을 통째로 유리로 만들었다. 뉴아크로폴리스 박물관 야외 카페에서 아크로폴리스를 바라보면서 차나 간단한 식사를 하는 것은 즐거운 추억이 될 것이다.

무엇보다도 아테네에는 17개 이상의 해외 고고학 연구소가 있다. 미국 고고학 연구소, 영국 고고학 연구소, 프랑스 고고학 연구소, 독일 고고학 연구소 등 17개국에서 아테네에 연구소를 세우고 지원하고 있다. 모두 다 쾌적한 환경에 교수나 연구자를 위한 온갖 책들과 자료를 갖춘 도서관을 운영하고 있다. 숙소도 함께 있어서, 여기서 거주하면서 고고학적 발굴이나 각종 세미나에 참석하면서 연구할 수 있으며, 해마다 논문이나 연구 보고서 등 발표도 활발하게 이루어진다. 특히 미국과 영국, 프랑스 연구소는 방대한 장서와 쾌적한 연구 환경, 훌륭한 발굴 프로그램을 갖추고 있다. 일본도 아테네에 고고학 연구소를 개설한 상태인데, 우리나라의 국내총생산(Gross Domestic Product: GDP) 규모를 생각하면 우리도 아테네 연구소 설립도 기대하지 못할 일은 아닐 것이다. 물론 그리스인의 연구 단체도 활발하다. 아테네 대학의 고고학이나 역사 연구 센터를 비롯하여 그리스 국가에서 운영하는 여러 연구 단체들이 있다. 따라서 거의 일 년 내내 각종 학회, 강연, 세미나, 회의, 전시 등이 열리고 있어서 그야말로 아테네야말로 고고학자와 역사학자들의 허브라는 것을 느끼게 된다.

또한 아테네는 문화와 공연의 도시이다. 아테네에만 148개 이상의 극장식 무대가 있는데 아마도 세계 도시 가운데 가장 많은 수를 자랑하고 있을 것이다. 그중에서도 아크로폴리스 기슭 아래, 디오니소스 극장 근처에 있는 헤로데스 아티쿠스 음악당은 로마 시대에 지어진 야외 공연장으로, 요즘도 해마다 10월이면 아테네 페스티벌이 열린다. 메가론 무시키스 콘서트홀도 최고의 명성을 자랑한다.

젊은 때의 멜리나 메르쿠리. 그리스의 국민 개념 배우이
자 정치가로서 아테네 문화부 장관 역임했다. 파르테논
대리석 문화재 반환운동의 선구자이기도 하다.

이러한 맥락에서 아테네는 1985년 유럽 공동체의 첫 '유럽문화수도'로 지정되기도 하였다. 1985년 6월 13일 시작된 '유럽문화수도 프로젝트'는 유럽 공동체 시민들을 보다 가깝게 결속하기 위한 방안으로 시작되었다. 이를 처음 제안한 사람은 그리스의 문화부장관 멜리나 메르쿠리(Melina Mercouri)였고, 최초로 유럽문화수도로 지정된 도시는 아테네였다. 유럽문화도시 프로젝트는 유럽연합의 결속을 다지고, 문화적·경제적·사회적으로 효과를 거두고 있다는 평가를 받고 있다. 이는 각 유럽연합 도시들을 총합하는 '사이(間) 도시, 혹은 초(超) 도시'의 성격을 띤 것으로, 매년 만장일치로 그 해의 문화수도를 선택하고, EU집행위원회에서 보조금을 준다. '유럽문화수도 프로젝트'에 이어서 1990년에는 '유럽문화의 달'이 시작되었다. 이는 유럽문화도시와 비슷한 이벤트이면서, 기간이 짧은 것이 특징이며, 중부 동부 유럽 국가들에게 집중되어 있고, 역시 보조금이 지불된다. 이러한 두 프로그램들을 기반으로 1991년 룩셈부르크에 본부를 둔 유럽 문화의 네트워크라 할 수 있는 '유럽

문화수도와 달 프로젝트'가 만들어졌다. 2006년 3월 27일에는 정식으로 전시회가 열리기 시작하였는데, '세계로의 여행'이라는 주제로 그리스의 파트라(Patras)에서 처음으로 열렸다.

이상에서 살펴보았듯이, 아테네는 탄생 초기의 열악한 환경 가운데서도 '역사고고학적 문화도시 세우기'에 대한 노력으로 찬란한 전통의 도시로 서 있게 되었다. 아테네 도심 어디에서도 보이는 아크로폴리스와 시민의 공간 아고라를 중심으로 한 고대 도시가 현대 도시 속에 그 원형의 공간을 유지하게 된 것이다. 즉 아테네의 대표적 역사 문화 지구인 아크로폴리스, 아고라, 올림페이온, 뉴아크로폴리스 박물관 등은 역사와 문화가 살아 숨 쉬는 아테네 도심의 생생한 문화 인프라로서 현대 도시 아테네를 2,500년 역사의 도시로 확대하고 있다. 아테네야말로 인간이 도시의 척도가 된 역사상 최초의 장소였다고 보는 학자도 있는데, 오늘날에도 그 명맥을 이어갈 수 있게 된 것이다. 아테네인들은 자기 정체성이 강한 편이며, 상당히 자부심을 가지고 있다. 독일, 프랑스, 영국 등 서유럽 강대국들이 아직 미개한 상황이었을 때, 아테네에서는 민주정과 문화가 고도로 발달하였다는 점을 결코 잊지 않고 있는 것이다. 즉 지금은 비록 가난하고 문제가 있더라도 아크로폴리스와 아고라를 잇는 역사 문화회랑으로 인해서 위대한 나라, 위대한 도시로서의 정체성을 늘 가지고 살고 있는 셈이다.

EU와 그리스인: 비스마르크와 소크라테스의 만남

'유럽 문명의 발원지'로 여겨지던 그리스가 오늘날에는 '유럽 위기의 발원지'로 전 세계 언론에 오르내리고 있다. 아테네는 그리스의 금융, 산업, 정치, 문화의 중심지로서 한때 알파급 국제도시로 여겨졌으나, 현재에는 문제 도시가 되어버렸다. 2012년 노벨평화상을 수상한 유럽연합의 의장 슐츠(Martin Schulz)는 'EU는 화합을 의미하며' '전쟁을 평화로, 증오를 연대로 바꾼 유일무이한 프로젝트'라고 평가하였지만, 현재 EU의 상황은 그렇게 단순하지 않다. 무엇보다도 재정위기 속에서 EU 국가 간 갈등이 증폭되고 있으며, 이 가운데서도 남유럽과 북유럽의 갈등은 그리스나 포르투갈 사태로 심화되고 있는 실정이다. 오늘날 북서유럽인들은 '돼지들(PIGS)'을 EU의 테두리 안에서 가능한 빨리 추방해야한다고 생각하는데, 'PIGS'는 포르투갈(P), 이탈리아(I), 그리스(G), 스페인(S) 등 남유럽 국가들을 조롱하면서 만들어낸 신조어이다. 독일의 정치학자 클라우스 레게비는 "프랑스 사가 조르주 뒤비는 '우리는 인간이 성취한 업적, 인간으로서의 기쁨과 자랑을 꿈꿀 때 지중해 문명을 생각하게 된다'고 말한 바 있지만, 그 시대는 끝났다"라고 말한다. 이처럼 북서유럽인들에게 '게으른 남동유럽인'은 냉전 시대의 동유럽과 마찬가지의 골치 덩어리로 여겨지게 되었다면, 그리스를 비롯한 남유럽인 마찬가지로 북서유럽인들에 대하여 여러모로 불편한 심기를 가지고 있다. 최근의 아테네 사태를 책임진 유로크라트(Eurocrat, EU의 공무원)는 트로이카(유럽연합·유럽중앙은행·국제통화기금) 위원회 대표였던 모르스, 라이헨바흐, 랄리스 세 사람이었는데, 이 중 두 명이 독일 국적이므로 그리스인들은 '소크라테스가 비스마르크를 만난 것'이라고 풍자하였다. 또한 '소크라테스의 나라에 EU 핵심 국가들—독일, 프랑스 등—은 자리가 없다. 그들은 은행의 부도덕한 노예들'이라면서 비판하기도 하며, 그리스 정치가 치프라스(Alexis Tsipras)는 2012년 영국 BBC와의 인터뷰에서 독일 총리 메르켈(Angela Merkel)과 EU가 유럽인들의 삶을 두고 포커게임을 한다고 비판했다.

그리스와 EU의 관계는 1981년으로 거슬러 올라간다. 19세기 초 독립 국가가 된 이래 그리스는 여러 차례 국가 파산의 위기를 겪기도 하였다. 그러나 2차 세계대전과 내란을 거친 다음에는 '그리스의 기적'이라 불릴 정도로 높은 경제 성장률을 보였고, 생활수준도 향상되었다. 이러한 발전적 행보 속에서 그리스는 1981년 1월 1일에 EU의 전신인 EC의 열 번째 회원국이 되었으며, 그리스의 가입에 힘입어 몇 년 뒤 스페인과 포르투갈도 EC 회원국이 되었다. 그리스가 처음 EC에 가입할 당시 서독의 외무장관 겐셔(Hans-Dietrich Genscher)는 '그리스의 가입은 모든 EC 국가들의 짐이 될 것'이라고 경고했지만, 당시 그리스의 국가부채는 28퍼센트, 재정적자는 국민총생산(Gross National Product: GNP)의 3퍼센트 정도로 보고되어 큰 문제가 없어 보였다. 또한 그리스 정부는 그리스의 고질적인 물가상승 문제를 1990년대 중반에는 2퍼센트까지 낮추는 등 안정적인 정책을 펴나가는 듯 보였다.

처음 그리스는 유럽연합 예산의 수익자였다고 볼 수 있고, EU로부터 나온 자금이 그리스 성장을 부추기는 듯이 보였다. 특히 그리스가 2001년 1월 1일자로 유럽 단일통화 유로에 가입한 뒤로 부동산 호황이 이어지고, 2004년 올림픽을 계기로 투자가 활성화되면서 그리스 경제는 4퍼센트 안팎의 성장을 이어나가는 등 봄을 만끽하는 듯이 보였다. 2007년 그리스 국민 소득은 프랑스의 90퍼센트까지 올라갔으며, 2009년 2월 당시 'CIA 월드 팩트북'에 의하면 2008년에는 프랑스를 능가하는 100.3퍼센트 수준까지 올라갈 것이라고 보고되었다. 하지만 그러한 외적인 번영 안에서 그리스는 안으로 곪아가고 있었다. 그리스가 EU와 세계경제에 '골칫덩어리'로 급부상한 건 2010년 4월, EU에 구제 금융을 요청한 이후였다.

그리스 국가적 부채 위기는 여러 가지로 분석할 수 있다. 물론 가장 기본적인 것은 사회주의 체제하의 방만한 재정 정책, 비효율적 관료 체계 등 여러 문제점이라 할 수 있을 것이다. 하지만 만약 그리스가 섣불리 유로존에 들어가지 않았더라면 지금과 같은 문제점으로까지 비화되지는 않았을 것이다. 북유럽 국가 중 노르웨이를 제외한 세 나라(덴마크, 스웨덴, 핀란드)가 EU 가입 국가이면서도 모두 자국의 화폐를 쓰고 있는 정책과 대조된다. 이들은 유로화에 잠식될 것을 우려해서 이러한 통화 정책을 쓴 것이었는데, 그리스 사태를 두고볼 때 현명한 선택이었다고 볼 수 있다. 2012년 10월 그리스 최대 일간지 《타 네아(TA NEA)》의 보도에 의하면, 러시아 대통령 푸틴(Vladimir Vladimirovich Putin)이 한 클럽 모임에서 '그리스가 만약 원래의 화폐 드라크마를 사용했더라면 이런 큰 문제는 없었을지도 모른다'라고 말한 것도 이러한 상황을 염두에 둔 것일 것이다. 실제로 2001년 그리스가 단일통화 정책을 쓰면서 그리스의 원래 화폐였던 드라크마와 유로가 고정환율제도로 환산(340.75드라크마가 1유로)되었는데, 그 과정에서 1유로, 1.5유로, 2유로 등 큰 단위로 값이 책정되어 전체적으로 물가가 가파르게 상승하는 결과를 낳았다. 또한 저금리의 조건으로 돈을 쉽게 빌릴 수 있게 되면서 무리하게 차관을 도입하여 벌인 공공사업 지출이 지나쳤으며, 이는 부채율을 상승시켰다. 유로크라트 3인방 중 한 명인 랄리스는

EU는 그리스 국가와 국민 사이의 문제를 무시하였다. 아무도 국민들에게 1990년대의 급격한 부의 증가에 대해서 이후 3세대 동안 갚아야 한다고 말하지 않았다. 우리는 바로 그 계산서를 보여야 하는 사람들이다'라고 지적하였다.

무엇보다도 EU 가입 이후 기존의 보호 장벽이 제거됨으로써, 경제적 구조가 취약한 그리스 등의 남유럽 국가들이 기술이나 산업 경쟁력이 높은 독일 등의 EU 핵심국에 쉽게 휘말리게 되었다는 점을 지적할 수 있다. 그리스는 제조업 기반이 취약해 선박업과 관광업, 농산물이 주 산업이면서, GDP의 70퍼센트 이상을 서비스업이 차지하는 경제구조를 가지고 있다. 이러한 구조는 세계 경기가 불경기가 되어 관광 분야가 타격을 받으면 전체적 타격이 심하다는 취약점이 있다. 1990년대 후반에 번창하던 마리노풀로스 등 그리스 자본의 대형 마트가 2011년에는 까르푸 등의 프랑스계나 독일계 자본에 잠식되기도 하였고, 아테네 외항이자 세계 3대 항구에 드는 피레우스 항구의 절반은 중국 자본의 손에 들어가 있었다. 반면 1990년대 후반 당시 독일은 동서독 통일로 인한 실업률 등으로 골머리를 썩었지만 2010년 즈음엔 놀라운 번영을 구가하고 있어 대조적인 모습을 보인다.

결과적으로 EU 경제체제의 최대 수혜국은 독일이라고 할 수 있다. 약자를 이용하여 독일이 호황을 누리게 되었다면, 그 수익을 고통받는 자와 나누어가져야 한다고 그리스인들이 강변하는 이유도 이러한 데 있다. 2012년 8월에 독일 일간지 《빌트(Bild)》는 그리스 수상 사마라스(Antonis Samaras)의 베를린 방문을 앞두고 '그리스는 피 흘리고 있다'라는 머리기사를 실었다. 최근 3년 동안 삶의 질은 30퍼센트가량 떨어지고, 연금수령자는 5분의 1을 삭감당한 상황이기 때문이다. 독일 방문을 앞두고 사마라스는 '우리에게 필요한 것은 시간이다. 돈을 더 달라는 것이 아니라 시간을 달라'라고 요구하기도 하였다.

그리스는 삼면이 바다라는 지리적 조건에서도, 따뜻한 국민성을 가졌다는 점에서도, 불운하였던 근대사도 우리나라와 놀랄 만큼 닮았다. 외세의 침략을 한동안 받았으며, 2차 세계대전을 거치면서 추축국의 침략을 받는 가운데 좌익과 우익의 대립이 극도로 치열하였고, 군사독재 정권을 거친 것까지 비슷하게 진행된 것이다.

앞서 그리스인들의 강한 문화적 자부심, 민족적 정체성에 대해서 언급하였는데, 또 하나의 특성은 너무나 '인간적'인 데 있다고 볼 수 있다. 그리스 비극의 주인공 오이디푸스는 스핑크스의 수수께끼에 '인간'이라는 정답을 말함으로써 스핑크스를 물리칠 수 있었다. 오늘날 그리스 국민들은 경제 위기로 고통받는 가운데서도 놀랄 만큼 인간적이다. 예를 들어, 현재 아테네에는 아프가니스탄, 이란 등지에서 수많은 난민들이 육로를 이용하여 EU 최초의 관문이라 할 수 있는 아테네에 몰려들고 있는 실정이다. 자기 고향에서부터 수천 킬로미터를 걸어서 육로 이동이 가능한 그리스에 도착하였다고 하는 난민들도 있다. 2001년 그리스 인구센서스에 의하면 외국인은 80만 명 정도로 전체 인구의 약 7퍼센트였지만, 이후로 아프가니스탄 사태 등으로 난민은 큰 폭으로 증가 일로에 있다. 그리스 대통령령(358/1997 및 359/1997)은 이들이 그리스인과 같은 법적 권리를 가진 것으로 선포했다. 2190/2001법은 이민자의 권리를 사회보장과 교육에까지 보장하여, 불법 이민 자녀들도 공립학교에 다닐 수 있으며 그리스인과 같은 조건으로 대학에 응시할 수 있게 하였다. 교육도 병원도 사회주의체제로 운영되는 그리스에서 이들도 아플 때 무료 진료라는 병원 혜택을 받게 함으로써, 사실 국가 재정이 엄청나게 들어가는 편이다. 이러한 최근의 그리스의 경제적 위기와 실업 속에서, 1974년 군사 정권 이래 처음으로 '황금새벽당'이라는 극우 정당이 등장하여 세를 늘리고 있는 실정이다. 하지만 아직도 난민이나 이민자에 대해서 관대한 이들이 더 많이 있다. 2011년 당시 아테네 도심 한가운데서나, 아테네 대학 벽보에는 난민들을 보호해야 한다는 내용과 모임 안내를 자주 볼 수 있었다. 이들도 자유와 인권의 권리가 있는 인간들이기 때문에 보호받아야 한다는 것이다. 이러한 분위기를 타서, 2011년 2월 오모니아 광장에서 파키스탄에서 온 이주민들이 권리를 요구하는 시위도 벌어졌다. 2012년 8월에도 수천 명이 국회의사당으로 행진하면서 "신나치당은 물러가라"라는 구호를 외치기도 하였다. 자체 문제만으로도 골치가 아플 터인데, 난민 혹은 불법이민자까지 보호해주려는 이러한 운동은 걱정스러움과 감동이 동시에 느껴진다.

또 한 가지 예를 들자면, 아테네의 대표적 유적지인 아크로폴리스 유적지는 겨울철은 두 시가 되면 문을 닫는다. 관광객들에게는 매우 불편하지만, 이들은 유적지 공무원도 두 시에 점심식사를 하고 그 뒤에 '시에스타'를 즐기는 인간적인 삶을 누려야 한다는 논리를 가지고 있다. 이해하기 쉽지는 않지만, 경제적 논리가 아니라 인간적 척도로 행동하려는 사람들이 많은 그리스와 아테네가 지금의 경제 위기를 슬기롭게 극복하고, 고대 페리클레스와 소크라테스의 후예답게 새로운 아름다운 문화 도시로 거듭나기를 간절히 소망해본다. ┃최혜영

참고문헌

Bastéa, E. *The Creation of Modern Athens: Planning the Myth*, Cambridge: Cambridge University Press. 1999.

Glytsos, Nicholas P. "Stepping from Illegality to Legality and Advancing towards Integration: The Case of Immigrants in Greece", *International Migration Review*, Vol. 39, No. 4(2005), pp. 819-840

Mpiris, K. *Athens from 19th to 20th century*, Athens: Melissa, 1996.

Travlos, John. "Athens after the Liberation: Planning the New City and Exploring the Old", *The Journal of the American School of Classical Studies at Athens*, Vol. 50, No. 4(1981), pp. 391-407

위치 스웨덴 중부 멜라렌 호와 발트 해 접경 지역
면적 449.750km²
인구 960만명(2013년)

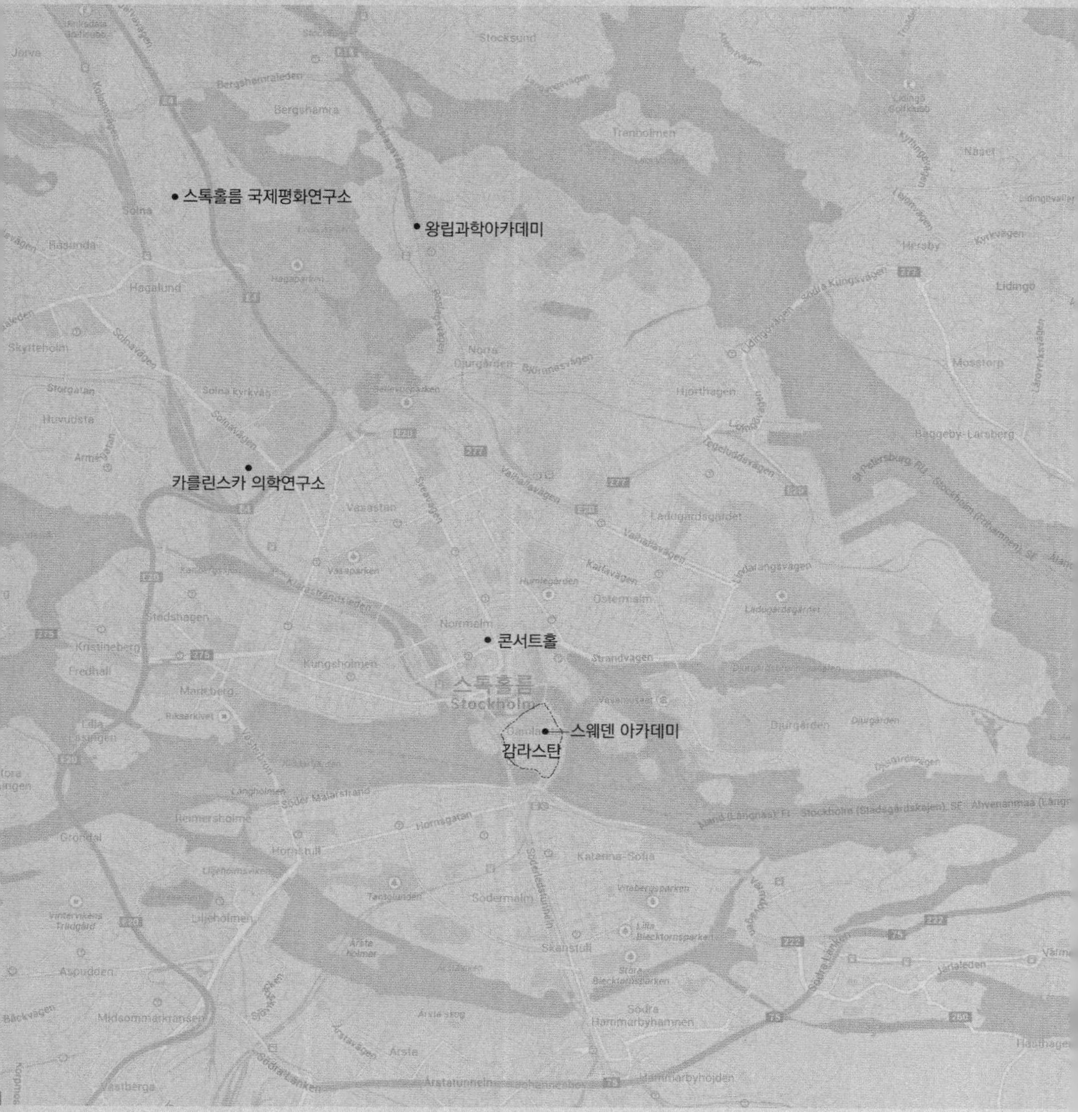

스톡홀름, 스웨덴

스톡홀름
복지, 평화, 평등 국가의 심장부

북유럽의 베니스

스웨덴의 수도 스톡홀름의 기원은 중부지대의 멜라렌(Mälaren) 호수와 발트 해가 마주치는 접경지에 위치한 아주 작은 섬, 구시가지라는 이름의 감라스탄(Gamla stan)에서 시작되었다. 일찍이 독일, 네덜란드, 덴마크 상인들은 발트 해상의 바닷길과 호수를 이용하여 이 섬을 중심으로 활발한 교역 활동을 벌였고 부자 상인과 선박통제 요원들이 큰 부를 축적하여 이 섬에 정착하기 시작하였다. 이곳이 도시로서 급성장하게 된 계기는 당시 스웨덴의 집권자 비르예르 얄(Birger Jarl)이 1250년경 한자 동맹의 강자로 부상한 뤼베크와 교역 협정을 체결하고 관세 면제와 함께 그들이 스웨덴 법을 준수하고 스웨덴 주민으로 살아간다는 조건하에 정착권을 보장해준 데서 비롯된다. 비르예르 얄은 최초로 이 작은 섬에 성채를 쌓고 섬 주위에 통나무(stock, 스톡)로 목책을 친 다음에 섬의 양쪽으로 흐르는 물길에 수문을 만들어 선박의 출입을 감

1397년 칼마르 동맹

1523년 스웨덴 독립

1611~1718년 스웨덴 대강국 시대

1630년 30년 전쟁 스웨덴 참전

1648년 베스트팔렌 조약

18세기 후반 수도와 문화의 중심지로서 기틀 마련.

1809년 스웨덴-러시아 전쟁

1814-1905년 스웨덴-노르웨이연방 체제

1901년 노벨상 수상 시작

시하고 통제하였다. 스톡홀름이란 지명은 바로 통나무의 '스톡'과 작은 섬이라는 의미의 '홀메(holme)'에서 유래했다는 설도 있다.

그 후 한자 상인들의 대거 진출로 1300년대에 스톡홀름은 한자 동맹의 세력권에 유입되었고, 독일의 언어, 문화, 기술이 압도적 우위를 차지하는 한편 상거래 방식과 독일자본이 스톡홀름의 경제를 지배하다시피 하였다. 그리하여 독일계 상인들이 이 도시에서 사회적 지위와 권력을 대표하게 되었다. 그들의 영향력은 덴마크의 코펜하겐, 노르웨이의 오슬로와 베르겐까지 확장되었다. 이에 북유럽 삼국이 덴마크 마가레테 여왕의 주도로 1397년에 칼마르 동맹(Kalmar Union)을 결성하여 연합체제 형태로 한자 동맹의 북방 진출에 공동으로 대처해나가자 1400년대에는 독일 세력이 약화되기 시작하였다. 그러나 칼마르 동맹 체제하에서 주도권을 행사하던 덴마크의 횡포가 너무 심하여 스웨덴의 구스타프 1세 바사(Gustav I Vasa)는 농민병과 독일 뤼베크 시의 지원을 받아 덴마크 세력을 축출하고 스톡홀름을 탈환하여 1523년에 독립을 쟁취하였다.

　이 작은 섬에서 출발한 초기의 스톡홀름은 스웨덴이 발트 해 제국 건설로 대강국시대(1611~1718년)에 들어선 1600년대 전반에 괄목할 만한 팽창을 이룩하였다. 구스타프 2세 아돌프(Gustav II Adolf)는 국정을 개혁하여 스웨덴이 근대국가의 면모를 갖추게 하고, 1630년에 독일의 30년 전쟁에 참전, 승리를 거둬 베스트팔렌 조약에서 북부 독일의 광대한 영토를 획득하여 스웨덴을 유럽 열강의 반열에 올려놓았다. 아울러 산업 발전을 촉진시키고자 중·서부 유럽국가로부터 자본과 기술을 들여오고 실업가, 수공업자의 스웨덴 내 정착을 유도하였다. 새로운 도시계획에 따라 건축물의 자재도 목재에서 벽돌과 대리석으로 대체함으로써 도시의 근대화에 힘을 기울였다. 스톡홀름은 독일의 뤼베크와 수세기에 걸쳐 밀접한 관계를 유지하는 동안 독일 문물을 많이 받아들였고, 독일인들도 이곳에 많이 정착하게 되었다.

　1700년대 후반 구스타프 3세(Gustav II)가 이곳에 웅대하고 호화로운 건물을 세우고 학술연구와 문화 창달에 힘쓴 결과, 오늘날 스웨덴의 수도로서 문화의 중심지로서 크게 성장하는 기틀을 마련하였다. 대표적 시설로 왕립드라마센터, 왕립오페라극장, 스웨덴 아카데미, 왕립도서관이 건립되었고, 그 뒤를 이어 국립박물관, 국립역사박물관 등이 들어섰다. 또한 이 시기에 식물학자로 생물분류법을 기초한 린네, 자연과학자이며 심령학자인 스베덴보리 같은 탁월한 학자도 배출되었다.

스톡홀름은 흔히 '북유럽의 베니스' 또는 '수중의 도시' 로 불리는데, 실제로 호수와 운하 사이에 산재한 22개의 크고 작은 섬에 수많은 다리를 놓아 이들을 거미줄처럼 연결하여 시가지를 형성하였다. 섬을 둘러싼 울창한 숲, 그 사이 사이에 들어선 형형색색의 건물들과 검푸른 호수 물은 자연과 인공의 조화 그 자체이다. 몇 세기에 걸쳐 도시 계획 전문가들이 심혈을 기울여 만든 이 도시의 특징은, 런던이나 파리처럼 건물들이 바둑판이나 방사형으로 늘어선 인공적 도시 설계가 아닌 자연의 풍광을 최대한 보존하면서 인간 친화적·친환경 도시로 발전시킨 데에 있다. 그리하여 감라스탄의 왕궁 바로 아래서 연어를 낚을 수 있고, 시청사 건물 앞에는 요트를 계류해놓기도 하며, 여름철에는 시가지 한복판에서 수영대회도 열린다. 국회의사당 앞에서 노를 젓고 국립박물관 앞에선 겨울철에 스케이트를 즐긴다. 이 모두가 물의 도시 수도 스톡홀름의 한가운데에서 벌어지는 진풍경이다.

스톡홀름 시는 발상지 감라스탄에 우뚝 선 왕궁을 시작으로 그 주변에 의회의사당, 정부내각 청사 오페라극장 등이 들어서면서 오늘날 인구 137만 명의 수도로 성장하여 스웨덴의 정치, 경제, 문화, 미디어의 중심지가 되었다. 스칸디나비아의 수도를 지향하는 이 도시는 1998년

물의 도시 스톡홀름의 발상지인 감라스탄 전경.

에 '유럽문화수도'로, 2010년에는 '유럽의 환경도시'로 지명되는 영예도
안았다.

노벨상의 수도

해마다 10월이 되면 전 세계의 시선이 스톡홀름에 집중되어 그해의 노
벨상 수상자를 보도하기에 바쁘다. 유럽에 산업화가 한창이던 1800년
대 후반에 다이너마이트 발명에 성공한 노벨은 유럽 여러 나라에서 막
대한 부를 축적하였다. 사망하기 한 해 전 1895년에 작성한 마지막 유
언장에서 그는 자기 재산의 대부분을 사회에 환원하여 '인류를 위해 유

익한 공헌을 한 사람들'에게 수여하는 상을 제정하도록 하였다. 그리
하여 물리, 화학, 생리·의학, 문학, 평화 등 5개 부문의 노벨상이 1901
년부터 수여되기 시작하였고 추가로 1968년에 스웨덴 중앙은행 창립
300주년 기념사업으로 경제학상이 제정되었다. 문학상은 스웨덴 아카
데미(Svenska akademien)에서 심사 선정하며, 물리학상, 화학상, 경제
학상은 왕립과학아카데미(Kungliga vetenskapsakademien)에서, 생리·
의학상은 카롤린스카 의학연구소(Karolinska institutet)에서, 평화상은
노르웨이 의회가 선정한 5인 위원회에서 각각 선정한다. 평화상이 오
슬로에서 주어지는 이유는 제1회 노벨상이 수여된 1901년 당시 스웨
덴과 노르웨이는 연합국 체제하에 있었기에 1개 부문을 그곳에 배정
한 것이다. 노벨상의 특징은 우선 상금이 매우 크고(2012년 상금은 8백만
스웨덴 크로나로 한화 약 13억 원이다) 전 세계적으로 가장 권위 있는 상으
로 명성이 높은데, 이는 상의 심사 과정에서 추구하는 고도의 공정성
과 객관성에 있다고 할 수 있다.

　노벨은 화학공학자이자 발명가였고 뛰어난 사업가였다. 액체 상태
인 위험한 니트로글리세린에서 안정성이 확보된 고체 다이너마이트
발명에 성공하기까지 그는 동생과 함께 수많은 위험한 실험을 하다
가 동생을 잃는 비운을 맞기도 했다. 그들은 초기에 폭발 실험을 스톡
홀름 시내 자택의 연못에서 행했는데, 이 때문에 그 집이 위험 가옥으
로 소문이 나서 이웃 사람들이 이사를 가버렸다는 일화도 있다. 노벨
은 연구와 발명의 귀재로 평생 동안 취득한 특허만도 355개나 되며 독
일, 영국, 프랑스, 미국, 이탈리아 등 20여 개국에서 80여 개에 달하는
오늘날의 다국적기업을 일으켜 크게 성공하였다. 십 대 청소년 시절

에 한때 문학에 꿈을 두고 셰익스피어와 셸리의 작품들을 탐독한 그는 영어, 독일어, 프랑스어, 러시아어, 스웨덴어, 5개 국어를 자유자재로 쓰고 말하는 어학의 재능도 타고났다. 평생 동안 연정을 나눈 세 여인이 있었지만 결혼을 하지 않고 홀로 지내다가 1896년 12월 10일 이탈리아 산레모에서 63세로 쓸쓸히 세상을 떠났다. 중년 시절 파리에서 활동할 때 그의 비서로 일했던 오스트리아 여인에게 마음이 끌렸으나 그녀는 오스트리아 귀족청년과 결혼하여 남작부인이 되었다. 하지만 폰 주트너 부인으로 알려진 이 여인은 《무기를 내려놓으라!(Die Waffen nieder!)》라는 베스트셀러를 써서 자기 자신을 평화운동가로 내세우며 알프레드의 사망 시까지 오랫동안 친교하며 그에게 많은 영향을 끼쳤다고 한다. 노벨평화상이 제정된 것은 그녀의 영향이었고 평화운동은 그 후로도 계속되어 1905년 폰 주트너 부인은 마침내 노벨평화상을 받게 되었다.

노벨은 폭약이나 무기의 제조 판매에서 얻은 이익을 자신이나 가족의 사적 이익으로만 돌리지 않겠다는 생각을 평소에 가지고 있었다. 7년에 걸쳐 세 번이나 고쳐 쓴 그의 유언장에서도 일관되게 인류의 과학과 문화 창달, 전쟁 억제 노력에 대한 보상으로서의 상을 생각하고 있었다. 특히 수상 후보의 국적을 고려하지 말고 스칸디나비아 사람이건 아니건 가장 적합한 인물이 수상하도록 특별히 당부한 점은 그의 인류에 대한 원대한 이상의 발로라고 하지 않을 수 없다. 지난 110여 년간 노벨상은 창시자의 유지를 받들어 해당 분야에서 세계 제일의 과학자와 지성을 발굴하여 인류의 과학문명과 평화발전을 선도해왔다. 2012년 노벨평화상이 유럽연합에 주어진 것도 2차 세계대전의 비

노벨문학상을 심사·선정하는 스웨덴 아카데미.

극 이후 60년간 화해와 통합을 지향한 유럽인들의 헌신과 노력에 대한 평가이며 이 정신을 이어갈 소명의식을 유럽연합 지도자들에게 고취하는 의의가 담긴 것으로 보인다. 이 또한 다른 지역의 지도자들에게도 평화에 대한 영감을 주게 될 것이다. 노벨이 발명한 다이너마이트의 파괴력과 폭력성이 오늘날 인류에게 평화사상을 전파하는 촉매제가 된 셈이다.

　노벨상 시상식은 매년 노벨의 기일인 12월 10일에 스톡홀름 중심가에 위치한 콘서트홀(Konserthuset)에서 스웨덴 국왕 부처와 왕족, 정부각료, 수상자와 가족, 수상자 국가의 스웨덴 주재 대사, 아카데미 회원 등이 초청된 자리에서 엄숙하고 화려한 분위기에서 거행된다. 스웨덴 국왕은 평화상을 제외한 4개 부문 수상자들에게 메달과 상장을 직접 전달하며 시상식이 끝나면 바로 시청청사 안에서 1천여 명이 함께하는 만찬과 무도회를 열어 수상자들을 축하하는 행사로 이어진다. 한 가지 부럽고 아쉬운 일은, 이 영광스런 자리에 스웨덴 주재 미국대사는 매년 단골손님처럼 초대되지만 한국대사는 아직 한 번도 그런 영예를 누려본 적이 없다는 것이다.

최초의 국제환경회의 개최

일찍이 자연의 소중함과 환경의 중요성을 깨달은 스웨덴 사람들은 많은 개발도상국이 그 의의조차 제대로 파악하지 못했던 제1회 UN인간환경회의(United Nations Conference on the Human Environment)를 1972년에 '오직 하나뿐인 지구'라는 슬로건 아래 스톡홀름에서 개최하여 세계의 주목을 이끈 바 있다. 113개국 대표가 모인 이 회의 결과 인간의 경제 활동으로 발생하는 공해, 오염 등의 문제를 글로벌 차원에서 해결하기 위한 스톡홀름 선언(인간 환경 선언)을 채택하였고, 전 세계의 환경 문제를 전문으로 다룰 UN 기구로 UN환경계획(United Nations Environment Programme: UNEP)을 설치하여 환경기금을 조성하는 데에 합의하였다. 특히 이 회의 개최일인 6월 5일을 기념하여 이날을 '세계 환경의 날'로 제정하였다. 스웨덴은 일회성 환경회의를 주관하는 데 그치지 않고 금후 더욱 심각하게 다가올 환경오염 문제에 더욱 철저하게 대처하도록, 정부의 재정지원으로 1989년에 스톡홀름 국제환경연구소(Stockholm Environment Institute)를 설립하였다. 그리고 보스턴에 미국

지부, 요크에 영국 지부, 탈린에 에스토니아 지부를 각각 두고 앞으로 범세계적으로 지구의 환경을 잘 보존하도록 학술연구와 기술 개발을 위해 노력하고 있다.

UN인간환경회의 20주년을 맞아 1992년 6월 브라질 리우데자네이루에서는 자연과 인류, 환경보존과 개발의 문제를 더욱 심도 있게 논의하여 환경을 단순히 환경만의 문제가 아닌 국제정치·경제·문화적으로 접근하는 인식과 가치의 전환을 촉구하고 인간의 욕구를 충족하되 지속가능한 개발을 추구하는 새로운 방향으로 목표를 설정하게 되었다. 이 과정에서 선·후진국들은 상호의존의 필요성을 자각하고 새로운 국제경제질서에 관한 논의에 착수하였다. 그 결과로 '리우 선언'을 채택하여 UN기후변화협약(The United Nations Framework Convention on Climate Change: UNFCCC)이 1994년에 발효하게 되었다.

1997년, 이 기후변화협약을 국가들 간에 구체적으로 이행하기 위해 만들어진 것이 '교토기후협약'이다. 여기서는 지구온난화로 인한 오존층 파괴의 주범인 탄산가스 배출량을 규제하는 데 초점을 맞추고 감축량 목표까지 배정하였다. 186개 회원국 중에서 유럽연합 소속 15개국은 8퍼센트, 미국 7퍼센트, 일본 8퍼센트였고 한국과 멕시코는 개발도상국으로 그 대상에서 제외되었다. 그러나 미국은 자국의 이익에 배치된다 하여 그 이행을 거부해왔고 의무 목표 달성이 부진한 경우 규제가 가능한 국제규약이 교토의정서(1997년)에 채택되었음에도 불구하고 실천이 부진한 상태로 1차 이행기간인 2012년을 넘겼다. 18차 UN기후변화협약 총회에 참가한 회원국은 교토의정서 효력을 2020년까지 연장하기로 합의했으나 중국, 인도 같은 신흥 온실가스 배출국은 2차 이행 기간 연장 합의에도 참여하지 않아 그 전망을 더욱 어둡게 만들고 있다. 해가 거듭할수록 지구온난화로 인한 피해가 날로 극심해져 세계 도처에서 폭설, 혹한, 혹염, 홍수가 생태계를 파괴하고 있다. 우리 모두와 후손들이 살아남는 유일한 길이 무엇인가를 주제로 40년 전에 스톡홀름에서 고뇌했던 본연의 자세로 돌아가 문제 해결에 인류 모두가 배전의 노력을 함께해야 할 때다.

스톡홀름 국제평화연구소

스톡홀름 국제평화연구소(Stockholm International Peace Research Institute: SIPRI)는 전 지구적인 평화와 분쟁 문제를 연구할 목적으로 1966년에 설립된 독립적인 국제 연구소이다. 연구 사업은 우선적으로 안정적 평화유지를 위한 전제조건과 분쟁의 평화적 해결을 위한 제반 조건을 성찰하고 이해하는 데 기여하도록 기본 목표를 설정하고 있다. 따라서 연구 활동을 군비 확장, 군비 통제, 군축 문제에 집중하면서 이론적 연구 결과를 실제 정치 현실에 응용하도록 상호 연계 방향으로 수행되고 있다.

스웨덴 사민당(사회민주당) 정부를 23년 동안 이끌며 세계 최고의 복지국가 건설에 중추적 역할을 담당했던 타게 엘란데르(Tage Erlander) 수상은, 1814년 나폴레옹 전쟁을 끝으로 스웨덴이 150년 동안 유지해온 평화수호의 의지와 전통을 기리는 기념사업으로 동 연구소 설치를 제안하고 의회의 의결을 거쳐 이 기구를 발족시켰다. 연구소는 매년 스웨덴 정부의 재정 지원으로 운영되는 비영리단체로서 다양한 국적을 배경으로 한 50~60명의 전문가가 상호 긴밀한 협조체제로 일하며 연구소장은 외국 국적 소유자일 경우도 많다. 또한 전 세계의 각종 접촉망을 연결하여 서로 협력하며 특히 UN과 EU 같은 국제 기구와 긴밀하게 연구정보를 교환하고 있다. 이뿐만 아니라 세계 각국의 의회 대표단, 과학 전문가, 정부 대표단, 객원 연구원의 공시적인 방문도 허용한다. SIPRI는 공개된 출처에 기반 한 자료와 분석 결과, 권고안을 각국의 정책 입안자, 연구원, 매스컴, 관련 단체 등에 제공하기도 한다. 연구의제는 항시적으로 새롭게 개발해나가며 국제적으로 시의적절하고 관심과 요구가 큰 분야로 설정된다. 동 연구소는 스톡홀름에 본부를 두고 있으며, 베이징과 워싱턴 D.C.에도 지부가 있다.

SIPRI는 권위 있는 국제평화연구소로서 그 명성에 걸맞게 전문 능력과 기술, 자료수집, 정확한 근거로 유명하며, 주요 국가의 군수산업, 국제간 무기 거래, 핵 및 생화학 무기 보유와 개발 실태, 군사비 지출, 군비 제한, 축소, 군비 해제 분야에서 공정하고 정확한 보도로 정평이 나 있다. 연구소는 SIPRI 연감, 연구 보고서, 생화학 전쟁 연구, 정책 논문 등을 정기적으로 발행하며 관련 자료의 데이터베이스를 운영하고 있다. 우리나라 유일의 외교안보 전문 월간지《디펜스 21》(구《디앤디포커스》)가 보도하는 국제안보 관련 자료들은 주로 SIPRI에 의존하고 있다.

스톡홀름과 EU의 협력 관계

평등과 연대를 핵심적 가치로 설정하고 1932년부터 1976년까지 장기 집권을 통해 복지국가 건설의 꿈을 실현한 스웨덴 사민당은 유럽공동체(EC)에 대해 부정적 인식을 가지고 있었다. 그들은 EC를 자본주의 국가들의 경제연합체로 보았던 것이다. 하지만 1980년대 후반부터 인식의 변화를 보이기 시작하면서, 1990년에 회원국 가입을 신청하였고 1995년에 국민투표 결과를 바탕으로 유럽연합에 합류하였다. 이러한 태도 변화의 배경에는 스웨덴 경제의 50퍼센트 이상을 차지하는 다국적 기업이, 만일 스웨덴이 유럽공동체에 가입하지 않을 경우 EC 국가들에 투자하겠다고 위협하면서 가입 논쟁에서 주도권을 잡은 것이 크게 주효하였다. 국내 산업구조 역시 세계화와 국제화 추세를 거스를 수 없었기에, 1994년에 국민투표를 앞두고 사민당의 국제강령을 통해 "사민당은 유럽 협력의 책임을 떠맡고자 하며 협력, 연대, 정의에 기초한 사회의 발전만이 하나의 유럽을 만들 수 있다"라며 가입 입장을 천명하였다. 그 밖에도 1952년에 결성된 북유럽협의회(Nordic Council, 스웨덴, 노르웨이, 덴마크, 핀란드, 아이슬란드 5개국으로 이루어졌다)를 통한 경제, 사회, 사법, 외교, 문화, 교통, 통신, 환경에 이르는 광범위한 협력체제와 스웨덴의 중립 정책 등이 유럽연합 가입을 지연시킨 간접원인으로 작용하였을 수도 있다. 여하튼 스웨덴은 핀란드, 오스트리아와 함께 다른 유럽국가에 비해 뒤늦게 유럽연합 회원국이 되었다.

스웨덴은 1995년에 유럽연합의 회원국이 된 이래 2001년과 2009년 두 차례나 각료회의 의장국을 역임하면서 이 거대한 기구의 통합 정책에 적극적으로 협조하며 순응하고 있다. 실제로 EU 차원의 다양한 결정사항들이 수도 스톡홀름의 시정 수립과 정책 이행에 상당한 영향을 주고 있다. 스웨덴의 기초 지자체 코뮨(kommun)과 광역 지자체 란드스팅(landsting)이 추정한 바에 의하면, 지방 행정 의사결정 기관인 기초 지자체 의회가 설정한 의제의 평균 60퍼센트 정도가 직간접으로 EU의 영향권 범위 안에 있다고 한다. 실례로 스톡홀름 시가 물품과 용역을 구매하는 일, 코뮨의 환경 분야에 대한 감독의 정도까지 EU의 법과 규정을 따르고 있는 실정이다. 심지어 스톡홀름 시가 집행하는 취업 정책에서 고용주의 역할에까지 EU 결의 사항이 큰 영향을 미치고 있다. 스웨덴의 기초·광역 지자체 보고서는 'EU의 지역 정책'이 어떠한 교육적 방식으로 스웨덴 지자체의 활동을 조율하고 있는가를 알려준다.

스웨덴은 강력한 중앙집권적 통치체제로부터 지방분권을 실현하고자 1862년에 제정된 지방자치법에 근거하여 매우 효율적인 지방자치를 150년간 발전시켜 온 대표적 주민자치 국가이다. 지방자치단체는 행정의 자율권뿐만 아니라 정책 결정권까지 완전히 중앙정부로부터 이양받아 고도의 독립성과 자율성을 확보하고 있다. 그럼에도 불구하고 스톡홀름의 지자체의회는 2008년도 시의 국제전략으로서 EU 정책에 적극적으로 참여할 것을 확정하였다. 곧 시 자체에 영향을 줄 EU 법의 제정에 일정한 구실을 함으로써 EU 기구의 운영에 스톡홀름 주민의 이해가 반영되도록 노력하는 전략이다. 따라서 시의 국제담당 부서는 EU 관련 업무를 조정하고 EU가 주도하는 주요사업에 시가 방심하지 않도록 주의를 집중하고 있다. 이와 같은 방식으로 시의적절하게 EU의 결정에 자기들의 의사를 반영하고 EU의 새 규정에 적응하도록 노력한다. 이런 노력은 스톡홀름 시 자체로서 또는 유로시티라는 협력기구를 통해서 이뤄진다.

전장 69미터, 폭 11.7미터, 승선 인원 445명으로 17세기 세계 최대 규모의 전함인 바사 호. 침몰 3백여 년 만에 인양되어 현재 스톡홀름의 바사 박물관에 전시되어 있다.

유럽질병예방통제센터

유럽연합은 건강, 의료, 국민보건과 관련된 문제에 대해서는 입법을 시도할 권능이 부여돼 있지 않다. 그럼에도 EU가 추구하는 목표는 국민 건강을 개선하고 비위생과 질병을 예방하며 건강 위험 요소들을 제거하는 데에 맞춰져 있다. 스웨덴은 선발 복지국가답게 2005년 스톡홀름 시 솔나(Solna) 지역에 EU 산하의 독립 기구로 유럽질병예방통제센터 (European Centre for Disease Prevention and Control: ECDC)를 설치하여 유럽의 전염병 예방 활동을 강화하고 있다. 이 기구의 필요성은 이전에도 공중보건 전문가들의 요구로 논의되어 왔지만, 2003년에 동남아를 비롯하여 유럽, 북아메리카를 휩쓴 중증급성호흡기증후군(SARS, 사스)의 급격한 확산으로 EU 산하에 공중보건연구소의 출현이 한층 시급해졌다. 그리하여 ECDC는 EU의 여러 기구 중에서도 가장 빠른 설립 절차를 거쳐 2005년 5월부터 활동에 들어갔다. 활동이 시작되자마자 때마침 신종 플루 바이러스(H5N1, 조류독감)이 EU의 인근 지역까지 퍼져 세계적인 전염병으로 번질 조짐을 보이면서 질병예방센터의 설립과 활동이 얼마나 적절한 조치였는가를 다시 한 번 확인하는 계기가 되었다.

ECDC는 전염성 질병의 예방과 통제에 관련된 다양한 문제에 관한 과학 기술 보고서를 발행한다. 2011년에 제5회 전염병학 연례 보고서가 나왔는데 이 보고서에는 현재와 장래에 발생할 전염성 질병의 위험을 줄이기 위해 더욱 집중적인 공중보건 대응책이 필요한 지역들을 지정해놓고 있다. EDCD는 또한 유럽환경청(European Environment Agency: EEA)과 공동으로 기후변화가 인체건강에 미치는 영향에 관한 신규 보고서 '2012년 유럽의 기후변화, 그 영향과 취약성'을 발표하여 학계의 주목을 끌고 있다. 이 보고서에 의하면 기후변화는 이미 유럽 지역에서 질병 부담과 조기 사망에 영향을 주고 있는 것으로 나타나 있다. 동 센터의 회원국은 EU 소속 27개국이며 그 외로 EEA 소속 3개국이다.

발트해연안국협의회 국제사무국

동유럽과 발트 해 연안 국가들은 냉전 종식 후 이 지역의 광범위한 지정학적 변화에 따라 국가 간의 결속과 협력을 이끌어내는 데 필요한 포럼의 탄생이 절실하던 차에, 1992년 발트해연안국협의회(Council of the Baltic Sea States: CBSS)를 발족시켰다. 덴마크, 스웨덴, 핀란드, 에

스토니아, 라트비아, 리투아니아, 러시아, 폴란드, 독일 등 연안 국가들과 노르웨이, 아이슬란드, EU집행위원회(European Commission)가 구성 멤버로 출범하였다. 발트 해 연안 지역에서 진정한 민주주의 발전을 촉진하고 경제 사회적 개발을 도모하며 유럽공동체와의 교육 문화 에너지 분야에서 협력을 강화하려면 튼튼한 유대의 끈이 필요했던 것이다. 특히 이 지역의 환경 문제를 개선하는 데는 관련국가들 간에 배전의 공동 노력이 절실하였다. 2004년에 폴란드, 에스토니아, 라트비아, 리투아니아 4개국이 EU에 합류하면서 발트 해 연안 8개국 간에 재화와 용역의 유통이 자유로워지고 발트 해는 해상운송의 고속도로라고 부를 만큼 운송량이 증가했다. 이에 따른 해상 안전 문제와 신속한 재난 처리, 수질 보호를 위한 통합적 해양 정책 수립이 공동의제로 대두되었는데, 안보 정책상의 문제는 의저 대상에서 제외되었다. 발트해 연안국협의회는 회원국 외무장관들과 EU집행위원회 사이의 조정협력 기구로서 2년마다 회의를 개최하며 다음해의 협력방안을 제시하는 공동선언문을 발표한다. 의장국은 매년 회원국들 간에 윤번제로 맡는데, 스웨덴은 1995년과 1996년에 임무를 수행한 바 있다. 의장국을 기술적으로 보좌하며 회의를 준비하고 이 기구의 결정사항을 이행하며 발트 해 관련 문제의 홍보 임무를 맡은 중추적 기구가 상설국제사무국(Permanent International Secretariat: BSEC)인데 이 기구를 스웨덴 정부는 1998년에 스톡홀름 시의 스트룀보르이(Strömborg) 섬에 유치하고 업무를 시작하였다.

2007년에 회원국들이 발트 해에 대한 전략적 대책으로 긴박한 환경 문제를 다뤄줄 것을 요구하자 EU집행위원회는 전략을 수립하고 실행

계획을 세워 유럽의회의 인준을 얻어냈는데, 그 내용은 다음과 같다. 8천 킬로미터의 긴 해안선을 분할 소유하며 1억 명의 주민이 거주하는 발트 해 8개 회원국들은 각기 해결해야 할 대내적 당면과제를 안고 있지만 가장 시급한 공통과제는 높은 해양수질 오염이었다. 발트 해는 평균수심이 58미터인데 생활하수나 산업폐수, 가축의 배설물에서 나오는 질소와 인의 대량 유입으로 생태계를 파괴하여 생물학적 다양성을 잃어가고 있다. 곧 수질의 산소 함유량을 감소시켜 생물체를 죽어가게 한다. 오염된 수질을 정상화하는 데는 30년 이상 소요되므로 환경 훼손은 경제적·사회적으로 매우 심각한 문제가 아닐 수 없다. 이미 실시 중인 대책의 하나로 모든 세척제에서 인을 제거하면 발트 해에 유입되는 인의 배출량을 4분의 1로 줄일 수 있으며 녹색조류의 번식도 감소된다. 따라서 주변국가들의 환경 문제 자문위원들은 협력망을 이용해 농업 분야에서 비료의 해수 유입을 최소화하면서 생산성을 개선하는 방안을 추구하고 있다.

복지국가 건설의 주역: 한손, 엘란데르, 팔메

빈곤과 계급차별이 극심하던 1930년대부터 스웨덴에 수십 년에 걸친 지속적인 개혁 정책을 추진한 결과, 이미 1960년대에 지상에서 유례가 없는 보편적 복지국가의 틀을 완성하였다. 이 원대한 계획의 발단은 1928년 사회민주당 당수 한손(Per Albin Hansson)의 유명한 의회 연설 '인민의 가정(folkhemmet) 건설'에서 비롯되었다. 사회의 불평등과 빈곤 문제를 해결하기 위해 국가가 정치, 경제, 사회의 전 분야에 걸쳐 점진적 개혁을 단행하여 국민 모두를 한 가정의 가족처럼 따뜻하고 고르게 보살펴주는 안식처를 만들겠다는 거대한 꿈이었다. 오늘날 세계적으로 잘 알려진 '스웨덴 모델(the Swedish Model)'은 한손 수상의 재임기간(1932~1946년)에 제도적 바탕이 마련되었고 후임 수상 엘란데르(1946~1969년 재임)의 후반기에 복지국가의 전성기를 맞이하였다. 모든 사람이 일생 동안 겪는 출생, 보육, 교육, 취업, 건강, 노후를 국가가 무상 또는 최소한의 비용으로 보장해주는 포괄적 복지제도를 완성한 것이다. 1889년에 노동운동 단체를 기반으로 결성된 스웨덴 사회민주당은 1932년부터 1976년까지 44년간의 장기집권 기간 중에 투자 자본에 대한 세금감면, 법인세 인하 등으로 성장을 적극 후원하는 한편 국민 일반에게는 복지를 확대함으로써 비약적 경제성장과 사회경제적 평등을 동시에 달성하였다. 기본 전략은 적극적 노동시장 정책을 통한 완전고용과 임금격차를 줄이기 위한 연대임금 정책이었다. 이로써 사회보장비의 상당부분을 국민의 조세 부담으로 충당할 수 있었다. 무엇보다도 1938년의 살트셰바드 협약(Saltsjöbadsavtalet Agreement)을 통해 노사 간에 계급타협을 이루어 노조의 존재와 자본가의 경영권을 상호 인정함으로써 노동시장에 평화를 정착시킨 것이 1950년대와 60년대의 괄목할 만한 경제 발전과 번영을 가져온 결정적 요인으로 작용하였다. 스웨덴 사민당 정부는 원래 노조세력에 기반을 두고 있지만, 엘란데르는 재계 지도자들과 정부 관계자들을 정기적으로 하르프순드(Harpsund)의 수상 별관에 초대하여 국정 현안을 논의하고 이해와 협력을 얻어냈다. 그리하여 그는 이해 당사자들 간의 대립과 갈등을 조정해가며 소통과 화합의 정치를 이끌어간 덕망 높은 정치 지도자로 추

약자의 편에 섰던 신념과 용기의 지도자 올로프 팔메 전 수상.

앙받고 있다. 그의 독특한 국정운영 방식은 오늘날 '하르프순드 민주주의(Harpsund Democracy)'로 알려져 있다. 그뿐 아니라 23년간 국정 최고 책임자였던 그는 막상 퇴임을 하고 나니 노부부가 거처할 곳이 없어 사민당에서 집을 한 채 마련해줄 정도로 청빈한 정치인이었다.

그의 후계자 올로프 팔메(Olof Palme)는 교육부 장관 시절 고등교육 기회의 보편화를 위해 대학교육 제도를 대폭 개혁하였고 수상 재임기간(1969~1976년, 1982~1986년)에는 기회균등, 국부의 공정한 분배, 양성평등권 실현, 부모 육아휴직 제도, 이민자의 권익 보호를 위한 제도개혁에 힘을 쏟아서 보편적 복지국가의 미진한 분야를 보완하였다. 특히 국제정치 무대에서 그는 적극적 중립주의를 표방하며 냉전 시대에는 강대국의 패권주의에 비동맹주의로 맞서는 한편, 제3세계의 식민주의 해방운동을 강력히 지지하였다. 남아프리카공화국의 과거 혐오스런 인종차별 정책에 극력 반대하고 1968년 구소련의 체코 침공과 미국의 베트남전쟁 개입을 거세게 비판하였다. 그는 서방세계 지도자로서 유일하게 약소국의 민족자결을 주창하고 강대국의 무력적 억압에 과감하게 항의하는 용기와 신념에 찬 정치인이었다. 그래서 그는 아시아, 아프리카, 라틴아메리카의 제3세계 비동맹국으로부터 세계의 양심이라는 칭송과 존경을 받았다. 1986년 괴한의 총격으로 비명에 간 팔메를 이들 약소국가에서 자국민보다 더 애통해했다는 보도와 미궁에 빠진 암살의 원인 중 하나로 미·소의 정보기관 개입설이 나도는 것도 이와 같은 그의 정치적 광폭행보와 무관하지 않다.

오늘날 스웨덴은 복지국가 선발 주자로서 반세기가 넘게 그 명성을 유지하고 있다. 다양한 사회보장제도와 구성원 상호 간의 두터운 신뢰 덕분에 각계각층의 모든 국민이 공동체의 일원으로 인간답게 행복권을 누리며 살아간다. 미국의 명성연구소(Reputation Institute)의 2010년도 국가명성도 평가에서 스웨덴은 1위를 차지했고, 삼성경제연구소가 2010년에 OECD 30개국을 조사한 결과 역시 스웨덴을 가장 선진화한 국가로 선정했다. 1930년대에 유럽의 최빈국 중 하나였던 스웨덴을 이렇게 만든 배경에는 무엇보다도 선각자의 혜안을 가지고 사회개혁에 앞장 선 정치지도자와 학자들의 노력과 진정한 공복정신으로 부정 비리 없이 일해온 정치인들의 공을 높이 평가해야 한다. 사민당이 장기 집권한 1932년부터 1976년까지 개혁 정책의 견인차 역할을 한 브란팅, 한손, 엘란데르, 팔메 중에서 한손을 제외하고 모두가 상류층 또는 중산층의 부르주아계급 출신이었다. 그들은 운명적으로 타고난 풍요와 안일의 기득권을 포기하고 조국의 먼 장래를 내다보며 국민의 다수를 차지하는 빈곤한 노동자, 농민과 소외계층의 편에 서서 그들의 이익을 우선하는 정책을 개발하고 추진하였다. 그리하여 계층 간의 빈부 격차가 없이 구성원 모두가 공평하게 잘 사는, 사회정의가 살아 숨 쉬는 오늘의 스웨덴 사회를 만들어 놓은 것이다.

스웨덴은 19세기 말에서 20세기 초까지 약 130만 명의 빈곤층이 미대륙으로 이민을 떠난 가난한 나라였다. 1930년대 이후 진행된 대대적인 사회개혁 덕분에 복지국가를 건설하여 오늘날 전 국민이 자유와 평등 속에 정치적·사회적·경제적 민주주의까지 향유하는 일류 선진국가가 되었다. 그러나 그들은 자기들만의 안락하고 행복한 삶에 안주하지 않고 인구 950만 명의 소국이지만, 국제사회의 일원으로서 EU 회원국으로 세계 평화와 인류의 공존공영의 대의를 실현하기 위해 여러 분야에서 헌신적 노력을 다 하고 있다. 일찍이 1960년대부터 GNP의 1퍼센트 이상을 개도국 원조비로 지원하고 있으며 세계에서 난민을 가장 많이 받아들이는 나라이다. 신자유주의 파고 속에 세계가 자국 이기주의로 치닫고 있는 오늘의 현실에서 스웨덴은 귀감이 될 만한 나라이다. ┃변광수

참고문헌

박병소, 《노벨상 이야기》, 범한서적, 1998.
변광수, 《북유럽사》, 대한교과서, 2006.
이헌근, 《제3의 길로서의 스웨덴 정치》, 부산대학교출판부, 1999.

제2부

유럽의 도시

유럽 문화의 새로운 허브

위치 벨기에 브라반트 주
면적 161km^2
행정구분 19코뮌
인구 1,089,538명(2010년)

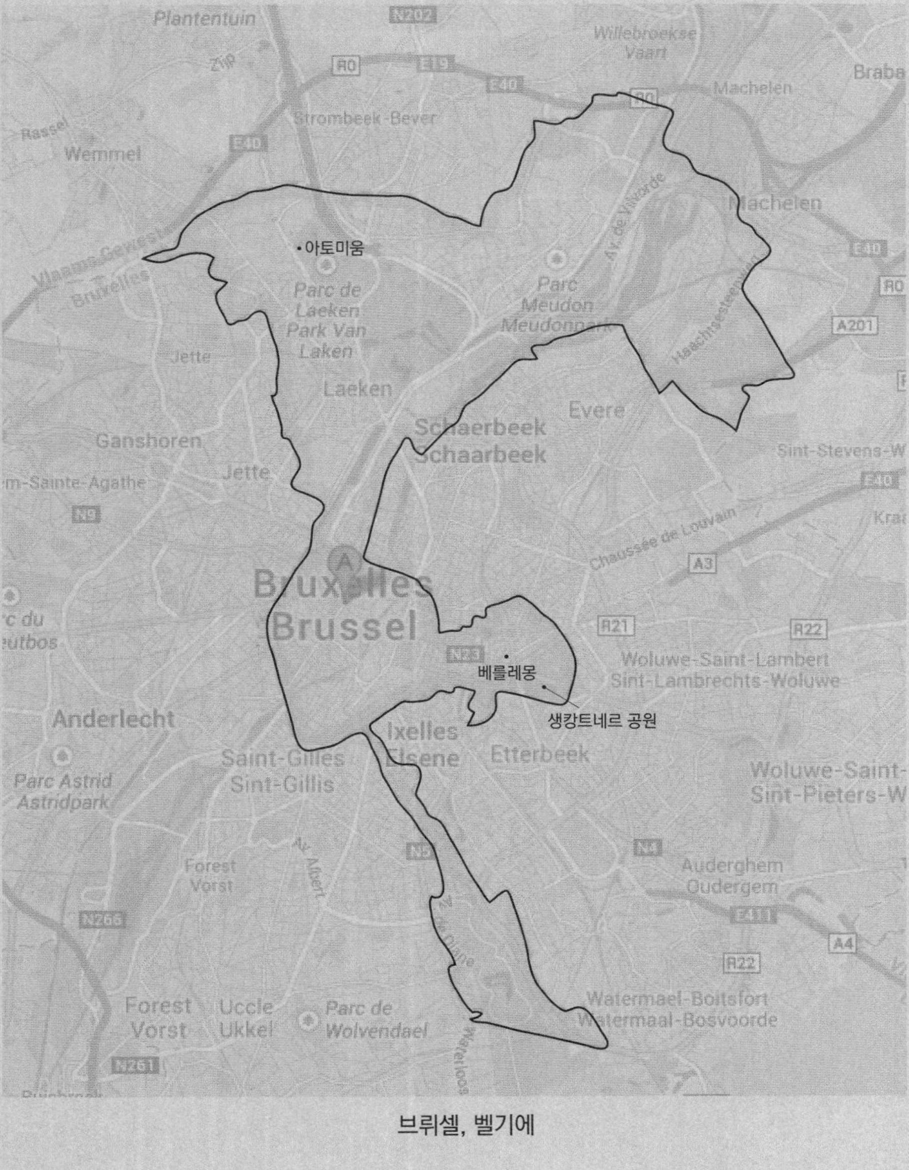

브뤼셀, 벨기에

브뤼셀
EU의 수도

브뤼셀의 발전

브뤼셀이라는 지명의 어원은 '늪지대의 정착'이라는 의미의 '브로셸라 (Brosella)'에 있다고 알려져 있다. 문헌에서 '브로셸라'라는 지명이 처음 등장하는 것은 695년으로, 프랑크족(Frank)이 현재의 브뤼셀 젠느 (Zenne) 강가에 거주하면서 사용한 것으로 추정된다. 당시의 브뤼셀 은 젠느 강가의 작은 섬마을에 불과했다. 그러나 979년 무렵 프랑스에 서 온 샤를르 드 프랑스(Charles de France)가 브뤼셀 지역 젠느 강에 서 가장 큰 섬인 생제리에 군사기지를 설치하면서 도시로 발전할 기틀 을 마련하였다. 이후 독일 서부의 쾰른 지역과 네덜란드 남부의 플랑 드르 지방을 연결하는 중계무역으로 번창하였고, 1190년에 마을 주변 에 성벽이 세워지면서 번화한 도시로 성장했다. 13세기에는 5천에서 1만 명의 인구가 거주할 정도로 성장하였다. 당시 브뤼셀은 브라반트 (Brabant) 공작이 관할하는 지역의 일부였는데, 도시의 성장에 힘입어 힘입어 브라반트 공작으로부터 일종의 자율권을 인정받게 되었다. 인구가 증가하면서 4킬로미터에 불과하던 기존 성벽으로는 인구를 수용하기 어려운 수준이 되었고, 이에 따라 14세기에는 기존 성벽을 보완한 두 번째 성벽이 건설되어 총 길이가 약 8킬로미터에 이르는 성벽을 갖춘 중세도시의 면모를 갖추게 되었다. 이 성벽은 1818년에서 1840년 사이에 철거되어 현재 남아 있지 않지만, 과거 성벽 자리를 따라 오각형 형태의 대로가 건설되어 브뤼셀 구시가지 외곽 순환도로의 기능을 하면서 당시 성벽 위치를 알려준다.

중세 이래로 브뤼셀은 여러 차례 통치자가 변했다. 979년 무렵 샤를르 드 프랑스가 브뤼셀을 점령했지만 1005년 샤를르 드 프랑스 사후에는 루벵 지역 공작인 람베르 1세의 통치가 시작되었다. 1356년 플랑드르 백작에 의한 짧은 점령기가 있었고, 15세기에는 부르고뉴 가문의 통치가 있었다. 1482년 브르고뉴의 여공작 마리가 사망한 이후 에스파냐 합스부르크 가문의 통치가 시작되었고 17세기에는 잠시 프랑스의 루이 14세에 의해 정복당했는데, 곧이어 샤를르 드 로렌의 지배를 겪었다. 이 과정에서 브뤼셀 통치 민족은 에스파냐, 프랑스, 오스트리아, 네덜란드 등으로 여러 차례 바뀌었고, 다양한 문화적 배경을 가진 통치자의 영향으로 브뤼셀은 유럽 여러 민족의 문화가 교차하고 공존하는 지역으로 성장했다.

통치자의 변화는 도시의 부침을 의미하기도 한다. 15세기 브루고뉴 가문 통치 시기에 광장 그랑 플라스(La Grand-Place)와 시청사 등이 건설되어 화려한 도시 외관을 갖추었지만, 1695년 루이 14세가 영국과 네덜란드의 프랑스 해협 공격에 복수하면서 브뤼셀을 폭격하여 3천 8백여 채의 건물이 무너졌을 때에는 그랑 플라스와 주변 시설이 철저히 파괴되었다. 그러나 나폴레옹 전쟁 이후 네덜란드 왕국의 통치를 받던 시절에는 헤이그와 더불어 네덜란드의 수도 기능을 담당하면서 다시 발전하였다. 브뤼셀은 1830년에 벨기에가 독립하면서 수도로 결정된 이래 현재까지 벨기에 수도로서의 지의를 유지하고 있으며, 화려

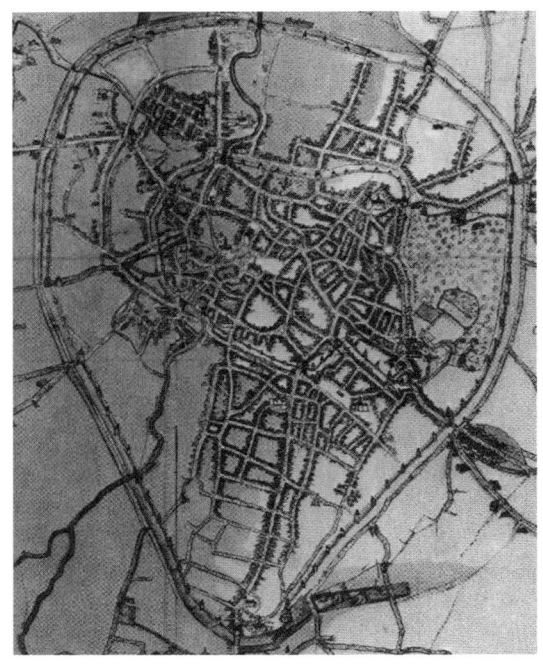

한 근대 도시의 모습을 빠르게 갖추어 나갔다. 1846년 생위베르 갤러리 (Galeries Saint-Hubert) 건설, 1867~1871년 젠느 강 복개, 1866~1883년 대법원 건축, 1880년 생캉트네르(Cinquantenaire) 공원과 개선문 건축 등 오늘날 브뤼셀의 대표적인 화려한 건축물들도 건설되었다. 특히 1871년에 젠느 강 복개공사가 끝나고 브뤼셀에 현재의 남역과 북역을 연결하는 대로가 생기는데, 이것은 도시의 모습을 크게 바꾸어 놓았다. 대로를 중심으로 번화가가 형성되었고, 동시에 브뤼셀에 자연적인 강의 모습이 사라지게 된다. 대부분의 대도시가 강을 끼고 있는 것과 달리 현재 브뤼셀에는 큰 강이 없었는데, 19세기에 젠느 강이 복개되었기 때문이다. 그러나 현재도 시내 곳곳에 운하가 있어 젠느 강의 흔적

2012년 브뤼셀 구시
가 지도.

을 보여준다.

　브뤼셀 발전 과정에는 언어 화자의 변화도 있었다. 1830년에 벨기에
독립당시 브뤼셀은 네덜란드어권 도시였다. 그러나 수도로 지정된 이
후 브뤼셀에는 점차 프랑스어 사용자가 늘어났다. 프랑스어 사용자가
증가한 이유는 당시 프랑스어가 유럽에서 국제어의 위상을 차지하였
고 수도 브뤼셀이 국제도시를 지향한다는 이유도 있었지만, 네덜란드
어권 지역은 인구의 대다수가 농촌 지역 농민들이었고, 프랑스어권은
부유한 상공업자가 많던 상황에서 부유층 프랑스어 사용자가 수도 브
뤼셀로 이주하는 사례가 많았기 때문이다. 현재 브뤼셀 지역은 네덜란
드어와 프랑어 모두 공용어로 지정되어 있다.

벨기에의 수도인 브뤼셀은 2차 세계대전 이후 크고 작은 국제 기구들을 유치하면서 벨기에를 넘어 국제적인 도시로 변모했다. 현재 브뤼셀에는 여러 국제 기구의 본부와 지역위원회가 위치하고 있다. 예를 들면, 북대서양조약기구(NATO), 세계관세기구(World Customs Organization: WTO), 서유럽동맹(Western European Union: WEU), 유럽항행안전기구(European Organisation for the Safety of Air Navigation: Eurocontrol), 유럽표준화위원회(Comité Européen de Normalisation: CEN) 등이 브뤼셀에 본부를 두고 있고, 국제연합아동기금(UNICEF), 아프리카통일기구(Organization of African Unity: OAU), 국제이주기구(International Organization for Migration: IOM) 등이 브뤼셀에 유럽지역위원회를 설치했다. 이와 같이 브뤼셀이 국제도시로서 발전하게 된 결정적 계기는 유럽공동체(EC)집행위원회 유치라고 할 수 있다. EC집행위원회의 브뤼셀 설치는 EC 관련 기구들이 브뤼셀로 몰려드는 결과를 낳았고, EU 관련 기구들이 밀집된 EU 지구(EU Quarter)를 발전시키면서 브뤼셀이 사실상 EU의 수도 기능을 담당하게 만들었다.

EU 지구의 형성

2012년 현재 브뤼셀에는 크고 작은 EU 부속기관들이 위치하고 있다. 우선 유럽연합 기구로 EU집행위원회, EU이사회, 유럽이사회(European Council) 등 3개 기구의 본부가 브뤼셀에 있으며, 프랑스 스트라스부르에 본부를 둔 유럽의회(European Parliament)도 행정 업무의 일부를 브뤼셀에서 진행한다. EU 자문기관인 지역위원회(Committee

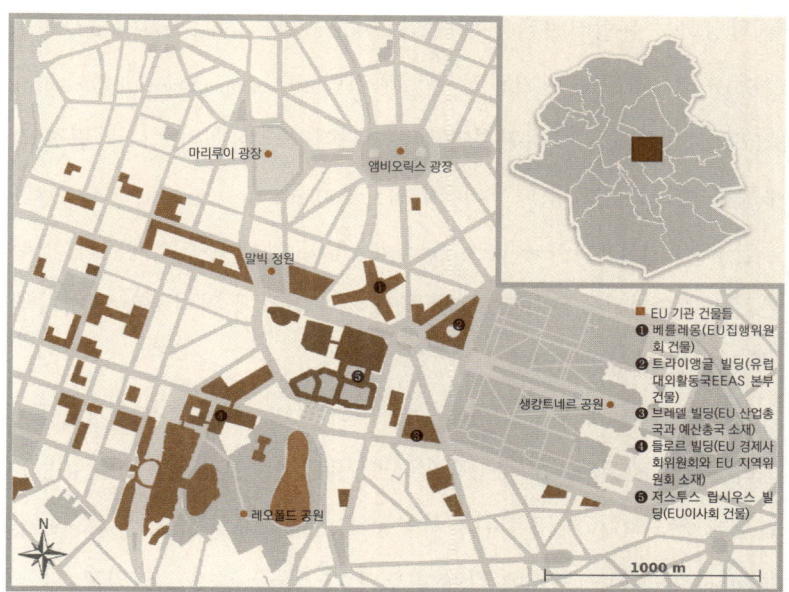

마리루이 광장
앰비오릭스 광장
말빅 정원
생캉트네르 공원
레오폴드 공원

EU 기관 건물들
① 베를레몽(EU집행위원회 건물)
② 트라이앵글 빌딩(유럽대외활동국EEAS 본부 건물)
③ 브레델 빌딩(EU 산업총국과 예산총국 소재)
④ 들로르 빌딩(EU 경제사회위원회와 EU 지역위원회 소재)
⑤ 저스투스 립시우스 빌딩(EU이사회 건물)

N

1000 m

브뤼셀 지역(브뤼셀 시를 포함하는 벨기에의 수도권 지역, 오른쪽 위 지도)에서의 EU 지구 위치와 EU 지구에 위치한 EU 기관 건물 현황.

of the Regions)와 유럽경제사회위원회(European Economic and Social Committee) 등 2개 위원회 본부도 브뤼셀에 있다. 또한 유럽방위청(European Defence Agency: EDA), 교육시청각문화행정청(Education, Audiovisual and Culture Executive Agency: EACEA), 경쟁혁신행정청(Executive Agency for Competitiveness and Innovation: EACI), 유럽지구운항위성시스템청(European Global Navigation Satellite Systems Agency: GSA), 연구행정청(Research Executive Agency: REA), 유럽연구위원회(European Research Council: ERC), 범유럽운수네트워크행정청(Trans-European Transport Network Executive Agency: TEN-TEA) 등 EU의 7개 행정청도 브뤼셀에 소재한다. 그 밖에도 EU 기관 직원 채용 업무

를 담당하는 유럽직원채용사무소(European Personnel Selection Office: EPSO), EU 직원 훈련기관인 유럽행정학교(European Administrative School: EAS), EU집행위원회의 부속기관이지만 상대적으로 독립적 업무를 수행하는 유럽부패방지국(Office de Lutte Anti-Fraude: OLAF), 공동연구센터(Joint Research Centre: JRC) 등도 브뤼셀에 소재한다. 이러한 EU 부속기관들은 주로 브뤼셀 도심의 동쪽에 위치하면서 하나의 EU 지구를 형성하였다.

2차 세계대전 이후 유럽통합 초기부터 브뤼셀에 EU 부속기관들이 몰려들었던 것은 아니다. EU의 전신인 유럽석탄철강공동체(ECSC), 유럽경제공동체(EEC), 유럽원자력공동체(European Atomic Community: Euratom, 유라톰)는 초기에 각각 별도의 기구들을 갖추고 있었고, 각 공동체의 주요 기구는 유럽 각지에 분산되어 있었다. 예컨대 1952년 설립된 ECSC는 룩셈부르크에 고위관청(High Authority)과 사법재판소(Court of Justice)를 설치하였고, 의회(Assembly)는 스트라스부르에 두었다. 또 다른 주요 기구인 각료이사회(Council of Ministers)는 고정된 장소를 정하지 않고 의장국이 결정하는 장소에서 개최되었다. 1958년 설립된 EEC와 유라톰은 기존의 ECSC와 스트라스부르에 소재한 의회와 사법재판소를 공유하였다. 각료이사회도 ECSC의 방식대로 의장국이 지정하는 장소에서 개최되었다. 그러나 ECSC의 고위관청에 해당하는 EU집행위원회는 ECSC의 고위관청과 별도의 장소를 물색하였다. 회원국들의 논의를 거쳐 브뤼셀을 신설 공동체의 집행위원회 설치 장소로 선정하였고, 이를 계기로 브뤼셀은 통합 유럽의 행정 수도로 부상했다.

당시 여러 도시가 행정 수도 후보로 물망에 오른 가운데 브뤼셀이 최종 결정된 과정에는 인프라가 잘 갖추어진 대도시라는 브뤼셀 자체의 경쟁력도 고려되었지만, 그 밖에도 지리상의 위치, 회원국 사이의 역학관계 같은 국제정치적 요인이 작용했다. 특히 벨기에 출신으로 1952년부터 1954년까지 ECSC 최고관청위원장을 지낸 폴앙리 스파크의 정치력이 중요한 역할을 했다. 당시 6개 회원국 가운데 이른바 빅3라 불리는 프랑스, 독일, 이탈리아 중에 공동체의 주요 기관을 설치하면 회원국 사이의 역학관계 균형 유지에 어려움이 발생하기 때문에 안 된다는 논리를 내세우면서 소국인 벨기에의 브뤼셀에 힘을 실었다.

브뤼셀이 새로운 공동체의 집행위원회 설립 장소로 결정되었지만, 이러한 결정 이후 오히려 공동체 기구 설립 장소에 대한 새로운 논란이 불거졌다. 세 개의 공동체가 각기 다른 지역에 다양한 기구를 거느리고 있는데, 결국 동일한 회원국이 참여하다 보니 중복되는 업무가 많고, 기구 사이의 긴밀한 협력을 통한 효율성 제고의 여지도 많으므로 서로 다른 장소의 기구들을 한곳에 집결하는 것이 바람직하다는 의견이 대두되었기 때문이다. 이러한 상황에서 1958년 2월 11일 6개 회원국 대표는 비록 비공식적이기는 하나 장차 특정 지역에 하나의 공동체 본부 설립하는 것이 바람직하다는 데 동의하였다. 그러나 어느 지역을 본부 소재지로 하는가에 대해서는 회원국 사이의 입장 차가 있었다. 룩셈부르크는 ECSC의 고위관청이 있는 룩셈부르크에 새로운 공동체들의 본부를 설치하여 사실상 유럽의 수도로 활용할 것을 주장하였다. 반면 프랑스는 유럽의회의 소재지인 스트라스부르가 새로운 공동체 본부 설립의 적임지라는 입장이었다. 한편 이탈리아는 룩셈부르

유럽의회 건물 전경. 브뤼셀의 유럽의회는 사무국 기능을 담당하고, 유럽의회 총회는 스트라스부르에서 개최된다.

크나 스트라스부르가 아닌 제3의 도시인 이탈리아의 한 도시에 EC 본부를 새로 건립할 것을 희망했다.

국가 간 입장차가 존재하는 가운데 사실상 공동체의 수도 역할을 담당하게 될 공동체 본부 설립지에 대한 전문가 그룹의 타당성 조사가 실시되었다. 전문가 그룹은 최종 보고서를 통해 브뤼셀이 공동체의 미래의 수도로 적합하다는 결론을 발표했다. 보고서가 밝힌 브뤼셀의 장점은 다음과 같다. 첫째, 교통이 편리한 대도시이다. 브뤼셀은 런던, 파리, 암스테르담 등 유럽의 주요 대도시의 중간지점에 위치하고 교통망이 잘 갖추어져 있어 접근성이 우수하다. 둘째, 문화생활을 향유할 수 있는 인프라가 잘 갖추어져 있다. 수준 높은 의료 시설과 종합대학을 비롯하여 국제학교를 갖추고 있으며, 문화센터, 박물관, 미술관, 공연장 등 문화생활을 즐길 수 있는 인프라도 잘 갖추어져 있기 때문에 유럽공무원들이 상주하면서 가족과의 일상생활을 영위하기에 적합하다. 셋째, 라틴 문화와 게르만 문화의 교차지이며 베네룩스 총사무국 소재지로서, 전후 분열된 유럽통합운동의 중심지라는 상징성이 있다. 넷째, 참여 6개국 가운데 프랑스, 독일, 이탈리아 같은 대국이 아닌 소국 벨

EU이사회 건물 전경.

기에에 위치한 도시이므로 공동체 본부 설립으로 과도한 영향력이 집
중되어 회원국 사이의 균형을 깰 우려가 적다.

전문가 그룹의 의견에 따라 브뤼셀이 추후 유럽 본부 설치에 적합한
장소라는 점에 무게가 실렸지만 각국의 입장차가 즉시 조정된 것은 아
니다. 그러나 1965년 브뤼셀 조약(일명 '통합조약') 가결로 ECSC와 EEC,
유라톰, 세 개의 공동체가 EC로 통합된 이후 상황이 변했다.

우선, 룩셈부르크와 브뤼셀에 설치되었던 ECSC의 고위관청과 EEC
와 유라톰의 집행위원회가 하나의 EC집행위원회로 통합되면서 브뤼
셀에 설치되었다. 이 세 공동체의 각료이사회도 하나로 통합되었는데,
기존 세 개 공동체에서 의장국이 지정되는 장소에서 개최되던 이사회
는 브뤼셀에 상주직원이 근무하는 각료이사회 건물을 설립하면서 브
뤼셀에서 열리게 되었다. 당시 유럽의회도 업무의 효율성 제고를 위해
브뤼셀로 이전하는 것이 좋겠다는 의견이 있었지만, 유럽의회를 유치
하고 있는 프랑스가 유럽의회의 브뤼셀 이전 반대로 성사되지 못했다.
그러나 훗날 스트라스부르의 유럽의회 본부와 별도로 브뤼셀에 일종
의 유럽의회 별관이라 할 수 있는 의회 건물이 건립되어, 일부 특별 회

EU집행위원회의 본부 건물인 베를레몽 전경.

의는 브뤼셀에서 개최하게 되었다. 따라서 현재 EU의 정책 결정의 핵심기관인 EU집행위원회, EU이사회, 유럽의회 등 EU 3개 기구가 브뤼셀에서 긴밀한 연락을 주고받으며 협력하고 있다. 한편 사법재판소는 여전히 룩셈부르크에서 운영되는데, ECSC 고위관청을 폐쇄한 룩셈부르크에 대한 일종의 보상인 것이다.

오늘날 브뤼셀 시내 동쪽의 로이 거리(Rue de la Loi) 인근에는 EU 관련 기관들이 밀집되어 있다. 우선 86만 5천 제곱미터의 면적에 61개의 건물로 이루어진 EU집행위원회가 있다. EU집행위원회는 베를레몽(Berlaymont)이라고 불리는 본부 건물과 본부 주변에 별도의 건물에 입주한 산하 총국들로 구성되어 있다. 베를레몽 맞은편에는 EU이사회 건물이 있다. 유럽의회 건물 역시 인근에 설립되어 있다. 이 주변에는 이들 3대 EU 기구 외에도 지역위원회, 유럽경제사회위원회, 기타 EU 산하 사무소, 로비스트 사무실, 비정부기구(Non-Goverment Organization: NGO) 사무실, 유럽 학교, 유럽 공무원 숙소 등이 자리 잡고 하나의 EU 지구를 형성하고 있다. EU 지구는 원래 조용한 거주 지역이었는데 EC 관련 업무를 수행하는 기관들이 증가하자 브뤼셀 시 당국이 주변환경을 정비하고 유럽 지구 발전계획을 마련하여 계획적 인 지구로 발전시켰다. 현재 EU 지구는 지하철역과 기차역이 연결된 번화한 업무 지구이다.

2000년대 중반에 열두 개 중동유럽 국가가 대거 신규 가입하면서 신 규회원국을 배려한 EU의 공간과, 증가한 브뤼셀 주재 EU 공무원의 거 주환경 조성 필요성이 대두되었다. 그러자 EU집행위원회와 브뤼셀 시 당국은 브뤼셀의 EU 지구 확장을 위해 협의하기 시작했다. 2007년 9 월에 EU집행위원회 부위원장 심 칼라스(Siim Kallas)와 브뤼셀주정부 대표 샤를 피케(Charles Picqué)가 처음으로 EU 지구 개발을 위한 공동 계획을 발표한 이래 EU 지구 확장계획이 계속 추진되고 있다.

벨기에의 수도와 EU의 수도로서의 이중적 성격

브뤼셀은 벨기에의 수도이면서 동시에 EU의 수도 역할을 하고 있다. 일국의 수도와 지역통합체의 수도라는 이중적 성격은 브뤼셀 시내 곳 곳에서 벨기에의 상징과 유럽의 상징을 함께 만날 수 있다는 사실에서 확인하게 된다. 예컨대 EU집행위원회 본부로 사용하는 베를레몽과 도 보로 5분 거리에서 1880년 벨기에 건국 50주년을 기념하여 조성된 생 캉트네르 공원을 발견하게 된다. 생캉트네르 공원에는 벨기에 독립을 기념하는 개선문이 있고 개선문 양 옆으로 벨기에군사박물관, 왕립역 사예술박물관 등 벨기에라는 국가의 역사와 전통을 소개하는 시설들 이 들어서 있다. 또한 브뤼셀 북서부의 지하철 에젤 역 인근에는 1958

생캉트네르 공원은 1880년에 벨기에 건국 50주년을 기념하여 조성되었고, 공원 입구에는 벨기에의 독립을 기념하는 개선문이 있다.

년 브뤼셀에서 개최된 세계박람회 당시 설치되어 브뤼셀의 상징물이 된 아토미움이 있는데, 아토미움 바로 앞에 EU 회원국들의 상징적인 건물과 기념 장소를 25분의 1 크기로 만들어놓은 미니유럽이 위치하여 브뤼셀이 벨기에의 대표 도시이면서 EU를 상징한다는 사실을 상기시킨다. 브뤼셀 시내 곳곳에서 발견되는 여행안내소와 기념품가게에서도 벨기에를 소개하는 자료와 벨기에 상징 모형들이 유럽연합에 관한 기념품과 함께 진열되어 브뤼셀이 일국의 수도이자 유럽연합의 수도라는 점을 실감하게 한다.

브뤼셀이 벨기에 수도와 EU의 수도를 겸하고 있다는 사실은 브뤼셀 거주민 구성에서도 느낄 수 있다. 2010년 1월 1일 기준으로 브뤼셀 거주자로 등록된 인구는 총 1,089,538명이다. 이 가운데 약 46퍼센트가 이주민 출신이다. 또한 브뤼셀 거주 외국인의 약 60퍼센트는 EU 회원국 출신이다.

EU 회원국 국적의 외국인 가운데에는 EU 기관에서 근무하는 국제공무원이 많다. 2011년 기준으로 브뤼셀 소재 주요 EU 기관 근무자는 EU집행위원회 21,635명, 유럽의회 5,936명, EU이사회 3,091명, 지역위원회 506명, 그리고 유럽경제사회위원회 약 8백 명 등 3만 명이 넘는다. 이들은 대부분 브뤼셀에 거주한다.

EU 기관 근무자 이외에도 EU와 관련된 업무 수행을 위해 많은 사람들이 브뤼셀에 거주한다. 2011년 기준으로 1만 5천 명에서 2만 명으로 추정되는 로비스트들이 EU와 관련된 로비활동을 위해 브뤼셀에 체류하고 있으며, 951명의 기자와 카메라맨을 비롯한 368명의 기술자 등 1,319명의 EU 회원국 언론사 취재진이 브뤼셀에 머물고 있다. 또한 3백 명 이상의 유럽 각국 지역 대표자들도 지방정부 대변자로서 브뤼셀에서 활동하고 있다. 이들이 가족을 동반한 경우도 많아서, 브뤼셀에 소재하는 네 개의 유럽 학교에는 약 9천 명의 학생이 재학 중이다. 그 밖에도 EU와 직접적으로 관련된 업무를 하는 것은 아니지만, 5천 명 이상의 외교관, NATO를 비롯한 브뤼셀 소재 주요 국제 기구에 근무하는 6천 명 이상의 국제공무원 등이 거주하는데, 이들의 브뤼셀 거주에도 브뤼셀이 EU의 수도로 기능한다는 사실이 영향을 미치곤 한다. 실제로 2009년 조사에 따르면 브뤼셀에 거주하는 외국인 외교관 5,244명 가운데 1,987명은 EU와 WEU 담당 업무를 수행하는 것으로 나타났다.

다국적 거주민의 영향으로 브뤼셀에서 사용되는 언어도 다양하다. 앞에서도 언급했듯이 브뤼셀 지역 공식 언어는 프랑스어와 네덜란드어이지만, 브뤼셀 거주민 가운데 96퍼센트가 프랑스어를 구사할 수 있고 35퍼센트가 영어, 28퍼센트가 네덜란드어를 구사하며, 이 밖에 스페인어, 이탈리아어, 독일어 등의 구사자도 5~10퍼센트에 이른다.

벨기에의 브뤼셀과 EU의 수도 사이의 갈등

브뤼셀이 EU의 수도 기능을 담당하는 데 대해 일부 벨기에인들은 우려를 표명하기도 한다. EU 지구가 발전하면서 브뤼셀 지역사회가 분열된다는 것이 그 이유다. 실제로 EU 지구를 중심으로 외국인 거주자가 증가하면서, 브뤼셀 지역 집세가 상승하였고, 원래 브뤼셀에 거주하던 주민들은 집세가 저렴한 타 지역으로 이사하는 경향이 나타나고 있다. 이러한 현상은 결과적으로 EU 지구가 지역민은 떠나고 부유층 외국인이 유입돼 부유층 외국인들만의 게토로 변질될 것이라는 주장에 힘을 실어준다. EU 지구에 거주하는 외국인들은 일상생활에서 현지어인 프랑스어나 네덜란드어를 사용하지 않고, 자신의 자녀들에게도 현지어를 학습하거나 벨기에 학교에 보내려는 노력 없이 외국인 학교를 보낸다. 또한 현지인과 차별화된 고급외국인으로서의 생활을 영위하는 경우가 많아서 벨기에 땅에서 벨기에인이 상대적 박탈감을 경험하기도 한다.

그러나 브뤼셀 시민들은 EU 지구에 대한 거부감보다는 EU 지구 발전을 반기는 것이 일반적이다. EU의 수도로서 브뤼셀 지역경제가 얻는 이득이 막대하기 때문이다. EU 지구 형성은 사무실 임대료 수입, 현지인 고용창출을 비롯하여, 이사회를 위해 EU 각 회원국 대표단의 방문 시에 발생하는 건물 대관료와 숙박료 수입, EU 지역과의 무역을 위한 기업 입주, 유럽공무원 등 외국인 유입에 따른 주변 상권 발달 등 브뤼셀 지역에 각종 경제효과를 유발한다. EU 기관들이 브뤼셀 경제에 미치는 효과와 관련하여 2007년 브뤼셀 자유대학 연구팀은 브뤼셀 소재 국제 기구들이 브뤼셀 지역 GDP의 약 5퍼센트 상승과 고용 약 4.5 퍼센트 증가에 직접적인 기여를 하고, 파급효과를 고려하면 최대 13퍼센트의 GDP 상승과 12.5퍼센트 고용 증가에 기여한다는 연구결과를 발표한 바 있다.

　이러한 추산은 과장된 것이 아니다. EU 기관을 비롯하여 EU와 관련된 업무 수행하는 지역 대표, 로비스트, 비정부기구 등이 브뤼셀에서 사용하는 사무실 면적이 330만 제곱미터에 이르러 브뤼셀 전체 사무실의 약 30퍼센트를 차지한다. 직접적으로 EU와 관련된 업무를 하지 않더라도 브뤼셀에 소재하는 약 2천3백 개의 외국계 기업 사무실 가운데에는 브뤼셀이 EU의 수도 기능을 한다는 사실에 영향을 받아 개소한 경우가 많다. 또한 브뤼셀에서 국제회의를 비롯한 국제적 행사가 매년 7만 건 이상 개최되고 연간 행사 참여자가 7백만 명이 넘는데, 이러한 국제행사를 통해 브뤼셀이 벌어들이는 장소 대관료와 숙박료 수입도 크다. 연간 계속되는 행사로 인한 일자리 창출도 2만5천 개에 달한다. 그 밖에도 외교관이나 기자들이 사용하는 약 8억 유로를 포함하여, EU 기관이 1년에 지출하는 약 20억 유로의 행정 비용 가운데 절반가량이 브뤼셀의 수입이 되며, 외국인 거주자를 배려하여 운영 중인 브뤼셀의 30여 개 국제학교를 통한 브뤼셀의 연간 수입도 9천9백만 유로에 달한다. 2010년 유로스타트에 따르면 브뤼셀은 EU 지역 도시 가운데 런던, 룩셈부르크에 이어 세 번째로 GNP가 높은 지역인데, 브뤼셀의 부가가치를 창출하는 데 EU의 수도로서의 기능이 미치는 영향은 매우 크다.

브뤼셀의 미래

1958년 설립된 EEC와 유라톰의 집행위원회가 브뤼셀에 설치된 것을 계기로 브뤼셀은 유럽통합의 중심지로 부상했다. 이어서 1965년 통합 조약으로 세 개의 공동체가 EC로 통합되고 통합된 공동체의 집행위원 회가 브뤼셀에 설치되면서 브뤼셀은 유럽통합을 상징을 넘어 실질적 인 EU의 수도로 발전했다. EU 관련 업무 수행을 위해 관련 기관들이 몰려들면서 EU 지구가 형성되었고, EU 지구에 사무실을 마련하는 기 관들이 지속적으로 증가하였다. 그 결과 EU 지구의 공간 부족과 임대 료 상승이라는 부작용도 나타났다. 그러나 브뤼셀을 찾는 EU 관련 기 관들의 행렬은 계속될 것이다. 공간 부족 문제가 기관들의 탈브뤼셀화 대신 브뤼셀 내에서 EU 지구를 확장하려는 논의로 발전하다는 점이 이러한 전망을 뒷받침한다.

2004년부터 EU가 중·동유럽으로 확장함에 따라 지리상으로 브뤼 셀은 더 이상 EU의 중심이 아니다. 그럼에도 EU와 관련된 업무를 수 행하는 기관들은 업무의 편의와 효율성 측면을 고려하면서 계속해서 EU 지구로 몰려들고 있다. 결과적으로, EU 영역의 변화에도 불구하고 유럽통합의 중심지로서 일명 EU의 수도라 불리는 브뤼셀의 위상이 유 지되고 있다. 앞으로 유럽 국가들의 EU 신규 가입이 계속될 예정이지 만, EU 중심지로서의 브뤼셀의 위상은 당분간 유지될 것으로 전망된 다. | 오정은

참고문헌

김나래. 〈EU, NATO가 둥지 튼 '유럽의 수도' 브뤼셀〉,《국토》통권 311호, 2007년
　9월.

이장훈,《유럽의 문화도시들》, 자연사랑, 2001.

Dannemark, Francis. *Brussels in Europe, Europe in Brussels*, Paris: Le Castor
　Astral, 2007.

Demey, Thierry. *Bruxelles, Capitale de l'Europe*, Brussels: Badeaux A.S.B.L.,
　2007.

Meulders, Raphael. "Le Quartier Européen, Ghetto de Cols Blancs ou
　Chance Unique pour l'Europe?", *La Libre Belgique*, June 22, 2010.

Vandermotten, Christian et als. *Impact Socio-économique de la Présence des
　Institutions de l'Union Européenne et des Autre Institutions Internationale en
　Région de Bruxelles*. Brussels: ULB, 2007.

---

* 이 글은《통합유럽연구》제5호(2012)에 게재되었다.

위치 독일 헤센 주
면적 248.31km²
행정구분 16구와 46시구
인구 687,775명(2012년)

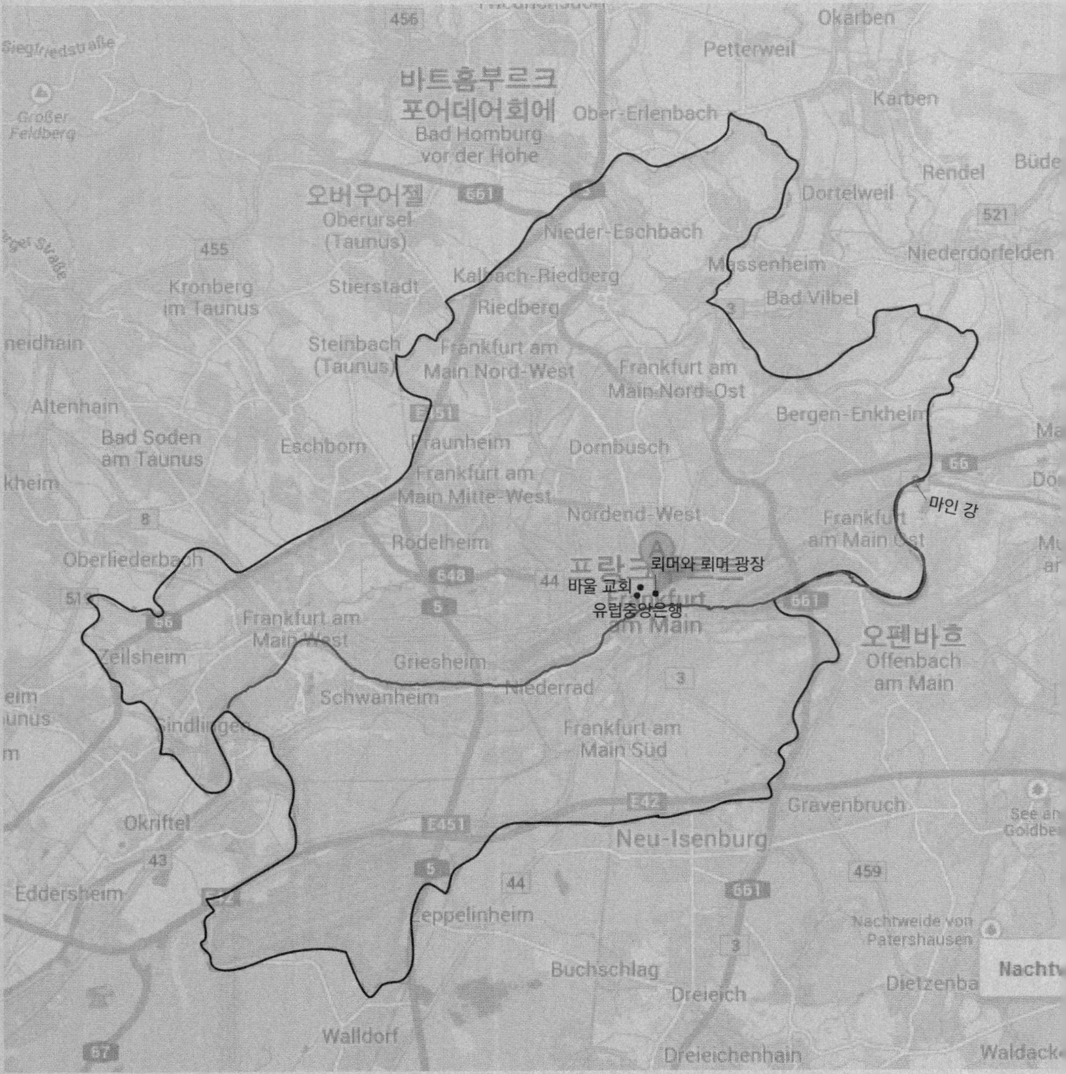

프랑크푸르트, 독일

프랑크푸르트
독일과 유럽이 교차하는 기억의 도시

역사적 기억의 도시

프란츠 베켄바워가 주장이었던 독일 축구 국가대표팀이 1974년 월드컵을 재패했을 때, 그들은 당시 서독의 수도였던 본(Bonn)이 아닌 프랑크푸르트*에서 전 국민들 앞에서 축배를 들었다. 왜 하필 프랑크푸르트였을까? 프랑크푸르트는 지리적으로 독일과 유럽의 중심에 위치하고 있으며, 인구 약 70만 명으로, 인구수로는 베를린, 함부르크, 뮌헨, 쾰른 다음으로 독일에서 다섯 번째이다. 많은 사람들이 프랑크푸르트에서 프랑크푸르트 소시지나 프랑크푸르트 공항 또는 독일에서 유일하게 스카이라인이 있는 도시의 이미지를 가장 먼저 떠올린다. 이러한

---

* 현재 독일에서 프랑크푸르트라는 지명을 가진 곳은 프랑크푸르트 암 마인(Frankfurt am Main)과 프랑크푸르트 안 데어 오데르(Frankfurt an der Oder) 두 곳이 있다. 전자는 마인(Main) 강을 둘러싸고 있는 도시 프랑크푸르트를 지칭하며, 후자는 오데르(Oder) 강이 흐르고 있는 도시 프랑크푸르트를 지칭한다. 우리가 일반적으로 프랑크푸르트로 부르는 곳은 전자, 즉 마인 강가에서 사람들이 살기 시작하면서 도시로 발전한 프랑크푸르트이다.

794년 최초로 문서 기록에 등장
1220년 제국자유도시 지위 획득
1330년 두 번째 정기시 개최권 획득
1356년 〈금인칙서〉에서 황제 선출 도시로 선포
1562년 황제 대관식의 장소로서의 전통이 시작됨

표면적 지식으로부터는 프랑크푸르트에서 축배를 든 이유를 찾을 수 없다. 그 답을 찾으려면 프랑크푸르트가 살아온 역사적 기억을 거슬러 올라가야 한다. 사실 프랑크푸르트는 현지 여행안내원의 때로는 부정확하기까지 한 간략한 설명과 관광객이 찍은 몇 컷의 기념사진으로만 기억되거나, 유명한 소시지의 이름 혹은 우편엽서에 찍힌 현대적 도시의 실루엣으로만 기억되기에는 애석할 만큼 유구하고 의미 있는 역사적·문화적 공간을 자랑하는 도시다.

프랑스의 역사가 피에르 노라(Pierre Nora)는 기억의 장소(lieux de mémoire)와 관련하여, 역사를 주목할 때 장소의 과거 그 자체보다는 과거가 중첩된 형식으로 남아서 현재에 미치고 있는 영향을 중요하게 다루었다. 노라의 사유에 접목하여 프랑크푸르트의 과거를 현재와의 연관성 속에서 조망함으로써 역사적 기억의 도시 프랑크푸르트를 구체화시킬 수 있을 것이다. 유구한 역사 속의 과거와 현대적인 현재가 기묘하게 어우러진 프랑크푸르트는 그 의미와 상징성을 통하여, 독일 도시인 동시에 유럽 도시의 성격을 함께 지녀왔다. 따라서 역사와 문화 그리고 상징성에 있어서 독일적인 것과 유럽적인 것이 교차하는 프랑크푸르트의 과거와 현재의 형상들이 프랑크푸르트라는 역사적 스케치의 공간을 채우는 기억의 구성물이 될 것이다.

독일 역사학자 슐체(Hagen Schulze)는 〈문화민족으로서의 독일인 (Die Deutschen als Kulturnation)〉이라는 제목의 짧은 글에서 독일 문화가 직접 또는 간접적으로 유럽 주변 문화들의 영향을 받으면서 전개되었다는 사실이 독일 문화사의 전형적인 특징이라고 설명하고 있다. 독일의 문화사가 유럽적 차원의 틀 속에서 비로소 고유성과 연속성을 획득한다고 말하는 슐체는, 독일적인 것과 유럽적인 것의 관련성을 분명하게 제시할 수 있는 가장 대표적인 예를 세계시민적 사고를 가졌던 대문호 괴테에게서 발견하였다. 공교롭게도 슐체가 예로 든 괴테는 프랑크푸르트에서 출생하였다. 괴테와 프랑크푸르트가 독일과 유럽을 잇는 교차점이 되고 있다는 사실이 단순한 우연은 아닐 것이다.

프랑크푸르트라는 이름과 도시의 시작

프랑크푸르트는 그 이름부터 중세 유럽 역사와 문화의 주체가 되었던 프랑크족과 연결되어 있다. 3세기 중반경 지금의 프랑크푸르트 주변에 주둔한 로마제국의 국경수비군단이 게르만족의 일파인 알레마

마인 강을 둘러싼 프랑크푸르트는 독일에서 유일하게 스카이라인을 볼 수 있는 도시이다.

니족(Alemanni)에 축출되었다. 그 후 6세기 초 프랑크족의 왕 클로비스(Clovis)가 마인 강 계곡 지역에 살던 알레마니족을 남서 독일로 축출하였고, 지금의 프랑크푸르트에는 약 530년경부터 프랑크족이 살기 시작하였다. 그 후 메로빙거 왕조(Merovingian dynasty)의 치세 동안 프랑크푸르트에 프랑크족의 왕궁이 있었을 것으로 추정되고 있다.

프랑크푸르트라는 지명은 지금의 구시가지 부근에 프랑크족이 살았던 것에서 유래하게 되었다. 프랑크족의 주거지를 지칭하기 위해 사용된 프랑크푸르트라는 명칭은 기록상으로 794년에 최초로 등장하였다. 유럽의 건설자로 간주되는 샤를마뉴의 794년 2월 22일 문서에는 지금의 프랑크푸르트가 'Frankonovurd(Franconofurd)'라고 표기되어 있다. '프랑크족(Franken)의 여울(Furt)'이라는 의미이며, 역사 속에서 철자의 변화를 겪어 19세기 초부터 오늘날 표기하는 'Frankfurt'로 굳어져서 사용되고 있다.

프랑크족은 마인 강 바닥에 돌출한 바위들로 인해서 얕아진 수심을 따라 도보로 강을 건널 수 있는 여울 주변에 거주지를 형성하면서 살기 시작했다. 역사가들의 추정에 의하면, 프랑크족의 새로운 지배자가 마인 강의 여울목을 그 지역의 중요한 교역 거점으로서 사용하였고,

교역을 위해 이곳에 온 타지 상인들에 의해서 '프랑크족의 여울'이라는 이름의 프랑크푸르트라는 지명이 생겼다고 한다.

　프랑크푸르트라는 이름과 관련하여 역사 속에서 여러 가지 전설이 만들어졌다. 그 전설들 가운데 가장 유명한 전설은, 프랑크푸르트의 지명을 유럽의 통치자 또는 기독교 공화국의 통치자로 칭송받았던 샤를마뉴와 연결시킨 것이다. 전설은 중세의 연대기작가 폰 메르제부르크에 의해서 만들어졌다. 그에 따르면 샤를마뉴와 그의 군대는 작센족과의 전투에서 패해 도피하고 있었다. 도피하던 군대가 마인 강에 도달하였는데, 그들은 여울이 있음을 알지 못했다. 진퇴양난의 상황에서 신의 은총으로 갑자기 사슴 무리가 나타나서 여울을 따라 강을 건넘으로써 샤를마뉴의 군대에게 길을 인도해주었고, 그 이후 그곳은 프랑크푸르트라고 불리게 되었다. 그리고 샤를마뉴는 다음과 같이 말했다. "나는 사람들이 내가 여기에서 사망했다고 말하는 것보다 여기서 도망쳤다고 말하면서 나를 모욕하는 것이 더 낫다고 생각한다. 왜냐하면 내가 살아 있는 동안은 내가 겪은 치욕을 갚을 기회가 올 것이라고 희망할 수 있기 때문이다."

　그러나 중세 연대기 작가의 동화 같은 이야기는 단순한 전설에 지나

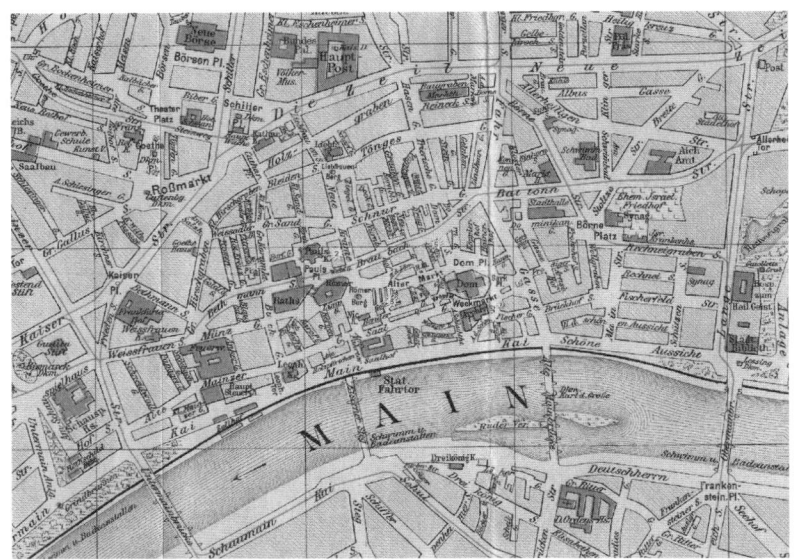

프랑크푸르트 구시가지 지도. 마인 강의 여울 주변에 도시가 최초로 시작된 곳으로, 오늘날 구시가지로 불린다. 짙게 표시된 곳들은 2차 세계대전의 폭격으로 파괴된 건물들이다.

지 않는다. 왜냐하면 역사적 사실은 샤를마뉴가 마인 강 부근에서 작센족과 전쟁한 적이 없다고 말하기 때문이다. 전설이 함축하고 있는 중요한 의미는 프랑크푸르트라는 이름이 유럽의 지배자와 상징적 관련성을 가지게 되었고, 프랑크푸르트는 이미 샤를마뉴의 치세 때에 이미 유럽의 중심도시로 발돋움해 있었다는 사실이다. 기록에 의하면 샤를마뉴는 종교회의와 제국회의를 프랑크푸르트에서 소집하였다. 중세 초 당시 유럽과 동의어로 쓰이던 기독교 제국의 고위성직자들 및 지금의 프랑스, 독일, 이태리를 포함하는 프랑크제국 모든 지역의 고위 귀족들이 집결하여 제국의 종교와 정치를 논한 장소가 바로 프랑크푸르트였던 것이다. 8세기 말 이미 유럽 차원에서 국제적 도시의 지위를 확보한 프랑크푸르트는 이후 독일의 역사에서 상징적이고 중요한 사건들이 지속적으로 전개되는 기억의 장소로서의 위상을 계속 유지할 수 있게 된다.

독일사 속의 프랑크푸르트: 황제의 도시에서 독일민주주의의 상징 도시로

샤를마뉴의 아들 경건왕 루트비히 1세(Ludwing I) 시대에 프랑크푸르트는 카롤링거 왕조(Carolingian dynasty)의 수도로까지 발전하게 된다. 그러나 통일된 카롤링거 왕국은 그리 오래 유지되지 못하였다. 경건하였지만 강력하지는 못했던 루트비히는 세 아들을 낳았고, 그들 사이에서 상속 문제로 분쟁이 일어났으며, 843년의 베르됭 조약으로 인하여 왕국이 결국 삼등분 된 것이다. 왕국이 분할된 이후부터 프랑크푸르트는 오늘날 독일의 기초를 이루게 되는 동프랑크 왕국의 수도가 됨으로써 독일의 역사와 본격적인 관련을 맺기 시작하였다. 그 이후 독일사에서의 역사적 발전은 프랑크푸르트에게 황제의 도시라는 영광스러운 별칭을 선사하였다.

독일사에서 정치적 중심지의 지위를 확보한 프랑크푸르트는 약간의 부침을 겪으면서 신성로마제국 황제의 선출과 대관식을 거행하는 역사적 장소로 입지를 굳히게 된다. 그 시작은 프랑크푸르트가 독일 왕의 선출 장소로서 입지를 공고히 하였던 12세기 중반 무렵까지 거슬러 올라간다. 그리고 그 후 2백여 년이 지난 후 프랑크푸르트는 신성로마제국의 황제 카를 4세(Karl IV)에 의해서 황제 선출의 도시와 제국자유도시의 지위를 확보하게 된다. 카를 4세는 1356년 제국의 법으로 공포한 〈금인칙서(Golden Bull)〉에서 프랑크푸르트가 황제 선출 장소임을 공식적으로 선언하였다. 〈금인칙서〉는 황제가 사망하게 되면 후계자 선출을 위해서 마인츠 대주교가 4주 이내에 자신을 포함해서 3명의 성직자와 4명의 속인 선제후, 즉 7명의 황제 선출위원회를 프랑크푸르트로 소집해야만 한다고 명시하고 있다. 1356년 신성로마제국의 법에 의해서 황제 선출 도시로서의 공식적 지위를 보장받은 프랑크푸르트는 그때부터 1806년 나폴레옹의 의해서 제국이 멸망하기 전까지 신성로마제국의 황제를 선출하는 역사적 역할을 수행할 수 있었다. 또한 금인칙서를 선포하고 몇 년이 지난 후 카를 4세는 프랑크푸르트 시 참사회가 스스로 시장을 선출할 수 있는 특권을 부여함으로써 프랑크푸르트는 제국자유도시의 지위도 가질 수 있게 되었다.

그러나 프랑크푸르트가 처음부터 황제의 대관식이 거행되는 장소로서의 역사적 지위를 가졌던 것은 아니었다. 〈금인칙서〉 선포로부터 대략 2백 년 가량이 지나서야 프랑크푸르트는 대관식 장소까지 겸하게 된다. 그 이전, 즉 16세기 중반 이전까지는 프랑크푸르트에서 선출된 신성로마제국 황제들이 샤를마뉴의 궁전이 있던 아헨에서 대관식을 거행했기 때문이다. 그러나 1562년에 프랑크푸르트에서 황제로 선출된 막시밀리안 2세(Maximilian II)는 자신의 대관식까지도 프랑크푸르트 대성당에서 거행하였고, 그때부터 대부분의 황제들이 이러한 관례를 따라서 프랑크푸르트에서 황제의 선출과 대관 의식을 동시에 거행하였다. 대성당에서 대관식을 가진 황제와 그 일행은, 과거에 '뢰머(Römer)'라고 불리던 프랑크푸르트 시청 건물의 2층에 있는 '황제의 방'에서 축하연회를 개최하기 위하여 엄숙한 행진을 하였고, 뢰머 광장에

뢰머와 뢰머 광장. 계단 모양의 건물들(왼쪽)이 프랑크푸르트 시청인 '뢰머'로 로마 상인들이 교역을 위해
거주하던 곳을 프랑크푸르트 시가 시청사로 구입한 것이다. 대성당에서 황제의 대관식을 마친 후 뢰머의
중앙 건물 2층에 있는 '황제의 방'에서 연회를 열었고, 이때 시민들은 뢰머 광장에서 축제를 거행했다.

서는 시민들이 축제를 벌였다. 이제 프랑크푸르트는 명실상부하게 신
성로마제국 황제의 선출과 대관식이 동시에 거행되는 역사적 중심 도
시로 성장할 수 있게 되었다. 1806년 8월 나폴레옹에 의해서 신성로마
제국의 마지막 황제 프란츠 2세(Franz II)가 폐위됨으로써 신성로마제
국이 더 이상 존재하지 않게 되자, 프랑크푸르트는 독일사에서 지녀왔
던 황제 선출과 대관식이 거행되던 제국도시로서의 지위를 마침내 상
실하게 된다.

　비록 신성로마제국은 멸망하였지만 프랑크푸르트는 그때부터 독일
사에서 민주주의의 발전을 상징하는 도시로서의 새로운 역사를 써내
려 갈 수 있게 된다. 나폴레옹의 패배 이후 19세기 유럽의 국제질서를
새롭게 재편한 빈 회의는, 1815년 신성로마제국의 잔재로부터 38개의

개별국가가 독일연방을 구성하는 데 합의하였다. 이때 프랑크푸르트는 38개의 개별국가(1817년에 39개가 되었다) 중 하나로 '자유도시'의 지위를 유지할 수 있었다. 그때부터 1866년 프로이센에 병합되어 자유도시의 지위를 상실하기 전까지 프랑크푸르트는 독일연방의 개별정부들을 대표하는 연방의회의 소재지가 됨으로써 또다시 독일사에서 정치적 중심지로서의 역할을 부여받게 된 것이다.

빈체제는 프랑스혁명으로 정치적 급변을 겪은 유럽에 구체제의 정통성을 복구하려는 보수와 반동의 체제로서, 당시 유럽을 휩쓴 정치적 자유주의운동과 민족주의적 열망을 탄압하려고 하였다. 따라서 빈체제는 나폴레옹에게 대항하여 해방 전쟁을 수행한 독일민족주의자들의 독일 통일에 대한 소망을 충족시키지 못하였다. 정치적 탄압에 의존하여 구체제를 보존하려는 오스트리아 재상 메테르니히(Klemens von Metternich)의 시도는 한계를 보였고, 1848년 프랑스를 시작으로 혁명의 물결이 전 유럽을 휩쓸었을 때 프랑크푸르트는 또 한 번 독일 역사의 중심으로 우뚝 서게 된다. 혹자는 1848년 5월 18일을 프랑크푸르트 도시의 역사에서 가장 위대한 날로 기억하기도 한다. 왜냐하면 이날 독일 역사상 최초로 독일연방 전역에서 국민들에 의해서 민주적으로 선출된 850명의 국회의원들 중 384명이 프랑크푸르트에서 열린 국민의회에 결집하였기 때문이다. 그들은 뢰머 2층에 있는 황제의 방에서 출발하여 현재 독일 국기로 사용되는 검은색, 빨간색, 황금색 기를 앞세우며 엄숙하게 행진하여 지금의 구시가지에 위치한 바울 교회에 도착하였다.

1848년부터 1849년까지 바울 교회에서 소집된 프랑크푸르트 의회

바울 교회는 1848년 독일에서 최초로 민주적으로 선출된 국민의회가 소집된 장소로서, 독일민주주의 요람이라는 상징성을 가지고 있다.

(국민의회)는, 독일에서 최초로 선출된 민주적 의회 활동의 중심지가 되었다. 국민의회의 목적은 독일에 단일한 자유주의적 헌법을 마련하는 등 광범위한 정치적 개혁을 수행하고, 동시에 독일의 통일을 달성하는 것이었다. 1848년 혁명의 와중에서 프랑크푸르트는 또다시 독일 국민국가를 달성하기 위한 정치적 운동의 중심지가 되었다. 프랑크푸르트 의회는 프로이센 국왕을 황제로 하는 통일된 독일의 헌법을 제정하였다. 그러나 느슨한 독일연방을 독일 국민국가로 통일하려는 바울 교회에서의 노력은, 특히 프로이센과 오스트리아 등 독일연방의 강대국들

이 국민의회가 만든 헌법을 인정하지 않았기 때문에 실패하였다. 프로이센 국왕은 평민이 하사한 황제의 관을 받아 황제가 되는 것을 거부하였고, 1849년 5월 30일에 바울 교회의 의회가 사실상 해산함으로써 자유주의적 국민국가를 창설하려는 노력이 좌절되었다.

그러나 프랑크푸르트 의회의 헌법은 1871년 비스마르크에 의한 독일제국의 창건 때 중요하게 반영되었고, 독일 역사상 최초의 민주주의 공화국을 실험한 바이마르 헌법과 서독의 기본법의 모범이 되었다. 1963년 6월 25일 미국 대통령 케네디가 프랑크푸르트를 방문하여 연설한 곳이 바로 바울 교회였다. 그 연설에서 케네디는 "(바울 교회를 제외한) 독일의 다른 어떤 장소들도 독일민주주의의 요람이라는 명예로운 호칭을 얻을 수 없을 것"이라고 강조하면서 바울 교회의 역사적 상징성을 부각시켰다. 비록 통일국가를 창설하려는 1848년 최초의 시도는 좌절되었지만, 프랑크푸르트의 바울 교회는 독일에서 자유와 민주주의의 요람을 의미하는 상징적 장소로서 독일사의 기억을 만들어낼 수 있었던 것이다.

유럽사 속의 프랑크푸르트: 유럽 상업의 교차점에서 유럽중앙은행의 소재지로

샤를마뉴와 관련되어 유럽사 속에서도 기억의 형상들을 만들기 시작한 프랑크푸르트는, 정치적 위상을 키워가는 것과 병행하여 유럽 대륙의 남과 북을 잇는 교역의 교차점으로서 경제적 위상도 함께 키워나갈 수 있었다. 샤를마뉴 시대에 인근 지역의 중심시장 역할을 하였던 프랑크푸르트는 유럽의 중심부라는 지리적 이점에 힘입어 유럽에서 교역이 활성화되는 것과 함께 유럽적 차원에서 국제적 교역이 이루어지는 정기시(정기적으로 열리는 시장)와 박람회의 도시로 성장할 수 있었다. 유럽 각국의 상인들이 모여드는 정기시로서의 프랑크푸르트의 중요성은 1240년 신성로마제국의 황제 프리드리히 2세가 외국 상인들에게 발행했던 보호장을 통해서 확인할 수 있다. 황제의 보호장은 교역을 위해 이탈리아로부터 알프스를 넘어 프랑크푸르트까지 여행하는 상인들이 신성로마제국의 특별한 보호를 받는다는 내용을 담고 있었다. 황제가 외국의 상인에게 보호장을 발행할 정도로 프랑크푸르트가 제국에서 차지하던 경제적 위상이 성장해 있었던 것이다.

프랑크푸르트에 도착한 이탈리아 상인들이 살았던 집들은 그들 출신 지역의 이름을 따서 뢰머, 밀라노, 라티란 등으로 불렸다. 오늘날 뢰머 광장은 이러한 역사에서 유래하였다. '로마 사람'을 뜻하는 독일어 '뢰머(Römer)'라고 부르던 로마 상인 가옥을 1405년 프랑크푸르트 시가 구입하였고, 그때부터 뢰머가 시청 청사로 사용되었던 것이다. 뢰머 광장을 둘러싼 인근 지역이 오늘날 프랑크푸르트의 구시가지로 불리게 된 것도 바로 이러한 이유 때문이었다. 외국인 상인들의 편의를 도모하고 프랑크푸르트 시민들의 수익을 증가시키기 위해서 뢰머 언덕을 둘러싸고 있는 가옥들은 정기시가 열리는 동안에는 귀중한 물건이나 부패하기 쉬운 물건들을 보관하는 창고로 임대되었다. 창고가 모자라게 되자 물건을 보관하기 위한 목적으로 새로운 건물들이 지어짐으로써 프랑크푸르트는 성장해갔다.

유럽을 잇는 국제적 교역의 중심지가 되면서 일 년에 한 번씩만 열리는 정기시로는 증가하는 상품에 대한 수요를 충족시키기에 부족하다고 느낀 프랑크푸르트 시민들의 요청으로, 1330년 바이에른 출신인 루트비히 4세(Ludvig IV) 황제는 프랑크푸르트 시에게 사순절 기간 동안 두 번째 정기시를 개최할 수 있는 권리를 하사하게 된다. 이뿐만 아니라 1337년 루트비히 황제는 일 년에 두 번 열리는 프랑크푸르트의 정기시를 제국의 공식적인 정기시로 지정하였고, 다른 경쟁 도시가 프랑크푸르트의 경제적 중요성을 해치는 것을 막기 위해서 다른 도시들이 정기시를 개최할 수 있는 권리를 박탈하기까지 하였다. 이로서 루트비히 4세는 프랑크푸르트가 이후의 역사에서 교역과 무역박람회의 도시로 위상을 굳힐 수 있는 굳건한 기반을 제공해준 것이다. 프랑크푸르트는 무엇보다 도서박람회로 유명하였고 그러한 전통은 오늘날도 국제 도서박람회가 프랑크푸르트에서 개최되는 데 일조하였다. 프랑크푸르트 정기시의 명성은 대문호 셰익스피어가 자신의 작품 《베니스의 상인(The Merchant of Venice)》에서 주인공 샤일록이 프랑크푸르트의 정기시에서 귀중한 다이아몬드를 샀다고 묘사할 정도로 셰익스피어 당대에 이미 유럽에서 '시장들의 시장'이라는 높은 명성을 유지하고 있었다.

지금은 구시청 청사인 뢰머와 뢰머 광장 앞에 구릉으로 솟은 지역인 뢰머 언덕을 중심으로 교역의 도시 프랑크푸르트의 경제적 활동은 제국의 보호를 받으면서 성황을 이루어갔다. 도시의 경제적 성장은 동시에 도시 규모의 확장을 동반하였다. 14세기에 이미 프랑크푸르트의 인구는 1만 명에 도달했지만 면적은 인구에 비해 좁았기 때문에, 루트비히 4세의 인가를 얻어 도시의 면적이 3배 정도 넓어질 정도로 도시의 경계를 확장하였다.

종교개혁의 시대에는 네덜란드의 칼뱅주의자, 영국의 청교도, 프랑스의 위그노들이 종교적 박해를 피해 프랑크푸르트로 이주해와 상업에 종사하게 되면서 유럽사에서 프랑크푸르트의 경제적 중요성은 더욱 증가되었다. 그리고 1555년 아우크스부르크(Augsburg) 종교평화회의 이후 프랑크푸르트 박람회는 이전에 경험하지 못했던 큰 성장을 이루게 됨으로써 또 다시 질적 도약을 할 수 있게 된다. 아우크스부르크 종교평화회의 이후 제국에서는 평화가 비교적 장기적으로 지속될 수 있었고 특히 네덜란드의 칼뱅주의자 상인들의 지속적 이주는 프랑크푸르트에서 이루어지는 교역이 활성화되는 데 중요한 기여를 하였다. 이 무렵 오늘날 독일의 증권거래소가 소재하게 되는 프랑크푸르트의 역사적 기반이 놓이게 되었다. 1586년에 당시 프랑크푸르트 대상인들의 협회는 상이하고 다양한 가치를 가진 각국 화폐의 유통을 원활히 하기 위해 환전거래소를 설치하여 각 화폐들 사이에 환율을 확정하였는데 그것이 오늘날 프랑크푸르트 증권거래소의 출발점이 되었다고 볼 수 있다.

나폴레옹 전쟁 이후 교역의 중심축이 점차 동부로 이동하면서 라이프치히가 중부유럽의 제1 시장으로서의 프랑크푸르트의 위상을 물려받게 되었고, 그 결과 유럽의 상업과 박람회의 중심지로서의 프랑크푸르트의 독보적인 위상은 점차 사라지게 되었다. 그러나 교역과 박람회의 장소로서 프랑크푸르트의 역사적 전통은 2차 세계대전 이후 다시 살아나기 시작하였다. 이미 1909년 국제 항공교통 전시회가 프랑크푸르트에서 개최되었다. 1948년 이후에는 자동차, 생필품, 모피 및 직물, 도서 등의 다양한 박람회들이 다시 프랑크푸르트에서 개최됨으로써 프랑크푸르트는 박람회의 도시로서 옛 명성을 되찾았을 뿐만 아니라, 유럽뿐만 아니라 세계적인 박람회의 도시로 발돋움하였다. 그중 매년 가을 개최되는 프랑크푸르트 도서전시회는 역사적 전통을 이어받아 오늘날 세계에서 가장 유명하고 규모가 큰 도서전시회로 손꼽히고 있다. 또한 2차 세계대전 이후 프랑크푸르트는 독일과 유럽의 금융 중심지로 두각을 나타내기 시작하였다. 그리고 마침내 1998년 유럽연합의 중앙은행이 프랑크푸르트에서 위치하게 됨으로써 프랑크푸르트는 역사 속에서 담당해온 유럽 경제의 중심축의 역할에 대한 보상을 받을 수 있었다.

독일과 유럽의 기억의 장소 프랑크푸르트

프랑크푸르트가 독일사와 유럽사에서 구성해왔던 정치적 또는 경제적 기억 못지않게 그 역사를 통해서 유럽의 어느 도시에도 뒤지지 않을 풍성한 문화적 기억들도 간직해오고 있다. 특히 계몽사상의 시대에 프랑크푸르트는 경제적인 발전 외에도 문화적 생활과 사회적 생활에 있어서도 활력을 자랑하는 유럽의 도시였다. 계몽사상의 전파를 위한 중요한 사회적 기구로서 공적 담론의 중요한 소통장소로 기능하였던 '커피하우스'가 프랑크푸르트에서도 널리 유행하였으며, 사람들은 프랑크푸르트에서 발행되는 신문을 통해서 시대의 중요한 정보들을 얻으면서 부르주아 시대의 공론장들을 만들어갔다. 또한 프랑크푸르트에서는 각 시대의 수준 높은 연극들이 상연되었으며, 실러(Friedrich von

Schiller)의 희곡작품 《간계와 사랑(Kabale und Liebe)》이 1784년 최초로 무대에서 상연된 곳이 프랑크푸르트 국립극장이었다. 1763년 8월 어린 모차르트는 아버지와 함께 프랑크푸르트를 방문하여 4일 동안 연주를 하였다.

1831년 베를린에 콜레라가 퍼지자 프랑크푸르트로 이사하여 1860년 사망할 때까지 프랑크푸르트에서 살았던 철학자 쇼펜하우어는 프랑크푸르트의 매력을 다음과 같이 메모하였다: "프랑크푸르트의 이점들 – 건강에 좋은 날씨, 멋진 경치, 대도시의 편의 시설, 자연사박물관, 훌륭한 연극들, 오페라, 콘서트, 많은 영국인들, 훌륭한 커피하우스, 나쁘지 않은 물, 젠켄베르크 도서관, ……" 위대한 철학자가 남긴 프랑크푸르트에 대한 기억은 문화적 도시로서의 프랑크푸르트의 일면을 간결하게 정리해주고 있다. 오늘날 30개 이상의 박물관들을 가지고 있는 프랑크푸르트는 유럽에서 가장 다양한 박물관을 가진 도시 중 하나로 손꼽히고 있다. 1749년 8월 28일 프랑크푸르트에서 출생하여 유년기를 그곳에서 보낸 괴테의 이름과 그의 생가 괴테 하우스는 또 다른 괴테의 도시 바이마르가 그랬던 것처럼 유럽의 문화적 상징 장소로서의 프랑크푸르트를 가장 웅변적으로 대변해줄 수 있을 것이다.

2차 세계대전의 폭격으로 인하여 철저하게 파괴된 프랑크푸르트는 전후 폐허의 잔해 위에서 도시로서 새로운 삶을 시작해야 했다. 재건을 위한 프랑크푸르트 시의 노력은 단순한 물리적 복구에만 제한되지 않았다. 프랑크푸르트 시는 새로운 출발을 하면서 과거의 정치·경제 중심지로서의 역사적 기억까지 되살림으로써 프랑크푸르트에 새로운 위상을 부여하려는 노력까지 하였다.

프랑크푸르트 시는 프랑크푸르트를 서독의 수도로 만듦으로서 황제의 도시와 민주주의의 상징 도시로서의 역사적 위상을 현재에 되살리려는 노력을 하였다. 그 결과 전후 서독 수도의 후보지로서 프랑크푸르트는 본과 경쟁을 하였지만, 서독의 초대 총리인 아데나워(Konrad Adenauer)가 자신의 집과 가까운 곳에 있는 본을 선호하였기 때문에 경쟁에서 패배하였다. 수도를 확정 짓기 위해 국회에서 거행된 비밀투표 결과 본은 200표, 프랑크푸르트는 176표를 얻었던 것이다. 물론 프랑크푸르트 시는 실망하였지만 프랑크푸르트가 독일사에서 만들어온 역사적 기억이 완전히 지워진 것은 아니었다. 왜냐하면 황제의 선출과 대관식 및 축제가 거행되었던 지금의 프랑크푸르트 구시가지의 중심에 위치한 뢰머와 뢰머 광장은 지금도 여전히 과거의 역사성을 그대로 보존하고 있기 때문이다. 1974년 독일 축구 국가대표팀이 뢰머 2층의 황제의 방 테라스에서 전 국민 앞에서 맥주잔을 들고 축하의 연회를 개최하는 이유가 바로 황제의 도시 프랑크푸르트가 지니고 있는 상징성 때문이었다. 이렇듯 정치적 중심지로서 프랑크푸르트의 역사적 기억은 현재 속에서 고스란히 살아남아 있는 것이다.

　　비록 프랑크푸르트를 신생 공화국의 수도로 만드는 것에는 실패하였지만, 프랑크푸르트 시는 프랑크푸르트가 유럽의 역사에서 구성해온 경제적 중심지로서의 기억을 현재에 되살리는 데에는 성공을 하였다. 전후 프랑크푸르트는 독일과 유럽의 경제를 이끌어가는 지도적 지위를 가진 장소로서 부상하는 데에 성공하였다. 현재 프랑크푸르트는 세계에서 열 번째로 큰 승객 수송 규모와 유럽에서 가장 많은 화물수송 규모를 자랑하는 공항을 가짐으로써 항공교통에서 유럽의 관문의

거대한 위용을 자랑하는
유럽중앙은행은 유럽연
합 재정의 심장부로서 프
랑크푸르트에 소재하고
있다.

역할을 하고 있다. 또한 프랑크푸르트는 독일과 유럽 금융의 중심지로
부상하였다. 독일의 중앙은행인 연방은행 및 증권거래소를 비롯하여
독일에서 가장 많은 국내외의 은행들이 프랑크푸르트에 소재하고 있
기 때문에 혹자는 프랑크푸르트를 '은행푸르트(Bankfurt)'라고 부르기
도 한다. 다시 말해서 전후 독일 경제의 부흥과 함께 프랑크푸르트는
과거 유럽 경제에서 차지하였던 자신의 역사적 위상을 복구할 수 있었
던 것이다.

그리고 유럽연합은 도시 프랑크푸르트가 역사 속에서 구성해온 정

체성들 가운데 경제적 교역과 정기시의 장소로서 유럽을 연결하였던 경제적 중심지로서의 프랑크푸르트의 기억을 현재에 다시 되살려 놓았다. 1994년 1월 1일 유럽연합이 경제통화동맹(Economic and Monetary Union: EMU)을 창설하는 과정의 두 번째 단계를 시작하였을 때, 이 단계에서 유럽중앙은행 체제와 단일통화의 도입을 준비하는 과제를 수행하였던 유럽통화기구(European Monetary Institute: EMI)의 소재지가 바로 프랑크푸르트였던 것이다. 그리고 유럽연합이 1998년 유럽중앙은행을 창설할 때 유럽중앙은행의 소재지로 결정되었던 곳도 바로 프랑크푸르트였던 것이다. 유럽 국가들 사이의 교역을 이어주는 교량이자 유럽의 경제적 중심지로서의 프랑크푸르트의 역사적 기억과 전통은 프랑크푸르트가 유럽중앙은행의 소재지가 됨으로써 현재에도 생생하게 살아남을 수 있게 되었다.

유럽의 역사는 다양한 형태의 개별성들이 보편성을 간직하고 있는 공동의 문화권의 품속에서 전개되어 왔음을 보여주고 있다. 우리는 다양성 속의 통일이라는 주제를 과거의 유럽, 즉 유럽사를 관통하는 큰 흐름 가운데서 발견할 수가 있다. 그리고 지금도 유럽연합은 '다양성 속의 통일'이라는 표어를 내걸고 현재의 유럽을 만들어가며 동시에 미래의 유럽을 설계하고 있다. 개별성과 보편성이 교차하면서 전개된 역사는 다양한 내용의 공동의 경험과 지식을 기억으로 구성하였고, 그 기억이 현재의 유럽 정체성을 구성하는 기본 토양이 되었다. 그러한 이유로 독일의 개별성과 유럽의 보편성이 역사 속에서 그리고 현재에도 여전히 교차하고 있는 기억의 장소인 프랑크푸르트를 전형적인 독일과 유럽의 대표적인 도시 가운데 하나로 자리매김할 수 있을 것이

다. I 신종훈

참고문헌

Dzeja, Stephanie. *Die Geschichte der eigenen Stadt. Städtische Chronistik in Frankfurt am Main vom 16. bis zum 18. Jahrhundert*, Frankfurt a. M./Berlin/Bern/Bruxelles/New York/Oxford/Wien: Peter Lang, 2002.

Kickhefel, Fred. & Kutscher, Markus. *Frankfurt am Main. Stadt im Wandel*, Gudensberg-Gleichen: Wartberg, 2010.

Mick, Günter & Lechthaler, Wolfgang. *Frankfurt am Main. Herzstück Europas*, Frankfurt a. M.: Societäts, 2007.

Wynne, George G. *Frankfurt through the centuries*, Frankfurt a. M.: Waldemar Kramer, 1975

위치 프랑스 알자스 주
면적 78.26km²
인구 272,975명(2006년)

유럽의회
유럽인권재판소
유럽평의회

Strasbourg
그랑드일

독일

스트라스부르, 프랑스

스트라스부르

민족 갈등의 도시에서 통합 유럽의 수도로

유럽 문화의 보물

스트라스부르는 현재 프랑스 북동부, 알자스(Alsace) 주에 위치한 도시이다. 프랑스 영토지만, 세 가지 언어로 도시명이 표기된다. 프랑스어로 'Strasbourg', 알자스어로 'Strossburi', 독일어로 'Straßburg'인데, 이것만으로도 스트라스부르가 역사적으로 갈등 지역이었고, 지역이나민족 정체성이 복잡하게 얽혀 있는 장소였음을 미루어 짐작할 수 있다. 특히 민족주의와 제국주의 시대라는 유럽 근대사의 소용돌이 속에서 프랑스와 독일은 번갈아가며 스트라스부르를 점하였다. 알자스어를 쓰는 지역 주민은 두 국가의 점유에 따라 때로는 프랑스인으로 때로는 독일인으로 살아가야 했고, 2차 세계대전이 끝나서야 스트라스부르는 프랑스의 영토로 귀속되었다. 세 가지 언어로 표기되는 도시명은이러한 역사가 고스란히 반영된 것이다.

갈등의 역사를 낳은 유럽 근현대사 이전까지 크게 세 시기로 나누어

스트라스부르의 정체성을 살펴볼 수 있다. 첫 번째 시기는 십자군 전쟁 이전의 중세 시대로 가톨릭 정체성이, 두 번째 시기는 십자군 전쟁 이후부터 종교개혁 시대로 세속적인 프로테스탄트 정체성이, 세 번째 시기는 절대왕정 시대로 프랑스 정체성이 형성되었다.

먼저 중세 프랑크 왕국 시대부터 스트라스부르는 그리스도교의 도시이며 프랑스어와 독일어권이 공존하는 도시가 되었다. 메로빙거 왕조에 의해 496년 'Strateburgum'라는 이름으로 복원된 이후, 카롤링거 왕조의 샤를마뉴에 의해 가톨릭 교회가 세워졌다. 776년 레미(Remi 또는 Remedius) 주교에 의해 주교좌가 설치되면서 명실상부한 가톨릭 교회의 도시가 되었다. 오늘날에도 유명한 가톨릭 교회 건축물인 스트라스부르 대성당(Cathédrale Notre-Dame de Strasbourg)의 역사적 기원이 된 셈이다.

샤를마뉴 사후 프랑크 왕국이 서프랑크, 중프랑크, 동프랑크로 분할되면서, 아들들, 그리고 손자들 사이의 전쟁으로 인해 스트라스부르는 번갈아 지배 왕국이 달라졌다. 서프랑크의 카를 2세(Karl II)와 동프랑크의 루트비히 2세(Ludwig II)가 큰형인 로타르 1세(Lothar I)의 중프랑크를 차지하기 위해 서로 합심하였다. 그 결과 군사 동맹 문서인 〈스트라스부르 서약(serments de Strasbourg)〉이 맺어졌다. 고어 프랑스어와 고어 독일어로 쓰인 이 문서는 중세부터 스트라스부르에 두 언어가 공존하고 있음을 알려준다.

13세기 십자군 전쟁 말기부터 스트라스부르는 자유 도시, 프로테스탄트교의 도시가 되었다. 1201년 신성로마제국 황제인 카를 4세가 스

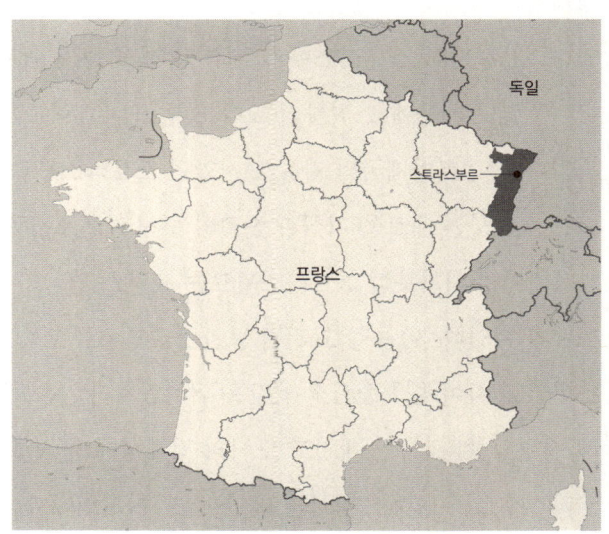

진한 색 부분이 알자스 주이고, 스트라스부르는 독일 쪽 경계선에 가깝게 위치해 있다.

트라스부르를 자유 도시로 선포하면서 실질적인 발전이 이루어졌다. 이때부터 상업과 금융업자들이 새로운 도시의 주도층이 되었고, 1358년 구관세청(Ancienne Douane, Kaaufhüs)을 세워 당시 물품 수송 통제 및 세금 징수 등등 상업 활동을 관리하였다. 관세청 건물을 중심으로 운하가 만들어지면서 오늘날 유명한 관광 명소인 그랑드일(Grande Île)이라고 불리는 구시가지가 형성된 것이다.

상업 도시의 발전과 더불어 신흥 상인뿐만이 아니라 인문학자와 같은 지식인도 스트라스부르에 유입되었다. 마인츠 상인 구텐베르크가 1430년에 인쇄업을 시작했을 정도로 스트라스부르는 라틴어 성경책을 인쇄하는 중심 도시가 되었다. 1517년 루터의 종교개혁이 일어난 후, 스트라스부르는 1524년 프로테스탄트교를 채택하였고, 1538년 장 스튀름(Jean Sturm)에 의해서 김나지움(Gymnase Jean-Sturm)이 설립되었다. 이 김나지움은 프로테스탄트교의 사립학교로서 인문주의와 종교개혁의 신약성서 내용을 통합시킨 새로운 종교 교육의 본보기가 되었다. 장 칼뱅이 스트라스부르 체류 기간 중 이곳에서 가르치게 되었고, 이 경험 때문에 스튀름의 교육 방법이 제네바 학술원에서도 채택되었다. 신성로마제국의 자유 도시였던 스트라스부르는 프로테스탄트교를 수용하는 새로운 지식과 종교의 도시로 변모하였다.

절대왕정 시기부터 스트라스부르는 프랑스 왕국의 도시이며 대학의 도시가 되었다. 30년 종교 전쟁 동안 스트라스부르는 가톨릭과 프로테스탄트교 사이에서 중립적 입장을 취하였지만 1681년 루이 14세에 의해 점령당했다. 이를 계기로 도시의 정체성에 큰 변화가 일어났다. 스트라스부르는 프랑스 왕국의 라인 강 보루 지역에 위치하면서 군사 주둔 도시로 변모했다. 아울러 김나지움이 스트라스부르 대학으로 승격되면서 전 유럽의 유학생들이 법학과 의학을 배우기 위해 몰려들었다. 외국 학생과 주변 지역민이 급격하게 유입되었고, 당시 도시민과 군인 수만 합쳐도 2만 명이 넘었다.

가톨릭을 국교로 삼은 프랑스 왕국의 지배 아래에서 주교 권한이 커지면서 로앙(Rohan) 가문이 스트라스부르 주교단을 세습하였다. 오늘날 미술관으로 사용되는 로앙 궁(Palais Rohan)은 당시 프랑스 왕국과 가톨릭 교회 간의 관계를 입증해주는 건축물이다. 대다수 도시민이 프로테스탄트교를 믿었지만 프랑스 왕국 아래 스트라스부르는 가톨릭 교회의 정체성을 되찾았다. 물론 프랑스혁명과 나폴레옹 시대를 겪으면서 가톨릭 교회의 세력이 약화되었지만 프로테스탄트교와 가톨릭 교회가 공존하는 도시가 되었다.

1870년 이전까지 스트라스부르는 중세와 근대 유럽 사회의 변화에 따라서 다양한 특성을 갖게 되었고, 그 과정에서 세워진 건축물은 독특한 유럽문화유산이 되었다. 특히 현재 구시가지, 그랑드일이 1988년 UNESCO에 의해 세계문화유산으로 지정되었는데, 스트라스부르 대성당, 로앙 주교궁(Rohan Castle), 스트라스부르 대학, 구텐베르크 광장, 노트르담 박물관 등등의 주요 문화 유적들이 포함된 곳이다. 그중 강 주변의 프티프랑스(Petite France)가 유명한데 16~17세기 중세풍 건물들이 즐비하게 늘어서서 도시민의 산책길에도, 외국 관광객에게도 커다란 구경거리를 제공해주고 있다. 이처럼 스트라스부르는 오늘날 유럽연합의 문화 정책에 부합되는 유럽 공동 문화유산을 가졌다고 해도 과언이 아니다.

그랑드일 전경. 높이 솟은 건물이 스트라스부르 대성당이다.

　최근 유럽연합은 유럽문화협회의 주도 아래 유럽문화유산 기념일 (European Heritage Days) 행사를 펼치고 있다. 기념일 기간 동안 시민 들에게 일반적으로 출입이 허용되지 않던 유적지나 기념비, 장소를 방 문할 수 있는 기회가 주어진다. 이는 1984년 프랑스 문화부에 의해 시 작된 문화유산의 날(Journées du Patrimoine) 행사가 유럽 차원으로 확 대된 것으로, 1991년 유럽평의회(Council of Europe)에 의해 발의된 후 2010년부터 유럽연합의 50개 가입국의 동의 아래 실시되고 있다. 스트 라스부르가 이 사업의 취지에 합당하지만 이미 세계문화유산으로 지 정된 상태였다.

　프랑스의 입장에서는 유럽문화유산보다 세계문화유산으로 먼저 선 정되어 다행이라고 여길 수 있다. 스트라스부르가 과거에 독일의 도시 였고 여전히 독일 문화를 간직하고 있기에 프랑스 문화를 대표하는 전 형적인 도시는 아니었던 것이다. 오히려 스트라스부르가 세계문화유

프랑스어로 '작은 프랑스'라는 뜻의 프티프랑스는 중세 유럽의 모습을 그대로 간직한 것으로 유명하다.

산지로 선정됨으로써 프랑스의 대표 도시로 부각될 수 있었다.

하지만 프랑스와 독일의 문화가 혼재된 문화유산 때문인지 공교롭게도 스트라스부르는 유럽연합의 '유럽문화수도' 프로그램에서 2013년 문화수도로 선정되지 않았다. 우연의 일치라고 말할 수도 있겠지만 역사적으로 프랑스와 독일 간의 전쟁으로 인해 고통을 받았던 스트라스부르를 기억한다면 그 이유를 미루어 짐작할 수 있다. 19세기부터 스트라스부르 시가 프랑스와 독일, 양 국가 사이에서 어떠한 갈등을 겪고 상흔을 입었는지, 그로 인해 어떤 독특한 정체성을 가질 수밖에 없었는지, 그 역사적 배경을 알아보자.

종교 · 지역 · 민족 갈등의 도시

1789년 프랑스혁명 이후 종교 정책의 변화를 통해 프로테스탄트교·가톨릭교·유대교가 스트라스부르의 주요 종교로 자리했다. 혁명 정부가 성직자시민법(Constitution civile du clergé)을 제정하여 가톨릭 교회의 특권을 배제시켰는데 이때부터 프로테스탄트교와 유대교에 대한 종교의 자유가 허용되었다. 특히 1791년 9월 27일 법령을 통해 혁명 정부는 이 종교 자유가 개인적 차원에 해당된다고 밝혔다. 유대인이 정치적 집단이나 질서를 만들 수는 없되, 개인적 차원에서 종교적 자유가 허용되었다. 이러한 정책은 스트라스부르에 그대로 반영되었다.

1850년을 전후해서 점차 프랑스어를 쓰는 중간 부르주아 계층이 성장하였다. 그들 중 프로테스탄트교와 가톨릭교보다 유대교와 가톨릭교 신자 사이의 결혼률이 급증하였다. 이를 계기로 유대교회는 종교교육 기관을 세우려고 했으나 프로테스탄트교와 가톨릭교의 반발로 무산되었다. 비록 두 종교 공동체가 유대인의 전통적 교육관에 반대했지만 유대인의 시민권에 대해서는 문제 삼지 않았다. 1840년 프로테스탄트교와 가톨릭 교회의 신자가 시 의회 주요 구성원을 차지하면서 두 종교 사이에 긴장감이 돌긴 했지만, 프랑스-프로이센 전쟁이 일어나기 직전까지 스트라스부르의 종교 공동체들은 큰 문제없이 공존하였다.

1870년 7월 프로이센 군대가 스트라스부르를 포위하였고, 1871년 베르사유 궁에서 독일제국을 선포한 이후, 알자스와 로렌(Lorraine) 지역은 독일의 영토가 되었다. 이 과정에서 독일 진영을 도와준 프로테스탄트교에 대한 거센 반발이 알자스 지역 가톨릭 교회의 성직자 중심으로 일어났다. 당시 알자스 지역의 루터파나 칼뱅파는 대체로 독일어를 구사했기에 독일 군인들과 소통하는 일이 어렵지 않았고, 이 때문에 독일 군대에 대한 반감도 덜했다. 하지만 가톨릭교와 유대교 신자

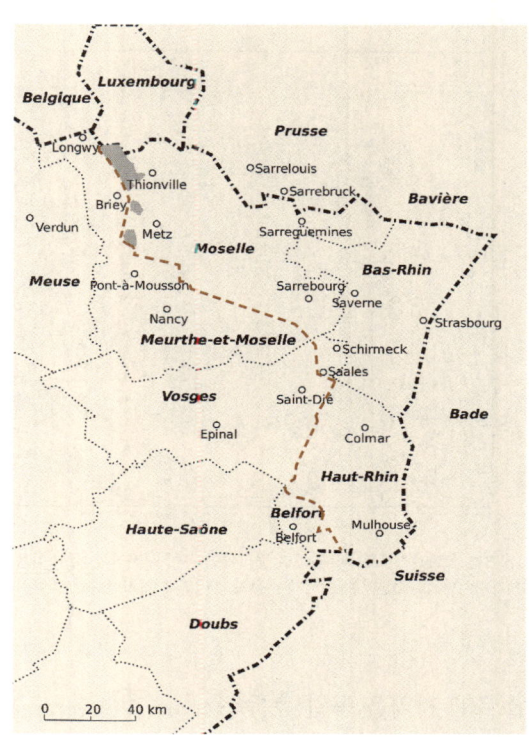

1871년 이후 독일제국이 차지한 국경선이 갈색 점선이고, 그 이전이 검은 점선 표시이다.

들은 독일어를 쓰더라도 프랑스 문화를 고수하려는 경향이 컸었다.

전쟁 과정 중에 생겨난 종교적인 갈등은 알자스가 로렌 지역에 병합되면서 다른 차원의 갈등으로 발전하였다. 독일제국의 총리 비스마르크는 알자스를 새로운 독일 영토로 편입시키면서 알자스로렌(Alsace-Lorraine)이라는 지역을 형성했다. 이때부터 스트라스부르는 알자스로렌 지역의 수도가 되었고, 근대 도시화를 통해 대도시로 성장하였다. 먼저 도로가 확장되고 근대식 건물이 증축되고, 은행이 설립되는 등 독일제국의 특별한 관심을 받는 대도시가 되었다. 대도시화란 곧 독일화(Germanization)를 의미하기 때문에, 스트라스부르의 독일화는 알자

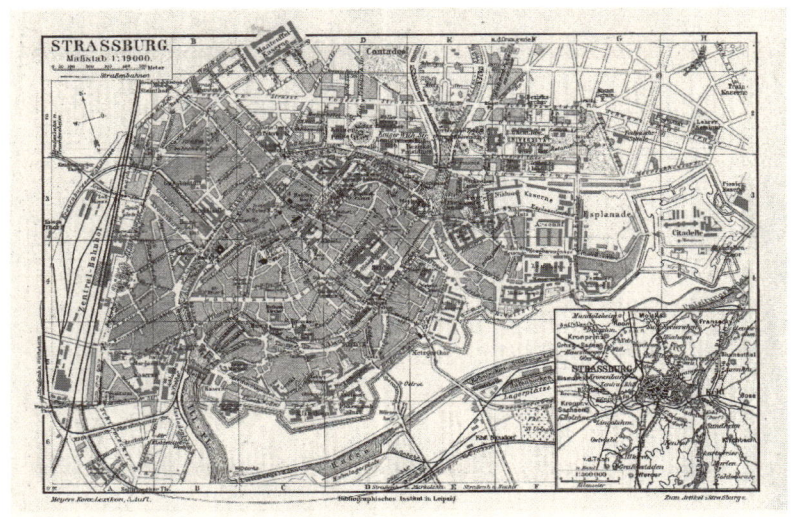

1888년 스트라스부르. 강 운하로 둘러싼 곳이 구시가지이고, 이를 둘러싼 주변 구역이 독일제국의 신시가지이다. 그 중심부는 구시가지 동쪽 건너편에 위치한다.

스로렌 지역을 독일 총독부(General Government)의 거점 공간으로 만드는 정책이었다. 궁극적으로 프랑스의 도시가 아닌 독일제국의 정치·군사·문화 도시로의 변모를 꾀하는 데 있었다.

　이를 위해 총독부는 네 가지 주요 문화 정책을 실시하였다. 첫째, 독일어를 스트라스부르의 공식어로 채택하였다. 둘째, 독일 종교법이 프랑스 종교법보다 훨씬 관용적이며 자유롭다는 점을 강조하여 기존의 가톨릭 세력 계층까지 포섭하고자 하였다. 셋째, 독일풍의 신시가지(Neustadt, nouvelle ville)를 건설하여 기존의 세력 계층을 약화시키고 새로운 독일 계층을 형성시키고자 하였다. 이 신시가지는 구시가지(그랑드일)의 동쪽에 위치해 있으며, 독일 이주민이 유입해서 거주하는 공간이 되었다. 넷째, 교육 기관을 통해 독일 민족의 국가관을 심어주고

자 하였다. 신시가지에 스트라스부르 대학의 신관을 세워 법, 의학, 철학, 과학, 그리고 프로테스탄트교 신학 학부들을 이관시켰다. 기존의 알자스 지역인보다 신시가지의 이주 독일인들에게 훨씬 많은 입학 기회가 주어졌으며, 이를 통해 독일 총독부는 스트라스부르를 독일 민족의 도시로 재탄생시키고자 하였다.

하지만 독일화 정책은 알자스 지역 주민에게 오히려 반독일인 감정을 자극시키는 계기가 되었다. 스트라스부르의 구시가지는 여전히 기존 부르주아 계층의 영향력 아래 있었고, 그들은 새로운 통제를 주도하는 독일 총독부에 협력하려는 의지가 없었기 때문에 알자스 지역의 여론이 반독일 감정으로 흐르게 되었다. 당시 비스마르크의 조카이자 이 지역의 총독이었던 비스마르크볼렌(Friedrich von Bismarck-Bohlen)이, "(이 지역의) 대중의 언어는 독일어이지만 그들의 감정은 프랑스인이다."라고 말할 정도였다. 하지만 이것은 프랑스 민족 정체성이라기보다는 역사적으로 축적된 알자스 지역의 도시 정체성에서 비롯된 감정이라 할 수 있다.

스트라스부르가 1871년 독일 영토로 편입되었을 때에는 열네 번째 대도시였지만, 1910년에는 독일제국의 도시 규모 중에서 스물여섯 번째에 해당되는 보통의 도시가 되었다. 비록 이전보다 대도시화 되었지만 다른 도시들에 비해 발전 속도나 규모가 중간 수준이었고, 독일 문화 중심부로 편입될 수 없는 군사 도시가 되었다. 물론 산업 발달이 이루어지지 않은 것은 아니었지만, 1871년 총독부의 관심과 지원에 비해서 1910년대 스트라스부르는 정치적·경제적·문화적으로 독일제국의 변방에 위치해 있었다.

1차 세계대전 이후 스트라스부르는 다시 프랑스로 귀속되었지만 이로 인해 복잡한 상황이 벌어졌다. 전쟁 과정에서 알자스 지역인과 스트라스부르 도시민이 희생되는 상황이 벌어졌기 때문이다. 프랑스계 알자스인은 독일 군대에게, 독일계 알자스인은 프랑스 군대에게 체포되었다. 알자스인을 체포, 호송, 고문하는 과정에서 비인간적인 일들이 일어났다. 독일 군대는 스트라스부르에서 독일어만 쓰도록 강요하였고, 친프랑스 성향의 알자스인에 대한 감시 체계를 강화하였다. 이주 독일인은 프랑스계 혈통의 시민을 감시하는 역할을 맡았다. 1차 세계대전 동안 스트라스부르 도시민은 순식간에 독일제국의 시민에서, 어떤 국가에도, 어떤 민족에도 속하지 않는 알자스 지역인이 되었던 것이다.

1918년 베르사유 조약으로 이 지역은 '알자스모젤(Alsace-Moselle)'이라는 이름의 지역으로 프랑스로 귀속되었고, 다시 비극적인 상황이 일어났다. 이주 독일인은 추방되었고, 독일 군대에 소속되었던 스트라스부르 도시민이 죽으면서 도시의 인구가 감소되었다. 이 시기부터 유대인의 유입이 많아졌고, 그로 인해 다른 유럽 지역보다 빠르게 반유대주의(antisémitisme)가 형성되었다.

1939년 2차 세계대전이 일어나면서 전쟁 기간 동안 스트라스부르는 프랑스나 독일, 어느 쪽에도 속하지 않는 이상한 공간이 되었다. 2차 세계대전 중 프랑스 비시 정부(gouvernement de Vichy)*가 성립되면

• 프랑스 비시 정부의 성립으로 프랑스 영토는 크게 점령 지역과 자유 지역으로 나뉘었다. 전자는 나치 독일이, 후자는 프랑스 협력 정부인 비시 정부가 각각 차지하였다. 스트라스부르는 점령 지역에 속하였고, 그중에서도 병합 지역에 해당되었다.

서 동시에 스트라스부르는 나치 독일의 병합 지역이 되었다. 유대교회당이 불타고 파괴되었고, 수많은 유대인이 목숨을 잃기 시작했다. 당시 스트라스부르에 거주한 1만 명의 유대인 중에 2천 명이 죽었다. 비록 1차 세계대전 이후 유대인 이주민의 유입으로 반유대주의가 일어났지만, 전통적인 유대교 공동체가 스트라스부르 도시에 오랫동안 존재해 왔기 때문에 이 홀로코스트는 모두에게 커다란 상처였다.

양차 대전 동안 스트라스부르는 프랑스와 독일의 이해관계 때문에 양 진영에 의해 소외되고 희생되었다. 그야말로 스트라스부르는 양국의 치부가 그대로 드러나는 '상처의 도시'였으며, 전쟁 과정 중에 양국의 민족 정체성을 대신해서 알자스의 지역 정체성이 우선시되는 도시로 발전할 수밖에 없었던 것이다.

그러나 오늘날 스트라스부르는 브뤼셀과 함께 '유럽의 수도(Capital of Europe)'라는 칭호를 얻고 있다. 1·2차 세계대전에서는 프랑스의 도시도, 독일의 도시도 아니었던 스트라스부르가 어떻게 '유럽의 수도'라는 새로운 칭호를 얻게 된 걸까?

유럽통합의 수도

오늘날 스트라스부르는 유럽연합의 기관 건물들이 즐비하게 들어서 있는 새로운 도시로 변모하고 있다. 1949년에 영국 외무부 장관이던 어니스트 베빈(Ernest Bevin)이 이러한 변화를 예견한 적이 있다. "다른 도시보다도 여기 스트라스부르는 전쟁으로 문제를 해결하려 들었던 유럽 국가들의 어리석음에 희생된 도시였습니다. 이제 이 도시가 화해와 평화의 상징이 될 수 있기를 기원합니다." 그의 말대로 스트라스부르는 현재 유럽통합의 공간이 되고 있다.

현재 스트라스부르에는 20개가 넘는 국제기관이 세워져 있으며 유럽연합 기관도 포함되어 있다. 그중에서도 유럽평의회가 대표적이다.

유럽평의회는 1949년 런던에서 서유럽 10개국이 참가하여 결성된 기관이다. 2차 세계대전을 겪은 후, 인권 보호를 위해 유럽 국가뿐만 아니라 전 세계적으로 민주주의, 법 질서를 지킬 필요가 있다는 인식 아래 세워졌다. 인권·민주주의·법 질서가 유럽 문화 정체성의 가치임을 내세운 유럽인권협약(European Convention on Human Rights)이 이루어졌고, 현재 유럽 지역의 47개국이 가입되어 있다. 각 가입국의 대표 각료가 인종차별, 테러리즘과 같이 민주주의 가치관에 위배되는 사회 문제를 회의 안건으로 다루어 그 해결 방안을 모색한다.

유럽평의회는 유럽연합 기관은 아니지만, 유럽공동체 성립 과정에서 긴밀한 협력 관계를 맺었던 조직이다. 유럽평의회는 1949년에 설립되었고, 곧 이어서 1950년 유럽석탄철강공동체(ECSC), 그리고 1957년 유럽경제공동체(EEC)가 성립되었다. 유럽경제공동체가 이때부터 개별 국가의 주권을 일부 이양한 초국가적 기구로 변모할 수 있다는 생각을 가졌기에 유럽평의회와 같은 긴밀하고 중재적인 기관이 필요했다. 이를 일찍이 간파한 당시 프랑스 외무부 장관인 로베르 슈만은 "유럽평의회는 유럽통합 기관의 변모가 이루어질 때까지 유럽 협력의 실험대가 될 것입니다"라고 말한 바 있다.

'유럽 협력의 실험대'라는 의미는, 오늘날 유럽평의회 소속 기관인 유럽인권재판소(European Court of Human Rights)의 활동에서 확인할 수

유럽인권재판소 건물 전경.

있다. 이 재판소는 유럽평의회의 법적 기관으로서 유럽인권협약에 따라서 1959년에 세워졌다. 유럽인권재판소의 기능은 협약에 의거해 개인의 인권을 해치는 경우 여러 인권위원회에 이의 절차를 밟아 소송을 제기할 수 있는 권한을 보장하는 데 있다. 하지만 가입국의 국내법과 충돌할 수 있는 부분이라서 유럽연합 성립 이전까지 이 재판소의 활발한 활동이나 영향력을 기대할 수가 없었다.

그러나 유럽 헌법이 승인되면서 유럽인권재판소는 유럽 헌법과 가입국의 국내법 사이의 갈등을 해결하는 일종의 조정 기관이 되어가고 있다. 하나의 실례를 수형자의 투표권 논쟁에서 찾아볼 수 있다. 2005년 10월 6일 유럽인권재판소는 영국의 선거법에 따른 수형자 투표권 금지 법조항이 유럽인권협약에 위반된다고 판단하였다. 대재판부(Grand Chamber, 17명의 재판관으로 구성된 최종 재판부) 재판관들의 12 대 5의 판단으로 수형자의 국회의원 선거 및 지방 선거에서 투표를 금지시킨 영국의 선거법이 인권에 위배된다고 판결하였다. 일부 유럽 국가에서는 수형자에게 투표권을 부여할 것인가의 문제는 개별 국가가 자국의 여러 상황을 고려하여 민주적 의사 결정에 따라 결정할 사안이지, 유럽인권재판소가 개입할 사안은 아니라고 비판하고 있다. 이를 계기로 유럽인권재판소는 유럽 시민, 개인의 인권 보호를 어떻게 할 수 있는지, 활동의 한계성과 영향력까지 타진해 볼 수 있는 실험대가 되고 있다. 이는 유럽연합의 정치공동체를 실현시키는 밑거름이 된다. 슈만의 말처럼, 유럽평의회는 그 당시나 오늘날이나 유럽 협력의 실험대로서 제 역할을 다하고 있는 셈이다.

1994년 스트라스부르의 유럽 구역에 세워진 유럽인권재판소 건물은 현재 관광 명소가 되어 있다. 유럽의회 건물과 더불어 관광객이나 건축 전공자들에게 인기 있는 장소이다. 당시 이미 널리 알려졌던 영국의 건축가 리처드 로저스(Richard G. Rogers) 경이 설계를 맡아 건립 초기부터 관심의 대상이었다. 그는 프랑스 파리 퐁피두 센터(Centre Pompidou)의 공동설계자이며, 영국 런던의 밀레니엄 돔(Millennium Dome)을 설계하였다. 리처드 로저스는 유럽연합이 초국가적 정치공동체가 될 때 유럽인권재판소의 역할이 커질 수 있다는 점을 미리 내다보고 건물 규모를 크게 지었다. 이 건물도 스트라스부르에게 '유럽의 수도'라는 정체성을 부여할 수 있는 합당한 이유가 될 수 있을 것이다.

그렇지만 명실상부하게 스트라스부르가 '유럽의 수도'라는 타이틀을 갖게 만든 유럽연합의 기관은 유럽의회이다. 현재 유럽의회는 유럽연합 회원국 국민들이 직접 의원들을 선출하여 구성되는 세계 유일의 초국가적 의회체이다. 처음에는 공동의회(Common Assembly)라는 명칭이었으나, 1958년부터 유럽의회라고 불리기 시작하였다. 단일유럽의 정서 이전까지 유럽의회는 회원 각국의 의회에서 파견한 의원 대표로 구성되어 있었고 스트라스부르에서 짧은 모임만을 갖곤 하였다. 유럽의회는 자문 기관 이상의 의미를 갖지 못하는 상징적인 기관이었을 뿐이었다. 비록 1979년부터 유럽 시민의 직접 선거를 통해 유럽의회가 구성되면서 기관의 위상은 올라갔지만 법안을 제안하는 가입국의 의회만큼 권한조차 갖지 못했다.

그러다 단일유럽의정서 이후 연속된 조약들을 통해 유럽의회의 권한이 오늘날 점점 커져 가고 있다. 그 권한은 크게 세 가지로 요약될 수 있다. 첫째, 유럽의회의 각료이사회와 EU집행위원회에 대한 감독·통제 권한이 있다. EU집행위원회의 집행위원은 각국에서 지명하지만 각료이사회에서 선임하는 집행위원장은 유럽의회의 승인을 받아야 한다. 집행위원 지명자에 대해 인사 청문회를 실시할 수 있으며 전체 집행위원회에 대한 승인, 불신임을 결정할 수 있다. 둘째, 예산에 관련된 권한이다. 예산 편성권은 집행위원회가 가지고 있으나 최종적인 예산안은 유럽의회 의장이 최종 서명을 해야 하며, 예산안에 대한 거부권을 가지고 있다. 중요한 것은 유럽연합의 지역·사회 정책·문화·교육 등의 정책 분야 예산 지출에 대한 최종 결정 권한이 유럽의회에 있다는 점이다. 셋째, 입법 관련 권한이다. 유럽의회가 법안에 대한 의견을 제시할 수 있으나 구속력은 갖지 않는다. 하지만 각료이사회가 유럽의회의 공식적인 동의가 있어야 법령을 채택할 수 있기 때문에 유럽의회의 의견을 수렴해야 하는 상황이라서 유럽의회의 입법 권한은 꾸준히 확대되고 있다.

이와 같은 유럽의회의 권한 발전은 스트라스부르의 위상과 관련이

피터르 브뤼헐의 〈바벨탑〉을 바탕으로 한 EU의 선전 포스터(왼쪽)와 유럽의회 건물(오른쪽). 유럽의회
건물은 피터르 브뤼헐의 〈바벨탑〉을 모태로 건축되었다.

깊다. 이 기관의 존재감이 '유럽의 수도'라는 명칭을 스트라스부르에게
부여하는 가장 큰 이유이기 때문이다. 사실 초기 유럽의회가 스트라스
부르에서 회합한 이유는 1·2차 세계대전의 상흔으로 유럽통합이 시작
되었다는 상징적 의미를 부각시키기 위해서였다. 유럽 민족국가들 사
이의 경쟁적 구도가 인권·민주주의·법 지배를 파괴하였고, 그 결과 프
랑스도 독일도 아닌 알자스 지역인의 희생이 이루어졌다는 점을 일깨
워주고자 스트라스부르를 회의 장소로 삼았던 것이다.

　이러한 취지는 오늘날 유럽의회의 건물에서도 반영되어 있다. 이 건
물은 유럽인권재판소와 마주 보는 위치에 독특한 유럽 현대 건축양
식으로 세워졌다. 피터르 브뤼헐의 1563년 작 〈바벨탑(The Tower of
Babel)〉 속 바벨탑을 본따서 세워진 미완성형 건물이다. 흩어진 유럽이
하나가 되기 위해 유럽의회가 아직 가입하지 않는 유럽 국가들을 기
다리고 있으며, 유럽 문화 안에서 분열된 유대교·가톨릭·프로테스탄
트교가 하나로 통합되기를 바라는 의미에서 세워졌다. 이 건물의 취지

대로, 지금은 유럽의회의 권한이 커지고 유럽연합의 초국가적 성격이 강해지면서 스트라스부르는 프랑스와 독일 사이에서 희생된 도시에서 유럽통합의 수도로 탈바꿈하고 있다. 마치 독일제국의 영토로서 알자스 지역이 로렌 지역으로 병합되었을 때 제국령의 수도가 되었듯이, 새로운 도시 정체성이 생긴 것이다.

사실 유럽의회는 기본적으로 세 도시에 세워져 있다. 유럽의회의 전체 회의는 스트라스부르에서 열리고, 의회위원회의 정기 모임은 브뤼셀에서 갖고, 유럽의회의 사무국은 룩셈부르크에 위치해 있다. 유럽연합 성립 초기에 스트라스부르보다 브뤼셀이 실질적인 모임 장소가 되면서 스트라스부르의 유럽의회에 대한 비효율성의 문제가 대두되었다. 그러나 프랑스가 암스테르담 조약과 니스 조약을 통해 유럽의회의 중심지로서 스트라스부르의 위상을 유지해 줄 것을 요구하였고, 그로 인해 오늘날 유럽의회의 전체 회의가 스트라스부르에서 열리고 있는 것이다.

이러한 이유로 스트라스부르는 현재 유럽의 수도라는 타이틀을 두고 브뤼셀과 경쟁하고 있으며, 여전히 스트라스부르의 유럽의회에 대한 유지 논란이 벌어지곤 한다. 만약 이 논의가 커질 경우 스트라스부르 도시 전체에 미치는 영향력이 상당할 것이다. 그만큼 유럽의회의 존재가 스트라스부르에게 유럽의 수도라는 새로운 도시 정체성을 부여할 정도로 정치적·경제적·문화적 영향력을 행사하고 있다.

'유럽의 수도'의 기능과 유럽 시민 정체성

유럽연합이 초국가적 정치공동체로 전환되는 시점에서 스트라스부르는 1·2차 세계대전의 원인이었던 민족주의에서 벗어났음을 보여줄 수 있는 도시이다. 이 때문에 프랑스나 독일 양측이 스트라스부르의 유럽의회를 상징적으로 유지시키려는 것이다.

하지만 유럽 수도의 기능이 스트라스부르 도시민의 정체성까지 유럽 시민의 정체성으로 전환시켰는지는 의문이다. 1992년 유럽연합 조약을 기점으로 유럽의회의 권한이 커졌고, 2000년대 들어서면서부터 스트라스부르가 유럽의 수도로 부상되었기 때문이다. 만일 유럽의회의 영향력이 약화되었을 때 도시민 스스로가 스트라스부르를 유럽의 수도로, 나아가 유럽 시민으로 인식할 수 있을까? 유럽통합 과정 중에 스트라스부르를 포함한 프랑스 전역에 이민자의 유입이 많았다. 특히 다수의 터키 노동자가 스트라스부르에 유입되었고 이에 따른 불협화음도 존재한다.

존 웨스턴(John Western)은 2004년부터 2006년까지 스트라스부르 시민 138명을 대상으로 삼아, 심도 있는 인터뷰를 지속적으로 진행했고, 이를 통해 현재 스트라스부르 시민의 정체성을 밝혔다. 이들은 크게 세 그룹으로 나누어졌는데, 첫 번째 그룹은 프랑스와 독일 국가에 대한 이중 정체성을 가진 시민들이고, 두 번째 그룹은 탈민족적, 탈국가적 정체성을 가진 시민들이고, 세 번째 그룹은 새롭게 유입된 이민자들이었다. 인터뷰에서 '스트라스부르 시민은 어째서 불확실하고 변화무쌍한 문화 정체성을 갖게 되었는가'라는 주요 질문이 던져졌다. 그

중 원인을 새로운 탈민족주의(transnationalism)라고 답한 시민 계층의 인식 태도가 주목할 만하다. 그들은 스트라스부르가 역사적으로 정형화된 정체성을 갖지 못했다고 인정하면서, 그 주요 요인을 최근 과거 프랑스 식민지에서 유입된 이주민과 이민자 문제에서 찾았다. 역설적이게도 이와 같은 답변한 시민이 대체로 1·2차 세계대전 시기에 유입된 이주민, 이민자의 2·3세대라는 점이다. 그들 중 한 시민의 인터뷰를 살펴보자.

"제가 (외국인으로) 처음 이곳에 왔을 때 스트라스부르인은 외국인에게 예의바르게 잘 대해주었지요. 이제는 그렇지 않아요. (이 때문에) 제가 개인적으로 곤란한 일을 당하지는 않지만, 지금 스트라스부르인은 인종주의자라고 말할 수 있어요. …… 하지만 이를 이해할 수 있을 겁니다. 그들도 어쩔 수 없어요! 알자스인이 매우 화가 났거든요. 저는 그 이유를 알아요. …… 무슬림! 자신의 나라에서나 자유롭게 원하는 대로 하라고 해요. 그러나 여기 와서 법을 바꾸려 한다고요? 프랑스 법을 바꾸라니요? …… 세상에나!"

그들은 오히려 새로운 이주민, 이민자를 통해서 스트라스부르 도시 자체에 대한 정체성을 느꼈던 것이다. 그들은 스트라스부르가 유럽 수도로 유럽연합의 기관 도시가 되자, 유럽 정체성을 내세워 그들 자신과 새로운 이민자를 구분하였다. 그들은 유럽인으로, 이민자는 피부색으로 구분되는 비유럽인으로 구별한 것이다.

이러한 스트라스부르 시민의 정체성은 프랑스와 유럽연합의 이민법

방향과 같은 선상에서 있다. 프랑스 이민법의 양상은 유럽회원국의 이민 문제를 공동으로 대처하려는 일련의 유럽연합의 조약들(마스트리히트 조약, 암스테르담 조약, 니스 조약, 리스본 조약)의 내용과 부합된다. 정치공동체로 전환되는 시점에서 유럽연합은 유럽이민법을 통한 유럽 시민권의 확립을 주요 과제로 삼고 있다. 정치공동체로 전환되는 시점에서 유럽연합은 유럽이민법을 통한 유럽 시민권의 확립을 주요 과제로 삼고 있다. 이는 각 회원국의 시민권보다 유럽 시민권을 우선시하는 정책을 실시하겠다는 의미이다. 이론상 각 회원국의 시민에게 동등하게 유럽 시민권을 부여해야겠지만 현실에서는 차별적으로 적용된다.

프랑스처럼 이민 인구의 증가로 인해 배타적인 이민법을 실시하는 국가에서는 무조건 회원국의 시민이 유럽 시민이 될 수는 없는 상황이다. 예를 들어 스트라스부르에 이주한 터키 이민자가 프랑스 시민권을 얻을 수 있으나 결코 유럽 시민의 정체성을 가질 수 없다는 의미이다. 그래서 오늘날 유럽연합은 프랑스 이민법과 같은 선상에서 아시아, 아프리카의 이민자를 통제하는 유럽이민법을 실시하여 궁극적으로 제한된 유럽 시민권을 보장하고 있는 것이다. 유럽연합의 유럽 시민권이란 비유럽인 출신의 이주민, 이민자를 제외시키려는 암묵적인 전제가 깔려져 있는 것이다.

현재 스트라스부르는 유럽통합의 수도로 변화하는 과정에서 인종주의를 내포하는 유럽인의 정체성을 형성할 위험성이 있다. 따라서 유럽통합이 유럽연합의 시민권뿐만 아니라 각 회원국의 이민자 인권까지도 안고 나아갈 때 스트라스부르가 민족 갈등의 도시에서 '진정한 유럽통합의 수도'로 거듭날 수 있을 것이다. **｜ 박지현**

참고문헌

국토연구원,《세계의 도시》, 한울, 2005.

김승렬, 〈서양에서의 중앙과 지방: 통합 유럽의 삼각 수도군, 브뤼셀-룍상부르-스트라스부르의 역사성과 특수한 중앙적 성격〉,《서양사론》제86호, 2005. 9.

박지현, 〈프랑스 이민법을 통한 EU의 유럽시민권에 대한 역사적 진단〉,《서양사학연구》제19호, 2008. 12.

한택수,《프랑스 문화 교양강의 18》, 김영사, 2008.

L'Huillier, Fernand(éd.). *L'Alsace en 1870-1871*, Strasbourg: Presses Universitaires de Strasbourg, 1995.

Livet, Georges et Rapp, Francis. *Histoire de Strasbourg des origines à nos jours: Strasbourg de 1815 à nos jours, XIXe et XX siècles I-IV*, Strasbourg: Éditions des Dernières nouvelles de Strasbourg, 1980-1982.

---

* 이 글은《서양사학연구》제27집(2012)에 게재되었다.

위치 룩셈부르크 남부
면적 51.46km^2
인구 94,034명(2011년)

Kopstal

Walferdange

126

E29

Bridel

Béreldange

12

181

E421 A7

E29

Bambesch

Beggen

E421

A1

Golf Club
Grand-Ducal

Rue de Kopstal

11

E25

7

키르슈베르크(유럽 지구)

1

Arlon

Strassen

Limpertsberg

44

Route d'Arlon

12

Rue de Neudorf

Sand

35

6

...husen

Bertrange

Lëtze...uerg

2

A1

E29

E44

Parc Merl

열병 광장
입헌 광장

Ha...

5

A4

50

Itzig

4

B3

226

Gaasperech

3

159

A6

A1

Leudelange

E44

Hespérange

Rue de Syren

154

A4

3

163

E25

163

룩셈부르크, 룩셈부르크

룩셈부르크
통합 유럽의 앞날을 여는 천년 고도

유럽의 축소판 룩셈부르크

인구 50만을 겨우 넘나드는 아주 작은 나라 룩셈부르크의 수도 룩셈
부르크는 역시 인구 10만에 못 미치는 아주 작은 도시이다. 공식 국
가명칭은 룩셈부르크 대공국이며, 면적은 2,586제곱킬로미터, 인구
는 약 525,0009명(2012년)이다. 오늘날의 룩셈부르크의 기원은 적어도
천 년 전으로 거슬러 올라간다. 963년에 지그프리트 백작(Siegfried of
Luxembourg)은 알제트(Alzette) 강을 굽어보는 가파른 보크(Bock) 언
덕 위에 성채를 세우고 룩셈부르크 백작령을 건설했다(룩셈부르크의 어
원 'Lucilinburhuc'는 '작은 성채'라는 뜻이다). 지그프리트 백작의 영지가 도
시로 발전하고, 도시를 축으로 사방으로 뻗어나가며 나라가 형성된 까
닭에, 룩셈부르크는 도시명인 동시에 국가명이 되었다. 도시 이름과 나
라 이름이 같다는 것은 그 도시가 역사적으로나 지정학적으로 한 나라
를 대표할 정도로 압도적인 비중을 차지해왔다는 사실을 말해준다. '수

963년 지그프리트 백작이 룩셈부르크 백작령 건설

1354년 공작령으로 승격

1443년 부르고뉴 공국의 지배

1531~1697년 에스파냐의 지배

1713~1795년 오스트리아의 지배

1795~1814년 프랑스의 지배

도' 룩셈부르크는 '국가' 룩셈부르크의 묘판(苗板)에 다름 아니다.

룩셈부르크를 처음 찾는 여행객이라면 도시의 전경과 풍광에 경탄을 연발하면서도 낯선 풍물에 적이 당혹감을 드러내기도 한다. 동쪽에서, 즉 독일 방면에서 온 여행객은 프랑스어권 도시에 들어선 인상을 받을 것이다. 거리 표지와 상점 간판에는 대개 프랑스어가 적혀 있으며, 레스토랑에서는 프랑스 요리를 즐겨 내놓고, 상점 점원들은 능숙한 프랑스어로 손님을 맞는다. 반면에 서쪽에서, 즉 남부 벨기에나 프랑스 방면에서 온 여행객은 마치 어느 한적한 독일 도시에 온 듯 느낄 것이다. 시내에는 인접한 벨기에의 리에주나 프랑스의 로렌 지방과는 사뭇 달라 보이는 건축물들이 즐비하고, 거리마다 완만하고 둔중한 게르만식 생활 리듬을 느낄 수 있다.

얼핏 상충되어 보이는 이 두 측면은 오늘날에도 흔히 '둘 사이에 낀 땅'으로 불리는 룩셈부르크가 인접한 두 강대국인 독일과 프랑스로부터 끊임없이 영향을 받을 수밖에 없는 운명적인 역사의 주인공이었다는 사실을 드러내준다. 룩셈부르크는 남쪽으로는 프랑스와, 북쪽으로는 독일과 그리고 서쪽으로는 벨기에와 국경을 접하고 있다. 벨기에 동쪽에 작은 혹처럼 붙어 있는 룩셈부르크는 벨기에와 마찬가지로 지정학적으로 프랑스의 라틴 문화와 독일의 게르만 문화가 서로 맞물리는 교차로였다. 그만큼 룩셈부르크는 벨기에와 역사적 운명을 함께해왔으며, 문화적으로도 마치 벨기에의 일부인 양 여겨지기도 한다. 룩셈부르크는 수백 년에 걸친 이민족의 지배에서 벗어나 19세기 중반에 독립하는 과정에서 현재의 룩셈부르크 영토보다 더 넓은 서쪽 땅을 벨기에에 할양해야만 했던 아픈 기억을 가지고 있다. 오늘날 벨기에의 가장 큰 광역 지구로 편입된 이 지방의 공식 지명 역시 '룩셈부르크'라는 사실은 방문객들에게 혼동을 자아내기도 하지만 그만큼 룩셈부르크와 벨기에 사이의 문화적 친근성을 잘 보여주기도 한다.

　강대국들의 틈바구니에 끼어 있는 룩셈부르크가 오늘날 작지만 강한 나라로 거듭날 수 있었던 것은 역설적이게도 이러한 '개방'과 '융합'의 지정학적 조건을 적극적으로 수용한 결과일 것이다. 강대국들의 틈바구니에 낀 약소국이라는 역사적 숙명에서 벗어나는 길을 외세의 침탈에 기약 없이 저항하는 것보다 오히려 국제무대에 적극적으로 나서 제몫을 요구하는 데에서 찾고자 한 것이다. 주권국가로 독립을 성취한 19세기 중반부터 룩셈부르크에서도 고유의 언어와 전통을 기반으로 룩셈부르크인 특유의 민족의식이 싹텄음은 물론이다. 하지만 룩셈부르크의 민족 정체성은 성격상 인접한 여느 민족국가들보다 훨씬 유연하게 국경 너머로, 즉 유럽의 지평으로 개방되어 있는 듯하다.

19세기 중반 독립 국가를 세울 때만해도 룩셈부르크는 국민 다수가 기근에 시달리는 가난한 농촌 지역이었다. 하지만 19세기 하반기부터 프랑스와 룩셈부르크의 국경지대를 따라 매장된 풍부한 철강자원이 개발되기 시작하면서 산업화와 공업 입국을 이룩하고 국가 경제를 일으켰다. '경제부국' 룩셈부르크의 물질적 번영은 19세기 하반기 철강자원 개발에서 시작되었다고 해도 과언이 아니다. 1911년 설립된 유럽 굴지의 종합철강회사 아르베드(ARBED)는 룩셈부르크 경제 발전의 상징이기도 하다.

하지만 1950년대부터 철강 매장량이 줄어들 것으로 예상되자 룩셈부르크 정부는 산업구조 개편을 단행해 적극적으로 외국계 회사와 인력을 유치하고 금융산업을 육성했다. 현재 150여 개 외국계 금융기관이 들어선 룩셈부르크는 가히 '유럽의 월가'를 방불케 한다. 여기에 유럽통합에 적극적으로 참여한 개방 정책은 '부국' 룩셈부르크의 원동력이 되었다. 실제로 룩셈부르크의 일인당 국민소득은 10만 달러 이상으로 세계 최고 수준을 자랑한다. 현재 유럽 재정 위기라는 거대한 파고도 빗겨갈 정도로 탄탄한 경제규모와 안정적인 성장세를 유지하고 있다. '유럽의 통행로'에 위치한 룩셈부르크는 늘 인접 강대국의 침탈에 시달려왔지만, 인접 지역들과의 연결망이라는 지리적 특성을 오히려 장점으로 되살린 것이다. 실제로 룩셈부르크 국가를 둘러싼 일일생활권 내에서 유럽 전체 국내총생산의 60퍼센트가 창출되는 것으로 알려져 있다.

하루 동안 단 한 가지 언어로만 의사소통을 하는 게 불가능할 정도로 룩셈부르크는 실로 다양한 언어와 국적의 전시장이다. 국민들은 룩셈부르크어, 프랑스어, 독일어, 세 언어를 공용어로 사용하고 있으며, 어릴 때부터 학교에서 영어를 필수교과로 배운다. 룩셈부르크어는 세대교체와 더불어 그 쓰임새가 점차 줄고 있는 상황인 반면, 대다수 국민이 프랑스어와 독일어, 영어까지 별 어려움 없이 구사한다. 룩셈부르크는 또한 유럽에서 외국인 비율이 가장 높은 나라이다. 20세기 초반 산업화 과정에서 철강업과 광산업의 발달과 더불어 몰려들기 시작한 이주노동자의 수는 20세기 후반 통합 유럽에의 참여에 따른 국경 개방으로 급속도로 늘어났다. 현재 룩셈부르크 인구의 43퍼센트를 차지하는 이주민들은 주로 유럽연합 회원국 출신으로 원래 국적을 유지하면서도 별다른 차별 없이 경제활동에 적극적으로 참여하고 있다.

지난 천 년 동안 유럽의 한복판에서 문물과 민족이 오가는 교차로 구실을 해온 룩셈부르크는 서유럽이 뒤섞인 '융합문화(Mischkultur)'의 터전이었다. 오늘날 룩셈부르크가 선뜻 '유럽의 수도' 중 하나로 자부할 수 있게 되었다면, 그것은 바로 지난 오랜 세월 동안 국가의 테두리를 넘어 유럽의 지평에서 다져진 룩셈부르크인 특유의 다문화 정체성이, 20세기 후반 유럽통합 시대를 맞아 활짝 만개되었기 때문일 것이다. 룩셈부르크는 바로 '축소판 유럽'인 것이다.

도시의 '역사' : 유럽의 각축장

작은 도시 룩셈부르크에는 지난 천 년 동안 거쳐간 유럽 국가들의 영고성쇠가 고스란히 담겨 있다. 유럽 중심부에 위치한 교역 중심지 룩셈부르크 백작령은 중세 성기(盛期)에 영지 취득, 결혼 동맹, 특히 전쟁을 통해 영토를 확장했으며 1354년에는 공작령으로 승격해 신성로마제국의 일원이 되기도 했다. 14세기에 룩셈부르크 왕가는 4명의 신성로마제국 황제를 배출하고 멀리 보헤미아(Bohemia) 왕국의 왕위까지 차지하면서 전성기를 누렸다.

하지만 근세기에 접어들면서 룩셈부르크는 인접 강대국들 사이의 충돌과 전쟁의 소용돌이에 줄곧 말려들었다. 룩셈부르크는 15세기 중엽부터 19세기 초까지 무려 4백 년 가까이 인접 열강의 통치와 지배를 겪어야 했다. 15세기 중엽, 룩셈부르크는 중부 유럽의 강자로 등장한 부르고뉴(Bourgogne) 공국의 필리프 3세의 수중으로 넘어갔으며, 네덜란드, 벨기에, 룩셈부르크를 아우르는 부르고뉴령 저지대 지방(Pays-Bas)의 일부로 편입되었다. 룩셈부르크가 벨기에, 네덜란드와 함께 오늘날 '베네룩스 삼국'이라 불리는 공통 테두리로 묶일 수 있는 기반이 형성된 것은 바로 이때부터이다. 16세기 초, 부르고뉴 공국의 영지가 신성로마제국의 황제 카를 5세에게 상속됨에 따라 저지대 지방은 합스부르크 왕가의 영유권에 의해 에스파냐로 넘어갔다. 이베리아 반도와 멀리 떨어져 있는 룩셈부르크는 16세기에 유럽 한복판에 있는 에스파냐의 교두보, 이른바 '북방의 지브롤터(Gibraltar du Nord)'라고 불렸다. 1700년, 프랑스 루이 14세의 손자 앙주 공작이 에스파냐의 왕위를 물려받자 네덜란드, 오스트리아, 영국 등 유럽 대부분 국가들이 프랑스에 반기를 들었다. 10여 년에 걸친 에스파냐 왕위계승 전쟁(1701~1714년) 끝에 프랑스의 부르봉 왕가는 에스파냐의 왕위계승을 관철하는 대가로 저지대 지방을 오스트리아에 내주어야만 했다. 룩셈부르크의 영유권은 오스트리아로 넘어갔다. 하지만 1795년에 혁명 프랑스군은 자유의 이름을 내걸고 저지대 지방에서 오스트리아군을 퇴치했다. 이제 룩셈부르크는 벨기에와 함께 프랑스 영토에 편입되었다.

이렇게 룩셈부르크는 유럽의 교차로에 위치한 지정학적 조건으로 인해 무려 4백여 년 동안 부르고뉴, 에스파냐, 프랑스, 오스트리아 등 이민족 왕조의 지배를 연달아 겪었다. 하지만 룩셈부르크 공국은 이러한 이른바 '이민족의 지배'에 거칠게 저항하기보다는 외부 세력을 새로운 통치자로 받아들였다. 전란과 국제 정세의 파고 속에 외국 왕조가 들어올 때마다 공국의 신분의회는 그 통치의 정통성을 추인했다. 이렇게 룩셈부르크인들은 외부에서 온 통치체제를 일단 수용하면서, 자체의 전통과 문화를 유지해나가는 편을 택한 것이다. 수백 년 동안 외국 왕조들의 지배를 받았으면서도 룩셈부르크가 이들에게 흡수되지 않고 오히려 19세기에 접어들어 민족 정체성을 되살리고 독립을 달성할 수 있었던 비결은, 어쩌면 이렇듯 무조건적 저항보다는 유연한 수용을 택할 수밖에 없었던 역사적 운명에서 찾아야 할 듯하다.

룩셈부르크가 독립국가의 지위를 회복한 것은 나폴레옹 제국이 몰락한 후 옛 유럽체제로의 복귀를 선언한 1815년 빈 회의에 의해서였다. 빈체제에서 룩셈부르크는 대공국으로 승격했으나 독일연방에 편입되어 프로이센 군대가 주둔하게 되고 네덜란드 국왕이 룩셈부르크 대공을 겸하게 됨으로써 여전히 외세의 간섭 아래 놓였다. 하지만 19세기 민족주의 시대에 접어들어, 영원한 약소국 룩셈부르크에서도 주권국가를 세우고자 하는 민족의식이 싹트기 시작했다. 오늘날 룩셈부르크의 국가상징어 구실을 하는, '우리는 우리 자체로 남고자 한다(Mir wëlle bleiwe wat mir sin)'라는 시구는 약소국의 생존을 위한 간절한 희구를 담아 1859년에 애국 시인 미셸 렌츠가 지은 것이다. 룩셈부르크인의 독립 열망에 부응해서 네덜란드 국왕 빌렘 2세는 단계적으로 헌법과 자치를 부여했다.

주권국가 룩셈부르크가 국제적 승인을 얻기 위해서는 인접한 양대 강국 프랑스와 독일 사이에 타협이 이루어져야 했다. 프랑스와 독일은 1867년에 런던 조약을 맺고 룩셈부르크에서 자국 군대를 철수시키고 요새를 해체하기로 합의했다. 이로써 영세중립국을 선언한 룩셈부르크가 마침내 강대국들의 틈바구니에서 주권국가로 탄생했다. 그러나 '유럽의 통행로' 룩셈부르크는 벨기에와 함께 두 번의 세계대전에서 독일에 점령당해 수많은 인명을 희생하고 국토를 유린당했다. 2차 세계대전 직후 룩셈부르크는 소극적인 중립외교를 포기하고 국제 무대에 적극적으로 나섰다. 1948년에 북대서양조약기구(NATO)에 가입하여 국가안보를 강화하는 한편 유럽경제협력기구(Organization for European Economic Cooperation: OEEC)에 가입하여 개방 정책을 강화했다. 룩셈부르크가 일찍부터 유럽통합운동에 뛰어든 것도 이러한 약소국의 적극적인 생존 전략의 일환이라고 할 수 있을 것이다.

1천여 년 동안 인접 강대국들의 영향권 안에서 성장해온 룩셈부르크는 룩셈부르크 특유의 정체성을 간직하고 있을까? 19세기 후반에 비로소 주권국가로 되살아난 룩셈부르크는 사실 지난 수백 년에 걸친 인접 강국의 통치에 무조건 거부하고 저항하기보다는 때로는 순응하고 그 영향을 널리 수용하면서 나름대로 국제 정세의 풍랑에 적응해왔다.

지배 세력이 바뀔 때마다 새로 받아들인 문물이 기존의 문물에 덧쌓아지면서 이질적인 요소들이 뒤섞인 일종의 융합문화가 탄생했다. 결국 룩셈부르크는 인접 강대국들과는 달리 특정 국가나 민족에 고유한 정체성보다 탈국경적이고 나아가 범유럽적인 정체성을 담뿍 지니게 되었다. 룩셈부르크의 이러한 유럽적 정체성은 도시의 경관과 풍물에서도 고스란히 드러날 것이다.

도시의 '기억': 유럽의 발자취

천부적 입지 환경과 풍부한 역사 자산으로 일찍부터 UNESCO 세계문화유산으로 등재된 룩셈부르크는 옛 로마제국이 게르만족들을 공략하기 위해 개척한 유럽 북방의 교두보들 중 하나였다. 울창한 삼림 덕에 일찍부터 '유럽의 녹색 심장(coeur vert de l'Europe)'이라 불린 룩셈부르크는 교류와 통상의 건널목이자 전략적 요충지였다.

룩셈부르크 시 외곽을 한 바퀴 돌아보면 이곳이 지형적으로 천혜의 요새임을 알 수 있다. 쥐라기 시대의 암반지대로 이루어진 높은 구릉의 동쪽과 남쪽으로 절벽처럼 가파르게 파인 페트루세(Petrusse) 계곡과 알제트 계곡이 도시 외곽을 둘러싸고 있다. 외적이 침략하기 곤란한 수직 계곡 위에 멀리까지 감시할 수 있는 우람한 성곽이 우뚝 서있는 것이다. 963년에 이곳을 도읍지로 정한 지그프리트 백작 이후 룩셈부르크의 군주들은 이 천연의 요충지에 줄곧 성루와 요새를 만들고 계곡에는 동굴을 파놓았다. 깊은 계곡에는 작은 도랑이 흐를 뿐이고 계곡 안쪽 평지에도 고풍스러운 집들 사이에 가로수길이 나 있다. 요컨대 오늘날의 룩셈부르크는 중심부의 고지대(Ville Haute)와 도시 외곽을 감싸는 계곡의 저지대(Ville Basse)로 나뉘어 있으며, 계곡을 가로지르는 여러 다리들을 통해 외부와 연결되어 있다.

성채, 망루, 병영, 해자 등의 유적은 옛 철옹성의 방대한 규모를 짐작케 해주며, 중세 전성기 때 28개에 달한 도시 관문 중 아직껏 남아 있는 12개의 관문은 천년 고도의 성쇠를 말해주기에 충분하다. 외적을 방어하는 요새도시 룩셈부르크의 면모는 오늘날에도 일부 보존되어 있는 지하 참호에서 찾아볼 수 있다. 룩셈부르크를 무대로 프랑스와 독일 사이의 일진일퇴의 전투가 계속된 17세기 중엽부터 성채에서 계곡으로 연결되는 참호들이 거미줄처럼 만들어졌다. 전체 길이 23킬로미터에 달하는 이 지하 참호 안에는 대포 50문과 병사 1천2백 명을 수용할 수 있는 막사와 무기고는 물론 도축장, 조리실까지 완비되어 있었다고 한다. 주권국가 룩셈부르크가 국제적 승인을 얻은 1867년에 요새와 더불어 대다수 지하 참호도 해체되고 현재는 10퍼센트 정도만 남아 관광객들을 맞이하고 있다.

도시 룩셈부르크는 과연 어느 정도로 룩셈부르크인들의 집단 기억과 정체성을 드러내고 있는가? 도시 공간에 조성된 다양한 공공 기념물들은 거주민들의 집단적 정체성에 숨어 있는 상징적 의미들을 전달하는 일종의 기호 체계라 할 수 있을 것이다. 도시가 기호들의 집합체라면, 도시의 정체성은 이러한 기호들의 배치와 연출을 통해 표출된다. 도시의 건물과 기념물들은 이러한 상징적 의미전달 작업을 통해 거주민의 일체감과 자부심을 창출하고 도시 이미지를 쇄신해나가는 것이다. 따라서 도시의 경관과 건축물들에 대한 연구는 그것에 깃들어 있

(왼쪽) 열병 광장에 위치한 민족 시인 딕스와 렌츠를 기리는 기념 동상.
(오른쪽) 1차 세계대전 당시 독일군의 침공에 맞서 싸운 의용군들을 추모하는 황금처녀상.

는 여러 엇갈리는 집단 정체성들이 어떻게 서로 맞물리며 조화를 이루
는지를 보여주어야 할 것이다. 이런 점에서 볼 때, 도시 룩셈부르크의
경관에는 유럽의 교차로로서 지난 세월에 누적된 다문화 역사가 고스
란히 배어 있다고 할 수 있다.

수도 룩셈부르크에는 천년 역사의 영고성쇠를 보여주는 기념비, 동
상, 건축물 등 역사 유적이 즐비하다. 도시 한복판에 위치한 열병 광장
(place d'Armes) 왼쪽 모퉁이에는 19세기 중엽 독립 당시 룩셈부르크
국가(國歌)를 작사한 민족 시인 딕스와 렌츠를 기리는 기념 동상이 눈
길을 끈다. 그리고 페트루세 계곡과 맞닿아 있는 입헌 광장에는 유명
한 전쟁기념비가 우뚝 솟아 있다. 1차 세계대전 당시 독일군의 침공에
맞서 싸운 의용군들을 추모하는 이 '황금처녀상'은 룩셈부르크인의 자
유에 대한 갈망과 외세에 대한 저항의 상징으로 잘 알려져 있다.

하지만 이처럼 룩셈부르크 고유의 정체성을 담고 있는 기념물들은

(왼쪽) 시청 앞 중앙 광장에 위치한 빌렘 2세의 기마상.
(오른쪽) 에스파냐 통치기에 방어용 성채의 일부로 만들어진 에스파냐 망루. 도시 고지대를 둘러싼 외곽 통행로 곳곳에 위치해 있다.

그리 많지 않은 듯하다. 관광객들의 눈길을 더 많이 끄는 것은 오히려 룩셈부르크에 역사적 발자취를 남긴 인접 국가들의 자산으로 볼 수 있는 기념물, 문화재 등이다. 수도의 한복판에 위치한 시청사 앞 중앙 광장에는 19세기 중엽에 룩셈부르크를 통치한 네덜란드 국왕 빌렘 2세의 웅장한 기마 동상이 서 있다. 1841년 룩셈부르크에 최초의 헌법을 부여해준 빌렘 2세에 대한 감사의 표시로 1844년에 건립된 기마입상의 기단석 양편에는 네덜란드의 오렌지나사우(Orange-Nassau) 왕가의 문장과 룩셈부르크 공국의 문장이 부조되어 있다. 기단석 아래 부분을 나란히 장식하고 있는 방패 문양들은 빌렘 2세에 대한 룩셈부르크인들의 변함없는 충성을 상징한다. 도시 고지대를 둘러싼 외곽통행로의 여기저기에 에스파냐 망루가 눈에 띈다. 15세기에서 16세기 사이의 에스파냐 통치기에 방어용 성채의 일부로 만들어진 망루들은 옛 자태를

(위) 튕겐 요사. 1732년 오스트리아의 튕겐 남작이 세운 방
어용 성곽으로, 거대한 해자로 둘러싸여 있어 지하터널로만
접근이 가능했다.
(왼쪽) 프랑스 왕의 명령으로 보방 원수가 룩셈부르크에 축
성한 방대한 성채, 보방 탑.

고스란히 뽐내며 관광객들의 눈길을 사로잡는다.

　도시 중심부를 벗어나 동쪽 파펜탈(Pfaffenthal) 지구로 가면, 보방 탑
(Tour Vauban)이 지금도 여전히 웅장한 자태를 과시하고 있다. 17세기
말 룩셈부르크를 점령한 프랑스의 루이 14세는 룩셈부르크를 신성로
마제국에 맞서는 교두보로 삼고 보방 후작(Marquis de Vauban) 하여금
방대한 성채를 축성하게 했다. 보방이 구축한 성채의 유적은 룩셈부르
크가 자랑하는 문화유산의 일부이기도 하다. 알제트 계곡을 건너 유럽
지구로 가다보면 우람한 튕겐 요새(Fort Thüngen)를 만난다. 1732년에
오스트리아 군사령관 튕겐 남작이 세운 이 방어용 성곽은 거대한 해자
로 둘러싸여 있어 150미터 길이의 지하터널로만 접근이 가능한 철옹
성이었다. 1867년 런던 조약으로 해체된 이 오스트리아 요새는 1990년
대에 온전히 복원되어 일부는 현대미술관으로 사용되고 있다. 17세기
에 오스트리아가 지은 요새가 현대 룩셈부르크를 대표하는 문화 유적

으로 탈바꿈한 것이다.

이렇게 룩셈부르크는 좋든 싫든 지난 역사의 굵직한 줄기를 이루어온 이민족의 영향과 자취를 거부하기보다는 일정한 테두리 안에서 수용하면서 독특한 융합문화 자산을 일구어냈다. 오랜 세월 동안 인접국들의 통치를 받아온 룩셈부르크는 이들이 남긴 유산을 자기의 몫으로 전유하면서 나름대로의 국민 정체성을 함양해온 셈이다.

적어도 도시를 장식하고 있는 문화자산들로 볼 때, 룩셈부르크만큼 인접한 여러 민족과 국가들에 열려 있는 도시를 찾아보기가 쉽지 않을 것이다. 얼핏 보아 거리와 도로의 명칭에서도 룩셈부르크 특유의 풍물과 정서를 일깨워주는 이름들만큼이나 에라스무스, 브뤼셀, 펠리페 2세, 샤를 드골, 장 조레스, 빅토르 위고, 루이 파스퇴르는 물론이고 프랭클린 루즈벨트, 케네디 등 외국인 인물명이 더 자주 눈에 띄는 것도 룩셈부르크만의 남다른 일면이라고 할 수 있을 것이다. 룩셈부르크 대공국의 역사는 수도 룩셈부르크에 국제도시로서의 품격을 한껏 부여하고 있는 것이다. 더 흥미로운 점은 2차 세계대전 이후 도시 증축 과정에서 새로 만들어진 큼직한 도로와 광장이 '로베르 슈만', '쿠덴호베 칼레르기', '장 모네', '콘라트 아데나워', 심지어 '유럽(Europe)' 등 이른바 유럽통합과 관련된 명칭을 달고 있다는 사실이다. 이제 룩셈부르크를 찾는 방문객들은 유럽의 지나온 길뿐만 아니라 나아가는 길을 가늠케 해주는 '기억의 장소'들을 만날 수 있다. 룩셈부르크는 명실상부한 '유럽 도시'인 것이다.

통합 유럽의 상징수도: 로베르 슈만과 유럽통합

로베르 슈만 기념우표.

수도 룩셈부르크의 현재와 미래를 가늠하고자 할 때, 가장 많이 등장하는 인물이 바로 로베르 슈만일 것이다. 오늘날 룩셈부르크인들의 기억의 전당 첫머리에 올라 있는 로베르 슈만은 1886년에 룩셈부르크 동쪽 구역 클라우젠(Clausen)에서 태어났다. 아버지는 프랑스인, 어머니는 룩셈부르크인이었다. 하지만 1870년 프랑스-프로이센 전쟁 이후 프랑스의 알자스로렌 지방이 독일 영토로 편입됨에 따라 슈만 가족은 독일인이 되었다. 슈만은 어린 시절 초등학교에서 프랑스어와 독일어를 배웠으며, 독일의 여러 대학에서 법학을 전공한 후 프랑스 메스(Metz)에서 변호사 사무실을 열었다. 1차 세계대전 직후 독일이 패배하고 알자스로렌 지방이 다시 프랑스로 양도되자 슈만의 국적도 프랑스로 바뀌었다. 정계에 입문해 몇 차례 국회의원을 역임한 슈만은 2차 세계대전이 발발하자 레지스탕스운동에 가담했으며, 종전 후 재무장관, 외무장관을 거쳐 각의의장(수상)직에 오르면서 국제적 명성을 지닌 거물급 정치인이 되었다.

'국적을 초월한 변경인' 슈만이 유럽통합의 선구자로 부상한 것은 바로 이 무렵이었다. 프랑스 외무장관 슈만은 경제기획청장 장 모네의 구상에 따라, 1950년 5월 9일('유럽의 날')에 유럽의 석탄과 철강의 생산과 판매를 공동 관리할 것을 제안하는 이른바 '슈만 플랜'을 발표했다. 슈만 플랜은 철강이나 석탄과 같은 경제 분야에서의 협력을 위한 제도적 장치를 마련하는 것이었지만 그 역사적 의의는 독일과 프랑스 사이의 화해를 촉진하고 유럽통합을 향한 첫걸음을 내딛었다는데 있다. "국경을 초월한 협력 관계를 유지하지 않고서는 유럽의 미래는 없다"라는 것이 당시 전쟁의 상흔을 딛고 선 유럽인들의 염원이기도 했다.

슈만 플랜은 룩셈부르크로서는 위기이자 기회이기도 했다. 룩셈부르크 인구의 25퍼센트가 종사하는 철강업은 산업 생산의 75퍼센트, 수출의 88퍼센트를 차지하는 국가 기간산업이었다. 룩셈부르크는 국가 경제의 대부분을 철강업에 의존하고 있었기에 석탄과 철강의 생산과 수출을 초국가적 국제 기구의 결정에 내맡기는 것은 위험을 자초하는 일로 보였다. 하지만 다른 한편으로 슈만 플랜은 독일과 프랑스 사이의 화해를 도모함으로써 독일의 침공위협을 미연에 방지하는 든든한 안전판이 될 수 있었다. 따라서 룩셈부르크를 비롯한 베네룩스 삼국은 초국가적 결정권을 가능한 한 줄이고 자국의 주권을 유지할 수 있는 발판으로 신설될 기구에 각료이사회를 두는 타협안을 통해 인접 강대국들과 대등한 지위를 확보하고자 했다. 인구 30만에 불과한 룩셈부르크는 6개국 1억 5천만 인구를 대표하는 공동체의 최종 의사결정 기구인 공동의회의 78개 의석 중에서 자국의 인구비율을 훨씬 웃도는 4석을 약속받은 후인 1951년 4월에 마침내 공동체에 참여하기로 결정했다. 슈만은 이처럼 약소국의 입장에서 강대국과 대등한 권리를 보장하는 타협안을 마련하는 데 앞장섰다.

1952년에 룩셈부르크, 벨기에, 네덜란드의 베네룩스 삼국은 프랑스, 독일, 이탈리아 등 강대국과 함께 유럽석탄철강공동체(ECSC)에 발족시킴으로써 바야흐로 '6개국 유럽'이 막을 올렸다. 유럽석탄철강공동체가 출범한 후 15년 동안 6개국 유럽의 철강 생산은 어림잡아 125퍼센트나 증대된 반면, 룩셈부르크의 증가치는 42퍼센트에 머물렀다. 하지만 룩셈부르크가 유럽석탄철강공동체의 가입에서 얻은 진정한 혜택은 그 경제적 이익보다 공동체의 고위관청을 자국의 수도에 유치했다는 데 있었다.

1952년 7월, 파리에서 준비 회의를 주도한 장 모네에 따르면, 석탄철강공동체의 소재지를 놓고 리에주(벨기에), 스트라스부르(프랑스), 자르브뤼켄(독일), 토리노(이탈리아), 헤이그(네덜란드) 등이 경합을 벌였다. 어느 한 강대국으로 무게중심이 기울지 않을까 하는 우려로 회의가 겉돌고 있는데, 그 틈새로 룩셈부르크 외상 조제프 베흐(Joseph Bech)가 임시방편으로 룩셈부르크를 제안했다. 이 한 번의 결정이 도시의 미래를 바꾸어놓았다. 장 모네의 말처럼, "작은 도시가 유럽의 교차로로 바뀌어버린" 것이다. 공동체 본부의 유치는 "작은 공국의 수도가 향후 반세기 동안 유럽에서 가장 범세계적(cosmopolite) 도시 중 하나로 탈바꿈하는 첫걸음"이었다.

유럽석탄철강공동체의 성공에 고무된 '6개국 유럽'은 1957년에 로마 조약을 통해 역내관세 철폐와 공동시장 창출을 목표로 유럽경제공동체(EEC)와 군사적 협력과 평화 증진을 위한 유럽원자력공동체(Euratom)을 출범시켰다. 하지만 공동체의 확대와 더불어 공동체의 집행 기구들을 통합 또는 분산하고 그 소재지를 조정하는 문제가 다시 불거졌다. 유럽통합과 더불어 유로시티 네트워크가 확장되면서 도시들 간의 경쟁이 더욱 강화되었기 때문이다. 오랜 물밑 협상과 절충 끝에 1964년에 룩셈부르크가 유럽석탄철강공동체 고위관청의 브뤼셀 이전에 동의하는 대신 공동체의 금융 및 사법 관련 기구들을 유치한다는 합의가 이루어졌다. 이제 룩셈부르크는 공동체 집행위원회를 유치한 브뤼셀, 공동체 의회의 소재지인 스트라스부르와 함께 '유럽의 수도' 중 하나로 국제적 위상을 굳힐 수 있었다.

유럽경제공동체가 1967년에 탄생한 유럽공동체를 거쳐 마침내 1992년에 유럽연합(EU)으로 결집되고 '6개국'에서 '12개국'으로 회원국이 늘어나는, 한 세대에 걸친 지난한 과정에서 룩셈부르크는 늘 '통합의 촉진자' 편에 섰으며 회원국 사이의 분쟁과 이견을 조정하는 중재자 역할을 톡톡히 해냈다. 1965년에 공동 농업 정책을 둘러싸고 프랑스와 다른 회원국 사이에 긴장이 고조되었을 때, 타협점을 찾기 위해 회원국들이 이듬해 룩셈부르크에 모였다. 회원국의 만장일치 표결을 도입하기로 한 이른바 '룩셈부르크 타협'은 공동체가 분열 위기에서 벗어나 한층 더 도약하는 계기가 되었다. 그리고 1985년에 공동체 회원국 사이에서 국경 통제를 폐지하는 '셴겐 조약'이 맺어진 곳도 룩셈부르크 남쪽 국경의 작은 마을 셴겐이었다. 공동체 회원국 사이의 통화 협정('베르너 계획')을 이끌어내 유럽 단일화폐의 탄생에 기여한 룩셈부르크 수상 피에르 베르너(Pierre Werner)는 오늘날 '유로(Euro)의 아버지'라고 불린다.

이렇게 최약소국 룩셈부르크가 통합 유럽의 선도자 중 하나로 나설 수 있었던 것은 바로 유럽 통합운동 초기에 '유럽의 아버지(père de l'Europe)' 슈만이 있었기 때문이다. 유럽의회 초대 의장직(1958~1960년)을 마지막으로 공직에서 은퇴한 슈만은 1963년 룩셈부르크와 인접한 프랑스 변경도시 시샤젤(Scy-Chazelles)에서 숨을 거두었다. 국적법에 따라 슈만은 독일인에 이어 프랑스인이 되었지만, 그의 일생과 정치

슈만 생가와 그 너머로 보이는 유럽 지구의 건물.

여정에는 고향 룩셈부르크의 자취가 배어 있다. 유럽석탄철강공동체가 탄생한 직후, 슈만은 "유럽석탄철강공동체 구상이 집안 모두 전쟁을 몸소 겪은 한 룩셈부르크 젊은이에게서 나온 것은 전혀 우연이 아니다"라고 말했다. 인접 강대국들 사이의 전쟁에 억눌린 '변경인'으로서의 체험이 유럽의 평화와 공영에 앞장서게 하는 남다른 동기를 부여했

던 것이다. 역사의 오랜 굴곡 속에 다져진 룩셈부르크 특유의 탈국경 다문화적 정체성이 룩셈부르크를 유럽통합의 견인차 중 하나로 만들어준 것이라고 할 수 있을 것이다.

오늘날 룩셈부르크는 슈만의 도시라 부를 만하다. 룩셈부르크 시는 슈만 탄생 100주년을 맞이한 1986년에, 그리고 유럽연합 탄생 50주년을 맞이한 2000년에 성대한 기념제를 개최하고 이 위대한 '유럽인'을 기렸다. 룩셈부르크는 관광의 차원에서 슈만을 도시의 상징으로 부각시키는 데 상당한 노력을 기울이고 있다. 슈만의 이름을 붙인 거리, 교차로, 광장, 학교 들이 생겼을 뿐만 아니라, 관광명소 곳곳에 슈만을 기리는 기념물과 현판이 눈에 띈다. 룩셈부르크 관광안내소는 슈만의 생가에서 초등학교를 거쳐 유럽 센터의 유럽 기구들을 안내하는 이른바 '로베르 슈만 둘레길'을 관광객들에게 추천하고 있다.

키르슈베르크: '유럽 지구'

오늘날 통합 유럽을 언급할 때 머리에 떠오르는 첫 번째 도시는 아마도 벨기에의 브뤼셀이나 프랑스의 스트라스부르일 것이다. 하지만 유럽통합이 첫발을 내딛은 곳은 브뤼셀도 스트라스부르도 아닌 바로 프랑스와 벨기에 사이에 낀 변경도시 룩셈부르크였다.

통합 유럽의 탄생지 룩셈부르크의 위상을 잘 보여주는 것 중 하나가 바로 도시의 북동쪽 키르슈베르크(Kirchberg) 구역에 자리 잡은 유럽 지구일 것이다. 유럽 지구가 들어선 키르슈베르크 고원은 샤를로텐 다리를 통해 도시 중심부와 연결되어 있으며 멀찍이 슈만의 생가를 굽

유럽 지구 전경. 룩셈부르크 시 북동쪽에 자리한 유럽 지구 키르슈베르크는 1960년대부터 조성되기 시작했고, 시 면적의 약 20분의 1을 차지한다.

어보고 있다. 도시 면적의 약 20분의 1을 차지하는 방대한 유럽 지구의 입구에 위치한 '유럽 광장'은 마치 유럽의 미래를 상징하듯 미래주의 화풍을 연상케 하는 조형물과 건축물로 둘러싸여 있다. 룩셈부르크의 유럽 지구는 벨기에의 유럽 지구나 스트라스부르의 유럽 지구에 버금가는 규모를 자랑한다.

룩셈부르크에 유럽 지구가 조성된 것은 1960년대부터이다. 유럽공동체의 출범에 따라 회원국들 사이에 여러 조직과 기구들을 정비하고 유치하는 문제가 다시 불거졌다. 1965년에 마련된 조정안의 대강은 유럽 기구들 중 행정과 입법에 관련된 부처들은 브뤼셀이나 스트라스부르 등지로 이전하되, 사법과 금융에 관련된 부처들은 룩셈부르크에 두자는 것이었다. 1992년에 다시 한 번 즈정을 거친 끝에 룩셈부르크에 적지 않은 유럽 기구들이 들어서게 된 것이다.

룩셈부르크에는 유럽의회사무국(General Secretariat of the European

Parliament), 유럽사법재판소(European Court of Justice), 유럽감사원(European Court of Auditors), 유럽투자은행(European Investment Bank) 등 유럽연합의 핵심 기구들이 들어서 있다. 이뿐만 아니라 유럽공동체 통계국(Eurostat)에서 유럽기구출판국(European Office of Publications)에 이르기까지 EU집행위원회 산하 각종 기구들을 영역별로 망라하고 있다. 오늘날 이들 유럽연합 관련 기구들에 종사하는 공무원 수는 무려 9천 명을 넘어선다. 그렇다면 도시 인구의 10분의 1 정도가 유럽 지구에 모여 있는 셈이다.

유럽 지구에서는 수행하는 업무와 기능만이 아니라 일상생활 자체가 유럽적 지평에서 펼쳐진다. 탁아소와 교육 시설은 물론이고 주거와 식생활 및 교통설비도 이곳에서 일하는 각양각색의 유럽인들 모두에게 열려 있다. 상점과 식당에서는 프랑스어에서 에스토니아어까지 유럽연합 회원국의 모든 언어를 들을 수 있을 것이다. 룩셈부르크는 '이주민의 나라'이다. 수도 룩셈부르크 주민의 거의 60퍼센트가 유럽계 이주민들이다. 1995년에 이어 2007년에도 '유럽문화수도'로 선정된 룩셈부르크는 '유럽의 축소판'인 것이다. ▎이용재

참고문헌

Krein, J.-M. *Histoire du Luxembourg*, Paris: P.U.F., 2010.

Margue, P. et al. *Luxembourg*, Leiden: Christine Bonneton, 1984.

Péporté, P., Kmec, S., Majerus, B. & Margue, M., *Inventiong Luxembourg*, Luxembourg: Brill, 2010.

Trausch, G. et al. *Le Luxembourg face à la construction européenne*, Luxembourg: Centre Robert Schuman, 1996.

Trausch, G.(dir.), *Histoire du Luxembourg, le destin européen d'un <petit pays>*, Toulouse: Privat, 2003.

---

*이 글은 《통합유럽연구》 제6호(2013)에 게재되었다.

위치 프랑스 로렌 주
면적 31.03km^2
인구 21,900명(2006년)

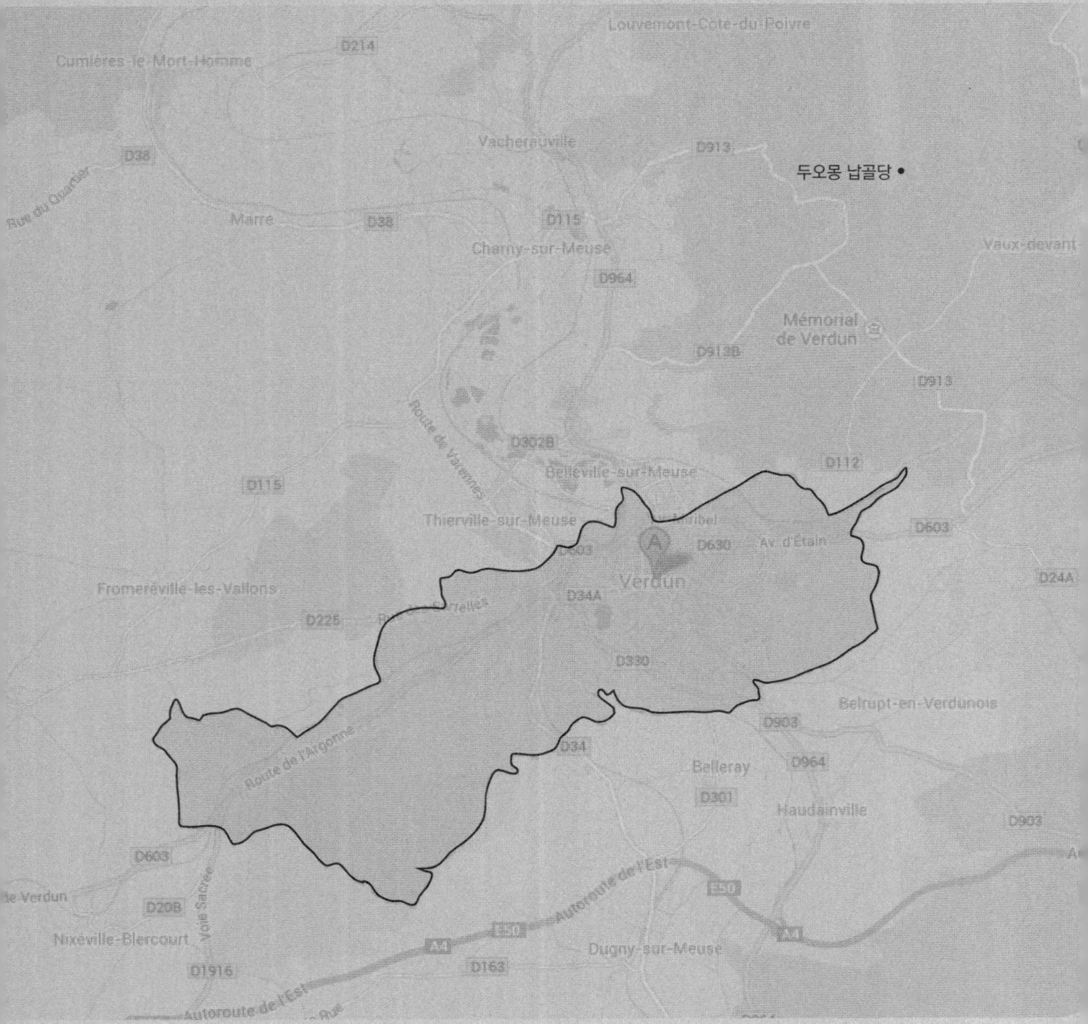

두오몽 납골당 ●

Louvemont-Côte-du-Poivre

Cumières-le-Mort-Homme

D214

Vacherauville

D913

Vaux-devant-

D38

Marre

D38

D115

Charny-sur-Meuse

D964

Mémorial
de Verdun

D913B

D913

Route de Varennes

D115

D302B

D112

D503

Belleville-sur-Meuse

Thierville-sur-Meuse

D503

Fribel

Fromeréville-les-Vallons

D225

D503

D630

Av. d'Étain

D24A

Verdun

D34A

Prelles

D330

Belrupt-en-Verdunois

D34

D903

Belleray

D964

D301

D903

Haudainville

Autoroute de l'Est

E50

D903

Voie Sacrée

D603

de Verdun

D20B

E50

A4

Nixéville-Blercourt

A4

Dugny-sur-Meuse

D1916

A4

E50

Autoroute de l'Est

D163

Rue

Autoroute de l'Est

베르됭, 프랑스

베르됭
분열의 상징에서 통합의 상징으로

분열에서 통합으로

오늘날 유럽연합에서 가장 중요한 역할을 하는 국가를 독일과 프랑스라고 한다면 지나친 주장일까? 역사상 프랑스와 독일이 통합 유럽의 주축이자 분열의 핵심 가운데 하나였다는 것 또한 과도한 주장은 아닐 것이다. 베르됭을 유럽 분열의 상징이자 통합의 상징으로 보는 이유는 이 도시가 바로 유럽통합의 핵심국인 두 나라 간 분쟁의 표본이자 평화의 교훈을 되새기게 한 상징적인 도시로서 부족함이 없기 때문이다. 한편 또 다른 관점에서 볼 때 베르됭은 오늘날 유럽통합의 구심점이 되고 있는 유럽의 정체성 형성과도 매우 깊은 관련이 있다.

베르됭 하면 사람들은 멀게는 9세기 중엽의 베르됭 조약을, 가깝게는 1차 세계대전 중의 베르됭 전투를 바로 떠올릴 것이다. 유럽의 역사에 대해 어느 정도의 지식만 가지고 있다면 이 두 사건 모두 유럽 역사상 매우 중요한 분열과 갈등의 상징이라는 것을 금세 알 수 있다. 843

년의 베르됭 조약은 중세 서유럽의 통일 왕국을 삼분(三分)하는 주요한 사건으로 우리에게 잘 알려져 있다. 심지어 이 조약으로 오늘날 서유럽의 주요 세 국가로 간주되는 프랑스, 독일, 이탈리아가 원초적인 모습을 드러내었다고 하지 않는가?

20세기 초 첫 번째 세계대전 중에 일어난 베르됭 전투는 그 사상자만도 70만을 넘는 전대미문의 처참한 전투였다. 이 전투는 단순히 프랑스와 독일 간의 전투가 아니라 영국 등 수많은 참전국 병사들이 희생된 참혹한 국제전의 상징이기도 하다. 이 전쟁을 기억하면서 평화의 필요성, 더 나아가 통합된 유럽의 필요성을 생각하지 않은 사람이 있었을까? 유럽연합의 두 주역인 독일 총리 헬무트 콜(Helmut Kohl)과 프랑스 대통령 프랑수아 미테랑(François Mitterrand)이 손을 맞잡고 함께 사진을 찍은 상징적 장소도 다름 아닌 바로 이 베르됭에 위치한 국립묘지 앞이었다. 이처럼 베르됭 전투로 상징되는 1차 세계대전의 참혹함은 역설적으로 유럽의 갈등을 넘어서 진정 왜 유럽의 평화가, 통합된 유럽이 필요한지를 우리에게 강조하고 있다.

한편 베르됭은 단순히 유럽의 분열과 갈등의 상징만은 아니다. 다른 차원에서 보면 베르됭은 유럽의 정체성 형성과도 밀접하게 관련이 있다. 베르됭 조약이 체결되기까지의 역사를 돌이켜볼 때, 프랑크 왕국은 기독교를 유럽 전체로 확산시켜 유럽의 구심점으로 만들었을 뿐만 아니라 이슬람과 대립구도를 형성시킴으로써 진정한 유럽의 정체성을 확립시키기도 하였다. 이것이 오늘날 유럽연합 국가들의 구심점 역할을 하는 매개체이기도 한 것이다.

결국 우리는 베르됭이라는 도시를 통하여, 유럽의 분열과 갈등뿐만 아니라 유럽의 정체성 형성을 읽어냄으로써 왜 유럽통합이 필요하였는지, 그리고 가능했는지 그 일단을 살펴볼 수 있을 것이다. 즉 앞서 언급한 이러한 역사적 기억을 더듬으며 유럽 평화의 필요성, 더 나아가 유럽의 정체성 형성 과정을 살펴보려 한다. 이를 위해, 먼저 베르됭의 역사를 돌이켜 볼 것이다. 처음에는 프랑크 왕국의 역사를 더듬으며, 베르됭 조약으로 인해 통일된 중세에서 삼국으로 분리되어가는 과정을 살펴봄으로써 베르됭 조약의 의미를 되새긴다. 다음으로는 베르됭 전투의 참혹함과 전쟁 유적을 고찰함으로써 유럽의 평화와 유럽통합의 필요성을 반추하는 과정을 밟는다. 이를 위해서는 베르됭 전투에 사용된 참호 등 다양한 전쟁 유적과 전사자들의 유골을 거둔 두오몽 납골당 등을 살피는 것이 필요할 것이다. 마지막으로는, 프랑크 왕국의 기독교의 수용 및 이슬람과의 대립 형성의 의의를 오늘날 유럽연합의 주요 이념과 연관하여 살펴본다.

베르됭의 역사

베르됭은 현재 행정구역으로 로렌(Lorraine) 지방의 뫼즈(Meuse) 주에 위치한 프랑스의 코뮌 가운데 하나이다. 이 코뮌은 파리 분지의 가장 자리에 위치하고 있으며, 뫼즈 강의 곳에 건설되었기에 1970년까지는 공식 명칭이 베르됭쉬르뫼즈(Verdun-sur-Meuse)였다. 한편 베르됭은 4세기부터 'Virodunum' 혹은 'Verodunum'이라고 불렸는데, 이를 분석하면, 라틴어 'super(위의, 고급의)'의 뜻이 있는 접두사 'ver'와 골루아어로 높은 요새, 언덕이라는 뜻의 'dun'의 합성어로 이루어져 있다. 즉 베르됭은 '강력한 요새'라는 뜻을 갖는 지명이라 할 수 있다.

이 도시의 기원은 신석기 시대까지 거슬러 올라간다. 일찍부터 골(la Gaule)의 영토였던 이 지역은 로마의 침입 후에 로마식 요새(castrum)로 변형되었다. 한편 디오클레티아누스 황제의 행정 개혁으로 이 도시는 이 지역의 새로운 행정 중심지가 되었으며, 이 구역의 경계는 프랑스혁명기까지 거의 변함이 없었다. 이 경계는 교구(diocèse)의 범위를 정하는 데에도 사용되었고, 나중에는 베르됭의 백작령(comté)을 정하는 데에도 사용되었다. 4세기에 와서 이 도시는 이 마을의 첫 주교인 성 생탱(Saint Saintin)에 의해 기독교화되었다. 450년에 아틸라의 훈족(les Huns d'Attila)이 베르됭을 초토화시켰으나 프랑크 왕국의 영토를 확대하려 했던 클로비스 1세가 485년에 이 도시를 차지하였다. 511년에 클로비스가 죽으면서 장남인 테우데리히 1세(Theuderic I)가 베르됭이 위치한 프랑크 왕국의 북동쪽 지역, 아우스트라지(Austrasie)를 차지하게 되었다. 그러나 이 지역은 이후 노르만족의 침입과 헝가리의 침입으로 커다란 고통을 겪게 된다.

중세와 근대를 통틀어 베르됭과 관련하여 '베르됭 조약'만큼 유명한 사건은 찾아보기 힘들다. 하지만 그렇다고 베르됭이 역사 속에 완전히 묻힌 것은 아니었다. 특히 936년부터 1089년까지 베르됭은 역사상 가장 눈부신 시기를 보냈다. 황제, 주교, 백작 그리고 수사, 상인 들이 베르됭의 발전에 혁혁한 공로를 세웠다. 이 시기 베르됭의 주교들은 신성로마황제의 측근 출신들로 구성되었으며, 베르됭의 교회도 '황제의 교회(L'Eglise impériale)'라고 불릴 정도였다. 이 시기에 베르됭에 대성당이 건축되기도 하였다.

11세기 베르됭의 주교는 심지어 베르됭의 백작 임명권이나 화폐 주조권까지 부여받았다. 이 여세를 몰아 12세기에는 예술의 전성기를 맞이하였는데, 중세 금은 세공술의 대가 가운데 한 명인 니콜라 드 베르됭(Nicolas de Verdun) 같은 인물을 쉽게 떠올릴 수 있다. 베르됭은 이 시기에 그야말로 매우 역동적인 도시였다. 당시 많은 상인들이 국제무역에 참여했는데. 이들은 유럽 전역을 돌아다니면서 베르됭을 직물, 무기, 향신료, 상아, 모피, 심지어 노예들을 거래하는 부유한 시장 가운데 하나로 간주하였다. 당시 베르됭은 서구인과 유대인 그리고 무슬림 상인들이 노예를 사러 오는 중요한 노예시장이기도 하였다.

베르됭은 신성로마제국의 자유 도시로 종교 예술의 중심지였으며, 경제적으로나 전략적으로 요충지였다고 할 수 있다. 그런 면에서 베르됭을 세계의 중심지라고까지 말하는 사람도 있었다. 즉 당시 베르됭은 교량, 요새, 수도원, 대성당이 건축되는 역동적인 도시로서 황금의 시대를 구가하였다.

한편 1552년부터 베르됭은 프랑스에 편입되는 과정을 겪었다. 925년부터 신성로마제국의 일부였던 베르됭에 1552년 6월 12일에 앙리 2세(Henri II)가 아무 저항 없이 입성하였는데, 왕은 단지 몇 시간만 머물렀지만 타반느 원수를 지휘관으로 임명하고 그 아래 3백 명의 군인을 주둔시켰다. 이것이 베르됭이 프랑스에 결정적으로 편입되는 과정의 시초였다. 이러한 역사를 가진 베르됭은 30년 전쟁의 결과 맺어진 베스트팔렌 조약으로 신성로마제국의 영토에서 완전히 프랑스의 영토로 편입되었다. 주지하다시피 이 전쟁은 독일 지역에 매우 참혹한 결과를 안겨주었으며, 독일이 350여 개의 영방으로 쪼개지는 결과를 낳았다.

베르됭은 앞서 언급한 대로 줄곧 영광의 자리만 차지하지는 않았다. 루이 14세 시절 보방 후작 에 의해 요새화된 베르됭은 프랑스혁명기에 프로이센의 부른스비크 공작에게 점령되었으나, 1792년 9월 발미 전투 승리로 인해 프로이센으로부터 해방되었다. 그 후 이 도시는 1870년 프랑스-프로이센 전쟁에서 다시 프로이센에게 점령되는 우여곡절을 겪게 된다. 베르됭은 다른 로렌 지역과 마찬가지로 근대 이후 독일과 프랑스 사이의 전장에서 벗어날 길이 없었다. 그 결정적 시기가 바로 참혹했던 1916년의 베르됭 전투이다.

베르됭 조약

843년 8월에 체결된 베르됭 조약은 역사가들이 유럽사의 가장 중요한 사건 가운데 하나로 꼽고 있다. 사실상 이 조약은 샤를마뉴의 왕국을 뚜렷하게 삼분할하는 데 공헌하였는데, 이것으로 서쪽에는 오늘날의 프랑스가 동쪽에는 오늘날의 독일이 태어나게 되었다.

806년 샤를마뉴는 그가 죽기 전에 프랑크 왕국의 유산을 세 아들에게 상속하기로 정하였다. 그러나 그의 사후 경건왕 루트비히 1세만 생존하여 부친의 왕국을 유지하였다. 루트비히 1세는 817년 왕국 분할에 관한 칙령을 반포하여 그의 아들 로타르 1세와 공동 황제의 임무를 수행하려 하였다. 그러나 둘째 아들 독일왕 루트비히 2세와 막내 대머리왕 카를 2세는 이에 맞서 제후들과 연합하고 대항하여 상호간 내란이 발생하였다. 840년, 루트비히 1세가 죽은 후 그의 상속권 문제는 국면을 더욱 어렵게 만들었다. 상속 문제는 제국 운명의 중요한 분수령이 될 수밖에 없었다. 루트비히 1세의 맏아들 로타르 1세는 동생들이 지배하고 있는 왕국의 상속권을 주장하였지만, 루트비히 2세와 카를 2세는 손을 잡고 큰 형인 로타르 1세를 공격하였다. 로타르 1세는 841년 6월 퐁트누아(Fontenoy) 전투에서 패배했고 루트비히 2세와 카를 2세가 스트라스부르 서약을 맺고 황제에 대항하였기에 로타르 1세는 협상에 응할 수밖에 없었다.

이와 같은 수차례의 전쟁을 통해 기존의 강력한 중앙집권적 권력은 거의 상실되고 지방분권적으로 변모하였다. 즉 843년 베르됭 조약으로 왕국이 삼등분된 것이다. 이후 프랑크 왕국은 동프랑크(오늘날 독일

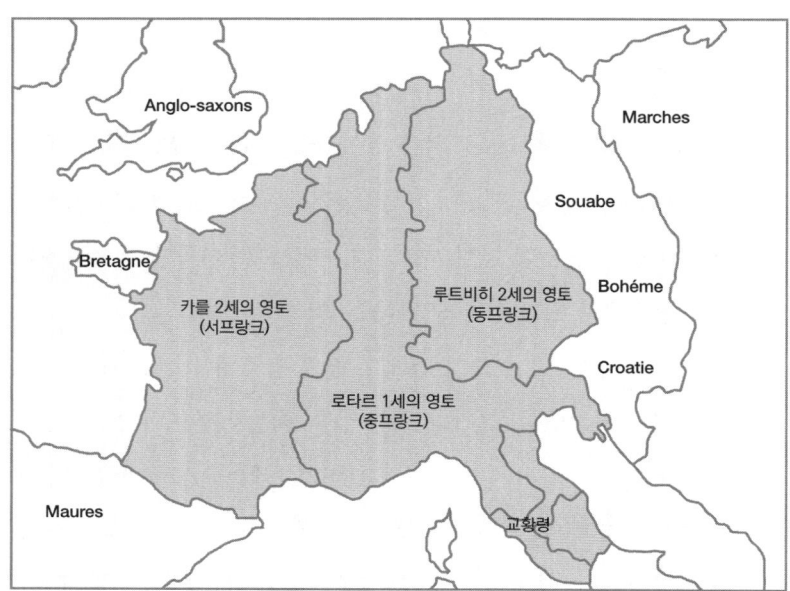

843년, 베르됭 조약으로 분할된 프랑크 왕국.

지역), 서프랑크(오늘날 프랑스 지역), 이탈리아 북부로 나뉘어 분할 통치
되었다. 이 지역은 북해에서 지중해까지 연결되는데, 여러 나라로 금방
쪼개질 뿐 아니라 오랫동안 프랑스와 독일 사이의 국경 문제를 야기해
왔다. 궁극적으로는 장자인 로타르 1세가 황제 칭호와 함께 이 지역(이
탈리아 및 로타링기아 지역으로 오늘날의 로렌 지역)을 얻었고, 둘째 독일왕
루트비히 2세는 라인 강 동쪽의 동프랑크 왕국을, 셋째 대머리왕 카를
2세는 서프랑크 왕국을 차지하였다.

　여기서 또 한 가지 주목할 점은 영토 분할을 맡았던 로마 교회는 조
세 수입이나 영토 면적보다 언어, 즉 '세속어'를 그 분할 기준으로 삼는
것이 더 공정하다는 결론을 내리고 게르만어를 사용하는 지역과 로망

어(프랑스어)를 사용하는 지역을 각각 루트비히와 카를에게 할당하였다. 이 국가들은 동프랑키아와 서프랑키아로 불렸는데, 후자만이 그 이름을 간직하면서 오늘날의 프랑스가 되었다.

이처럼 베르됭 조약은 왕국의 영토를 분할하는 원칙을 명시함으로써 통일된 프랑크 왕국, 즉 오늘날 우리가 이야기하는 서유럽이 삼분되는 결정적 계기를 제공하였다. 이 조약이 왜 베르됭에서 이루어졌는지에 대해서는 명확한 문건을 찾아볼 수 없지만, 적어도 베르됭이 프랑크 왕국에서 매우 중요한 위상을 차지하고 있었다는 점은 부인할 수 없을 것이다.

1차 세계대전과 베르됭 전투

1차 세계대전은 그 유례를 찾아볼 수 없는 참혹한 전쟁이었다. 만일 이 '대전(Great War)'의 특징을 가장 잘 드러내는 단어가 있다면 아마도 그것은 참호전, 그리고 베르됭이라는 지명일 것이다.

전쟁이 시작된 1914년 8월과 9월 처음 몇 주 동안의 전황은 사람들에게 전쟁이 기동전이 될 것이라는 인상을 심어주었다. 독일과 프랑스양쪽 모두 초기의 병력 전개와 시간표는 광범위하고도 신속하며 결정적인 공세 개념에 기초하고 있었다. 독일에서는 부대 수송 열차와 병사들의 거대한 행진 대오가 슐리펜 계획(Schlieffen Plan)*에 따라 움직였다. 이 계획으로 단숨에 파리를 정복하겠다는 독일의 기대는 환상에

• 프로이센 참모총장 슐리펜이 세운 계획으로, 벨기에 및 프랑스와의 서부전선을 완전하게 해결한 다음 러시아와 본격적으로 싸우는 작전.

불과했다. 슐리펜 계획은 현실적인 전제에 근거하고 있었음에도 예정보다 늦게 시작되었다. 독일군의 공세가 멈춰 설 수밖에 없었던 까닭은 프랑스의 화력이 막강하기 때문이기도 했지만, 거듭된 독일군의 실책 때문이기도 했다. 1914년 9월 6일에서 12일까지 벌어진 제1차 마른 전투(Battle of the Marne)가 결정적이었다. 그 후로 독일군의 전체 전선이 주춤하기 시작했다. 1914년 10월 말경에 이르자 벨기에와 프랑스의 전역이 고착되어버렸다. 현대식 라이플, 기관총, 포병대를 앞에 두고 정면으로 돌격하는 전투는 헛되다는 것이 명백해졌다. 양측은 땅에 깊은 구덩이를 파지 않을 수 없었다. 그들은 그 속에서 적이 감행해오는 공격을 막아내는 데 집중했다. 참호전이 시작된 것이다. 양쪽 군대는 그 후 4년, 1,460일 동안 이 구덩이에 머물렀다. 수백만 명의 병사가 좁고 길게 형성된 이 황량한 전투 구역에 묶인 채 옴짝달싹하지 못했다. 그들은 참호, 대피호, 포탄 구멍, 초토화된 마을, 죽어버린 그루터기로 가득한 숲의 황무지에서 살다가 죽어갔다. 문명 한복판의 이 사막은 날이 갈수록 더욱더 단조로워졌다.

이러한 전투방식으로 특히 서부전선에서 싸우던 일반 병사들은 삶과 죽음의 경계선을 오락가락했다. 하루하루 지루하게 보내는가 하면, 벌레가 들끓는 진흙투성이의 참호 속에서 수주일씩 극도의 불쾌감과 싸워야 했고, 불시에 찾아드는 소름끼치는 전장의 체험들, 즉 대포, 기관총, 철조망뿐 아니라 작렬하는 총탄, 화염 방사기, 독가스가 빚어내는 악몽 사이를 오가야 했다. 그러나 참호 속의 끔찍한 상황과 그 어느 편에도 뚜렷한 소득 없이 이어지는 끝없는 전투에도 불구하고 대부분 병사들의 사기는 놀랍도록 굳건했다.

1916년에 이르자 전쟁은 지루한 교착 상태에 빠져 들었고, 교전 당사자들은 처절한 대가를 치러야 했다. 독일은 그해 봄 프랑스 동부 국경 근처의 베르됭 요새를 포위했으나 점령하는 데는 실패하고 말았다. 여기서 70만 명 이상의 사상자가 발생한 것이다. 독일군의 포위 목적은 그 요새를 점령하기 위한 것이 아니었다. 프랑스군이 필사적으로 방어할 것을 알았기 때문에 그들의 목적은 그 요새로부터 '프랑스의 신체 건장한 사람들의 피를 짜낼 대로 다 짜내기 위한' 것이었다. 그러나 독일도 마찬가지로 프랑스만큼이나 피해를 보았다. 1916년 8월 영국은 베르됭의 포위를 풀기 위해 솜 강을 따라 대규모 공격을 감행하는 1차 솜 강 전투(Battle of the Somme)를 벌였다. 7월에서 10월까지 지속된 전투는 독일 측에 50만, 영국에 40만, 프랑스에 20만의 사상자를 내게 하였지만, 그 대가로 연합국 측은 전선에서 불과 11킬로미터를 전진했을 뿐이었다. 전투 개시 첫날에만 5단 7천 명 이상의 영국군 사상자가 발생했다. 그 사이 연합국 측의 봉쇄로 독일의 원료와 식량 공급이 서서히 줄어들게 되자 독일의 상황은 악화됐다.

　이처럼 베르됭 전투는 1916년 2월 21일에 시작하여 같은 해 12월까지 약 3백 일의 낮과 밤 동안 벌어진 끔찍하고도 처절한 전투였다. 평가자에 따라 이 전투의 희생자는 70만 명에서 1백만 명까지 오간다. 한편 이 기간 동안 양 진영의 포병이 쏘아댄 포탄 수가 총 2천6백만 발에 이르는데, 이는 제곱미터당 여섯 개의 포탄이 떨어졌음을 의미한다. 이로 인하여 수천 구의 시신이 갈기갈기 찢어졌다. 베르됭은 이러한 참혹함을 겪었지만 그 시신의 유골이 적군, 아군의 구분 없이 함께 모여진 납골당이 있는 성스러운 장소이기도 하다.

이제 베르됭에서 참호를 통해 전쟁의 참혹함을, 두오몽 납골당과 국립묘지를 통해 평화의 염원을 그려보고자 한다. 특히 1984년 프랑수아 미테랑과 헬무트 콜이 참가한 가운데 거행된 행사는 양국 간 평화의 필요성뿐만 아니라 두 지도자가 유럽통합이 왜 필요한지를 웅변적으로 보여주었다고 할 수 있다.

전쟁의 현장 '총검 참호'

1차 세계대전의 가장 큰 특징 가운데 하나가 참호전이라고 할 수 있는데, 베르됭의 참호전 중 우리에게 하나의 신화로 남아 있는 것이 '총검 참호(tranchée des Baïonnettes)'이다. 이 참호에 관한 이야기는 여러 버전이 존재하지만, 교실에서 학생들이나 관광객들에게 들려주는 '공식 버전'이 따로 전해진다.

1916년 6월 11일, 엄청난 포탄이 쏟아지는 가운데 참호의 총안(銃眼) 앞에 선 채로 공격을 준비하던 137 보병연대의 57명이 바로 앞에 떨어진 독일군의 포탄 공격으로 엄청난 땅 구덩이가 파헤쳐지며 그 자리에 산 채로 매장되었다. 이러한 버전이 가장 그럴듯하다. 왜냐하면 이 버전은 사람들이 베르됭 전투라고 했을 때 상상할 수 있는 비참한 장면에 가장 완벽하게 들어맞기 때문이다. 게다가 땅 속에 파묻혔지만 살아난 몇몇의 사람들이 있는데 그들이 이러한 내용을 증언하고 있기 때문이기도 하다.

하지만 이 시기에 전투 상황을 충분히 경험한 사람들이 내놓은 다른 버전들도 존재한다. 이들의 주장은 공식 버전과는 약간 차이가 있다.

1916년, 1차 세계대전 당시 베르됭 전투에 참전한 병사들과 '총검 참호'의 현장. 이미지클릭 제공(오른쪽).

이들 버전은 공식 버전보다 덜 비극적이다. 그렇다고 해서 평가할 만한 가치가 없는 것은 아니다. 이들 버전에 따르면, 이 참호가 전투 결과 사망하여 썩어가는 시체를 흙으로 덮어주기 위해서 프랑스인 혹은 독일인에 의해 사후에 자발적으로 메워졌다는 것이다. 그렇다고 이러한 버전들이 당시의 참혹함을 축소하고 있는 것은 아니다. 1916년 6월 10일과 12일 사이에 엄청난 포격이 있었다는 것은 사실이다. 땅에서 삐져나온 총들이 일부 군인이 참호에 산 채로 매장되었음을 뜻하거나 혹은 사후에 파묻힌 장소를 표시해주고 있다. "나중에 프랑스군이 이곳을 재점령했을 때, 보병대대 병력은 대부분 전사하였으며 길쭉한 프랑스군의 총검들만 무너져내린 교통호 흙더미 사이로 삐죽삐죽 솟아 있었다." 이 때문에 사람들이 '총의 참호(la tranchée des fusils)'라고 불렀는데, 나중에 이를 조금 더 비극적으로 들리게 하는 '총검 참호'로 개명하였다.

전쟁이 끝난 후, 이러한 비극적 이미지에 깊은 감명을 받은 미국의 금융인 조지 랜드가 50만 프랑을 기증하여, 1920년에 건축가 앙드레 방트레에 의해 '총검 참호'라는 전쟁기념관이 완성되었다. 이 지역은 쥐와 모기떼가 들끓는 가운데 이민노동자들이 동원되어 발굴되었는데, 총 47구의 시신이 발견되었고 그 가운데 14구의 신원이 확인되었다.

요새에서 납골당으로

두오몽*에는 전후에 만들어진 납골당(Ossuaire de Douaumont)과 국립묘지, 그리고 이외에 전쟁 전에 군사적 목적으로 만들어진 요새가 있다. 이곳에는 1차 세계대전 이전부터 요새가 존재하였는데, 이는 1885년 세레 드 리비에르 장군이 건설하였다. 두오몽 마을에서 2킬로미터 정도 떨어져 있는 이 요새는 해발 388미터에 자리 잡고 있기 때문에 뫼즈 주에서는 가장 높은 곳에 위치하고 있다고 할 수 있다. 두오몽 요새는 베르됭에 설치된 여러 요새 가운데 가장 현대적이고 시설이 잘 갖추어져 있는 곳으로 유명하다. 중앙 본부는 1층과 지하, 총 두 층으로 되어 있다. 빨래하는 곳, 부엌, 베이커리, 병원, 무기소 등이 1층에 있고, 지하에는 저수통, 물 탱크, 유류 탱크 및 밀가루 보관소 등이 있다.

이 요새는 새로운 군사 기술에 따른 무기에 대응하기 위하여 철저히 대비한 요새라고 할 수 있다. 대전 전인 1907년부터 1909년까지는 155밀리미터 대포를 위한 포탑(砲塔)이 추가되었는데, 이 대포는 7킬로미

---

* 두오몽은 베르됭과 별개의 코뮌이지만, 베르됭 전투의 희생자 유골이 안치된 납골당이 소재한 곳으로만 알려져 있기에 베르됭의 한 구역으로 보아도 무방할 것이다. 2011년 현재 두오몽의 인구는 5명이다.

1885년 세레드 리비에르 장군이 건설한 두오몽 요새는 베르됭에 설치된 여러 요새 중 가장 현대적이고 시설이 잘 갖추어져 있었다.

터 떨어져 있는 목표에 43킬로그램짜리 폭탄을 발사할 수 있는 능력을 가지고 있었다. 또 대전 직전인 1911년부터 1913년 사이에는 기존의 무기에 장갑차 및 기관총, 75밀리미터 대포 두 문이 추가되었다.

평소에는 5백 명에서 8백 명 정도가 주둔해 있었지만, 전쟁 중인 1915년에는 주둔하는 군인이 거의 없었다. 막상 전쟁이 시작되자 최고 사령부는 베르됭의 요새들이 주로 수동적인 역할, 즉 수비용으로 만들 어진 데다 중포병에 의해 쉽게 파괴될 수 있기 때문에 무용지물이라고 판단하였다. 결국 두오몽 요새 포탑의 대포들은 탈취되었거나 그 자리 에 남아 있다 해도 거의 해체된 채였다. 남아 있는 잔해가 당시의 어려 움을 잘 보여주고 있다.

한편 휴전 협정이 이루어지자 베르됭의 지니스티 주교는 베르됭 담 당지사인 발랑텡 장군과 베르됭 인근을 살펴보면서 전사자들에게 적

두오몽 납골당 내부. 베르됭 전투의 전사자와 행불자를 위한 두오몽 납골당은 1920년부터 1927년까지 임시적으로 유지되다가 1932년에 공식적으로 개관하였다.

절한 묘지가 필요하다는 생각을 하게 되었다. 그렇게 해야 유가족들이 주검을 거둘 수 있고, 행불자를 위해서 기도할 수 있는 공간도 제공할 수 있을 것으로 생각하였다. 마침내 두오몽 납골당은 1920

년 8월 22일에 '납골당 위원회 명예총재'인 페탱(Henri Philippe) 원수에 의해 초석이 놓였다. 이 납골당은 1920년부터 1927년까지 임시 납골당 형태로 유지되다가, 1927년 9월 17일에 베르됭의 52개 전투구역을 대표하는 관 52개를 새로운 납골당으로 이장하는 장엄한 행사를 개최하였다. 그리고 1932년 8월 7일에는 마침내 프랑스 공화국의 대통령 알베르 르브룅이 참석한 가운데 납골당을 공식적으로 개관하였다.

독일에 의해 저질러진 또 다른 세계대전이 끝난 지 40년이 되는 1984년 9월 22일에는 프랑수아 미테랑 프랑스 대통령과 헬무트 콜 독일 총리가 함께 1차 세계대전 동안 스러져 간 병사들에게 경의를 표하였다. 두 명의 국가수반은 "유럽은 우리의 공동 조국이며, 우리는 서로 화해하였고, 서로 이해하였으며, 친구가 되었습니다"라고 두오몽에서 함께 선언하였다. 두 사람은 양국 국민의 화해를 확고히 하기 위해 베르됭의 전장에서 만났다. 두 사람은 이후에도 양차 대전의 희생자들을 추모하기 위해 콩상부아의 독일 군사묘지(le cimetière militaire allemand de Consenvoye)와 두오몽의 프랑스 국립묘지(le cimetière national fran-

제2부 유럽의 도시: 유럽 문화의 새로운 허브

두오몽 납골당에는 베르됭 전투에서 사망한 군인들의 유해 13만 여구가 안치되어 있다. 납골당 한가운데에는 높이 46미터의 탑이, 건물 1층에는 전쟁박물관이 있다.

çais de Douaumont)에 여러 차례 참배하였다. 1984년은 1차 세계대전 발발 70주년일 뿐만 아니라, 독일과 프랑스 두 국가가 밀월 관계를 보내고 있었던 때이기도 하다. 1983년에 미테랑은 소련의 위협에 대처하기 위해 미국의 새로운 핵미사일을 서독에 배치하는 것을 허락한 콜 정부의 결정을 지지하였다. 1984년에는 두 국가가 외교적으로 힘을 합쳐 통합 유럽 건설의 새로운 국면을 준비하고 있었으며, 그 결과 곧 유럽단일의정서(L'Acte unique européen)가 발효될 수 있었다. 이와 같은 분위기 하에서 두 국가 정상이 베르됭을 방문했던 것이다. 이뿐만 아니라, 2008년 11월 11일 1차 세계대전 종전기념일에는, 사상 처음으로 니콜라 사르코지(Nicolas Sarkozy) 프랑스 대통령이 종전기념 행사를 이 납골당에서 거행하였다.

두오몽의 납골당에는 46미터 높이의 탑이 있는데, 그 정상에서 파

1984년, 베르됭에서 만난 독일 수상 헬무트 콜(왼쪽)과 프랑스 대통령 미테랑.(연합포토 제공)

노라마식 전경을 바라볼 수 있고, 그곳에서 울리는 '승리의 종(Le Bourdon de la Victoire)' 소리는 중요한 행사 때마다 울려 퍼졌다. 한편, 사자(死者)의 불빛인 등대는 전투 장소를 비추게 되어 있다. 건물 1층에는 전쟁박물관이 위치하는데, 이곳에는 파괴된 마을의 잔해들과 전투 장소를 입체적으로 볼 수 있게 한 입체경, 그리고 수많은 무기들이 전시되어 있다. 특히 이곳에는 역사적 기념물로 분류되어 있는 독일제 76밀리미터 박격포가 온전한 상태로 놓여 있다.

유럽의 정체성 형성에서 유럽연합으로

베르됭 조약과 밀접하게 관련을 맺고 있는 프랑크 왕국은 유럽의 정체성 형성과도 매우 깊은 관계가 있다. 많은 역사가들은 프랑크 왕국으로 인해 서유럽이 탄생했다고 이야기한다. 기독교가 로마를 벗어나 진정 유럽의 종교가 된 시기가 이때이며, 이슬람과의 대립을 통해 유럽 정체성이 본격적으로 확립하게 된 것도 바로 이 시점이기 때문이다. 사실, 기독교라는 유럽의 구심점이 바로 오늘날 유럽연합의 구심점이기도 하다는 것을 쉬이 간과할 수 없다.

하지만 베르됭은 유럽인들에게 지울 수 없는 상흔을 남긴 곳이기도 하다. 1차 세계대전 동안 이곳에서의 처절한 전투는 바로 1천 년 전 그곳에서 배태된 분열의 역사에 기원을 두고 있다고도 볼 수 있다. 서유럽의 황제 샤를마뉴의 손자들 간의 분열은 곧 서유럽의 분열이었다. 프랑크 왕국을 분열시킨 베르됭 조약이 이곳에서 맺어진 것이다. 비록 중세 이래 기독교적 정체성으로 하나의 유럽이 지속되었지만, 30년 전쟁에 이은 베스트팔렌체제는 근대 국민국가체제를 형성시켰고, 뒤이은 프랑스혁명과 나폴레옹체제는 민족주의를 강화시키고 전 유럽에 전파시켰다. 이에 따라 알자스로렌 지역을 중심으로 한 독일 프랑스 간의 분쟁이 적지 않게 일어났고, 그 가운데 가장 참혹하며 가장 많은 사상자를 낸 전투가 바로 베르됭 전투인 것이다.

우리는 흔히 1차 세계대전의 기원으로 민족주의의 강화를 꼽는다. 하지만 1차 세계대전으로 민족주의가 유럽주의를 누르고 완전히 승리한 것은 아니었다. 전쟁은 오히려 이념적으로 유럽주의를 더욱 강화시키고 있었다. 많은 현실 정치인들이 유럽을 통합하여 유럽 각국의 민족주의를 극복하고 영구한 평화를 심겠다는 생각을 진지하게 하기 시작했다. 그 결과로 나타난 것 가운데 하나가 국제연맹(League of

Nations)의 창설이다. 그러나 곧 많은 사람들이 국제연맹의 역할에 회의를 품게 되었다. 한편 전쟁 후 유럽주의가 번창해가는 가운데, 독일-프랑스 간의 화해가 유럽 평화 문제의 핵심으로 간주되었다. 이때 오스트리아의 쿠덴호베칼레르기(Richard Nikolaus Graf Coudenhove-Kalergi) 백작의 범유럽주의(Pan-Europeanism)는 유럽국가들 사이에서 '유럽주의'를 크게 불러일으켰다.

하지만 세계경제를 위기로 몰아넣은 1930년대 경제공황에 이어서, 다시 독일의 히틀러에 의해 세계대전이 일어나자 많은 저항운동가들이 전쟁의 재발을 막기 위해서 국민국가로 구성된 유럽의 질서를 지양하고, 새로이 유럽연방을 구성해야 한다고 생각하였다. 더 나아가 일부는 유럽 자원의 공동개발과 단일시장의 형성, 그리고 최종적으로는 정치통합을 고려하였다. 유럽통합을 주장하는 저항운동가들이 2차 세계대전 후에 유럽의 정치, 경제 무대의 지도자로 들어설 것이기에 유럽통합의 장래는 낙관적이었다. 한편, 독일의 나치 범죄가 너무 잔혹하여 유럽통합을 통해 다시는 독일의 민족주의가 흥기하지 못하도록 해야 한다는 공감대 또한 유럽인들에게 널리 퍼졌다는 것도 무시할 수 없다. 이러한 생각을 공유한 저항운동가들로는 프랑스의 레옹 블룸과 이탈리아의 알티에로 스피넬리 등을 대표적으로 들 수 있는데, 이들은 전쟁의 재발을 막기 위해 국민국가로 구성된 유럽체제를 재편해 새로이 유럽연방을 건설하자는 운동에 앞장섰다. 그 가운데 우리에게 널리 알려진 것이 스피넬리의 벤토테네 선언(1941년)이다.

이렇게 볼 때, 독일이 일으킨 또 하나의 전쟁은 유럽연합으로 가는 길을 재촉한 결정적 요인이었다고 볼 수 있다. 주지하다시피 베르됭이 위치한 알자스로렌 지역은 특히 프랑스와 독일 사이 대표적인 분쟁 지역이다. 베르됭, 더 나아가 이 지역의 분쟁 해결이 결국 유럽통합의 지름길이 될 수 있음은 명확하다. 이제 유럽은 베르됭 참호의 비극을 차차 이겨내고 있다. 앞에서 살펴본 대로, 베르됭은 점차 프랑스와 독일, 양국의 협력을 이끌어내는 것을 넘어 유럽통합을 추동하는 계기가 되고 있다. 그 극복과 희망의 징표는 우연히도 베르됭에서 얼마 떨어지지 않은 룩셈부르크의 작은 마을 셍겐에서도 찾아볼 수 있다. 이곳은 베르됭의 분열을 꿰매는 유럽통합의 상징이라고도 할 수 있다. 프랑스, 독일과 룩셈부르크 삼국 간의 국경선이 교차하는 이 마을에서 1985년 맺어진 셍겐 조약으로 유럽 국민들은 이제 자유롭게 국경선을 오갈 수 있다. 베르됭이 자신의 비극을 넘어 이웃 국가들 사이의 협력을 이끌어내고, 이어서 유럽통합으로 나아가는 중요한 상징이 되어가고 있다는 것은 전혀 과도한 주장이 아니다. ┃박단

참고문헌

에드워드 맥널 번즈·로버트 러너·스탠디시 미첨, 손세호 옮김, 《서양 문명의 역사》 (하), 소나무, 2007.

존 엘리스, 정병선 옮김, 《참호에서 보낸 1,460일》, 마티, 2005.

Michelin Alsace et Lorraine, Clermont-Ferrand: Michelin et Cie, Propriétaire-Editeurs, 1996.

Morizet, Jacques et Möller, Horst (ed.). *Allemagne-France: Lieux et mémoire d'une histoire commune*, Paris: Bibliothèque Albin Michel Histoire, 1995.

위치 네덜란드 조이트홀란트 주
면적 98.2km²
행정구분 8지구
인구 507,611명(2013년)

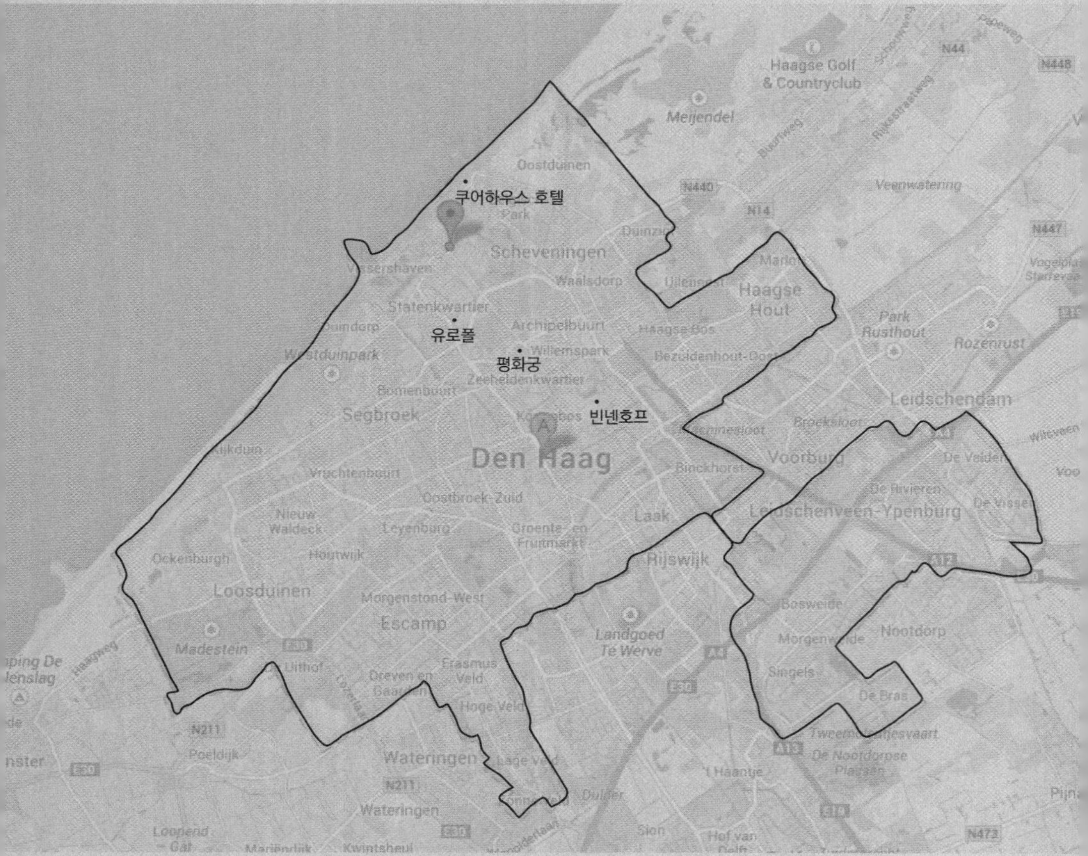

헤이그, 네덜란드

헤이그
평화와 이상의 도시

정치수도 헤이그

네덜란드의 중서부 해안에 위치한 인구 50만의 도시 헤이그(덴하그)는
네덜란드의 정치, 외교 및 행정 중심지이다. 1808년 이후부터 네덜란
드의 수도는 암스테르담이지만, 현재 실질적 수도로서의 기능은 헤이
그가 맡고 있다. 헤이그가 국제사회의 주목을 끄는 국제도시로 부각된
것은 2차 세계대전이 종식된 1945년 이후라 할 수 있다. 2차 세계대전
을 계기로 네덜란드 외교 정책이 중립주의에서 동맹외교로 전환된 이
후 나타난, 베네룩스관세동맹이나 북대서양조약기구(NATO) 같은 지
역 경제, 안보협력공동체에의 참여 그리고 UN 가입 등과 같은 중요한
결정들이 모두 헤이그의 의회와 내각에서 결정되었다는 점에서 자연
스럽게 세간의 주목을 받게 된 것이다. 특히 베네룩스, 유럽석탄철강공
동체(ECSC), 유럽경제공동체(EEC) 등과 같은 유럽지역협력공동체에
초창기부터 매우 활발하게 참여한 네덜란드의 역할과 의미는 다른 어

떤 회원국가 못지않게 크고 중요하다고 평가되고 있고, 그 중심에 바로 헤이그가 있다는 점에서 헤이그를 유럽통합을 대표하는 네덜란드의 상징적 도시라 해도 지나침이 없을 것이다.

헤이그는 로마제국의 요새가 건설된 곳으로 일찍부터 역사서에 등장하였지만 실상은 중세까지만 해도 작은 어촌에 지나지 않는 보잘것없는 변방 지역이었다. 헤이그가 주목을 끌기 시작한 것은 네덜란드가 신성로마제국 이후 로타링기아(Lotharingen), 부르군디(Burgundië), 그리고 합스부르크가의 지배를 받을 당시 이 지역에 백작령이 들어서면서부터라 할 수 있다. 홀란트(Holland) 백작령의 수도이며, 1648년 독립 이후 홀란트 주의 주도이자 네덜란드 7개주 연합공화국(The Dutch Republic of 7 United Provinces)의 수도 역할을 했던 헤이그의 역사를 간략하게 살펴보면 다음과 같다. 1230년경에 홀란트백작령의 수장 플로리스 4세(Floris IV)가 호프(Hof)라는 땅을 사들였고, 1248년에 그 아들인 빌렘 2세가 그 자리에 사냥터와 성채를 지었는데 그것이 바로 오늘날 네덜란드 의회가 자리하고 있는 빈넨호프이다. 홀란트 주의 정치, 경제, 행정 중심인 빈넨호프를 중심으로 도시가 외곽으로 확대되면서 오늘날의 헤이그가 형성되었다.

1901년 국제중재재판소, 국제사법재판소 설립
1907년 2차 만국평화회의 개최
1940년 독일 침공, 네덜란드 왕실과 정부의 런던 망명
1940~1945년 독일 지배
1945년 2차 세계대전 종전, 네덜란드 왕실과 정부 귀환.

이런 탄생의 역사가 있는 헤이그는 16세기 네덜란드 독립전쟁을 통해 가장 중요한 정치 중심지로 부상하게 되고 신생독립국인 네덜란드의 국가발전의 역사를 주도해나가는 구심점 역할을 맡게 된다. 1568년부터 시작된 네덜란드 독립전쟁인 '80년 전쟁' 과정 속에서 네덜란드 지역의 정치, 경제의 중심지는 브뤼셀에서 헤이그와 암스테르담으로 이동되었는데, 그 이유는 에스파냐의 학정을 피해 수많은 자본가, 상인, 학자, 예술가, 유대인, 칼뱅교 신자들이 대거 북부 지역으로 이주, 정착했기 때문이다. 네덜란드는 에스파냐 항쟁의 논리로 '에스파냐 군주인 펠리페 2세(Felipe II)는 그의 신민인 네덜란드주민들의 자유와 복지를 지켜줄 신으로부터 부여받은 신성한 의무가 있음에도 도리어 그의 신하와 백성을 탄압하고 폭정을 펼치고 있는 까닭에 우리는 그를 폭군이라 규정하며, 펠리페 2세에게 더 이상 복종하지 않을 것이다'라는, 당시로서는 매우 혁명적인 성격의 공화주의 이념을 담은 네덜란드 독립선언문을 만들어 선포하였다. 네덜란드의 국부 오란녀공 빌렘(Willem van Oranje)이 중심이 되어 작성한 독립선언문인 '결별 선언(Plakkaat van Verlatinghe)'은 에스파냐에 대항한 독립전쟁의 중심지 헤이그에서 1581년 7월 26일 각 지역 대표들에 의해 조인되었고, 이로써

네덜란드의 정치·외교·행정의 중심지인 빈넨호프 전경. 빈넨호프를 중심으로 도시가 확대되면서 오늘날의 헤이그가 형성되었다.

헤이그는 각국의 큰 주목을 받게 되었다. 결별 선언은 세계 최강국 에스파냐의 군주에 항거하는 공화주의 이념의 저항 논리를 소개했을 뿐 아니라 실제 80년 전쟁을 통해 '네덜란드 7개주 연합공화국'을 탄생시켰다는 점에서 큰 의미가 있고, 이 같은 불복종 논리의 기저에 깔려 있는 민주주의 이념이 향후 미국의 독립전쟁과 프랑스혁명에 큰 영향을 끼쳤다고 알려져 있다.

평화와 번영의 중심 헤이그

브뤼셀에 있던 네덜란드 의회는 80년 전쟁 개전 이후 여러 도시를 전전하다가 1585년 헤이그 빈넨호프에 정착한 이후 현재까지 변함없이 네덜란드 정치, 외교 및 행정의 중심지 역할을 수행해오고 있다. 특히 네덜란드가 세계를 지배하던 '황금의 17세기' 당시 국제무역을 지배하던 중심은 암스테르담이었지만, 그 도시를 지배한 힘은 바로 헤이그에서 나왔다는 점에서 헤이그의 중요성을 짐작할 수 있을 것이다. 1648년 뮌스터 조약을 통해 에스파냐로부터 공식적으로 독립한 네덜란드는 군주제국가가 아닌 공화국체제로 출범하였다. 프랑스나 에스파냐, 혹은 영국 같이 군주가 통치하는 정치체제가 아니었던 까닭에 네덜란드 공화국 의회의 권한은 매우 강력하였다. 특히 공화국을 구성한 7개의 주 중에서 가장 강력한 홀란트 주의 주도였던 헤이그는 그야말로 도시 중의 도시라 할 수 있었다.

암스테르담, 할렘(Haarlem), 헤이그 같은 도시를 가진 홀란트 주는 당시 국가예산의 70퍼센트 이상을 담당하는 가장 부유하고 막강한 정치적 영향력을 보유한 지역이었는데, 당시 암스테르담과 할렘은 무역으로 그리고 헤이그는 모직산업으로 엄청난 부를 축적했다. 덧붙여 언급할 것은 바로 헤이그가 네덜란드 문화·예술 영역에서도 단연 두각을 나타낸 도시였다는 것이다. 헤이그는 암스테르담, 위트레흐트, 할렘과 더불어 네덜란드 회화의 4대 화단을 구성, 17세기 이후 눈부신 네덜란드 회화 발전을 주도한 도시 중 하나였으며, 후일 빈센트 반 고흐가 화가가 되려는 결심과 습작 활동을 시작한 곳이기도 하다. 회화뿐 아니라 음악, 건축 등 다양한 분야의 수많은 문화적 유산을 가지고 있는 도시가 헤이그인데, 이는 아마도 헤이그에 왕실과 수많은 정치·경제·외교 엘리트 등 거대한 소비자 집단이 존재했기 때문이 아닐까 추측할 수 있다. 현재에도 왕립조형예술아카데미(Royal Academy of Art), 왕립음악원(Royal Conservatory) 등과 같은 세계적 수준의 문화예술 교육기관이 있고, 〈진주귀걸이를 한 소녀〉라는 얀 페르메이르의 그림이 소장되어 있는 마우리츠(Maurits) 미술관 등 40여 개에 달하는 박물관이 있으며, 평화궁(Vredespaleis)과 같은 유서 깊은 유적이 50여 개에 달해 세계 각국에서 많은 관광객들이 방문하는 도시이기도 하다. 2006년까지 해마다 개최된 세계적 명성의 북해 재즈 페스티벌(The North Sea Jazz Festival) 역시 문화도시 헤이그의 다양성과 깊이를 더해주고 있다.

17세기 홀란트와 네덜란드 공화국 발전 배경에 대한 설명으로 많은 학자들이 거론하는 것은 관용주의, 개방주의, 자유주의, 실용주의, 법주의, 평화주의, 해양상업주의, 공화주의 등과 같은 네덜란드인의 특징적 기질이다. 네덜란드 독립전쟁은 당초 종교적 관용주의, 즉 종교의 자유를 요구하는 칼뱅교 신자들에 의해 촉발된 항쟁이었고, 이 종교적 관용주의에 대한 요구는 이후 네덜란드 사회의 가장 큰 특성 중 하나인 더욱 포괄적인 관용주의로 나아가게 했다는 것이다. 열악한 자연환경과 부존자원 부재라는 물리적 상황은 생존을 위해 이들로 하여금 개방을 선택할 수밖에 없게 하였다. 동시에 개인의 사상과 양심의 자유라는 보편가치를 추구하는 자유주의와 다양한 이념, 종교적 성향의 갈등과 충돌을 억제하고 사회적 안정을 위한 실용주의 행동규범 역시 체화시켰으며, 위대한 법학자 그로티우스를 낳은 국가인 만큼 다양한 국가 간 분쟁을 국제 법으로 해결해야 한다는 법치주의는 소국 네덜란드 입장에서는 당연한 선택이 되었다는 것이다. 평화주의는 국제 평화 정착을 위한 각국의 도덕적 책무를 강조한 것으로서 네덜란드의 도덕적 우위와 이상주의를 나타낸 것이고, 해양상업주의는 네덜란드인들의 진취적이고 도전적인 성향이 세계적 차원으로 더욱 강화되어 나타난 결과라는 것이며, 마지막으로 공화주의는 국가와 국민의 권리와 복지를 가장 효과적으로 실현, 발전시킬 수 있는 가장 좋은 정치체제로서 일찍이 인식되어 왔다는 것이다. 이 부분에 대해서 약간의 부연 설명이 필요한데, 현재 네덜란드의 공식 국명은 네덜란드 왕국(Kingdom of Netherlands)이고 헌법상 국가의 수장은 왕이라 규정되어 있어 일면 공화주의에 배치되는 정체를 가지고 있다고 비춰질 수 있다. 하지만 이는 빈 회의에서 왕정복고를 결정하면서 네덜란드를 공화국에서 왕국으로 전환한다는 결정에 따른 것일 뿐, 1814년 출범한 네덜란드 왕국은 그 명칭에도 불구하고 입헌군주제의 성격, 즉 '군주는 군림하되 통치하지 않는다'라는 원칙 위에서 작동되는 민주주의국가이다. 여하튼 네덜란드의 수많은 도시 중 위에서 열거한 특성이 가장 잘 나타나 있는 곳이 바로 헤이그라는 것은 당연한 것일지 모른다. 공화주의의 상징인 의회가 있고 수많은 인종과 문화가 평화롭게 공존하고 있는 국제도시인 동시에 국제사법재판소(International Court of Justice), 국제형사재판소(International Criminal Court), 국제중재재판소(The International Court of Arbitration), 평화궁이 있는 법과 평화의 도시이다. 또한 다양한 정치 이념과 문화가 차별 없이 동등한 권리를 누리고 있는 자유의 도시이며, 해양상업의 주 무대인 서부 지역 주요 도시란 점에서 헤이그는 네덜란드 그 어떤 도시보다 네덜란드 고유의 유전자가 강한 도시라 할 수 있다. 헤이그를 간단하게 묘사하자면 '인종, 문화, 종교, 이념, 신분에 관계없이 모든 시민은 평등한 권리와 동등한 기회를 가지고 있다'라고 규정되어 있는 네덜란드 수정헌법 제1조의 내용을 그대로 반영하고 있는 도시라 할 수 있다. 19세기 초 나폴레옹이 네덜란드를 점령할 당시 암스테르담이 새로운 수도로 결정되면서 헤이그의 위상은 다소 약화되었지만 정치, 외교 및 행정 중심지로서의 기능에는 이전과 변함이 없었다. 19세기, 20세기 초 격동의 시기에도 헤이그는 그 위상을 잃지 않고 발전을 거듭할 수 있었다. 적어도 1940년 5월 10일 네덜란드와 헤이그에 큰 암운이 드리우기 전까지는 말이다.

2차 세계대전과 헤이그

네덜란드는 1940년 5월 10일 새벽 독일군의 침공으로 2차 세계대전의 격랑에 휩쓸리게 된다. 왕실과 내각은 개전 초기 우왕좌왕하다 영국 왕실이 보내준 전함을 타고 런던으로 피신해버렸고, 통수권자를 잃은 네덜란드군은 막강한 독일의 공격에 무기력하게 대항하다 개전 4일 만에 무조건항복을 선언하였다. 이로써 네덜란드는 1945년 해방까지 5년에 걸친 독일 강점기를 겪게 되었고, 이는 1814년 빈 회의의 결정에 따라 네덜란드 왕국이 출범한 이래 처음 경험하는 국가주권상실이었다. 독일의 강점으로 인해 네덜란드의 국가 기능은 즉시 정지되었고, 17세기 에스파냐 합스부르크가로부터 독립한 이래 신생국 네덜란드의 국익 보호와 신장을 위한 정치 중심지 역할을 충실히 행하던 헤이그는 왕실도, 의회도 그리고 내각도 떠나버린 빈껍데기뿐인 유령도시가 되고 말았다. 헤이그 정부는 전쟁을 막는 데도, 국민을 보호하고 위로하는 데도 성공하지 못하고 자신들만 훌쩍 런던 망명길에 오른 것

스헤베닝헌 해변과 쿠어하우스 호텔. 2차 세계대전이 발발하자 네덜란드 왕실과 내각은 영국 왕실이 보내준 전함을 타고 영국으로 피신했다.

이다. 여왕과 내각의 망명은 독일 치하에 놓인 많은 국민들을 실망시키기에 충분했고, 이는 전후 왕실폐지론의 중요한 근거로 활용되기도 하였다. 헤이그 스헤베닝헌(Scheveningen) 해변에서 영국 왕실이 보내준 전함을 타고 조국을 떠나는 빌헬미나(Wilhelmina) 여왕은, 유럽열강 왕실의 휴양지로서 한때 유럽 평화와 우호의 상징이었던 쿠어하우스(Kurhaus) 호텔이 자신의 시야에서 멀어지는 것을 바라보며 깊은 상념에 잠겼을 것이다.

'전가의 보도라 생각했던 우리의 중립주의(Neutralism) 외교 정책을 이젠 용도 폐기해야만 하는 것일까? 독일 강점하에 놓인 신민들의 운명은 이제 어떻게 되는 것일까? 국가와 국민을 등지고 망명길에 오른 나에 대해 국민들은 무엇이라 말할까? 이 같은 비극의 재발을 막기 위해 정부는 어떤 특단의 조치를 취해야 할까? 혹 이번 망명길이 돌아올 수 없는 곳으로 가는 내 마지막 여정이 되는 것은 아닐까?' 여왕과 함께 망명길에 오른 정치지도자들의 심정도 크게 다르지 않았을 것이다. 지지자와 국민들로부터 받게 될 날선 비판과 실망은 명약관화한 것이기 때문이었다. 19세기 민족주의와 공산주의의 확산에도 불구하고, 국가 통합의 교두보로서 용광로처럼 모든 사상과 이념을 수용하고 인류사회의 발전과 복지를 위한 이상주의를 꽃피우게 한 헤이그도 국가사회주의라는 전체주의의 격랑은 넘지 못하고 끝내 무기력하게 굴복해버리고 말았던 것이다. 망명길에 오른 여왕이나 정치지도자들은 이 같은 결과를 미리 예견하고 적절히 대응하지 못한 자신들에게 언젠가 그 책임을 추궁하는 화살이 날아올 것이라는 것을 이미 잘 알고 있었다.

1899년과 1907년 헤이그에서 만국평화회의(The Hague International Peace Conference)를 주최함으로서 네덜란드가 평화를 사랑하는 국가라는 사실을 만방에 떨칠 수 있었던 일이나, 1차 세계대전의 화마로부터 안전할 수 있었던 것이 전적으로 자신들이 주창한 엄정한 중립주의 덕분이라 굳게 믿고 있었던 네덜란드에게 독일의 침공은 충격 그 자체였다. 무적 독일군은 마스트리흐트(Maastricht)에는 기갑부대를, 헤이그와 로테르담에는 폭격기와 낙하산부대를 투입하는 양동작전을 펼친 지 불과 4일 만에 무조건 항복을 얻어내고 5년 동안 네덜란드에 수많은 인적, 물적 피해를 입히게 된다. 안네 프랑크를 비롯한 10만 명에 달하는 유대인이 학살을 당했고, 수많은 네덜란드의 젊은이들이 동부전선에서 목숨을 잃었으며, 네덜란드 산업 시설의 30퍼센트가 파괴되거나 약탈되었고, 암스테르담과 로테르담의 항만 시설이 파괴되는 등 엄청난 피해를 입었던 것이다. 네덜란드 외교 정책의 금과옥조였던 중립주의가 이제 더 이상 전쟁이라는 재앙으로부터 국가와 국민을 보호해줄 수 없다는 것이 명백하게 실증된 것이다.

고달픈 런던 망명정부에서 외교장관직을 맡고 있던 클레펀스(Eelco Nicolaas van Kleffens)는 1943년 〈라디오 오란녀(Radio Oranje)〉라는 방송을 통해 '미국이 무기고 역할을, 영국은 전초기지 역할을 맡고 네덜란드, 벨기에, 프랑스는 교두보 역할을 하는 미국·유럽방위동맹을 구축해야 하고 네덜란드 역시 그 틀 안에서 평화와 안보를 지켜야 한다'고 역설하며 중립외교의 종식을 선언하였다. 물론 최종적인 결정은 국가회복 후 헤이그 의회에서 내려야겠지만 왕실과 망명내각은 이미 전후 외교노선 전환에 대한 밑그림을 분명하게 그려놓은 것이다.

당시 런던에는 동병상련 처지의 벨기에와 룩셈부르크도 있었다. 클레펀스는 수시로 벨기에 외무장관이던 폴앙리 스파크를 만나 향후 전쟁재발 방지와 국가 재건이라는 당면과제 해결을 놓고 허심탄회하게 서로의 의견을 교환했고, 곧 전후 양국 간 협력 관계 구축이 최우선적으로 필요하다는 공동 인식을 하게 되었다. 독일과 영국을 가장 큰 시장으로 가지고 있던 네덜란드나, 프랑스를 제1 교역국가로 삼고 있던 벨기에나 모두 전통적 교역국들이 전쟁 피해로 인해 상당 기간 교역시장으로서의 기능을 상실할 것이 분명했기 때문에 그에 따른 대체시장이 필요했고, 그 해결책으로 베네룩스 삼국은 전후 공동협력기구 창설이 필요하다는 데 의견을 같이 했다. 그 결과 만들어진 것이 바로 베네룩스관세동맹(Benelux Customs Union)이었다. 1차 산업과 3차 산업 분야가 강한 네덜란드와 2차 산업 분야가 특히 발전했던 벨기에의 상호 경제협력은 당시 매우 이상적 조합으로 받아들여졌다.

이렇게 나타난 베네룩스는 해방 후 경제협력공동체라는 의미를 넘어 실질적으로 국제 외교정치무대에서 이 작은 세 나라의 이익을 공동 대변하고 지키는 중요한 토대로 발전하였다. 즉 베네룩스는 관세 철폐를 통한 역내 무역자유화를 목표로 하는 경제공동체라는 위치를 뛰어 넘어 미국, 영국, 프랑스와 같은 국가들 틈에서 전후 처리 문제와 관련, 베네룩스 삼국의 이익 보호와 신장을 위해 정치적·외교적 영향력을 행사하는 대표 기구로 활동하게 되었다는 것이다. 부연하자면 네덜란드나 벨기에, 혹은 룩셈부르크가 개별적으로 목소리를 냈다면 무시되었을 문제도 삼국 공동체인 베네룩스라는 이름으로 요구할 때에는 미국이나 영국 그리고 프랑스도 귀 기울여 경청할 수밖에 없었기 때문에 베네룩스는 경제협력기구 이상의 역할을 하였고 실제 NATO 설립이나 초기 유럽공동체 형성과정을 통해 이 같은 부분을 잘 보여주고 있다.

1945년 5월 5일 네덜란드는 독일의 항복으로 해방되고 런던에 망명했던 왕실과 정부도 곧 헤이그로 귀환하였다. 5년 전 그들이 황망하게 떠나야만 했던 헤이그는 옛 모습을 그대로 간직하고 있었다, 적어도 외견상으로는. 파도와 갈매기 떼가 여전한 쿠어하우스, 과거 수백 년 성상의 세월을 묵묵히 견딘 것처럼 독일 압제를 꿋꿋하게 인내한 빈넨호프, 이준 열사에게 한을 안겨주었다가 마치 신의 섭리인 것처럼 자신도 똑같은 처지를 겪은 평화궁, 주인 없이 덩그러니 그 기나긴 5년을 버틴 정부 부처 건물들도 별다른 피해를 입지 않고 온전히 보전되어 있었다.

예전의 일터로 돌아온 네덜란드 의회와 내각은 왕실과 더불어 신속한 국가 재건과 확고한 국가안전보장이라는 두 가지 당면과제 해결에

데스 인데스 호텔 전경.

전력투구하였고 헤이그의 모든 사무실은 불야성을 이루었다. 헤이그는 정치인, 관료, 경제인, 그리고 사회지도자들이 함께 국가 재건을 위한 끝없는 토론과 협의를 하던 가장 역동적이고 열정이 넘치는 도시로 변모했고, 단기간에 과거 활기차던 헤이그의 본모습을 되찾아갔다. 헤이그는 네덜란드뿐 아니라 유럽의 엘리트들이 모여 유럽의 현재와 미래를 논하는 토론의 장이 되어 있었다. 낮에는 시내 중앙에 있는 빈넨호프와 헤이그 시내 곳곳의 정부 건물에서, 저녁에는 총리관저인 카츠하위스(Catshuis)와 유서 깊은 데스 인티스 호텔의 레스토랑에서, 주말에는 쿠어하우스 테라스에서 국가의 미래를 위한 끝없는 고뇌, 깊은 자기성찰, 경계 없는 토론, 그리고 밤을 지새우는 협의가 있었던 것이다.

그 결과 나온 것이 바로 런던 망명정부가 밑그림을 그려 놓은 동맹

(Alliance) 외교 정책으로의 전환이었고, 그 첫 발걸음은 UN 가입이었다. 미국의 압력도 있긴 했지만 군사력이 약한 소국 네덜란드는 국가안보를 위한 방편으로 집단안보(Collective Security)체제를 가진 UN에 가입했고, 이로써 네덜란드의 긴 중립외교 전통은 그 끝을 보게 되었다. 물론 UN 회원국 가입 결정이 아무 어려움 없이 내려진 것은 아니었다. 정부가 기존 중립주의 정책을 폐기하고 어떤 안보 기구에 가입하게 될 경우 네덜란드는 자국의 의지와 관계없이 국제분쟁에 개입하게 될 위험성을 가지게 될 것이라는 점을 들면서 UN 가입을 반대하는 여론도 있었다. 그러나 헤이그 정치지도자들은 변화된 국제질서에 능동적으로 대응하고 안보를 효율적으로 지키기 위해 UN과 같은 집단안전보장체제 참여는 불가피한 선택이라는 점을 들어 국민을 설득하였다. 2차 세계대전의 참극에 대한 기억이 아직 뇌리에 생생하게 남아 있던 네덜란드 국민들은 정부의 그 같은 결정을 지지하는 입장을 보였다.

국가 재건과 헤이그

클레펀스의 뒤를 이어 외무장관이 된 스티커르(Dirk Uipko Stikker)는 헤이그의 실력자들과 함께 네덜란드의 동맹외교 대상을 이제 유럽무대로 확장시켜나가고자 하였다. 당시 헤이그 3인방이라 불릴 수 있던 인물들은 스티커르, 재무장관 리프팅크(Pieter Lieftinck), 그리고 농무장관이던 만스홀트(Sicco Leendert Mansholt)였다. 스티커르는 세계적 맥주회사인 하이네켄의 최고경영자 출신 정치인으로서 유럽통합운동에 큰 기여를 한 인물이며, 6·25전쟁이 발발했을 때 네덜란드의 한국전 참전을 결정한 당사자이다. 재무장관 리프팅크는 임금인상 억제, 금융자산 동결, 화폐개혁 등과 같은 정책을 통해 인플레이션을 잡고 부족한 외환은 벨기에와의 협력을 통해 확보함으로서 신속한 경제 재건을 주도한 인물이었으며, 농무장관 만스홀트는 전쟁으로 피폐해진 네덜란드 농업을 다시 일으켜야 한다는 임무를 가지고 농정을 맡은 인물로 후일 유럽 농업생산성 확대와 자급자족, 농민의 소득수준 향상을 통한 정치사회 안정이라는 목표로 도입된 유럽공동농업정책(Common Agricultural Policy)을 설계한 농업경제·행정 전문가였다. 전후 네덜란드 정책에 있어 이 삼인방이 역대 그 어떤 정부 인물보다 더 크게 평가받고 있는 이유는 그만큼 당시의 국가상황이 절박했었고, 그 어려운 과정 속에서도 이들이 이룩한 성과가 매우 컸다고 보기 때문일 것이다.

이들의 노력과 헌신도 컸지만 동시에 이들이 그 같은 큰 결실을 맺을 수 있도록 활동공간을 만들어준 든든한 후원자가 있었는데, 그는 다름 아닌 당시 총리이던 드레이스(Willem Drees)였다. 전후 1946년에 들어선 비상 거국내각의 수장으로 들어선 드레이스는 12년에 걸쳐 네덜란드를 통치했다. 드레이스는 역대 네덜란드 수상 중 가장 존경받는 인물로, 헤이그가 낳은 가장 위대한 정치인 중 한 명이다. 드레이스는 사회주의정당인 노동당(Partij van de Arbeid) 소속 정치인이었지만 이념의 틀을 넘어 자유주의정당, 가톨릭, 프로테스탄트 종교정당 등 다양한 정치세력과 더불어 국가적 통합을 이룩한 인물이다. 드레이스의 지도력이 아니었다면 네덜란드의 국가 재건은 지난하고 긴 여정을 걸어야 했을 것이다.

　평화궁 뒤 넓은 숲속에 위치한 총리관저 카츠하위(Catshuis)에서 네덜란드의 재건과 안보에 필수적인 유럽 대륙의 평화와 안정을 놓고 벌어진 이들의 열띤 토론을 통해 네덜란드 동맹외교 정책의 기본 틀이 만들어졌다. 베네룩스 국가 간 원활한 공조를 바탕으로 이들은 우선 영국과 프랑스가 제안한 됭케르크(Dunkirk) 협의에 기반한 협의의 지역방위 기구를 넘어서는 명실상부한 서유럽 지역 안보체제 구축을 위한 브뤼셀 조약을 통과시키고 NATO로 발전시킴으로서 유럽 평화 정착에 큰 기여를 했다. 동시에 이들은 베네룩스와 유럽경제협력기구를 통해 네덜란드와 유럽의 경제 재건을 촉진시킨다는 큰 방향을 제시함으로서 경제협력의 장을 만들어냈다. 수세기 동안 국제 문제에 중립주의를 이유로 개입을 하지 않는다는 소극적인 입장을 견지해온 헤이그 정부는 1945년 이후 경제, 안보 문제에 있어 매우 역동적으로 참여하는 동맹외교의 전범을 보여주었다. 이 같은 네덜란드 외교 정책 노선의 선회에 힘을 보탠 중요한 조력자가 있었는데, 그는 앞서 언급했던 벨기에의 위대한 정치인이자 유럽주의자 폴앙리 스파크였다. 그의 대승적 협력과 헌신적인 노력이 없었다면 전후 지역협력공동체의 모델로 평가받고 있는 베네룩스도 햇빛을 보기 힘들었을 것이다. 프랑스와 독일 양국 관계 못지않은 오랜 대립과 갈등의 역사를 딛고 협력과 상생의 길로 들어선 네덜란드와 벨기에 양국의 관계는 향후 유럽 전체의 화해와 협력을 위한 중요한 모델로 작동했다는 점에서 큰 의미가 있었다고 본다. 이 같은 노력의 결과 네덜란드는 유럽 국가 중 가장 빠른 1949년에 전쟁 이전의 경제 수준을 회복할 수 있었으며 국가안보도 확

평화궁 전경. 평화궁에는 국제중재재판소와 국제사법재판소가 자리 잡고 있다. 평화궁 뒤 넓은 숲속에는 수상관저 카츠하위스가 위치해 있다.

보할 수 있었다.

　1899년 만국평화회의 개최 후 미국의 철강 재벌 카네기(Andrew Carnegie)는 당시 금액으로 150만 달러라는 거금을 출연해 헤이그에다 차기 만국평화회의를 개최할 기념비적 건물을 짓도록 하였는데, 그렇게 만들어진 것이 바로 카네기 광장 2번지에 있는 평화궁이다.

　1901년 당시 설립된 국제중재재판소와 국제사법재판소가 평화궁에 터를 잡고 있으며, 전범 재판으로 유명한 국제형사재판소도 헤이그에 함께 자리하고 있다. 평화궁의 종탑시계는 스위스가 기증한 것이고 당시 열강들은 제각각 평화궁 안에 자국의 이름을 가진 방을 만들어 기증했는데, 그중에 '일본실(Japanese room)'이라고 명명된 방도 있다. 일본실은 금실로 화려하게 수를 놓은 검은 비단 천으로 사방 높은 벽을 도배해놓았는데 그 엄청난 규모로 보아 당시 일본이 헤이그 만국평화회의에 얼마나 큰 공을 들였는지를 가늠해볼 수 있다. 일제 강점의 역사를 겪은 우리에게는 더욱더 큰 분노와 혐오를 자아내게 하는 방이지만, 당시 열강들과 어깨를 같이하며 세계지도를 펼쳐놓고 식민지를 나눠 가지던 일본제국주의자들의 오만한 모습을 그리며 쓰라린 역사적 교훈을 곱씹게 만드는 곳이기도 하다. 1907년 2차 만국평화회의 당시 일제의 만행을 세계만방에 고발하려다 그 뜻을 이루지 못하고 이역만리 객지에서 순국한 이준 열사의 존재는 헤이그 평화궁이 가지고 있는 오랜 평화의 역사에서 매우 역설적인 한 장면으로 우리에게 길이 남을 것이다.

1차 세계대전 이후 유럽 평화에 대한 논의는 헤이그가 아닌 파리에서 진행되었고, 국제 평화를 협의하는 최적의 장소로 꼽혔던 헤이그는 이제 잠시 세인의 시야에서 사라지게 된다. 그 이유는 여러 가지 있겠지만, 네덜란드가 1차 세계대전 중에 엄정한 중립국으로서 전쟁에 개입하지 않을 것이라 했지만 내용적으로는 전범국가인 독일제국에 우호적인 태도를 보였다는 것이 가장 큰 이유일 것이라 판단된다. 또한 종전 후 독일 황제의 망명을 수용, 네덜란드에 정착하게 했을 뿐 아니라 연합국 측의 거듭된 요청에도 그의 신병 인도를 거부함으로서 국제사회의 비판을 자초한 부분도 영향을 미쳤을 것으로 보인다. 이제 유럽과 세계 평화에 대한 논의는 더 이상 헤이그가 아닌 파리에서 다루어진다. 곧 이은 1930년대 세계 대공황 역시 네덜란드에게 매우 큰 심리적 좌절과 무력감을 안겨주었다. 대외 의존도가 높은 경제, 산업구조를 가진 네덜란드는 당시 세계 각국의 높디높은 보호무역주의 장벽에 부딪혀 큰 타격을 입을 수밖에 없었고 그 같은 상황을 스스로 타개할 수 있는 마땅한 수단이나 영향력을 보유하고 있지 못했기 때문에, 열강들의 결정과 정책에 촉각을 곤두세우고 지켜볼 수밖에 없는 수동적 상황이라는 답답한 현실을 절감했던 것이다. 헤이그는 이 같은 상황의 변화를 위해 1930년대 비슷한 처지의 국가들끼리의 자유무역을 내용으로 하는 경제협력체제를 구성하자는 논의를 추진해나갔다. 유럽 전역을 전쟁터로 만든 2차 세계대전으로 인해 오슬로 회의(Oslo Convention) 같은 경제협력 논의는 시들해지고 말았지만, 결과적으로 이러한 경험과 철학이 1945년 이후 네덜란드로 하여금 이상적인 협력 공동체 구축을 위한 노력을 경주하게 만들었다.

헤이그, 유럽 그리고 내일

빈넨호프의 의회와 총무부, 그리고 전국방방곡곡과 연결된 헤이그 중앙역을 중심으로 부채 모양으로 펼쳐져 위치한 외무부, 내무부, 농무부, 노동부, 재무부는 이제 네덜란드 국내를 넘어 유럽 및 국제정치를 논하는 중앙무대가 되었다. 2차 세계대전 이전의 네덜란드는 그림자 없는 방관자 같은 존재였다면 해방 이후의 네덜란드는 그 누구보다 적극적이고 능동적인 자세로 지역안보와 유럽 경제협력을 추구해나갔다. 마치 20세기 초 만국평화회의를 주최하면서 세계 평화를 구축하고 국가의 명예를 드높이려 했던 그 시절로 돌아간 듯 에너지와 열정이 넘치는 국제도시로 거듭나고 있었다. 한국을 포함한 세계 각국은 유럽의 중심지 중 하나로 부상하고 있는 헤이그에 외교공관을 경쟁적으로 설치하면서 네덜란드와의 협력 관계에 매진하였다. 베네룩스, 유럽 경제협력기구, 나토를 통한 유럽의 화해 분위기 조성에 헤이그 정부는 큰 기여를 했고, 뒤이은 유럽통합운동에도 큰 원동력으로서 작용했다. 베네룩스 삼국과 프랑스, 독일, 이탈리아는 지역경제 발전과 평화 정착을 위한 방안으로 석탄과 철의 생산과 유통을 공동으로 관리한다는 내용의 유럽석탄철강공동체의 발족에 합의했고, 이 과정에서 베네룩스는 프랑스와 독일의 오랜 대립 관계 해소와 독일의 국제사회 재진입을 전향적으로 지지하였다. 특히 헤이그 정부는 이 공동협력체가 초국가적인 성격으로 운영될 수 있도록 큰 역할을 하였고, 향후 유럽통합이 초국가적 방향으로 발전되는 초석을 놓았다는 평가를 받고 있다. 헤이그는 브뤼셀과 함께 유럽공동체가 프랑스, 독일, 영국과 같은 강대국에 의해 좌지우지되는 것을 막음으로서 모든 회원국의 개별이익과 공동이익의 합리적 절충안을 도출하고자 하는 중재자 역할을 수행했으며, 이 점에서 유럽통합 과정에서 매우 중요한 균형자 역할을 했다고 평가할 수 있을 것이다. 유럽석탄철강위원회의 성공은 다른 분야에서의 공동협력도 이끌어냈는데 그것은 바로 유럽원자력공동체(Euratom)와 유럽경제공동체(EEC)이다. 폴앙리 스파크에 이어 나토 사무총장으로 자리를 옮긴 스티커르의 후임으로, 1959년부터 12년간 네덜란드 외무장관을 역임한 가톨릭국민당(Katholieke Volkspartij) 출신 륀스(Joseph Luns) 역시 전임자와 같은 유럽통합주의자로서 기존 정책을 이끌어나갔으며, 재무장관 리프팅크의 후임인 베이언(Johan Willem Beyen)은 기능주의적 통합을 주창, 유럽경제공동체의 출현에 기여하였다. 1970년

헤이그에 위치한 유럽형사경찰기구(유로폴Europol)의 본부 건물.

대는 노동당 출신 외무장관 판 데어 스툴(Max van der Stoel)이, 1980
년대는 기독민주당(Christen-Democtaisch Appël)의 판 덴 브루크(Hans
van den Broek) 같은 장수 외무장관들이 헤이그라는 둥지에서 유럽 외
교 정책의 전통을 유지, 강화시켜 나가는 데 큰 역할을 했다.

  헤이그는 중세와 근세, 그리고 현대가 잘 어우러져 있는 역사도시이
다. 수세기에 걸쳐 건설된 구시가지의 웅장한 건물들은 헤이그의 화
려한 과거 역사를 있는 그대로 반영하고 있으며, 헤이그의 이상과 결
의를 잘 표현해주고 있다. 빈넨호프, 평화궁, 마우리츠 미술관, 쿠어하
우스, 도시를 실핏줄처럼 연결하는 수많은 운하변에 지어진 대저택들,
왕실, 수많은 외교공관들, 사통팔달의 헤이그 중앙역과 홀란트츠포르
(Hollandsspoor) 역, 왕립음악원, 예술원, 도시 곳곳에 산재해 있는 박
물관, 미술관, 기념비적 건축물들의 존재가 헤이그의 과거를 잘 보여주

고 있다면, 신시가지에서 활발하게 진행 중인 첨단 IT 기술 기반의 최신건물 건설은 수백 년 후 역사적 기념비가 될 미래를 꿈꾸며 오늘도 도시 곳곳을 역동적으로 변모시켜 나가고 있다. 헤이그를 중심으로 40킬로미터 반경 내에 암스테르담, 로테르담, 할렘, 위트레흐트, 그리고 레이던과 델프트가 위치하여 헤이그가 필요로 하는 모든 자원을 공급해주고 있다. 예를 들어 세계적 명문대학인 레이던 대학, 에라스무스 대학, 암스테르담 자유대학과 시립대학, 위트레흐트 대학, 델프트 공과대학은 훌륭한 인재를 헤이그에 공급하고 있으며, 로테르담과 암스테르담은 경제적 자원을, 할렘과 위트레흐트는 문화자원을 헤이그에 공급해주고 있다. 네덜란드의 최고 수준의 인재와 자원이 밀도 있게 집중되고 있는 헤이그는 평화와 이상을 추구하는 대표적 국제도시로서의 위상을 유지, 발전시켜 나아갈 수 있는 최적의 여건을 갖추고 있다 할 것이다. 또한 2차 세계대전의 비극을 어느 도시보다 극적으로 경험한 헤이그는 유럽의 영구 평화와 번영을 위한 유럽통합운동의 전위에서 능동적이고 효과적으로 필요한 역할을 계속해나갈 것이라 생각한다. 지난 60년 동안 해온 것처럼 말이다. 그리고 이를 통해 헤이그는 자신을 세계 평화의 중심으로 만들고자 했던 앤드류 카네기의 판단이 올바른 것이었음을 증명할 수 있을 것이다. ▎장붕익

참고문헌

Hermans, J. *Uitgerekend Europa. Geschiedenis van de Europese Integratie*, Amsterdam: Het Spinhuis, 1996.

Kersten, A. E. *Luns: een politieke biografie*, Amsterdam: Boom, 2010.

Voorhoeve, J. J. C. *Peace, Profits and Principles: A Study of Dutch Foreign Policy*, The Hague: Martinus Nijhoff, 1979.

Zanden, J. L. van. *Een klein land in de twintigste eeuw*, Utrecht: Bruna, 1997.

위치 스위스 제네바 주
면적 15.9㎢
인구 194,458명(2013년)

영국
네덜란드
독일
폴란드
벨기에
룩셈부르크
프랑스
제네바
스위스
오스트리아
헝가리
이탈리아

Geneve 15
Aéroport
Cointrin

Route de Ferney

Ariana

Jardin
Botanique

Ch. Terroux

Le Tourelle

제네바 호
(레만 호)

Servette -
Petit-Saconnex

Varembé

Cologn

Av. du Pailly

Le Bouchet

Chandieu

Le Prieur

Cité-Vieusseux

Le Grand-Pre

Wilson

Grottes -
Saint-Gervais

Parc des
Eaux-Vives

La Bourgogne

Les Délices

Saint-Gervais

Av. de...

Saint-Jean
- Charmilles

Les Bergues

Maison-Royale

Frontenex

Sous-Terre

론 강

Quai du
Rhône

Pierres-du-Niton

● 생피에르 대성당

Bois de
la Bâtie

Jonction

A Cité

● 바스티옹 공원

Eaux-Vives

De-Roches

Geneve

● 제네바 대학

Centre-Plainpalais-Acacias

La Petite-Boissière

bis de la
hapelle

Petit Lancy

WYSS

La Florence

Route ...

Boissonnas

Augustins

Champel

Lancy

Tour-de-Champel

Conches

Les
Crêts-de-Champel 1

Carouge

Grand Lancy

e du Grand-Lancy

Parc du

Rou

Route

제네바, 스위스

제네바

유럽을 연결하는 관용과 자유의 국제도시

다양성을 바탕으로 국제적으로 열린 스위스 제네바

유럽 중부 내륙에 위치한 스위스연방은 독일, 이탈리아, 오스트리아, 리히텐슈타인, 프랑스 등과 국경선을 접한 유럽 중심부에 위치한 국가이다. 4개 국어를 표준어로 삼고 있을 정도로 독일, 프랑스, 이태리 문화가 혼합된 다양한 언어와 종교가 공존하는 대표적인 다문화 사회이다. '유럽의 지붕'이라 불리는 알프스(Alps) 산맥과 북서부의 쥐라(Jura) 산맥으로 인한 험준한 고봉과 라인, 론(Rhone), 다뉴브(도나우) 강의 발원이 되는 많은 호수들을 보유하고 있는 아름다운 산과 호수의 나라. 국토 70퍼센트 이상이 산악지대로 이루어진 우리에게는 슈피리(Johanna Spyri)가 쓴《하이디(Heidi)》의 배경으로도 친숙하다.

지정학적 위치뿐만 아니라, 역사적으로도 스위스는 근·현대 개혁 사상가들의 활동 본거지로 그 중요성이 입증된다. 16세기 칼뱅주의 종교개혁의 중심지이며 18세기 프랑스 계몽주의 철학가 루소의 고향이며 볼테르의 피난처이기도 했다. 이러한 근대 자유사상의 역사적 기억은 2차 세계대전 당시 나치에 대항한 레지스탕스운동가들과 유럽통합 사상가들에 의해 그 상징성이 이어졌다. 연방주의자 루즈몽(Denis de Rougemont)과 유럽통합의 효시 유럽석탄철강공동체(ECSC) 성공신화의 주역 모네가 이 도시를 주목한 이유도 바로 여기에 있다. 일찍이 모네는 스위스를 자국의 영토 내에서 자유를 실현하고 있는 나라로, '유럽통합의 모델'로 제시하기도 했다.

이뿐만 아니라, 현재 스위스는 세계에서 가장 많은 국제 기구와 국제회의가 이루어지고 있는 대표적인 국제 기구의 중심 도시이다. 현재 국제연합(UN) 유럽 본부를 비롯해 국제노동기구, 국제적십자사 본부, 세계무역기구 등 22개의 국제 기구와 250개 이상의 비정부 기구가 스위스 제네바에 위치해 있다. 전체 인구의 50퍼센트가 외국인이라는 통계는 제네바가 세계로 열린 국제도시로서의 명실상부한 그 명성을 입증해준다. 또한 스위스에 대한 설명에는 지정학적으로 '유럽의 심장', 역사적으로 '유럽의 중심', 그리고 현재 '세계로 열린 국제도시'라는 수식어가 늘 따라다닌다.

그런데 아이러니하게도 스위스는 정작 인접 유럽과의 협력에는 미온적이다. 스위스는 노르웨이, 아이슬란드와 함께 EU에 가입하지 않

은 유럽국가 중 하나이고, 스웨덴 영국과 함께 유로존에 속하지 않은
나라이다. EU와의 관계에서 중심에 있기보다 변방에 있는 것처럼 보
이는 것이다. 커다란 유럽통합 지도에서 보면 스위스는 27개국의 거대
한 유럽 대륙에 둘러싸인 돌출된 '외톨이'로 보인다.

얼핏 보기에 스위스는 유럽통합의 주축국인 프랑스, 독일, 이탈리아
에 인접한, 유럽이라는 대해에서 '고립된 섬'과 같다. 지정학적으로 유
럽의 중심을 자부하면서 동시에 EU와의 관계에서는 '고립된 국가'로,
유럽 정체성의 중요한 가치인 자유와 민주주의를 공유하면서 대외적
으로는 예외적인 영세중립을, 즉 한편에서는 매우 국제적인데 다른 한
편에서는 고립주의를 보이는 등 스위스에 대한 설명에는 늘 이러한 이
중성이 노정되어 있다.

그러나 국경을 맞대고 인근 유럽국들과의 지역 교류를 강화하는 등
유럽으로 가는 자신의 독특한 길을 보여주고 있다. 주변국들과 끊임없
는 교류와 소통이 이루어지고, 통일성보다는 다양성이 존중되는 역사
와 전통을 가진 제네바 도시 정체성은 분명 유럽의 가치와 정신이 실
현되고 있는 유럽의 장소이다. 무엇보다 유럽 구상에 대한 이해 및 유
럽연합 발전에 참여할 수 있는 큰 잠재적 능력을 가지고 있다. 이와 같
이 다양성을 바탕으로 국제적으로 열린 스위스가 유럽으로 가는 길의

중심에 제네바가 있다.

론 강을 따라 제네바는 파리로 또 세계로 열린다

프랑스 국경 근처인 제네바 호(Geneva Lake, 레만 호) 남서쪽 가장자리에 위치한 아름다운 도시 제네바는 론 강(Rhône River)이 제네바 호와 만나는 천연 분지의 중심부에 있는 구릉에서 발달했다. 알프스 산맥 론 빙하에서 발원하여 흘러 내려온 차갑고 깨끗한 물이 레만 호수로 흘러 들어와서 제네바를 관통하는 론 강이 되어 프랑스로 흐른다. 론 강은 제네바가 다른 세계와 지속적으로 열린 교류를 할 수 있었던 지정학적인 요인이다. 프랑스로 연결되는 론 강은 제네바로 하여금 일찍부터 게르만 국가와 지중해 국가가 만나는 중요한 상업 중심지로 발전시키는 결정적인 역할을 했다. 오늘날 제네바가 국제적인 상업 중심지 역할을 하면서 게르만족 국가들과 지중해의 국가들을 연결하는 중심부로서 자리 잡은 주된 이유이기도 하다.

이뿐만 아니라, 제네바 도시 내부를 관통하여 프랑스로 흐르는 론 강은 스위스와 프랑스 간의 근대 유럽 지식의 교류와 소통의 나룻배 역할을 하였다. 16세기 칼뱅은 프랑스 북부에서 태어나 스위스 도시 제네바에서 종교개혁의 횃불을 당기고, 루소는 제네바에서 태어나 프랑스 수도 파리에서 계몽주의 사상을 전파하였다. 칼뱅주의 종교개혁의 중심지이며 루소의 고향이고 볼테르의 피신처였던 제네바는 근대 유럽 개혁의 역사에서 '자유'가 실현되었던 지식 네트워크의 메카였다. 일찍이 프랑스 역사학자 미슐레가 그의 저서 《프랑스사(L'histoire de la

제네바 호와 제네바 시 전경. 제네바로 흘러들어온 제네바 호는 론 강으로 유입되어 시를 관통해 프랑스로 들어간다. 여름철 제네바 호에서는 140미터까지 솟아오르는 대분수를 볼 수 있다. 연합포토 제공.

France)》를 통하여 "제네바에 의해서 구원된 유럽(L'Europe sauvée par Genève)"이라는 표현을 아끼지 않았을 정도로 제네바 도시는 근대 유럽 개혁의 역사에서 아주 중요한 중심지였다.

　제네바 도시의 중요성은 서양 문명사에서 수도 및 주요지로서 자주 등장했던 것을 통해 알 수 있다. 제네바라는 지명은 율리우스 카이사르의 《갈리아 전기(Commentarii de Bello Gallico)》에 라틴어로 '게나바(Genava)' 또는 '게누아(Genua)'라고 처음 소개되었는데, 제네바가 이미 로마제국 시기부터 주목받기 시작했다는 증거다. 기원전 121년(로마 제정 시기) 로마제국의 갈리아 나르보넨시스 주에 통합되었을 때부터 제네바는 론 강과 레만 호를 이용한 수상 및 육상 교역의 요충지로서 주목받았다. 400년부터는 주교좌의 소재지가 되기도 했고, 카롤루스 제

국의 붕괴 후 부르고뉴 왕국에 이어 1032년 이후부터는 신성로마제국
에 속했다. 이 도시의 지배권을 둘러싸고 부르고뉴족, 프랑크족, 신성
로마제국이 다퉜지만 실질적으로 제네바를 다스리는 이들은 제네바의
주교들이었다. 1124년 협정을 통해 처음으로 주교가 도시 영주로서 정
식으로 군림하게 되었다. 그러나 13세기 후반부터 사보이가(家)가 제
네바에 영향력을 미치기 시작한 결과 이 가문은 또다시 도시 군주와
주교의 긴 투쟁의 장소가 되었다.

그런데 제네바가 주교로부터 정치 및 종교적 자립을 완성하게 되는
계기는 16세기 칼뱅에 의한 종교개혁을 통해 이루어졌다. 칼뱅은 새로
이 교파를 만들어 교회의 제도뿐만 아니라 제네바 도시의 정치 및 시
민생활에 이르는 사회개혁을 단행했다. 칼뱅이 제네바를 거점으로 삼
아 종교개혁의 횃불을 듦으로 말미암아 이후부터 제네바는 '프로테스
탄트의 로마'로 불리면서 당시 대표적인 개신교 도시가 되었다. 특히
17세기 프랑스에서 위그노 박해가 시작되면서 제네바는 위그노의 피
난처가 되었으며, 동시에 프로테스탄트 문화를 보급하는 구심적 역할
을 하게 되었다.

바스티옹 공원에는 이와 같은 종교개혁가들을 기념하기 위한 '종교
개혁 기념비(Momument de la Réformation)'가 세워져 있다. 왼쪽부터 제
네바에서 종교개혁을 처음 시작한 파렐, 그리고 칼뱅, 칼뱅의 후계자인
베자, 스코틀랜드 장로교회의 씨앗을 뿌린 녹스 등 유럽 종교개혁의
중요한 창시자 4명이 조각되어 있다. 이 4명의 선구적인 종교개혁가들
은 유럽 대륙의 종교개혁뿐만 아니라 유럽 민주주의 및 법치주의 발전
에도 중요한 역할을 한 상징적인 인물로 기억된다. "민중은 법에 의한

바스티옹 공원에 세워진 종교개혁 기념비. 왼쪽부터 파렐, 칼뱅, 베자, 녹스.

것이 아닌 민중을 위한 법이 존재해야 한다."는 파렐의 유명한 연설은 종교적인 개혁을 넘어 영국의 유명한 〈권리 장전(Bill of Rights)〉에 큰 영향을 주었다.

1536부터 1594년 사이 이곳 제네바에 거주했던 칼뱅은 프로테스탄 티즘에 입각한 선교사를 양성할 목적으로 대학을 세웠다. 칼뱅의 '제네 바 아카데미'를 모체로 하여 창설된 이 대학은 세계에서 가장 오래된 대학들 가운데 하나로, 이후 유럽은 물론 미국 기독교 학교 설립에 광 범위한 영향을 준 명문대학으로 발전하였다. 1559년 신학교와 법학교 로 설립된 제네바 대학은 계몽주의 학파의 중심이 되었던 17세기까지 는 신학에 집중하였으며 프로테스탄트 문화를 보급하는 중심지로 발 전하였다. 칼뱅은 이 대학을 설립하면서 〈잠언 9장 1절〉의 구절을 전거

1559년에 신학교와 법학교로 설립된 제네바 대학은 1873년에 의학부를 창설하면서 공식적인 일반 학교가 되었다.

로 하여 경건과 학문의 두 축을 개혁주의 정신의 기본적 세계관으로 규정하였다. 자신의 수제자인 테오도르 베자를 제네바 대학의 학장으로 세우고 제네바 아카데미 개교기념일 설교에서 "이곳에 들어와 개혁주의 정신을 마음껏 만끽하라"고 격려했다는 유명한 일화가 있다. 이처럼 제네바 대학은 개혁주의 신앙의 전통과 유럽 종교개혁 역사의 기초 위에 설립되었다. 이후 1873년에는 종교적인 직위를 삭제하고 의학부를 창설하면서 공식적으로 일반 학교가 되었으며, 오늘날 제네바 대학은 스위스에서 두 번째로 큰 대학으로 거듭 발전하였다. 특히 이 대학은 제네바에 소재하고 있는 수많은 국제 기구와 함께 국제 관계, 법률 그리고 과학 연구의 중심 대학으로 그 명성을 세계에 널리 알리고 있다.

그 국제적 명성에 걸맞게 제네바 대학에는 수많은 외국 학생과 외국인 교수들로 붐빈다. 오늘날 제네바 대학은 국경을 초월한 지식 공동체 메카로서 다국적 출신의 학자와 연구자들이 자유롭게 지식의 소통을 이루는 곳으로서도 유명하다. 스위스가 적은 인구규모에 비해 과학 기술 및 특히 물리학 분야에서 많은 노벨상 수상자의 기록을 보유하고 있는 데에는 물론 기초과학에서 뛰어난 학자들이 많이 배출되었기 때문이기도 하지만, 무엇보다 다양한 국적 출신의 학자들이 열린 지식 공동체 안에서 과학 기술의 소통과 통합을 이룬 결과로 볼 수 있다.

제네바는 도심을 축으로 하여 그 주변이 동심원 꼴로 배열되어 있는 옛 유럽 도시들의 전형적인 모습을 나타낸다. 론 거리를 지나치면 제네바는 옛 모습과 빠르게 조우한다. 제네바 시의 역사적인 심장부이자 시 중심부의 오트빌(도시 상부)에는 유명한 생피에르(Saint Pierre) 교회가 있고, 이를 중심으로 방사형의 구시가지가 조성되어 있다. 12세기 이래 지속적인 보수와 개축의 반복으로 생피에르 교회는 로마네스크 양식과 고딕양식이 뒤섞인 독특한 미감을 가지고 있다. 이 교회는 원래 가톨릭 교회로 지어졌지만, 16세기 중반 종교개혁가 칼뱅이 이곳에서 연설을 한 뒤로 프로테스탄트 교회가 되었다. 교회 왼편에는 칼뱅이 연설한 자리가 마련되어 있는데, 이곳이 그 유명한 '개혁의 장소(la Salle de la Réformation)'이다. '프로테스탄트의 로마'라는 도시 명성에 걸맞게 이 장소는 유럽 개신교 성직자들이 자주 찾았던 곳이다.

1920년대 국제연맹의 창설과 더불어 제네바 도시의 국제적 비상이 새롭게 전개되었다. 유럽 국경을 초월한 많은 정치가들이 이곳을 찾고 또 개혁 및 정치적 연설을 이곳 개혁의 장소에서 했다. 프랑스 외무상

브리앙(Aristide Briand), 프랑스 급진당 당수 에리오(Edouard Herriot), 루마니아 법률가이며 정치가였던 티툴레스코(Nicolas Titulesco), 그리스 외교관이며 정치가였던 폴리티스(Nicolaos Politis), 체코슬로바키아 초대 대통령 베네스(Edouard Benes) 등이 이 개혁의 장소에서 정치 연설을 함으로써 더욱 유명해졌다. 2차 세계대전 후에는 연방주의자 루즈몽이 유럽 각지에 흩어져 있었던 연방주의자들을 이곳에 모이게 하여 전쟁이 아닌 평화의 유럽을 건설하기 위한 회의를 바로 이 개혁의 장소에서 개최하였다. 즉 16세기 칼뱅의 종교개혁에서부터 시작하여 20세기 유럽통합 연방주의자들에게 이르기까지 이 '개혁의 장소'는 국경을 초월한 유럽인들의 결집과 소통이 이루어진 상징적인 장소로 기억되며 그 전통이 현대에까지 이어졌다.

20세기 관용: 영세중립의 대표 도시 제네바

스위스가 유럽연합 가입을 거부하는 일차적인 이유로 중립국 정책을 빼놓을 수 없다. 다시 말해 스위스가 영세중립국을 표방하며 지속적으로 추구해온 독립성, 주체성, 중립성의 가치와 깊이 관련되어 있다. 스위스의 중립성이 전 세계인들에게 부각된 것은 2차 세계대전이 계기이지만, 사실 근대 유럽사와 무관하지 않다. 1648년 베스트팔렌 조약에 의하여 대외적으로 독립국으로 인정되었지만, 1789년 프랑스의 침범으로 헬베티카(Helvetica) 공화국이 세워졌다. 나폴레옹은 스위스에 헬베티카 공화국이라는 국명을 부여하고 혁명정부를 수립하였으며, 모든 봉건적 특권을 폐지하는 등 종교, 문화와 언론의 자유를 부여하였다. 그러나 나폴레옹의 몰락 이후 헬베티카 혁명정부도 쇠퇴하고 만다. 스위스는 1815년 빈 회의에서 최초로 국제사회로부터 영세중립국 승인을 받게 된다. 이로서 오늘날 영구중립의 스위스연방국가가 탄생하게 된 것이다.

영구중립국 정책은 스위스가 양차 대전의 소용돌이에서 피할 수 있는 계기를 제공했으며, 그뿐만 아니라 냉전체제 동안 비록 실질적으로는 분명하게 서구 진영과 함께할지라도 중립국으로서의 지위 때문에 양 진영 사이에서 중간자 역할을 할 수 있었다. 수많은 국제회의 및 국제 기구가 제네바에 소재하게 된 것은 이러한 스위스 중립국의 성격에서 비롯된다고 볼 수 있다.

중립국으로서의 면모는 국경을 초월한 관용정신으로 발전하였다. 이것이 바로 20세기 '제네바 조약(적십자 조약)'이다. 이는 '전투의 범위 밖에 있는 자와 전투 행위에 직접 참가하지 않은 자 모두가 보호받아야 하며 인도적인 대우를 받아야 한다는 정신'에서 기인하였다. 전쟁의 부상병·조난자·포로·일반 주민 등의 보호를 목적으로 하는 법규이다. 근대적 관념으로서 그 사상적 기반은 루소에게서 찾을 수 있다. 루소는 《사회계약론(Du contrat social)》에서 다음과 같이 말했다.

전쟁은 사람과 사람의 관계가 아니고 국가와 국가의 관계이며, 여기에서 개인은 인간으로서가 아니고 시민으로서도 아니며 단지 병사로서 우연히 적이 되는 것이다. 전쟁의 목적은 적국을 격파하는 데 있으므로 그 방위자가 무기를 손에 들고 있는 한 이를 살해할 권리가 있다. 그러나 무기를 버리고 항복하는 순간 적 또는 적의 도구의 기능을 버리고 다시 단순한 인간으로 되돌아간 것이므로 이제 그 생명을 빼앗을 권리는 없다.

이 사상을 배경으로 하여 1859년 프랑스군과 오스트리아군의 솔페리노 전투의 비참한 광경을 목격한 앙리 뒤낭은 국제적 구호단체의 설치와 그 활동의 안전을 보장하는 조약 체결을 제창했다. 그 첫째 제안은 각국 적십자와 적십자 국제위원회의 설치라는 결실을 얻게 되었고, 둘째 제안은 1864년 '전장에 있는 부상병의 상태 개선을 위한 조약'으로 길을 열었다. 이 적십자 조약은 그 후 확대·확충되어 1949년의 4개 조약, 즉 '전장에 있는 군대의 부상자 및 병자의 상태 개선에 관한 조약', '조난자의 상태 개선에 관한 조약', '포로의 대우에 관한 조약', '전시에 있어서의 평민 보호에 관한 조약'으로 발전하였다.

지역적 경계의 차별성이 아닌 국경을 초월한 관용 정신은 과거에도 또 현대에 와서도 많은 사람들이 제네바를 주목하는 주요인이다. 이미 장 모네도 지적한 바 있는, "인류의 삶의 질이 향상된 평화롭고 관대한 삶, 즉 그런 연방의 형태"가 스위스 제네바에서는 실현되고 있기 때문이다.

유럽통합의 모델, 스위스 제네바?

1954년 유럽방위공동체(EDC)의 실패 이후, 모네는 연방주의적 유럽 통합체를 지향하며 스위스연방을 주목했다. 이후 스위스는 모네의 유럽통합 정신이 실현되는 장소로 또 그의 유럽통합 활동의 중심지로 발전하였다. 유럽통합 연구기관인 '장 모네 유럽 재단(La Fondation Jean Monnet pour l'Europe)'이 1956년 스위스 로잔(Lausanne)에 자리 잡게 되고 오늘날까지 유럽통합 연구의 중심지로 주목받고 있는 이유가 이러한 유럽통합사 배경과 무관하지 않다. 모네는 스위스연방체를 보며 유럽통합의 완성을 꿈꾸었을까? 그는 1955년 유럽합중국행동위원회(Comité d'Action pour les Etats-Unis d'Europe) 동지들에게 스위스 칸톤(Canton)을 다음과 같이 소개하며 자신의 유럽통합 이상을 설명하였다.

"지리, 역사, 문화, 언어 및 삶의 방식이 다양하지만 공동의 이해 관심을 모아 조화로운 통합원리를 실천하고 있는 스위스 공동체, 즉 스위스 칸톤의 경우를 여러분들에게 제시하그자 합니다."

현재 스위스를 이루는 세 개의 행정 단위는 연방(Confederation), 칸톤 그리고 게마인데(Gemeinde)이다. 가장 기초가 되는 단위인 게마인데는 '지방자치단체'나 '군'으로 해석되며, 게마인데가 모여서 칸톤을 이루며 칸톤은 독자적인 헌법을 갖고 게마인데를 감독하는 '주'의 역할을 한다. 연방정부는 통신, 외교, 관세와 같은 특정한 업무만 담당할 뿐, 입법·사법·행정 등은 각 칸톤 정부가 독자적으로 운영한다. 이것이 26개의 칸톤이 모인 스위스연방의 특징이다. 따라서 강력한 중앙정부 및 대통령중심제의 프랑스와는 현격히 그리고 50개의 주로 이루어졌지만 중앙정부가 강력한 통치권을 갖고 있는 미국의 연방(Federation)과는 현저한 거리가 있는 연방(Confederation)제 국가다. 다국적 환경과 다양한 문화가 조화를 이루는 스위스연방에 대해 1970년 스위스 로잔 대학 명예박사 학위 수여식에서 장 모네는 다음과 같이 말했다.

유럽공동체 통합원리에 대해서 제가 여러분들에게 다시 부연 설명할 필요는 없을 것 같습니다. 이미 여러분들은 오래전부터 연방 공동체를 직접 경험하며 살아오지 않았습니까? 국경선 너머로 그 원리들을 확대 해나가 언젠가는 스위스가 유럽연방의 한 일원이 되길 저는 희망합니다.

다른 유럽의 근대국민국가들이 문화적 통합을 기반으로 사회적 통합을 이룬 경우와는 달리 스위스는 문화적 다양성을 정치적 통합으로 일구어 사회적 통합을 이끌어낸 대표적인 국가이다. 이와 같은 스위스의 다문화주의는 19세기 가톨릭교파의 칸톤과 신교파의 칸톤이 무력으로 충돌한 내전에서 승리한 신교파 칸톤이 패배한 가톨릭파 칸톤의 자율성을 보장한 데에서 유래한다. 승자인 신교파 칸톤이 중앙집권에 집착하지 않고 패자인 가톨릭파 칸톤에게 자율성을 보장하는 협의에 자발적으로 동의함으로써 정치적 정체성 간의 잠재적 충돌을 완화시키는 발판을 구축하는 토대를 마련했다. 이러한 양자 간 타협의 산물로 탄생한 것이 1848년에 제정된 연방 헌법이다.

스위스는 연방헌법에 문화의 다양성을 직접적으로 분명하게 명기한 유일한 국가이다. 연방 헌법 1조에서 연방을 구성하는 26개 칸톤을 나열하고, 곧 2조에서는 이 26개 칸톤이 "국가의 공동복지, 지속가능한 발전, 내적 결속"과 더불어 "문화적 다양성"을 증진한다고 명기하고 있다. 이와 같이 스위스연방 헌법에도 명시되어 있는 문화적 다양성은 갈등이 아닌 조화로운 통합원리로 발전되고 있다. 다양한 문화를 생활기반으로 삼는 집단들의 공존이 집단 간 분쟁으로 얼룩지기보다 집단 간 이견을 효과적으로 완충시키고 안정된 다문화 지향 사회를 유지하고 있다. 즉 오늘날 유럽연합이 지향하는 '다양성 속의 통일(Unity in diversity)'이 구체적으로 실현되고 있는 곳이다.

그런데 스위스는 지난 반세기 동안 진행된 유럽통합과는 일명 '거리두기'를 보이고 있다. 2차 세계대전 직후인 1948년 미국의 마셜 플랜 (Marshall Plan)을 실행할 목적으로 창설된 유럽경제협력기구(OEEC)에 가입한 바 있지만, 이는 어디까지나 자국의 주권과 국익의 보존에 대한 보장을 받으면서였다. 1952년 유럽석탄철강공동체에 대해서는 매우 유보적이었고, 유럽경제공동체 창설을 위한 협상이 본격화된 1957부터 1958년 사이에는 오히려 영국과 더불어 자유무역지대 창설을 도모하였다. 뒤이어 1959년에서 1960년 사이에 유럽자유무역협회 (European Free Trade Association: EFTA)를 영국과 함께 창설하고자 노력하였으나 기대만큼 큰 성공을 거두지 못했다. 1973년 영국마저 아일랜드, 덴마크와 함께 유럽공동체에 가입하게 되었고, 이후 스위스는 오랫동안 가입의 어려움과 고립의 탈피라는 딜레마에 빠지게 되었다.

그러나 1990년대부터 스위스는 유럽 정책에 대하여 새로운 전환을 시도하고 있다. 1990년대 EU 가입을 위한 국민투표를 실시했으나 반대라는 투표결과에 따라 좌초되었다. 이러한 노력은 2001년 3월 4일 다시 시도되어 EU 가입과 관련한 국민투표를 다시 실시하였다. 역시 반대 77퍼센트로 또 다시 부결되었다. 그렇지만 국민투표 결과로 유럽에 대한 스위스의 태도를 한마디로 단정 짓기는 매우 힘들다. 왜냐하면 유럽 문제에 대한 스위스 국민 여론은 큰 분열상을 보여주고 있기 때문이다. 크게 스위스 내의 프랑스어권 지역이냐 독일어권 지역이냐에 따라 또는 도시 지역이냐 농촌 지역이냐에 따라 결과의 큰 차이를 나타내고 있다. 도시에 거주하며 높은 수준의 교육을 받은 그리고 프랑스어권 지역에 사는 스위스인들, 예컨대 제네바와 같은 도시민들은 매우 친유럽적 태도를 보여주고 있기 때문이다.

유럽연합 가입을 위한 여러 번의 시도에도 불구하고 매번 국민투표 반대에 직면하자 스위스에게 유일한 해법으로 인식된 것은 양자 협정 방식이었다. 1990년대 중반부터 스위스연방정부는 유럽연합과 일련의 양자 간 협상을 추진하였고 결국 두 차례에 걸쳐 양자 협정을 체결하였다. 두 차례에 걸친 양자 협정 체결로 인하여 스위스-유럽연합 관계는 분명 새로운 단계로 진입하였음이 분명하다. 왜냐하면 양자 협정의 적용으로 말미암아 스위스는 해당 분야에서 통합 유럽 시스템과의 연계가 불가피하기 때문이다. 특히 2차 스위스-유럽연합 양자 협정에서는 셍겐 조약 가입 문제가 가장 비중 있게 다루어졌다. 2005년 국민투표 찬성 결과에 따라 스위스는 '셍겐 공간'의 새로운 회원국이 되었다.

셍겐 조약은 1985년 룩셈부르크에서 유럽 대륙에 위치한 다섯 개의 EU 회원국(독일, 프랑스, 벨기에, 네덜란드, 룩셈부르크)이 모여 그들 사이에 국경 없는 영토, 이른바 '셍겐 공간'을 창설하기로 결정함으로써 이루어진 협약이다. 이후 이탈리아(1990년), 노르웨이(2001년)에 이르기까지 EU 회원국 13개국이 차례로 가입하였다. 2005년 스위스는 국민투표 찬성 결과에 따라 이웃 회원 국가들에게 그의 국경선을 열어주게 되었다.

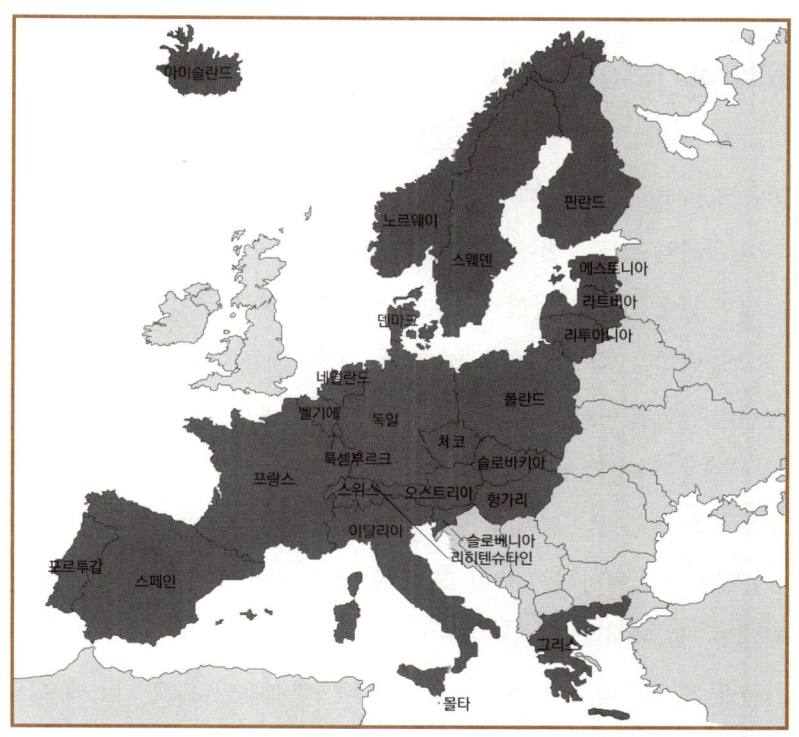

2005년 국민투표 결과에 따라 스위스는 셍겐 공간의 회원국이 되었다. 2013년 현재 셍겐 공간 회원국은 총 26개국이다.

지도 레이블: 아이슬란드, 노르웨이, 핀란드, 스웨덴, 에스토니아, 라트비아, 리투아니아, 덴마크, 네덜란드, 벨기에, 독일, 폴란드, 룩셈부르크, 체코, 슬로바키아, 프랑스, 스위스, 오스트리아, 헝가리, 이탈리아, 슬로베니아, 리히텐슈타인, 포르투갈, 스페인, 그리스, 몰타

무엇보다 이는 스위스가 유럽국들에 국경선을 제한적으로나마 열었으며 스위스의 유럽 정책이 새로운 단계로 발전해나갈 준비가 되어 있다는 것을 의미한다고 볼 수 있다. 다시 말해 유럽으로부터의 독자적인 기존의 유럽 정책으로부터 스위스가 유럽으로 한 발 다가가는 과정으로 이해할 수 있다.

유럽으로 가는 스위스의 길

다국적 환경과 다양성을 보이고 있는 제네바 도시를 하나로 지탱하고 있는 그 뿌리에는 다음과 같은 중요한 세 가지 이해가 있다. 첫째, 서로 간의 이해와 소통이 이루어지는 다양성을 기반으로 한 국제성, 국경을 초월한 관용 그리고 마지막으로 유럽연합 발전에 참여할 수 있는 잠재적 능력이다. 제네바는 종교개혁 및 계몽주의를 통한 근대 민주주의 정신이 실현된 역사적 기억을, 또 다양성을 기반으로 한 국제도시로서의 현재를, 마지막으로 미래의 유럽통합 가입의 가능성을 가장 많이 담고 있는 유럽의 도시이다.

유럽통합의 역사에서 보면 스위스는 분명 변방이다. 그렇지만 유럽 전체의 시각에서 보면 내부 깊숙이 그물망처럼 분포되어 인접 유럽 국가들을 견고한 하나의 단위로 지탱해주는 연결부이다. 오늘날 새로운 유럽에서 국경선이 더 이상 '경계 짓기'를 의미하지 않고 또한 경계는 서로 다른 것들과의 만남과 소통이라는 새로운 유럽적 기억을 위한 가능성을 상징한다는 점을 강조해볼 때, 스위스 제네바는 분명 국경을 초월한 지역 정체성을 확실히 보여주는 곳이라고 말할 수 있다. ∎김유정

참고문헌

김응운, 〈스위스의 대(對) 유럽연합 정책〉, 《유럽연구》 제22호, 2005.

이옥연, 〈스위스 다문화주의의 도면: 연방 법제도와 정당제를 중심으로〉, 《국제정치논총》 제49권 5호, 2009.

Ghervas, Stella et Rosset, François. *Lieux d'Europe, Mythes et limites*, Paris: Editions de la Maison des sciences de l'homme, 2008.

Monnet, Jean. *Mémoires*, Paris: Le livre de Poche, 2007.

Rieben, Henri. "Une entente plus large entre les hommes et les peuples",
   Jean Monnet, Lausanne: Centre de recherches européennes, 1971.

위치 독일 튀링겐 주
면적 84.26km²
행정구분 12지구
인구 63,236명(2012년)

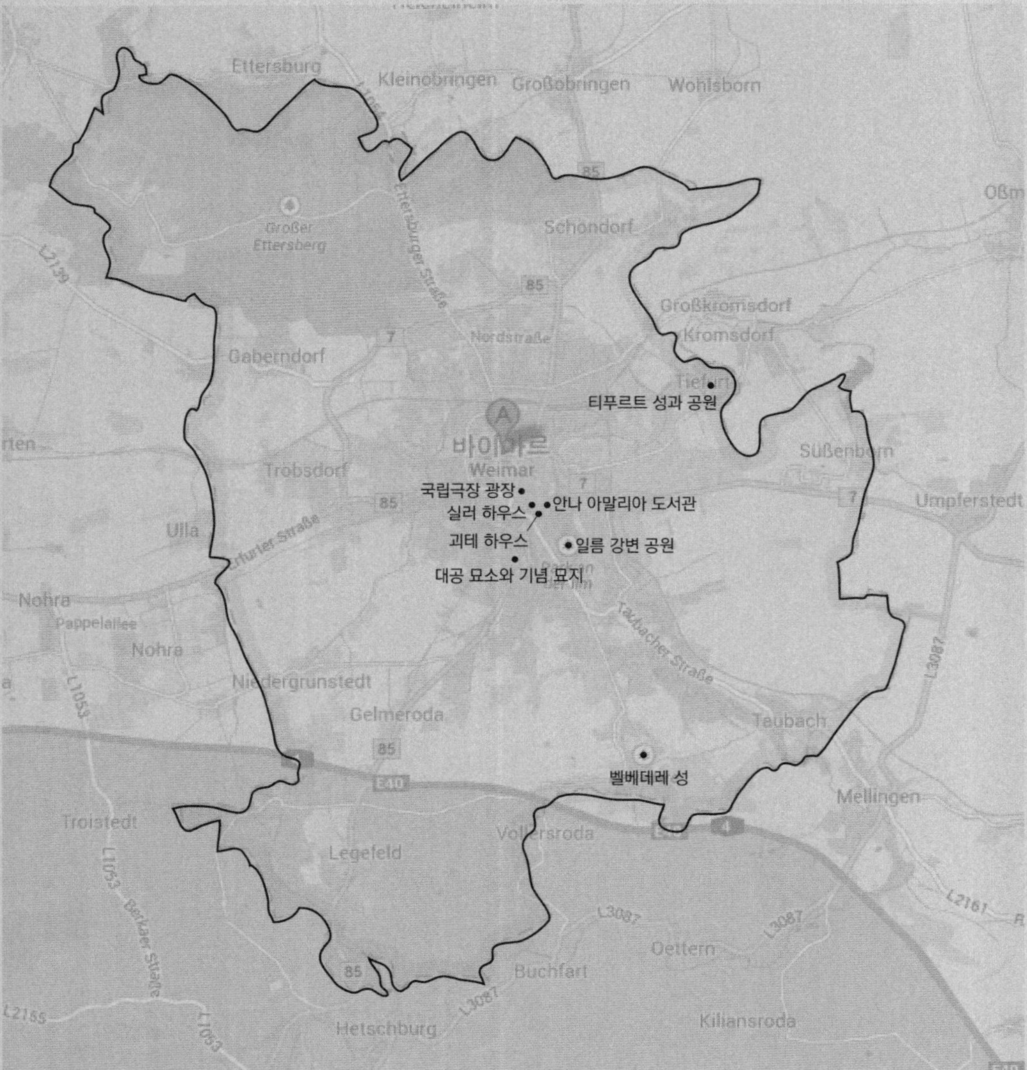

바이마르, 독일

바이마르

독일 지역 문화의 도시에서 유럽 보편 문화의 도시로

문화도시 바이마르

바이마르는 독일 중부 튀링겐(Türingen) 주에 위치한 인구 약 6만 3천 명의 그림같이 아름다운 소도시이다. 그런데 이렇게 작은 도시가 1999년 유럽연합 집행부가 연례로 지정하는 '유럽문화수도' 중 첫 번째 도시로 지정되었다. 어째서 유럽에서 쟁쟁한 수많은 문화도시들을 제치고 바이마르가 선정되었는지를 살펴보면, 유럽연합이 주안점을 두고 있는 문화 통합의 이상과 이 도시와의 관계를 잘 이해할 수 있다. 원래 '유럽문화수도 프로젝트'는 1985년부터 시작되었지만 1998년까지는 사적 문화 단체에 의한 지정이고, EU집행부가 공식적으로 지정하기 시작한 것은 1999년부터이다. 고대 그리스 문명을 유럽 문화의 기원으로 여기는 유럽인들이 1985년 아테네를 최초의 유럽문화수도로 지정한 것은 근대 올림픽을 아테네에서 시작했던 것처럼 너무도 당연한 일이었다. 그러나 1999년 EU집행부의 공식 지정에 첫 번째로 바이마르

가 선정된 것은 물론 그 해에 이루어진 독일 통일이라는 배경도 작용
했겠지만, 무엇보다도 이 도시의 문화적 유산과 통합 유럽이 지향하는
새로운 유럽 문화의 이상 사이에 긴밀한 연관성을 찾으려는 자못 의미
심장한 결정이었다.

중세 초부터 형성되기 시작한 이 도시는 1552년, 작센바이마르
(Sachsen-Weimar) 공국의 수도가 되었다. 19세기 후반 독일 통일을 향
한 주도권이 북부 프로이센 지역의 베를린을 중심으로 형성되기 이전
까지, 바이마르는 중유럽(Mitteleuropa)의 심장부에 자리 잡고 있으면
서 그 주변 도시들(아이제나흐 Eisenach – 에르푸르트 Erfurt – 고타 Gotha –
예나 Jena – 라이프치히Leipzig – 드레스덴 Dresden)과 함께 중·동유럽을 이
어주는 역사적·지정학적 통로로서 근대 초 유럽의 도시 간 네트워크
형성의 한축을 담당하고 있었다. 그렇지만 2차 세계대전 이후 동구 공
산권의 형성에 따라 서유럽과 중·동유럽을 잇는 네트워크의 핵심도시
로서 바이마르의 지정학적 위상은 빛을 바래고 말았다.

그럼에도 문화적 영역에서 독일인들은 지속적으로 바이마르를 독일
문화의 정신적 고향으로 여겨왔다. 무엇보다도 괴테의 이름으로 대표
되는 독일고전주의는 '바이마르 고전주의(Weimarer Klassik)'라는 이름
으로 알려져 있고 이는 가장 독일적이면서도 동시에 세계성과 보편성

1832~1918년 바이마르 예술의 '은의 시대'
1919년 바우하우스 설립, 바이마르 헌법 공포
1919~1933년 바이마르 공화국
1998년 유네스코 세계문화유산도시 선정
1999년 유럽문화수도 선정, '문화도시 바이마르 주식회사' 창립

을 추구하는 문화의 이상을 표현하고 있는 용어이다. 이러한 바이마르 보편주의야말로 최근 유럽통합의 과정에서 핵심적 이상으로 떠오르고 있는 유럽 보편 문화의 형성이라는 과제를 시대를 앞서 일찍이 수행했다고 볼 수 있다.

이렇게 한때 독일적 지역 문화를 대변하던 이 도시가 유럽통합의 과정에서 점차적으로 유럽적 보편 문화를 대변하는 도시로 변모되고 있다. 1998년에 UNESCO가 지정하는 세계문화유산도시가 되었으며, '고전주의 바이마르 지역(Classical Weimar)'이라는 명칭으로 괴테 하우스를 필두로 하여 도시 내의 11곳이 포함되었다. 급기야 1999년에 바이마르를 유럽연합 집행부가 유럽문화수도 중 첫 번째 도시로 지정한 것만 보더라도 이와 같은 바이마르 정신의 보편 문화적 성격과 통합 유럽 정신과의 관련성을 잘 설명해준다고 할 수 있다.

바이마르 고전주의: 독일적 문화 이상의 요람

18세기 말부터 19세기 초반 들어 바이마르는 그 전성기를 맞이하여 유럽의 중요한 문화적 중심의 하나로 성장했다. 독일의 제 도시들은 그 형성 과정의 역사적 특수성으로 인해 대단히 독립적이고 또한 분권적

바이마르 전경. 독일 지역 문화를 대변하던 바이마르는 유럽통합 과정에서 점차 유럽 보편 문화를 대변하는 도시로 변모하고 있다.

이며 지방적인 특색을 나타내는 것이 상례였다. 그러나 바이마르는 그 작은 규모에도 불구하고 18세기에 이르러 유럽 문화의 보편성을 그 어느 도시보다 크게 드러냈다. 누구보다도 괴테라는 이름으로 대표되는 이 도시의 보편 문화적 특성은 이 시기에 이 도시에 거주했던 유명한 문인, 음악가, 철학자 및 문화지성인 들의 이름 몇 개만 거명해도 뚜렷이 드러난다. 근대 초 루터가 이 도시를 거쳐갔으며, 무엇보다 괴테나 실러가 거주했던 집과 그들의 무덤이 이곳에 있고, 거의 같은 시대에 독일 낭만주의 문학의 선구자인 폰 슈타인 부인이 이 도시에 살면서 활발한 문예활동을 하고 있었다. 독일 낭만주의 철학의 비조라 할 수 있는 헤르더와 세기말의 선지자 니체가 이곳에서 그들의 철학 체계를 구성하고 설파하였다. 음악가로는 바흐와 리스트가 활발히 활동했고, 19세기 말에 들어서는 클레, 칸딘스키와 같은 현대 미술의 창시자라 할 수 있는 미술가들이 활약했으며, 건축가 그로피우스는 이곳에서 그 유명한 바우하우스(Bauhaus) 예술운동을 시작했다. 실로 기라성 같은 독일의 창의적 문화예술인 및 시대의 획을 긋는 철학자들이 이 도시를 대표하고 있는 셈인데, 그들의 하나같은 특징이 매우 독일적 문화양식을 추구하면서도 전 유럽적인 문화이상을 옹호하거나 창출한 예술인 및 지성인들이었다는 점은 자못 의미심장한 것이다.

이와 같은 바이마르를 둘러싼 근대 독일 문화의 기저에는 이른바 '바이마르 고전주의'가 자리 잡고 있었다는 점이 주목되어야 한다. 바이마르 고전주의는 그 이름과는 달리 전 유럽 규모의 문예적·문화적 운동이었다. 구체적으로 말하면, 18세기 말 독일에서 시작된 낭만주의 전통과 프랑스 및 서구에서 시작된 계몽주의의 종합이 이곳의 지적풍토 아래에서 이루어졌다. 즉 괴테, 실러, 헤르더, 빙켈만 등의 이름으로 집약되는 이 운동은 하나의 새로운 보편적 휴머니즘을 주창했다. 18세기 후반에 있어 훗날 19세기 낭만주의의 선구적 운동으로 독일에서 흥기했던 운동이 이른바 질풍노도(Strum und Drang)운동이었는데 이는 전적으로 독일적 지역 특색을 나타내는 정신적·문화적 운동이었다고 할 수 있다. 그러나 계몽주의 사상의 유입으로 말미암아 이른바 '신고전주의'적 이상에 근거한 서구적 경험주의와 합리주의를 이 운동에 결합시켰다. 이 과정에서 한편으로는 이론적 논설로써 또 한편으로는 실제적 작품 활동으로써 활약한 문인 및 사상가가 바로 괴테, 실러 및 헤르더였으며, 그들이 주도한 이러한 활동을 펼친 곳이 바로 바이마르였던 것이다. 따라서 '바이마르 고전주의'는 그 탄생부터 독일적 지역성을 벗어난 유럽적 보편주의를 지향하고 있었고, 바이마르라는 이름도 바로 그러한 유럽정신을 대변하는 이름으로 남게 되었다.

바이마르 고전주의는, 당시 독일에서 흥기하고 있던 낭만주의 운동이 지역 문화라는 편협성을 드러내고 있고 학문적 전문성을 결여한 아마추어적 '딜레탕티슴(dilettantism)'이라는 괴테의 비판을 토대로, 낭만주의는 계몽주의의 합리성과 보편성을 보완하여야만 더 완전한 세계성을 추구할 수 있다고 여기고 이러한 보편성을 예술작품에 표현하고자 하는 운동이었다. 독일에서의 계몽주의는 '신고전주의'라고도 불리며 토마시우스와 볼프에 의해서 발전된 철학으로서 독일어권 지역에서의 유럽 보편 문화의 형성에 크게 기여하였다. 이러한 맥락에서 발전한 '바이마르 고전주의'는 위에서 언급한 네 사람의 사상가 중 특히 괴테와 실러가 작센바이마르 공국의 수도였던 바이마르에 거주하면서 활동한 데에서 연원한 명칭이다. 이 두 문호는 고대 그리스의 고전적 모델을 모방하여 예술이론과 작품을 산출하였기에 '고전주의' 경향을 보여준다 할 수 있다. 그들이 추구한 바는 하나의 미학적 가치와 관념에 기초한 사회문화적 개혁을 목표로 한 것이었다. 그 관념은 부분적으로는 계몽주의의 영향 아래서 추구된 유기체적 전체성과 조화로운 세계를 지향하는 것이었다. 따라서 독일이라는 지역적 특수성을 넘어선 보편적 유럽, 또는 하나의 합리화된 세계성을 궁극적으로 전망하는 것이었다. 이렇게 볼 때 20세기에 들어와 실현된 통합적 세계로서의 유럽이라는 이미지는 18세기 말, 19세기 초에 미학적 관점에서 이미 제시되었다고 말할 수 있다.

'고전주의 바이마르 지역'의 열한 개 장소

이와 같이 문화전통을 숭상하는 독일인들의 바이마르에 대한 사랑은 각별하다. 심지어는 나치 정권도 전쟁 중임에도 불구하고 바이마르의 문화유산을 보존하려는 각별한 노력을 기울였다. 연합국의 폭격에 대비해 바이마르의 문화 중심지인 국립극장 광장에 자리 잡은 괴테와 실러가 나란히 서 있는 상징적인 동상을 보존하기 위해 그 위에 콘

괴테와 실러가 나란히 서 있는 이 동상은 국립극장 광장에 세워져 있다. 바예마르 고전주의를 상징적으로 보여주는 모습이다.

크리트 구조물을 둘러치는 조치를 취한 것이다. 2차 세계대전 이후 구동독의 일부가 된 이 도시는 동구경제권의 쇠퇴와 더불어 귀중한 문화유산들에 대한 관리가 다소 소홀해지기는 했으나, 통일 이후 독일정부와 그 곳 지방정부는 많은 예산을 투입하여 옛 도시를 완벽하고 깨끗하게 복원하기 시작했다. 그 결과 바이마르는 1998년 UNESCO에 의해 세계문화유산도시로 지정되어 그 이름에 손색없는 면모를 최근에 갖추게 된 것이다. 특히 1999년 '유럽문화수도'로 지정된 것을 계기로

(왼쪽) 괴테가 살았던 당시의 모습이 그대로 보존되어 있는 괴테 하우스. 현재 기념관으로 사용되고 있다.
(오른쪽) 바로크양식으로 지어져 간결한 형태미를 보여주는 실러 하우스.

하여 바이마르는 유럽연합을 비롯한 여러 외부단체로부터 5억 유로를 지원받아 그동안 공산권 통치에서 빛이 바래고 퇴색한 문화유산에 활기를 불어넣는 작업을 하였다. 결과적으로 바이마르는 그 도시가 보유한 문화유산에 상응하는 도시 이미지를 재창출할 수 있었다.

고전주의 바이마르 지역이라 불리는 바이마르의 세계문화유산 유적은 열한 개의 개별 건물과 단지로 구성되어 있다. 이 유적들은 그리 크지 않은 바이마르의 시가의 중심부에 집중적으로 위치하고 있어, 방문객들은 시에서 제공하는 관광안내도만 들고도 스스로 역사 탐방을 즐길 수 있다. 이 문화유적들을 순차적으로 찾아가다 보면 중도에 수많은 박물관과 역사적인 건물들과 자연스레 만날 수 있다.

첫 번째 유적은 괴테가 만년에 20여 년 기거한 주거지로, 1707년부터 1709년 사이에 바로크양식으로 세워진 괴테 하우스(Goethes Wohnhaus)이다. 괴테가 거주하는 동안에도 여러 차례 개조되었으며, 건물 안에는 당시에 쓰던 가구가 보관되어 있는 등 당시의 모습이 그대로 보존되어 있어서 기념관으로서 손색이 없다. 두 번째 유적인 실

고딕양식과 바로크양식을 만날 수 있는 시 교회.

러 하우스(Schillers Wohnhaus)는 1777년에 건축된 후기 바로크 양식의 건물로 간결한 형태미를 보여준다. 16세기에 지어진 별채는 조폐국으로 쓰이기도 했다. 실러는 1799년에 바이마르로 이주해와 1802년부터 이 집에서 거주하였다. 실러가 살았던 대로 가구가 비치된 방들을 기념관으로 사용하고 있고, 나치 시절 강제수용소의 죄수들이 만든 가구들도 전시하고 있다.

1500년에 고딕양식으로 지어졌다가 18세기 바로크양식으로 개축된

(왼쪽) 1823년, 칼 아우구스트 대공의 의뢰로 만들어진 가족 무덤.
(오른쪽) 대공 묘소 안에 나란히 안장되어 있는 괴테와 실러의 관.

시 교회(Stadt-Kirche)와 16세기 중반에 르네상스양식으로 만들어진 기존의 건축물 위에 3층으로 재건축된 헤르더의 집(Herders Wohnhaus), 에른스트 공작의 의뢰를 받아 바로크양식으로 지어진 옛 고등학교(Altes Gymnasium Weimar)가 세 번째 유적이다. 세 건물을 통해 바로크 및 고전주의 시대의 다양한 예술양식을 만날 수 있다. 네 번째 유적인 시의 성(Weimarer Stadtschloss)은 장엄한 양식의 건물이 독일식 안마당을 둘러싼 형태로 실내에는 고전적인 양식의 가구들이 전시되어 있다.

다섯 번째 유적인 태후 궁전(Wittumspalais)과 안나 아말리아 도서관(Herzogin Anna Amalia Bibliothek)은 바이마르 고전주의 시대의 전성기에 지적 생활의 중심지였던 곳으로, 바로크양식의 2층과 3층 건물이 중앙의 뜰을 둘러싸고 있다. 안나 아말리아 도서관은 1761년에 아말리아 공작 부인이 튀링겐 주의 건축가에게 르네상스양식의 '작은 프랑스 성'을 도서관으로 개조해달라고 의뢰해 만들어진 곳으로, 2004년에 화재가 나서 많은 장서가 소실되었다. 여섯 번째 유적인 대공 묘소와 기념 묘지(Fürstengruft)는 1823년에 칼 아우구스트 대공이 쿤드레이라는

18세기 전반에 바로크양식으로 지어진 벨베데레 성.

건축가에게 가족 무덤을 의뢰하여 만들어졌다. 아우구스트 대공의 가족 외에도 괴테와 실러의 관이 바로 이 묘소 안에 나란히 안장되어 있어서 독일문화에서 차지하는 이 두 사람의 위상을 짐작해볼 수 있다.

로만 하우스(Römischen Haus), 괴테의 정원(Goethes Garten)과 가르텐 하우스(Goethes Gartenhaus)가 있는 일름 강변의 공원(Park an der Ilm)이 일곱 번째 유적이다. 도시 남쪽을 흐르고 있는 일름 강변의 아름다운 풍광 또한 또 하나의 문화유산이라 할 수 있을 것이다. 여덟 번째 유적인 벨베데레 성 단지(Schloss, Orangery und Schlosspark Belvedere)는 18세기 전반에 시의 교외에 지어진 별궁이다. 벨베데레 성은 바로크양식으로 지어졌으며 2층으로 되어 있다. 중앙부는 사각형이며 둥근 지붕이 덮인 작은 탑이 있다. 특이한 형태의 오렌지 온실의 중앙에는 책임 정원사의 집도 보존되어 있다.

아우구스트 대공비의 별궁인 티푸르트 성과 공원(Schloss und Schloss-park Tiefurt) 내에는 여러 건물들과 기념비가 남아 있다. 이곳이 아홉 번째 유적이다. 열 번째 유적인 에터스부르크 성 단지(Schloss und Schlosspark Ettersburg)는 넓은 정원 둘레에 있는 세 개의 부속 건물로 이루어져 있다. 에터스부르크 성 옆에 위치한 새로운 성은 4층 건물이다. 부속 공원은 작은 숲으로 둘러싸여 있다.

마지막 유적은 빌란트 저택과 공원(Wieland Manor und Park)이다. 빌란트 저택은 로코코 시대에 활동했던 독일의 작가 크리스토프 마르틴 빌란트(Christoph Martin Wieland)가 1797년에 매입하여 거주한 곳으로, 중앙의 작은 뜰을 둘러싼 네 개의 부속 건물로 이루어져 있다. 로코코 양식의 정원 한가운데에 있는 분수가 아름답다.

독일 통일 이후 새로이 단장하긴 했지만, 중세 이래 간직되어온 이 고풍스러운 도시의 중심부를 걷고 있노라면 바이마르 고전주의라는 '황금시대(1758~1832년)'와 이 시대의 문화이상을 계승하여 각종 예술 분야에서 창조적 작품들을 생산했던 '은의 시대(1832~1918년)'의 영광과 정취를 만끽할 수 있다. 또한 이러한 고전주의 바이마르 문화가 새롭게 태동하는 통합 유럽의 문화로 연결되는 역사의 현장을 목격하는 시간여행을 경험할 수 있을 것이다.

유럽문화수도 바이마르

독일인들에게 바이마르의 또 다른 의미는 자랑스러운 민주주의 정치체제와의 관련성과 동시에 단명하고 만 공화국과 뒤이은 나치체제에 관련된 오명이다. 이 작은 도시는 문화적 의미 이외에도 정치적 의미도 자못 크게 가지고 있는데, '바이마르 공화국'이라는 독일 역사에서 최초의 공화국을 지칭하는 이름이 그것이다. 1871년 비스마르크의 철혈통치로 통일을 이룬 독일제국은 결국 1914년 1차 세계대전을 일으키고 만다. 4년에 걸친 참혹한 전쟁의 결과는 독일제국의 패전이었고, 이를 책임질 제국정부는 1918년 11월 하루아침에 사회민주당에게 정권을 아무런 대책 없이 이양하고 만다. 당시 사민당 지도자들은 독일 최초의 민주정부 수립에 합의하고 헌법 제정 작업에 들어간다. 그러나 당시 수도였던 베를린은 패전의 소용돌이 속에서 좌익과 우익의 정치세력이 극도로 대립하는 커다란 정치적 소요를 겪고 있었다. 따라서 사민당 지도자들은 귀중한 헌법 제정의 과정을 베를린의 소요로부터 지키기 위해 조용한 지방도시에서 제헌의원들이 활동하도록 했는데, 그들이 선택한 곳은 다름 아닌 바이마르였다. 그들은 1년에 가까운 제헌작업을 거쳐 드디어 1919년 8월, 세계 민주정치사상 길이 남을 '바이마르 헌법'을 공포한다. 이에 근거한 새로운 독일 정치체제는 훗날 역사가들에 의해 '바이마르 공화국'으로 지칭되었다. 비록 1933년 히틀러의 집권과 그에 따른 수권법(Enabling Law)에 의해 그 공화국은 운명을 고하고 말지만, 2차 세계대전 후 새로이 성립된 독일연방 공화국의 모태가 된 것도 바로 '바이마르 공화국'이었던 것이다. 따라서 바이마르는 독일인에게 문화적 자부심 이상의 정치적 자부심의 원천이 되고 있다. 민주주의 성숙도가 유럽연합 가입의 필수요소임을 감안할 때 독일은 물론 유럽연합까지도 바이마르를 주목함으로써 그 민주적 전통을 유럽의 보편적인 이상으로 숭앙하고자 하는 의도를 엿볼 수 있다.

독일인들이 그들의 정치적·문화적 자부심의 고향이라 할 수 있는 바이마르를 1999년부터 EU집행위원회가 새로 지정하기 시작한 '유럽문화수도' 선정에 응모한 것은 당연한 일이라 할 수 있다. 그러나 유럽연합이 유럽문화수도를 선정하는 목적과 그 선정 기준은, 한 도시의 지역 문화의 중요성을 넘어서는 전 유럽 차원의 보편적 예술 및 문화정신을 고양시키는 데 있다. 그 주요 선정기준을 보자면, 먼저 유럽의 예술사조 및 양식에 대한 재조명과 함께 그 발전에 얼마나 공헌할 수 있는가이며, 동시에 유럽연합 회원국 내 다른 도시들의 문화 창안자들과의 공동 작업을 과연 활성화시킬 수 있는가를 증명해야만 한다. 또한 다양한 문화행사를 가능한 많은 유럽인들이 수용하도록 촉구할 수 있어야 하며, 유럽의 다양한 문화와 세계 다른 지역 문화와의 교류를 촉진시킬 수 있는가가 주요한 선정 기준이다. 요약하자면, '유럽문화수도'의 핵심은 전 유럽적 차원에서 제기할 수 있는 보편 문화의 이상이며, 그에 따라 전 유럽적 차원에서 실행이 가능한 문화 관련 프로젝트를 얼마나 구체화시킬 수 있는가를 검토한다. 바로 이러한 차원에서 18세기 이래 독일적 지역 문화를 넘어서 보편적 문화이상을 제시하고 있던 바이마르가 다른 유럽의 유서 깊은 문화도시들에 앞서 제일 첫 번째로 '유럽문화수도'로 선정된 것은 우연이 아닐 것이다.

바이마르가 '유럽문화수도'로 지정된 1999년은 괴테 탄생 250주년으로서 더욱 특별한 의미가 있었다. 또한 그해는 괴테와 동시대에 이곳 바이마르에서 활동하던 실러가 탄생한 지 240주년이 되는 해이기도 했다. 더군다나 이 해는 바이마르 헌법 제정 80주년, 바우하우스 건립 80주년 및 독일재통일 10주년 등 여러 기념행사가 겹쳐 있는 뜻 깊은 해였다. 1999년 2월 19일 헤어초크(Roman Herzog) 대통령이 참석한 가운데 문화수도 지정 기념행사가 바이마르 헌법을 기초한 국립극장 광장에서 괴테와 실러의 동상이 나란히 내려다보는 가운데 성대히 개최되었다. 기념식사에서 헤어초크 대통령은 독일 문화의 자랑들, 즉 괴테와 실러와 헤르더 및 음악가 바흐와 리스트 그리고 특히 현대 실용·예술의 모태가 된 바우하우스운동까지를 일일이 거명하면서 "바이마르야말로 독일의 정수이다"라며 이 도시의 정치사적·지성사적·문화사적 중요성을 강조하였던 것이다.

'유럽문화도시'로 지정된 후 바이마르의 특성을 가시적으로 증명이라도 하듯이 이 동떨어진 조그만 도시가 독일 내에서 선호되는 회담장소로서 상위 10위권에 들었다. 그중에서도 최근에 유럽통합 과정과 관련하여 대단히 주목할 만한 모임이 바이마르에서 이루어졌다. 이름하여 '바이마르 삼국회의(Weimar Triangle)'로 알려진 이 모임은 독일과 프랑스 및 폴란드의 외무장관들 사이의 삼자 회담으로서, 폴란드가 공산 지배에서 벗어나 서구 진영에 포섭되는 과정을 돕자는 목적에서 이루어진 것이었다. 그리하여 유럽연합이라는 초국가적 연합체 아래 별도로 국가 간 협의로 이루어진 바이마르 삼국회의가 탄생하게 되는데, 이는 독일, 프랑스, 폴란드 간의 느슨한 연합 형태로서 삼국간의 공동 관심사를 지속적으로 논의한다는 목적으로 출범한 것이다. 향후 여러 차례에 걸친 삼국 외무장관회의가 거듭 개최되었는데, 가장 최근에 열린 곳이 2009년 6월 또다시 바이마르에서였고 이때 합의된 중대한 결과는 이른바 '바이마르 전투단(Weimar Combat Group)'의 창설이었다.

관련 삼국은 공동의 노력으로 이를 2013년까지 창설하고, 1천7백 명의 병력으로 구성된 전투단을 일종의 신속 대응군으로 두어, 위기 및 분쟁 지역이 발생했을 시에 즉각적으로 파견할 수 있게 한다는 것이다. '바이마르 전투단'은 유럽연합이라는 틀 안에서 대단히 비상한 국가 간 합의로서, 특히 일찍이 실패한 유럽방위동맹(EDC) 및 유럽연합군 창설에 대한 유럽인들의 오래된 논쟁에 비추어볼 때 커다란 함의를 지닌다고 볼 수 있다.

바이마르 정신과 유럽통합의 정신: '다양성 안에서 통일'

독일인들은 또한 이 도시와 관련된 어두운 과거를 잊지 않았다. 근교에 위치한 부헨발트에는 나치 시절 유대인 학살로 악명 높던 강제수용소가 보존되어 있다. 바이마르 시정부는 이곳에서 시작하여 시내의 괴테 하우스에 이르는 산책길을 정비하고 '바이마르의 정신(Geist von Weimar)'이라는 주제 아래 과거로 시간여행을 할 수 있는 기념물을 곳곳에 배치했다. 즉 바이마르에서 활동했던 독일과 유럽 예술가들의 문학 텍스트, 그림, 녹음자료와 필름자료를 그 산책로에 전시하면서, 부헨발트와 같은 독일의 '특수한 경로(Sonderweg, 독일이 서구와는 다른 특수한 권위주의적 경로를 통해 근대화를 이루었기에 양차 대전 및 나치 통치를 경험하게 되었다는 이론)'를 괴테와 연관된 보편적 유럽정신이라는 '기억의 장소'로 이르게 함으로써 고통스러운 과거를 유럽의 예술을 통해 치유하고 승화시키는 체험 학습장을 마련한 것이다.

현재 바이마르 시정부는 이 작은 도시의 공식 슬로건으로 '유럽의

유대인 학살로 악명 높았던 부헨발트 강제수용소 정문, '각자에게 자신의 몫을'이라고 써 있다.

문화도시 바이마르'를 내세우고 있다. 도시의 정체성을 독일의 지역 문화적 전통 속에서 자칫하면 강조될 수 있는 지역적 특성에 두지 않고 유럽 문화의 보편성에 초점을 맞추고 있는 것이다. 목하 바이마르는 '유럽문화수도 바이마르'를 브랜드화하기 위해 노력하고 있다. 이를 위해 1999년 창립된 '문화도시 바이마르 주식회사(Kulturstadt Weimar GmbH)'는 과거의 문화유산을 자산으로 현재의 문화와 경제를 조화시키고 이를 바탕으로 미래의 문화를 건설하는 추진체 역할을 담당하고 있다. 괴테는 1775년부터 1832년까지 이 도시에서 실러 등과 함께 활동했으며, 당시 바이마르는 유럽정신세계의 중심지라고 해도 과언이 아니다. 이렇게 볼 때, 과거 중유럽의 한가운데서 문화적 수도를 자처하던 바이마르가, 이제 '서유럽─중유럽─동유럽'을 잇는 도시 간 네트워크에 있어 하나의 핵심적인 지정학적 연결고리로 부활하면서 유럽 보편문화를 대표하는 도시로 자리 잡아가고 있는 모습을 볼 수 있다. 이제 바이마르는 유럽 문화의 본류이자 그 정신이 살아 숨 쉬는 곳, 또 유럽 역사를 느낄 수 있는 곳으로 재탄생했다. 괴테와 실러의 고전주의로 요약되던 도시 바이마르는 이제 현대의 '유럽문화수도'가 됨으로써 다시 한 번 유럽 정신세계의 중심으로서 역할을 자부하고 있다고 볼 수 있으며, 한편으로는 통합 유럽이 추진되는 한가운데에서 문화적·정신적 측면에서 그 통합 과정의 일익을 담당하고 있다. 특히 1989년 베를린 장벽과 함께 동유럽의 공산주의가 무너진 이후 그 지역에서 최초의 '유럽문화수도'가 탄생한 사실도 자못 의미가 깊다고 하겠다. 반세기 만에 유럽 문화의 재통합을 상징하며 향후 통합된 유럽에서는 과거와 같이 민족 간 이해에 따른 전쟁은 사라지고 통합의 보편적 이상 아래 평화와 공동번영이 유지될 것임을 전망하고 있는 것이다. 이렇게 볼 때, '다양성 안에서 통일(unity in diversity)'과 동시에 '통일 안에서 다양성(diversity in unity)'이라는 유럽통합의 정신을 매우 잘 반영하는 도시가 바이마르라 할 수 있다. ┃임상우

참고문헌

사순옥, 〈유럽연합(EU)의 문화수도 구상과 독일의 도시〉, 《독일문학》 제95집, 2005.

Palmer, Robert. "Study on the European Cities and Capitals of Culture and the European Cultural Months (1995-2004)". European Commission, 2010.

Stephenson, R. H. "The Cultural Theory of Weimar Classicism in the light

of Coleridge's Doctrine of Aesthetic Knowledge", in *Goethe 2000*, ed. by
Paul Bishop and R. H. Stephenson, Leeds, 2000.

위치 스페인 갈리시아 자치지방
면적 223km²
인구 95,671명(2012년)

산티아고 데 콤포스텔라, 스페인

산티아고 데 콤포스텔라
유럽문화도로의 종점

산티아고 데 콤포스텔라와 산티아고 순례길

유럽연합에 속해 있는 대부분의 국가들을 도로로 연결한다면 그것이 곧 지리적 통합 아닐까? 도로는 선사시대부터 있었을 것이다. 게다가 그 도로망의 골격은 오늘날이나 선사시대나 크게 다르지 않다는 것이 고고학자들의 주장이다. 그러나 국경 경비초소를 없애고 도로를 연결한다고 해서 통합이 이루어지는 것은 아닐 것이다. 도로가 연결되고 그것을 통하여 인간의 활동, 즉 교류가 이루어져야 비로소 도로는 제 역할을 하는 것이다. 어떤 교류가 이루어지는가에 따라 도로의 의미도 달라질 것이며, 궁극적으로는 도로로 연결된 여러 지역과 국가가 하나의 공동체가 될 것인지 아닌지가 결정된다고 할 것이다. 이러한 점에서 보면 도로야말로 유럽통합의 정도를 나타내는 가늠자가 될 수 있을 것이다. 1987년 유럽연합은 유럽연합의 '문화도로'로 산티아고 순례길을 첫 번째로 선정했다.

산티아고 순례길은 북동부 갈리시아(Galicia) 지방에 있는 산티아고 데 콤포스텔라(이하 '산티아고')를 목적지로 하는 순례길을 말한다. 산티아고는 예루살렘 및 로마와 더불어 중세 3대 순례지였다. 예루살렘이 이교도의 수중에 있어서 접근하기 어렵고, 로마는 물가가 비싸고 권위가 있는 곳이어서 친근하지 않았던 반면, 산티아고는 육로로 접근이 가능하고 여행경비도 비싸지 않을 뿐만 아니라 성인을 모시고 있어서 중세 유럽인들에게는 매우 친근하게 느껴지는 순례지였다. 그리하여 마르코 폴로가 《동방견문록(The Travels of Marco Polo)》에서 대표적인 순례지로 산티아고를 꼽을 정도로, 산티아고는 중세 내내 가장 유명한 순례지였다. 그러므로 도시 산티아고는 이 순례길과 분리하여 생각할 수 없다.

유럽 전역에서 산티아고로 순례를 떠나기 시작한 것은 10세기 중반으로 추정되며, 1100년경에는 잉글랜드에서도 순례자들이 오기 시작했다는 기록도 있다. 그리하여 12세기 중반에는 산티아고 순례는 매우 조직적으로 이루어졌던 것으로 보인다. 특히 칼릭스투스 2세는 산티아고 데 콤포스텔라 성년(聖年)을 시작했으며 순례 안내서를 제작하도록 했다. 《칼릭스투스 서책(Codex Calixtinus)》 중 일부로 편찬된 〈산티아고 순례 안내서(Iter pro peregrinis ad Compostellam)〉는 12세기 초반 성 야고보 숭배와 산티아고 순례가 확립되고 확산되는 중요한 계기를 마련한 것으로 평가받고 있다. 더욱이 1215년 제4차 라테란 공의회 이후 고해가 의무화되고 중죄에 대한 벌로 순례가 부과되면서, 산티아고 순례는 전성기를 맞았다. 종교개혁 이후 순례의 열기가 시들기는 했으나, 여전히 산티아고로의 순례는 유지되었다. 오늘날에도 산티아고 순례길은 여전히 순례자들로 가득 차 있다. 1993년에는 스페인의 순례길이, 그리고 1998년에는 프랑스의 순례길이 UNESCO 세계문화유산으로 지정되었다. 또한 유럽연합(EU)은 산티아고 순례길을 유럽통합의 상징으로 내세우고 있다.

산티아고 순례의 기원

산티아고 데 콤포스텔라가 성지가 된 이유는 성 야고보에 얽힌 전설 때문이었다. 야고보라는 이름은 성경에 자주 등장하며, 예수의 열두 제자 중에도 두 명이나 있어서, 각각 대(大)야고보, 소(小)야고보라고 부르기도 하고, 각각 제배대오의 아들과 알패오의 아들이라고 부르기도

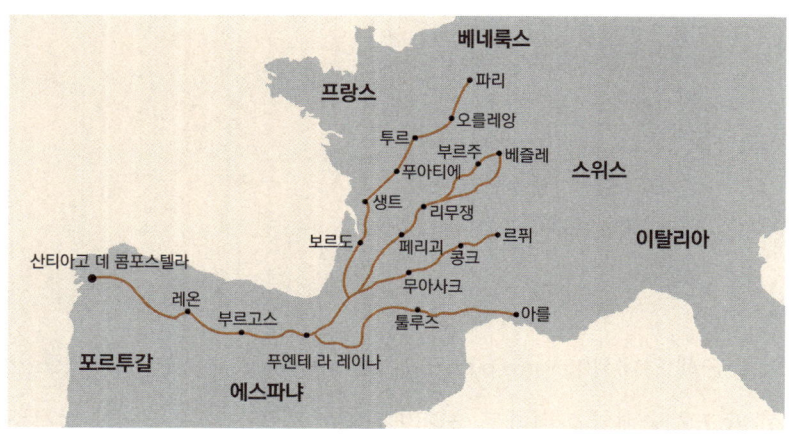

유럽 전역에 걸친 산티아고 순례길.

한다. 산티아고 데 콤포스텔라의 전설에 등장하는 야고보는 대야고보
이자 제베대오의 아들이다. 성 야고보는 라틴어로 상크투스 야코부스
(Sanctus Jacobus), 영어로 세인트 제임스(Saint James), 프랑스어로 생자
크(Saint Jacques)이며, 산티아고(St. Iago)는 스페인어 이름이다. 성 야고
보는 사도 요한(Joannes)의 형이며, 갈릴리 출신이다. 어부였던 그는 예
수의 부름을 받았을 때 배에서 그물을 손질하고 있었고, 예수가 죽은
후에는 육지의 끝까지 가서 포교하리라 마음먹었다. 당시 육지의 끝이
라면 스페인 서부 해안 지역을 지칭했고, 오늘날에도 이 지역 한 도시
의 이름은 피니스테레(finisterre)로서, 즉 '땅끝(finis terrae)'이라는 뜻이
다. 그리하여 야고보는 스페인(에스파냐)에 가서 포교를 했는데, 그러던
어느 날 성모 마리아가 야고보 앞에 나타나 이스라엘로 가서 포교하
라고 했다. 성모 마리아가 기둥에 나타났다고 하는데, 그 기둥은 사라
고사(Zaragoza)에 있는 성모 마리아 성당(Basilica de Nuestra Señora del

Pilar)에 보관되어 있다. 그러나 이스라엘로 돌아온 성 야고보는 44년 헤로데 아그리파 1세(Herod Agrippa I)에 의하여 예루살렘에서 참수를 당함으로써 사도로서는 첫 번째로 순교하였다.

그런데 그때 그의 추종자들이 시신을 몰래 빼돌려 돌로 만든 배에 싣고, 야고보가 원래 포교하던 에스파냐로 시신을 옮겨왔다. 그러나 그의 시신이 어디에 묻혔는지는 비밀이었다. 그러다가 9세기 경 하늘에서 별무리가 내려와 빛을 비추는 들판에 가보니 야고보의 무덤이 있었다고 한다. 콤포스텔라라는 이름은 '들판(Campus)'과 '별(Stellae)'의 합성어로서 이러한 전설로부터 유래했다. 후일 이곳에 대야고보를 기리는 성당이 세워지면서 산티아고 데 콤포스텔라(Santiago de Compostela)라는 도시가 형성되었고, 이 도시는 유럽의 3대 순례지 중 하나가 되었다. 그리하여 그는 에스파냐의 수호성인이 되었다.

순례의 확산

성 야고보의 전설이 확산된 것은 에스파냐에서 이루어진 '재정복운동(Reconquista)' 때문이었다. 게르만족은 로마제국 안으로 들어와서 자신들의 왕국을 건설했는데, 6세기 초에 이베리아 반도에 정착한 서고트족 역시 자신들의 왕국을 건설했다. 이 왕국은 711년 이슬람 세력이 침입함으로써 종말을 고하게 되었다. 그러나 1000년경부터 서고트족 잔류 세력은 왕국을 형성하여 재정복운동을 시작했다. 이뿐만 아니라 클뤼니 수도회는 피레네 산맥 남쪽에 수도원을 세우고 있었고, 교황청 역시 세력권의 확대를 원했다. 그리하여 이들은 에스파냐 십자군

성 야고보는 때로는 순례자 야고보(왼쪽)로, 때로는 학살자 야고보(오른쪽)로 그려진다.

을 제창했다. 마침내 12세기 초 교황 칼릭스투스는 성 야고보 성년을 선포하고 〈산티아고 순례 안내서〉를 편찬하도록 했다. 앞서 살펴보았 듯이, 〈산티아고 순례 안내서〉는 《칼릭스투스 서책(Codex Calixtinus)》 의 일부였다. 《칼릭스투스 서책》은 총 5권으로 되어 있다. 1권은 성 야 고보 축일(7월 25일)에 드리는 예배 전례를, 2권은 성 야고보와 관련된 유럽 내의 22가지 기적 이야기를 싣고 있다. 3권은 성 야고보의 유해가 예루살렘으로부터 갈리시아로 옮겨지는 과정에 대한 이야기, 4권은 샤 를마뉴와 기사 롤랑의 이야기이다. 일찍이 샤를마뉴가 피레네 산맥을 넘어 에스파냐의 이슬람 세력을 쫓아내려고 했을 때, 샤를마뉴를 인도 한 것이 바로 성 야고보였다. 그럼에도 샤를마뉴는 롱스보(Roncevaux, Roncesvalles) 전투에서 패배하여 쫓기는 신세가 되었다. 이때 샤를마뉴가 퇴각할 수 있는 시간을 벌어준 부하가 바로 롤랑이었다. 〈롤랑의 노래〉라는 무훈시로 알려져 있는 이 이야기가 4권의 내용이다. 이러한 이야기는 이베리아 반도의 재정복운동을 추진하고 있던 교회가 산티아고 기사단에 더 많은 기사들이 지원하게 만들기 위해 꾸며낸 전설로 생각된다. 이리하여 성 야고보는 재정복운동의 '무어인의 학살자(Matamoros, Moor-slayer)'라는 별명을 얻게 되었다.* 마지막으로 5권이 바로 〈산티아고 순례 안내서〉로 오늘날에는 5권만 별도의 책으로 번역되곤 한다.

이 서책의 외형을 살펴보면, 가로 295센티미터, 세로 214센티미터의 크기이며, 낱장 즉 '폴리오(folio)' 225장이 묶여 있는 형태로 되어 있다.** 크기를 보면 짐작할 수 있듯이, 이 책은 '안내서'임에도 불구하고 오늘날의 론리 플래닛(Lonely Planet)이나 미슐랭 가이드(Guide Michelin vert) 같은 여행안내서처럼 들고 다니며 볼 수 있는 책은 아니었다. 설사 크기가 오늘날 여행서 정도의 크기였다고 하더라도, 중세의 순례자들 중 대부분이 문맹이었음을 감안하면 순례자들이 직접 볼 수는 없었을 것이다. 따라서 이 책은 순례나 여행의 정보를 전달해주는 것만을 목적으로 했다기보다 다른 목적, 즉 순례를 장려하려는 목적도 함께 가지고 있었을 가능성이 높다. 물론 이 책의 직접적 영향이라고 말할 수는 없으나, 11세기 이후 산티아고로의 순례는 활기를 더하여 갔다.

---

* 산티아고 순례길 중 스페인 북부에 위치한 도시들에서 성 야고보가 학살자로 표현된 것을 쉽게 찾아볼 수 있다.

** 가장 오래된 판본은 산티아고 성당에 보관되어 있었다. 이 원본의 존재는 알려져 있지 않았으나, 1886년 예수회 수도사 피델 피타(Fidel Fita)에 의해 발견됨으로써 세상에 열려지게 되었다. 앞뒤 면 모두 글자를 적는 데 사용하였고, 글자는 한 면당 34줄씩 단일 단(Single Column)으로 기록되어 있다. 225장의 폴리오 중에서 제5권인 〈산티아고 순례 안내서〉는 fol.192-213v.에 실려 있다.

가령 13세기 말에 중국을 다녀간 마르코 폴로의《동방견문록》을 보면, 산티아고 순례가 중세에서 어느 정도였는지 짐작할 수 있다.

우상 숭배자들은 매우 먼 곳으로부터 그곳으로 순례하러 오는데, 마치 기독교도들이 성 자크(산티아고)의 묘지를 순례하는 것과 같다. 이 우상 숭배자들은 그 산 위에 있는 무덤이 내가 여러분에게 말한 그 왕자의 무덤이며 그곳에 있는 이빨과 머리카락과 주발 역시 그 왕자의 것이라고 말한다. 그의 이름은 사가모니 부르칸으로, 이는 성 사가모니라는 뜻이다.

이 인용문에서 볼 수 있듯이, 산티아고는 중세의 가장 대표적인 순례지였다. 그런데 여기서 주의 깊게 보아야 할 내용이 또 있다. 마르코 폴로는 "우상숭배자들이 순례하러 오는" 것은 "성 사가모니의 이빨과 머리카락" 등 그의 유해 때문이라고 말하고 있다. 거꾸로 추측해보면, 산티아고 순례 역시 성 야고보의 유해 때문임을 짐작할 수 있다. 산티아고 순례에 대한 기록은 여러 곳에서 찾아볼 수 있으며, 그중에서도 15세기 중반 영국의 윌리엄 웨이는 순례기를 남겼다.

그러나 16세기 종교개혁이 진행되면서, 성 유골 숭배는 미신으로 치부되기 시작했다. 이러한 종교적인 이유 외에 현실적 이유도 있었을 것이다. 당시 종교전쟁 등으로 가톨릭 신도가 안전하게 산티아고까지 여행을 하기는 힘들어졌기 때문일 것이다. 그럼에도 산티아고 순례가 완전히 중단되기는커녕, 여전히 상당한 수의 사람들이 순례길을 다녔다. 20세기 들어서, 그것도 1980년대 들어서 교황이 직접 방문함으로써 유명해졌고, 그 이후 순례자의 숫자는 폭발적 증가세를 보이고 있다.

순례의 동기

성 야고보는 기독교의 보호자이자 이교도에 대한 징벌자이거나, 순례자들을 각종 위험에서 구원하는 역할의 사도로 그려져 있다. 가장 많은 소재는 곤경에 처한 사람들의 기도를 들어주는 것인데, 심지어 죽은 사람을 살려내는 경우까지 있다. 이러한 곤경에 처하게 된 원인들로는 순례가 가장 많고, 이교도와 관련된 경우가 있다. 그러므로 산티아고 순례는 이교도와의 투쟁을 의미하며, 특히 이베리아 반도에서 벌어지고 있는 산티아고 십자군에 참여하는 것과 같은 의미였다. 물론 일반적인 기적 이야기에서처럼 질병에 걸린 사람을 낫게 하는 이야기도 있다. 즉 성 야고보 숭배의 중요한 요인 중 하나는 사람들의 기도와 그 성취에 있다. 따라서 순례의 목적이 사람들의 소원 성취에 있었음을 짐작할 수 있다.

좀 더 시간이 흐르면 순례는 종교적인 성격을 훨씬 더 많이 갖게 된다. 1215년 라테란 공의회에서 고해가 의무화되고, 고해에 따라 죄사함을 받기 위한 대속을 하게 되는데, 이때 중대한 죄에 속하면 순례를 명령받는 경우가 있었다. 물론 이러한 명령에 의해서보다는 영혼의 구원을 얻기 위한 것이 더 많았을 것으로 생각된다. 훨씬 이후 시기이기는 하지만 윌리엄 웨이가 쓴 산티아고 순례기에 따르면, 산티아고 순례를 떠나면 죄의 3분의 1을 면제받으며, 가는 도중에 죽으면 완전히 사면된다고 되어 있다. 또한 산티아고에서 열리는 종교 행렬에 참석하면 40일치를 면제받으며, 만약 주교가 이 행렬을 이끈다면 2백 일 이상을 면제받고, 행렬이 야고보 축일인 7월 24일에 있다면 6백 일을 면제받는다. 주교나 수도원장 등 고위 성직자가 집전하는 미사에 참석하면 2백 일을 면제받고, 산티아고 시내 외곽에 있는 마지막 숙박지인 몬테 델 고소(Monte del Gozo)에서 미사를 드리면 1백 일을 면제받는다고 되어 있다.*

그러면 오늘날에는 어떤가? 2006년에서 2009년 사이의 통계자료를 보면, 약 5~10퍼센트는 비종교적 이유로 순례길을 다녀갔음을 알 수 있다. 여전히 종교적인 이유가 압도적이기는 하지만 과거와 같은 종교적인 이유, 즉 죄의 사함이나 면벌과 같은 이유는 아닐 것으로 추측된다. 대륙별로 봐도 90퍼센트 이상이 유럽에서 오는 사람들이다. 결국 산티아고 순례길은 여전히 기독교 세계인 유럽의 순례길이자 소통의 길인 셈이다.

순례의 기초 지식

오늘날 산티아고 순례를 떠나는 사람들은 대개 프랑스 쪽 피레네 산맥 아래서 시작한다. 생장피에드포르(Saint-Jean Pied de Port)라는 작은 마을이다. 그러나 그곳부터 걷거나 말을 타고, 오늘날에는 자전거를 타고 가라는 뜻일 뿐, 순례길은 그보다 훨씬 이전에 시작된다고 할 수 있다.

---

* 중세 기독교에서는 사람이 죽으면 바로 심판을 받는 것이 아니라 연옥에서 죄에 해당하는 죗값을 치를 수 있는 것으로 알려져 있었다. 여기서 40일치라는 것은 연옥에서의 기간을 말한다.

2010년 11월 산티아고 성당을 방문한 교황 베네딕토 16세. 1980년대 초, 교황의 산티아고 성당 방문과 산티아고 성년 부활은 산티아고 순례 부흥에 큰 역할을 했다. 연합포토 제공.

이미 중세의 〈산티아고 순례 안내서〉는 네 가지 길을 제시하고 있는데, 그것은 모두 프랑스에서 출발한다.

산티아고에 이르는 데에는 네 가지 길이 있는데, 그 길들은 에스파냐 땅에 있는 푸엔테 라 레이나(Puente la Reina)에서 하나로 합쳐진다. 첫 번째 길은 생질뒤가르, 몽펠리에, 툴루즈, 그리고 아스프 계곡을 지난다. 두 번째 길은 르퓌의 생트마리 성당, 콩크의 생트푸아 성당, 무아사크의 생피에르 성당을 지난다. 세 번째 길은 베즐레의 생트마리마들렌 성당, 리무쟁의 생레오나르 성당, 그리고 페리괴 시내를 통과한다. 네 번째는 투르의 생마르탱 성당, 생장 당젤리, 생트의 생퇴트로프 성당을 지나 보르도 시내를 지나간다.

이 길에는 모두 순례길임을 나타내는 표시, 즉 가리비 표시가 되어 있다. 가령 파리를 방문한 사람이라면 누구나 노트르담 성당을 보게 될 것이다. 대부분의 방문객들은 지나치겠지만, 성당 앞에 가보면 가리비 표시가 되어 있으며, 산티아고까지의 거리가 표시되어 있다. 물론 눈을 크게 뜨고 보아야 하지만 말이다. 오늘날에도 그렇지만, 특히 과거에는 순례를 단독으로 가는 경우는 거의 없었다. 대개 성당이나 수도원 앞에 모여서 무리를 이루어가는 경우가 대부분이었다. 위 인용문에 나온 도시들의 성당 앞에 가보면 역시 가리비 표시를 볼 수 있다. 전설에 따르면, 성 야고보의 유해를 실은 배가 풍랑을 만나서 에스파냐 해안에 좌초되었는데, 이때 가리비가 유해를 실은 관을 보호해서, 관이 전혀 손상받지 않은 채로 해안으로 밀려왔다고 한다. 그러나 이것은 전설일 뿐, 가리비가 순례의 상징이 된 이유는 확실하지 않다. 다만 산티아고까지 순례를 떠난 사람들이 갈리시아 지방에서 흔히 볼 수 있는 가리비를 기념으로 가져왔을 것이라고 추측할 수 있을 뿐이다. 그 기원이야 어디에 있든 가리비는 산티아고 순례의 상징물이다. 프랑스어로 가리비를 생자크라고 하는데 산티아고 순례와 무관하지 않음을 짐작할 수 있다. 또한 순례자는 순례증명서를 가지고 있어서, 순례의 단계마다 그곳을 방문했다는 도장을 받아야 한다. 순례길의 중간에는 '알베르게(albergue)'라고 부르는 순례자를 위한 숙소가 있다.

순례길을 따라

그러면 오늘날 주로 택하는 길을 따라가 보자. 생장피에드포르에서 산티아고까지는 거의 9백 킬로미터에 달하는 거리이다. 과거의 순례자들은 대부분 농민이었으므로 이들의 좋지 않은 영양 상태를 감안하면, 25킬로미터를 걷기도 힘들었을 것이다. 게다가 순례는 산티아고에 도달하는 것만이 목적이 아니라 중간에 여러 지방에서 만날 수 있는 성유물을 보거나, 그 교회의 미사에 참여하기 위해 상당 기간 머물렀을 것이므로, 실제 순례를 마치는 데 소요되는 시간은 훨씬 길었을 것이다. 오늘날 일반적으로 순례자가 하루에 걷는 거리는 20~30킬로미터로, 기간으로 보면 35~40일이 걸린다. 또한 산티아고를 목적지로 하고 있지만, 오늘날 이 순례길을 걷는 목적은 목적지에 도달하는 것보다는 상당 부분 걷는 과정 그 자체에 있다고 할 것이다. 그렇지만 마치 중세인들이 중간의 여러 도시에서 머무르며 성유물도 보고 미사에 참석하기도 했듯이, 오늘날에도 여러 지방의 풍물을 생략할 수는 없을 것이다.

앞서 살펴보았듯이 프랑스에서 출발한 길들은 푸엔테 라 레이나라는 곳에서 모이게 된다. 이 도시의 이름은 '여왕의 다리(橋)'라는 뜻으로, 도시를 관통하는 아르가(Arga) 강 위에 놓여 있는 다섯 개의 아치로 이루어진 다리에서 유래했다. 이 다리는 나바라(Navarra) 왕국 산초 3세의 부인인 도냐 마요르에 의해 건설된 다리라고 하지만, 그 진위는 의심스럽다. 순례가 활성화되기 이전에 푸엔테 라 레이나는 가레스(Gares)라는 이름의 마을이었다. 그리고 마을 주변을 통과하는 강에 다리도 없었다. 그런데 순례자들이 늘어나면서, 왕비의 명에 의해 다리가 만들어졌고, 이 다리를 중심으로 도시가 발전하게 되었다. 이곳에는 프랑스인, 유대인, 나바르인, 프로방스인 등 여러 지역 출신들이 정착했다. 1142년 나바라의 왕 가르시아 라미레스는 이 도시를 성당기사단에게 주었고, 기사단은 이 도시에서 많은 구호소를 운영했다. 그리하여 푸엔테 라 레이나는 순례길에서 없어서는 안 될 중요한 도시로 발전했다.

이곳에서 '여왕의 다리'를 보고 120킬로미터 정도 가면 산토도밍고데라칼사다(Santo Domingo de la Calzada)라는 도시가 나온다. 이곳은 순례가 도시의 발전에 어떤 영향을 주는지를 가장 잘 보여주는 도시이다. 도밍고는 스페인 바스크 지방의 빌로리아(Viloria)에서 출생했다. 그는 수차례 베네틱트 수도원에 입회하려고 시도했으나 무식하다는 이유로 거절당했다. 그 후 독립적으로 은둔생활을 시작했는데, 은둔지가 산티아고 순례길의 통행로에 위치하고 있었다. 그가 은둔하고 있던 곳은 원래 원시림이 가득하고 지극히 위험한 곳이었는데 그가 이곳에 움막과 기도소를 짓고 살면서 좋은 길을 만들었다. 이곳 성당에는 특이하게도 닭이 있다. 그 유래는 이렇다. 중세 시대에 한 독일 청년이 부모님을 모시고 순례를 하던 중 이곳 여관에 머물게 되었다. 이 여관집 딸이 잘생긴 청년을 유혹했으나, 청년은 그 유혹을 거절했다. 그러자 그녀는 앙심을 품고, 교회의 은잔을 청년의 가방에 숨겼다. 다음날 체포된 청년의 가방에 은잔이 나왔고, 청년은 교수형을 당하여 효시되었다. 그들의 부모는 계속 산티아고로 갔고 돌아오는 길에 다시 이곳에 들르게 되었다. 그러나 아들은 효시된 채로 살아 있었다. 전설에 따르면 산토도밍고가 어깨로 그를 떠받쳤다고 한다. 청년의 부모는 영주에게 달려가 이 사실을 알렸다. 그때 마침 구운 닭으로 식사를 하려던 영주가 "만일 당신의 아들이 살아 있다면 이 식탁의 구운 닭도 살아날 것이다"라고 하자, 그 닭이 꼬꼬댁 하며 날아서 도망갔다. 이런 연유로 교회 제단에 닭장이 있고 그 안에는 여전히 닭이 살고 있다.

이 도시를 출발하면 부르고스, 끝없이 펼쳐진 메세타 평원, 그리고 레온을 지나게 된다. 특히 부르고스와 레온은 순례 덕분에 상업이 발전한 도시로서, 이곳의 고딕성당이 중세의 영화를 말해주고 있다. 그리고 계속해서 가다보면 몬테 델 고소가 나온다. 도시의 이름은 '즐거움의 산'이라는 뜻이며, 실제로 도시도 언덕 위에 위치하고 있어서, 이 '산'의 정상에서 산티아고 도시가 보인다. 도시의 이름은 이제 순례가 막바지에 달했음을 말해주고 있다. 이 도시에 관한 기적의 이야기가 있다.

1080년 알자스로렌에서 30명의 순례자가 출발했다. 이들 중 29명은 순례 도중에 서로 도울 것을 서약했으나, 한 명은 서약을 거부했다. 이 일행이 프랑스 남서부 가스코뉴 지방에 이르렀을 때, 한 명이 병에 걸렸다. 일행은 병자를 포기하지 않고 마차에 싣고 15일 동안 순례 여행을 하여 피레네 산맥의 시사(Ciza)에 이르렀다. 병자를 데리고 피레네 산맥을 넘을 수 없다고 판단한 일행은 병자를 포기하고 산맥을 넘어갔지만, 서약을 거부했던 사람은 포기하지 않고 밤새 기도를 한 후 병자가 피레네 산맥을 넘을 수 있도록 도와주었다. 그러나 밤 기온이 너무 차서 그만 병자가 죽고 말았다. 동이 트면 시신을 묻어주어야겠다고 생각하고 날이 밝기를 기다리고 있을 때, 어느 기사가 나타나서 그 서약 거부자와 병들어 죽은 사람을 말에 태우고 밤새 달렸다. 그리하여 동이 틀 무렵, 이들은 고소 산에 이르렀고, 병들어 죽은 순례자는 산티아고 시에 묻히게 되었다. 바로 이 기사가 말을 타고 달리는 모습의 성 야고보였다.

그런데 안타깝게도 오늘날 이 지역은 산티아고의 교외 지역이 되어 높은 건물들이 시야를 가로막기 때문에, 기적의 이야기가 나오던 시대와는 사뭇 다른 풍광을 가지고 있다.

산티아고의 도시와 성당

몬테 델 고소에서 5킬로미터 정도 가면 산티아고 성당이 나온다. 마침내 목적지 산티아고 데 콤포스텔라에 도착한 것이다. 사실 산티아고는 성당과 그 주변을 제외하면 볼 만한 것이 많지 않다. 그러나 역으로 생각해보면, 산티아고 성당이 수많은 사람을 불러 모을 만큼 매력적이라는 뜻이 된다.

먼저 성당 앞 오브라도이로(Obradoiro) 광장에 도착한다. 1100년경 건축된 산티아고 성당은 길이 94~97미터, 폭 63~65미터, 내부 높이 22~24미터, 외부 높이 32미터이다. 이곳에서 성당으로 들어가기 위해서는 계단을 올라가 성당의 서쪽 문을 통과해야 한다. 보통 교회 건물은 십자가 형태인데, 이는 일반적으로 볼 수 있는 예수의 수난이 표현되어 있는 십자가를 암시하는 것이다. 그리하여 제단이 있는 부분을 '머리(caput)'라고 부른다. 이 부분이 동쪽을 향하도록 되어 있다. 그렇게 되면 건물의 긴 쪽의 반대방향은 당연히 서쪽이 되며, 이곳이 주된 출입구가 된다. 출입구는 이중으로 되어 있어 성당 안으로 들어가기 위해서는 두 개의 문을 통과해야 한다.

성당의 출입구는 왜 교회에 왔는지, 그리고 교회에서 추구하는 가장

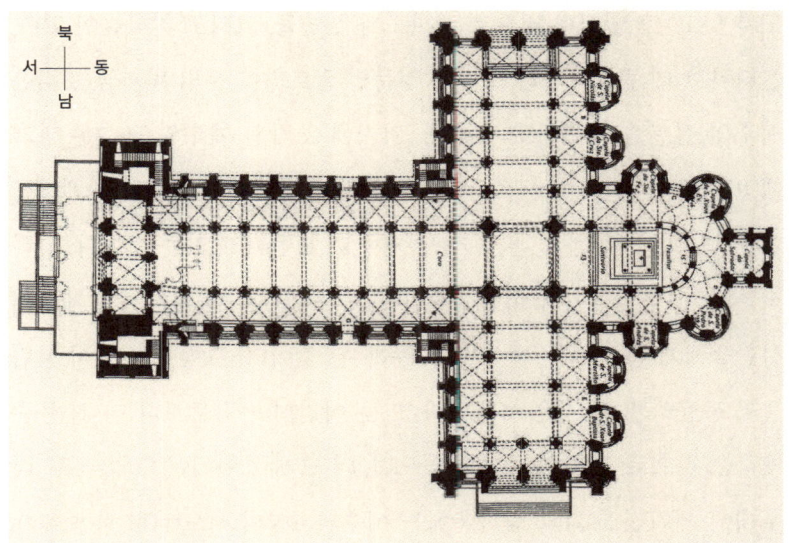

산티아고 성당에 들어가기 위해서는 계단을 올라 성당의 서쪽 문을 통과해야 한다. 일반적으로 교회 건물은 십자가 형태로 되어 있는데, 산티아고 성당도 마찬가지이다.

중요한 일이 무엇인지를 방문객에게 일깨워준다. 순례자는 왜 8백 킬로미터가 넘는 길을 걸어서 왔는가? 산티아고 성당에 도착하여 출입구를 통과하는 사람은 출입구 중앙에 서 있는 성 야고보와 그 위에 있는 부조(팀파눔)를 보게 될 것이다. 그것은 최후의 심판이다. 교회를 다니는 것도, 먼 길을 걸어온 것도 최후의 심판의 날에 구원을 받기 위해서였던 것이다.

대부분 문맹이었던 사람들에게 이미지는 매우 중요한 지식 전달의 도구였다. 그러한 사람들이 교회의 정문에서, 그것도 순례에 지친 몸을 이끌고, 대면하게 되는 첫 이미지가 바로 최후의 심판이라면, 순례자들은 어떤 생각을 가졌겠는가!

이 이미지를 살펴보면, 교회마다 차이는 있지만 한가운데에 그리스도가 있고, 그 옆이나 밑으로 12사도와 성인들, 그리고 천사들이 있다. 산티아고 데 콤포스텔라 성당의 정문인 글로리아 문의 팀파눔 조각은 최후의 심판을 표현하고 있는데, 거기에 조각된 예수의 모습은 과거에 비한다면 훨씬 현실적인 모습을 하고 있다. "최후 심판의 주재자이기는 하지만 육신과 영혼을 가진 존재"로 표현되고 있는 것이다. 따라서 예수가 추상적이며 비현실적인 존재가 아니라 현실적인 존재로서 사람들에게 좀 더 친근한 느낌을 주게 된 것이다. 그렇다고 해서 사람들과 동등하게 된 것은 아니었다. 그는 여전히 사람들보다 더 위에 존재하는 것으로, 그리고 중앙에 있으며, 더 크게 표현되어 있었다. 좀 더 후대에 세워진 교회의 팀파눔에는 예수와 4명의 사도(마태, 마가, 누가, 요한)가 새겨져 있다. 이러한 조각을 통하여 순례자들은 자연스럽게 기독교 세계의 위계질서를 받아들이게 되었을 것이다. 그리고 이러한 팀파눔의 상징들은 고딕양식의 성당 건축에 영향을 주었다.

성당 안으로 들어가면 신도들의 의자가 있는 중앙 통로가 아니라, 양쪽 회랑을 거쳐 가는 편이 좋다. 왜냐면 그쪽에 아름다운 스테인드글라스가 있기 때문이다. 천천히 그 회랑을 통과하고서도, 곧바로 제단으로 가지 않고, 양쪽 날개(북쪽과 남쪽)를 천천히 걸어서 작은 예배당들을 거쳐 가는 것을 추천한다. 그렇게 천천히 성 야고보의 유해에 다가서도록 설계되어 있기 때문이다.

많은 순례자들은 이 유해를 보고 만지기 위해서 그 먼 길을 왔다. 성당 측에서는 더 많은 순례자들이 물 흐르듯이 성당 내부로 들어오도록 하기 위해서 중앙 통로 양 옆으로 복도를 만들었고, 이 복도를 지나서 날개 부분을 돌아서 제단에 이르도록 만들었다. 게다가 날개 윗부분에

왼쪽 위부터 시계 방향으로 산티아고 성당, 콩크 성당, 툴루즈 성당, 아를 성당의 팀파눔. 산티아고 순례길에 있는 교회들의 특징은 기독교적 이미지가 교회 외부에 있다는 것이다. 신도들이 들어가는 교회의 정문 위 팀파눔에 최후의 심판이나 예수의 승천 등 기독교적 상징을 조각해놓았다. 이미지클릭 제공(왼쪽 위).

반원형의 예배당을 만들어, 될 수 있으면 많은 사람들이 제단을 향해 갈 수 있도록 단들었다.

드디어 성당 동쪽의 제단에 도달했다. 이곳에 성 야고보의 유해가 안치되어 있었지만, 이제 유해는 지하로 옮겨져서 만질 수 없게 되었다. 제단을 전면에서만 보지 않고 모든 방향에서 볼 수 있도록 반원형 통로를 만들었고, 이는 더 많은 순례자들이 동시에 제단을 볼 수 있게 하기 위함이었다. 이 복도에도 많은 예배당을 만들었다. 이 제단을 통과하면 다시 반대쪽 날개를 통해서 교회 밖으로 나갈 수 있도록 만들었다. 한마디로 순례를 위한 교회인 셈이다.

이와 유사한 구조를 가진 성당들이 순례길을 따라서 건축되었다. 대표적인 성당들이 콩크의 생트푸아 성당, 무아사크의 생피에르 성당, 툴루즈의 생세르냉 성당, 베즐레의 생트마리마들렌 성당 등이다. 이 성당들은 건축양식이 비슷할 뿐만 아니라 건물 전면, 즉 서쪽 문 위에 기독교적 상징을 조각해놓았다는 점에서도 비슷하다. 교회 정문 위의 팀파눔에 새겨진 부조들은 대개 최후의 심판이나 예수의 승천을 표현하고 있다. 특히 산티아고 순례길에 있는 교회들의 경우 최후의 심판과 같은 기독교의 주요한 이미지가 교회 내부에 있지 않고 교회 외부에, 그것도 신도들이 들어가는 입구에 있다는 특징을 보이는데, 이는 그 당시로서는 매우 독특한 것이었다.* 순례가 도시와 도시, 지역과 지역 사이의 커뮤니케이션을 증대시켰다는 사실이 건축양식에 반영되어 있는 셈이다.

　이로써 순례는 끝이 났다. 그러나 끝난 것이 아니다. 대체로 사람들은 1백 킬로미터 정도 떨어진 피니스테레, 즉 땅끝까지 간다. 그것이 성 야고보가 원했던 것인지도 모른다. 그 도시에서 서쪽으로 가면 표석이 있는데 그곳에서 순례에 사용했던 물품을 태우기도 한다.

유럽연합의 문화도로

산티아고 데 콤포스텔라는 기독교 순례의 중심지로서만 각광을 받고 있는 것이 아니다. 다음의 표를 보면 1980년대부터 순례자의 숫자가 폭발적으로 증가했음을 알 수 있다. 표의 시작이 1980년대 중반인 점

---

* 당시 이탈리아와 같은 지역에서는 이러한 이미지가 주로 교회 내부에 있었고, 이로 인하여 어두워서 신도들이 눈여겨볼 수 없다는 약점을 지니고 있었다.

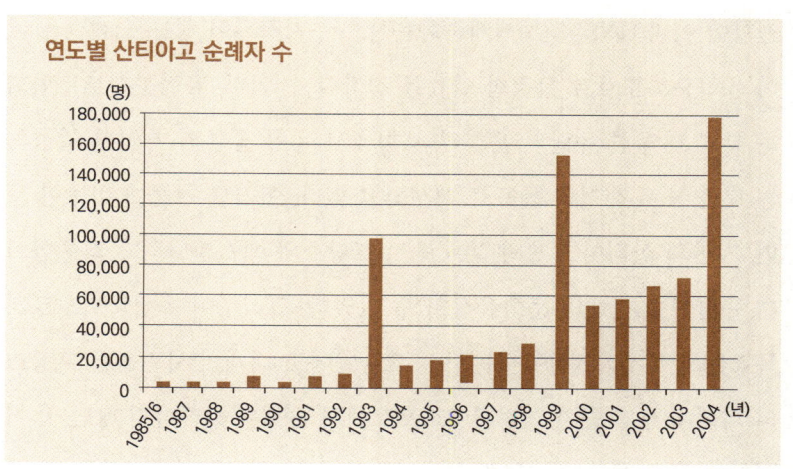

연도별 산티아고 순례자 수

(명)

에서 알 수 있듯이, 산티아고 순례가 오늘날 다시 인기를 얻게 된 것은 이때부터였다. 또한 1993년, 1999년, 그리고 2004년에 예외적으로 높은 수치를 보여주고 있는데, 이것은 이 연도들이 산티아고 성년(聖年, 야고보 성인의 축일인 7월 25일이 주일인 해)이었기 때문이다. 따라서 산티아고 순례의 부흥을 이끈 것은 앞서 이야기했듯이 1980년대 초 교황의 직접 방문과 산티아고 성년 부활에 있다고 할 수 있다.

그러나 그것만으로 지속적인 증가를 설명하기에는 부족하다. 1990년대에 UNESCO 문화유산으로 지정된 것도 중요한 요인이었다. 그보다 더 중요한 것은 1997년 룩셈부르크에 유럽문화도로협회가 생겼고, 이 협회가 유럽연합의 위임을 받아서 유럽문화도로 제1호로 산티아고 순례길을 지정한 일이다. 그런데 앞서 보았듯이, 유럽연합에서 제공하는 산티아고 순례 지도(420쪽 참조)는 중세의 안내서가 제공하는 길보다 훨씬 다양한 루트를 제공하고 있다. UNESCO 세계문화유산으로 지정된 것도 스페인과 프랑스에 한정되어 있었던 점을 감안하면, 유럽연합이 이미 UNESCO 세계문화유산으로 지정되어 있는 순례길을 굳이 유럽문화도로로 선정한 이유를 짐작할 수 있다. 유럽문화도로협회는 복잡 다양한 유럽의 문화와 사회에서 유럽 공통의 가치를 형성하는 것을 도로 선정의 목표로 제시하고 있다. 이러한 기준에 비추어 보면, 기존의 산티아고 순례길은 주로 프랑스와 에스파냐의 문화유산이지 유럽연합 전체의 문화유산일 수 없었다. 그리하여 유럽문화도로의 목표를 충족시키지 못한다. 사실 오늘날에도 대개의 사람들은 프랑스의 피레네 산맥 근처 생장피에드포르에서 순례를 시작하지 않던가! 이러한 이유로 유럽연합으로서는 기존의 순례길을 확대해야 할 필요를 느꼈을 것이다. 그리하여 산티아고 순례길은 유럽 어느 곳에서나 출발하는 유럽의 문화도로가 된 것이다. 이러한 점은 유럽연합이 제시하고 있는 순례길 관련 국가 목록만 보더라도 알 수 있다. 벨기에, 프랑스, 독일, 이탈리아, 룩셈부르크, 포르투갈, 스페인, 스위스 등이 관련 국가들이다. 유럽연합의 이러한 목표가 순조롭게 진행되고 있다는 사실은 순례의 통계를 살펴보면 알 수 있다. 순례자들에 대한 통계는 21세기에 들어서야 시작되었으므로 이전 시대와 비교는 불가능하지만, 적어도 최근의 순례 경향을 보여줄 수는 있을 것이다. 순례자들 중 대부분, 즉 90퍼센트가 유럽인들이다. 그리고 국가별로도 비교적 넓게 분포되어 있다. 물론 다른 대륙 사람들도 있기는 하지만 말이다.

다음 통계에서 알 수 있는 또 다른 특징은 과거에 비해 종교적인 목적의 순례가 줄어들고 있다는 점이다. 이처럼 비종교적이거나 최소한 종교적 이유와 문화적 이유를 모두 갖는 경우가 증가한다는 것은 유럽연합의 입장에서 본다면 불필요한 논란을 피해갈 수 있는 구실을 제공

산티아고 순례자 출신지(2006~2009년)

(단위 : 명)

연도	2006	2007	2008	2009	합계
유럽연합	91,224	102,586	112,504	132,108	438,422(90.3%)
유럽 기타	1,315	1,982	2,192	2,114	7,603(1.6%)
북아메리카	3,455	4,079	4,147	4,734	16,415(3.4%)
남아메리카	2,746	3,136	3,273	3,541	12,696(2.6%)
아시아	503	946	1,525	1,806	4,780(1.0%)
오세아니아	870	983	1,184	1,220	4,257(0.9%)
아프리카	266	314	316	325	1,221(0.3%)
합계	100,377	114,026	125,141	145,877	485,421

순례자들의 순례 동기

(단위 : 명)

동기	2006	2007	2008	2009	합계
종교·문화적	49,726	60,944	63,598	70,303	244,571(50.4%)
종교적	41,793	43,581	50,732	62,188	198,294(40.8%)
비종교적	8,858	9,501	10,811	13,386	42,556(8.8%)
합계	100,377	114,026	125,141	145,877	485,421

해주기도 한다. 즉 유럽연합이 기독교 국가들만의 연합이 아닌가 하는 의구심과 비난이 존재하는 것이 사실이다. 그러한 상황에서 기독교 순례길을 문화적 통합의 상징으로 삼는다는 것은 어찌 보면 논란에 불을 붙이는 격이라고 할 수도 있었다. 그러나 순례길에서 종교적인 색채가 점점 옅어지고 문화적인 경향, 혹은 세속적인 경향이 많아짐으로써 오히려 유럽연합이 단지 기독교의 연합이 아니라는 좋은 증거로 작용할 수 있게 되었다. 앞으로 순례자의 수가 늘어나면 늘어날수록 기독교적 성격이 줄어들 것이다. 특히 우리나라를 비롯한 아시아 국가들의 순

례자들이 증가한 것은 이러한 비기독교적 성격을 강화시킬 것이다. 한 마디로 산티아고 순례자의 숫자가 늘어나면 늘어날수록 종교적 색채는 약화될 것이고, 이에 따라 산티아고 순례길은 유럽연합의 문화도로로서 중요성이 높아질 것이다. ㅣ박용진

참고문헌

마르코 폴로, 김호동 옮김, 《동방견문록》, 사계절, 2006.

Gicquel, Bernard. *La L gende de Compostelle : le Livre de saint Jacques*, Paris: Tallandier, 2003.

Gitlitz D. M. and L. K. Davidson. *The Pilgrimage Road to Santiago*, New York: St Martin's Griffin, 2000.

Melczer, W. *The Pilgrim's Guide to Santiago de Compostela*, New York, 1993.

Ohler. Norbert. *The Medieval Traveller*, Woodbridge: Boydell Press, 1989.

Stones, Alison. *The Pilgrim's Guide to Santiago de Compostela: A Critical Edition*, London: Harvey Miller Publishers, 1998.

* 이 글은 《동국사학》 제53집(2012)에 게재되었다.

EBA　　European Banking Authority : 유럽은행감독청

EBRD　　European Bank for Reconstruction and Development : 유럽부흥개발은행

ECB　　European Central Bank : 유럽중앙은행

ECSC　　European Coal and Steel Community : 유럽석탄철강공동체

EDC　　European Defense Community : 유럽방위공동체

EEC　　European Economic Community : 유럽경제공동체

EFTA　　European Free Trade Association : 유럽자유무역협회

EMI　　European Monetary Institute : 유럽통화기구

EMU　　Economic and Monetary Union : 경제통화동맹

Euratom European Atomic Community : 유럽원자력공동체

OEEC　　Organization for European Economic Cooperation : 유럽경제협력기구

SEA　　Single European Act : 단일유럽의정서

WEU　　Western European Union : : 서유럽동맹

연표로 보는 유럽통합사

1946년 9월 19일	처칠의 취리히 연설.
1947년 6월 5일	마셜 플랜(Marshall Plan) 발표.
1948년 3월 17일	브뤼셀 조약 서명. 서구연합(Western Union) 탄생.
1948년 4월 16일	유럽경제협력기구(OEEC) 결성.
1949년 4월 4일	대서양 조약(Atlantic Pact) 서명.
5월 5일	유럽평의회(Council of Europe) 창설.
1950년 5월 9일	슈만 플랜(Schuman Plan) 발표.
10월 24일	플레벤 플랜(Pleven Plan) 발표.
1951년 4월 18일	유럽석탄철강공동체(ECSC) 창설 조약 체결.
1952년 5월 27일	유럽방위공동체(EDC) 창설 조약 체결.
1954년 8월 30일	프랑스 의회의 EDC 조약 비준 거부.
10월 23일	서유럽동맹(WEU) 탄생.
1955년 6월 1~2일	메시나(Messina) 외무장관 회담 개최.
1957년 3월 25일	로마 조약 서명.
1958년 1월 1일	로마 조약 발효.
1959년 1월 1일	EEC 첫 관세 인하 조치로 역내 관세 10퍼센트 감축.
1960년 1월 4일	스톡홀름에서 유럽자유무역협정(EFTA) 서명.
7월 1일	EEC 두 번째 관세 인하.
12월 14일	유럽경제개발기구(OECD) 창설.
1961년 1월 1일	EEC 세 번째 관세 인하.

7~8월	아일랜드, 덴마크, 영국의 EEC 가입 지원.
1962년 1월 1일	관세동맹 형성 제2단계 돌입.
1963년 1월 14일	영국 가입 협상에 대한 드골의 비토권 행사.
1월 29일	엘리제 조약 체결, 영국 가입 협상 종결.
7월 20일	야운데 협정(Yaoundé Convention) 서명.
1964년 7월 6일	EEC 각료이사회에서 프랑스 대표단의 철수로 공석 위기 발생.
1966년 1월 29일	룩셈부르크 타협.
1967년 5월 10~11일	영국, 아일랜드, 덴마크 두 번째 EEC 가입 신청.
7월 1일	기존 3개 공동체 기구 통합으로 유럽공동체(EC) 탄생.
11월	영국 가입에 대한 프랑스의 두 번째 거부.
1968년 7월 1일	EEC 내 관세 철폐로 관세동맹 완성.
1969년 12월 1~2일	헤이그 정상회담에서 영국 가입에 대한 프랑스의 반대 철회.
1970년 5월 29일	3개 공동체 단일위원회 형성.
1972년 1월 22일	영국, 아일랜드, 덴마크 및 노르웨이 유럽공동체 가입조약 서명.
7월 22일	유럽경제공동체(EEC)와 유럽자유무역연합(EFTA), 자유무역협정 체결.
9월 25일	노르웨이 EEC 가입을 위한 국민투표 부결.
1973년 1월 1일	영국, 아일랜드, 덴마크의 가입으로 EEC 9개국으로 확대.
1974년 4월 1일	영국의 공동체 가입 조건 재협상 요구.
1975년 2월 28일	로메 협정(Lomé Agreement) 체결(1976년 4월 1일 발효).
1976년 1월 1일	틴더만 보고서 제출.
1977년 7월 28일	스페인 EEC 가입 신청.
12월 31일	신규 3개 회원국의 과도기 종식.
1979년 3월 13일	유럽통화제도(EMS) 형성. ECU를 정산 단위로 채택.

6월 7~10일	유럽의회 최초의 직접 선거 실시 .
1981년 1월 1일	그리스의 가입으로 EEC 10개국으로 확대.
1984년 2월 14일	유럽의회가 스피넬리 주도의 유럽연합조약안 채택.
1985년 1월 7일	들로르 집행위원장 취임.
6월 12일	스페인과 포르투갈 EEC 가입조약 체결.
6월 14일	벨기에, 독일, 프랑스, 룩셈부르크, 네덜란드, 셍겐 조약 조인.
12월 2~3일	단일유럽의정서(SEA) 채택.
1986년 1월 1일	스페인과 포르투갈의 가입으로 EEC 12개국으로 확대.
2월 17~18일	단일유럽의정서 서명.
1987년 7월 1일	SEA 발효.
1988년 2월 11~13일	브뤼셀 유럽이사회에서 경제통화동맹(EMU)을 담은 들로르 패키지 채택.
1989년 1월 6일	들로르 집행위원장 재선.
11월 9~10일	베를린 장벽 붕괴.
7월 1일	EMU 형성을 위한 1단계 계획 돌입(자본의 자유 이동 발효).
10월 3일	독일의 재통합으로 유럽공동체에 구동독 편입.
11월 27일	이탈리아, 셍겐 조약 서명.
1990년 6월 19일	독일, 프랑스, 벨기에, 네덜란드, 룩셈부르크 5개국 셍겐 조약 체결.
1990년 10월 3일	독일 통일.
1991년 6월 25일	구 유고연방으로부터 크로아티아와 슬로베니아 독립.
7월 1일	바르샤바 조약기구(WTO) 해체.
10월 22일	EC-EFTA 간 유럽경제지대(EEA) 형성 합의.
12월 9~10일	마스트리히트 유럽이사회 개최.
1992년 2월 7일	마스트리히트 조약(유럽연합조약) 서명.
5월 2일	EC-EFTA 간 유럽경제지대(EEA) 창설.
6월 2일	덴마크 국민투표에서 마스트리히트 조약 거부.

9월 17일	이탈리아와 영국, 유럽통화제도(EMS) 탈퇴.
1993년 1월 1일	유럽단일시장 완성.
5월 18일	덴마크 2차 국민투표에서 수정된 마스트리히트 조약 승인.
11월 1일	마스트리히트 조약 발효로 유럽공동체(EC)를 유럽연합(EU)으로 개칭.
1994년 1월 1일	유럽통화기구(EMI) 형성과 EMU 2단계 시작.
1994년 3월 16일	오스트리아, 핀란드, 노르웨이, 스웨덴 가입 합의.
1995년 1월 1일	오스트리아, 핀란드, 스웨덴 가입으로 EU 15개국으로 확대.
3월 26일	셍겐 조약 발효.
4월 28일	오스트리아, 셍겐 조약 서명.
12월 15일	유럽의 단일통화로 유로(Euro)를 결정.
1996년 12월 13일	성장과 안정 협약 체결.
12월 19일	덴마크, 핀란드, 스웨덴, 셍겐 조약 서명.
1997년 10월 2일	암스테르담 조약 서명(1999년 5월 1일 발효).
1998년 6월 1일	유럽중앙은행(ECB) 창설.
1999년 1월 1일	단일통화 유로 도입.
5월 1일	암스테르담 조약 발효.
12월 10일	헬싱키 유럽이사회 개최, 동유럽 국가와 가입협상 개시 결정.
2000년 12월 7일	유럽이사회에서 니스 조약 합의.
2001년 1월 2일	그리스가 12번째 유로존(Eurozone) 가입.
2월 26일	니스 조약 서명(2003년 2월 1일 발효).
3월 15일	유럽미래회의 개최.
2002년 1월 1일	EU 12개 회원국에서 유로 통용 시작.
2월 28일	유로가 유럽연합 12개국에서 공식 화폐로 통용(구권 화폐 병용 종료).
7월 23일	ECSC조약 50년 기한 만료로 ECSC 기능의 공동체 이

관.

12월 12일	코펜하겐 유럽이사회에서 동유럽 10개국을 받아들이기로 결정
2003년 4월 9일	유럽의회는 폴란드를 위시한 동유럽 10개국의 유럽연합 가입 승인.
10월 4일	로마 유럽이사회에서 유럽 헌법안 논의.
2004년 5월 1일	중·동유럽 10개국 유럽 연합 가입.
2005년 5월 29일	프랑스 국민투표에서 유럽 헌법 부결.
6월 1일	네덜란드 국민투표에서 유럽 헌법 부결.
2007년 1월 1일	슬로베니아 유로 도입.
12월 13일	유럽연합의 제도 개혁을 위한 리스본 조약 서명.
2008년 1월 1일	키프러스와 몰타, 유로 도입.
2008년 6월	아일랜드, 리스본 조약 부결.
2009년 10월 3일	아일랜드, 리스본 조약 승인.
11월 13일	체코, 리스본 조약 승인.
11월 19일	헤르만 판롬파위, 유럽이사회 상임의장(대통령)에 임명. 캐서린 애슈턴, EU 외교 및 안보정책 고위대표에 임명.
12월 1일	리스본 조약 발효.
2009년 12월 5일	그리스 사회당 정부, 브뤼셀 유럽이사회에서 전임 정부가 2009년도 국가 부채 규모를 축소 보고했다고 실토(이후 그리스 국채 금리가 치솟고 그리스는 국제자본시장에서 자금 조달이 불가능하게 됨, 원래 GDP 대비 6퍼센트라고 보고, 잠정적으로 12퍼센트가 넘는다고 발표).
2010년 5월 2일	유로존과 국제통화기금(IMF), 그리스에 1,100억 유로 규모의 1차 구제금융(유로존이 3분의 2, IMF가 3분의 1을 각각 분담).
2010년 10월 1일	유럽재정안정기금(EFSF, 4,400억 유로 규모) 출범.
2010년 11월 29일	유로존과 IMF, 아일랜드에 675억 유로 규모의 구제금융.

2011년 1월 1일	에스토니아 유로 도입.
	유럽은행감독청(EBA), 유럽보험연금감독청(EIOPA),
	유럽증권시장감독청(ESMA) 창설.
2011년 4월	유로존과 IMF 포르투갈에 780억 유로 규모의 구제금융.
2011년 7월 21일	유로존과 IMF, 그리스에 1,370억 유로 규모의 2차 구제
	금융 제공.
12월 19일	리히텐슈타인 셍겐 조약 승인.
2012년 2월 2일	유럽안정화기구(ESM, 항구적 구제금융 제공 5천억 유로 규모)
	서명.
2012년 3월 1일	신재정협약 발효(정식 명칭은 안정, 조정 및 거버넌스 조약
	Treaty on Stability, Co-ordination and Governance, 영국과
	체코를 제외한 25개 회원국에서 발효).
2012년 9월24일	유로존과 IMF, 스페인에 1천억 유로 규모의 구제금융
	제공.
10월 8일	ESM 출범(EFSF를 대체함).
12월 10일	유럽연합 노벨평화상 수상.
2013년 3월 25일	유로존과 IMF, 사이프러스에 100억 유로 규모의 구제금
	융.
2013년 7월 1일	크로아티아 유럽연합 가입, 28개 회원국으로 늘어남.

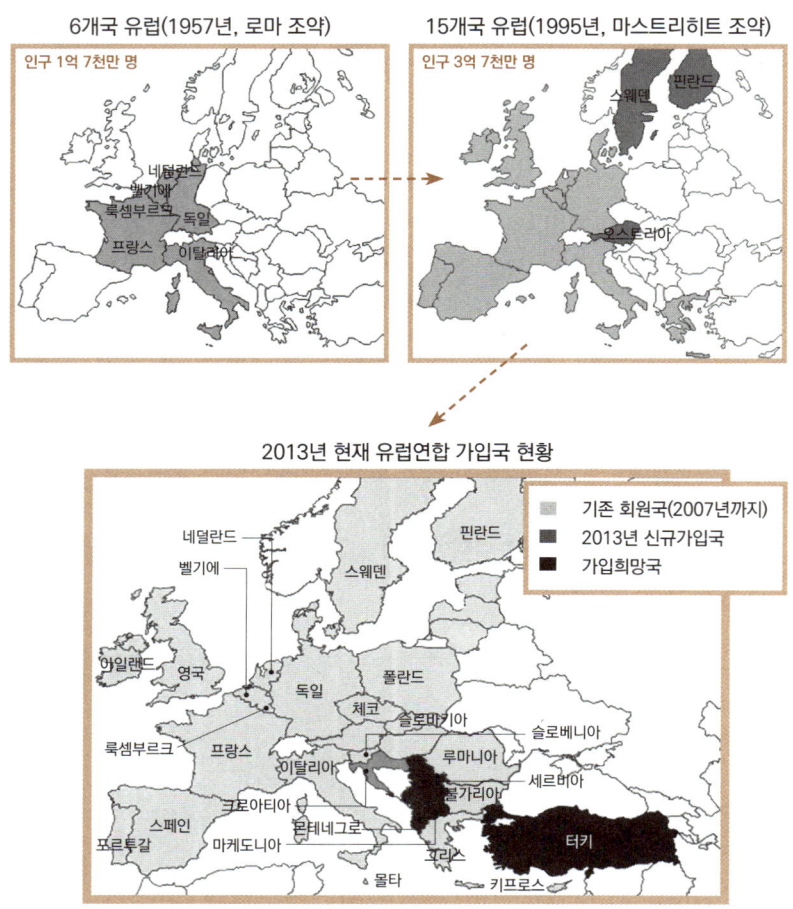

6개국 유럽(1957년, 로마 조약)

인구 1억 7천만 명

네덜란드
벨기에
룩셈부르크
독일
프랑스
이탈리아

15개국 유럽(1995년, 마스트리히트 조약)

인구 3억 7천만 명

스웨덴
핀란드
오스트리아

2013년 현재 유럽연합 가입국 현황

기존 회원국(2007년까지)
2013년 신규가입국
가입희망국

네덜란드
벨기에
아일랜드
영국
독일
폴란드
체코
슬로바키아
슬로베니아
루마니아
세르비아
불가리아
룩셈부르크
프랑스
이탈리아
크로아티아
몬테네그로
스페인
포르투갈
마케도니아
그리스
터키
몰타
키프로스

가입 연도	가입국 수(누계)	유럽연합 회원국
1957	6개국	독일 프랑스 이탈리아 벨기에 룩셈부르크 네덜란드
1973	9개국	영국 덴마크 아일랜드
1981	10개국	그리스
1986	12개국	에스파냐 포르투갈
1995	15개국	오스트리아 핀란드 스웨덴
2004	25개국	슬로바키아 슬로베니아 폴란드 헝가리 체코 에스토니아 라트비아 리투아니아 키프로스 몰타
2007	27개국	불가리아 루마니아
2013	28개국	크로아티아
가입희망국		터키 마케도니아 세르비아 몬테네그로

도시로 보는 유럽통합사

1판 1쇄 2013년 11월 15일

지은이 | 통합유럽연구회

편집 | 천현주, 박진경
마케팅 | 김연일, 이혜지, 노효선
표지디자인 | 석운디자인
본문디자인 | 글빛

펴낸곳 | (주)도서출판 **책과함께**
　　　　주소 (121-896) 서울시 마포구 서교동 444-17 덕화빌딩 5층
　　　　전화 (02) 335-1982~3
　　　　팩스 (02) 335-1316
　　　　전자우편 prpub@hanmail.net
　　　　블로그 blog.naver.com/prpub
　　　　등록 2003년 4월 3일 제25100-2003-392호

ISBN 978-89-97735-31-0 (03920)

이 도서의 국립중앙도서관 출판시도서목록(CIP)은
서지정보유통지원시스템 홈페이지(http://seoji.nl.go.kr)와
국가자료공동목록시스템(http://www.nl.go.kr/kolisnet)에서 이용하실 수 있습니다.
(CIP제어번호 : CIP2013022497)

* (주)도서출판 책과함께는 이 책에 실린 도판의 저작권 관련 사항을 처리하기 위해 노력했습니다. 허가를 받지 못한 일부 도판에 대해서는 저작권자가 확인되는 대로 적절한 후속조치를 취하겠습니다.
* 이 연구는 2012년 HUFS-HRI EU Centre 연구비 지원에 의해 이루어졌음.